安徽师范大学中国诗学研究中心资助项目

安徽诗人研究文存

曹操研究文存

丛书主编　刘运好

本书主编　刘运好

黄山书社

图书在版编目（CIP）数据

安徽诗人研究文存．曹操研究文存 / 刘运好丛书主编；刘运好本书主编．—合肥：黄山书社，2024.4

ISBN 978-7-5737-0936-3

Ⅰ．①安… Ⅱ．①刘… Ⅲ．①曹操（155—220）—诗歌研究 Ⅳ．①I207.22

中国国家版本馆 CIP 数据核字（2023）第 192069 号

安徽诗人研究文存·曹操研究文存
ANHUI SHIREN YANJIU WENCUN CAO CAO YANJIU WENCUN

丛书主编　刘运好
本书主编　刘运好

出 品 人　葛永波
策　　划　胡传志　汤吟菲
责任编辑　周振华
装帧设计　观止堂_未　氓
责任印制　李　磊
出版发行　黄山书社
地　　址　安徽省合肥市蜀山区翡翠路 1118 号出版传媒广场 7 层　邮编：230071
印　　刷　安徽新华印刷股份有限公司
版　　次　2024 年 4 月第 1 版
印　　次　2024 年 4 月第 1 次印刷
开　　本　700 mm × 1000 mm　1/16
字　　数　340 千字
印　　张　24
书　　号　ISBN 978-7-5737-0936-3
定　　价　96.00 元

服务热线　0551-63533706

销售热线　0551-63533761

官方直营书店（https://hsss.tmall.com）

目 录

总 序

一

安徽地处江淮腹地，江淮文化是安徽历史文化的灵魂。穿越历史的隧道，我们可以发现安徽的历史文化何其辉煌！这里有著名的繁昌人字洞，通过已经发掘的石器，确认了200万年至250万年前早期的人类遗存，将人类在亚洲出现的历史至少提前了30万年，推翻了20世纪初古生物学家马修《气候和演化》所鼓噪的中亚高原是人类摇篮的结论；也有著名的蒙城尉迟寺遗址，是国内目前保存完整、规模宏大、以大汶口文化晚期为主的原始社会聚落，从发掘的实物看，当时养殖、制陶、酿酒等技术都相当发达，这证明安徽农耕文明至迟在公元前5000年左右就已经高度成熟，这在农耕文明史上意义何其重大！当人类蹒跚地走进“轴心时代”，安徽又诞生了老子、庄子，与齐鲁的孔子及西方的苏格拉底、柏拉图，古天竺的释迦牟尼，共同创造了人类文明的高光时刻。

江淮文化在空间分布上主要集中于皖北与皖南。皖北文化以春秋战国的道家为核心。以老庄为代表的皖北道家文化圈与以孔孟为代表的齐鲁儒家文化圈，遥相呼应，双峰并峙，成为耸立于世界文化之林的独特文化景观。儒道思想互补、圆融，不仅有效地化解了人与自然、人与秩序的存在悖论，而且科学地构筑了主体存在与群体聚合、生命自由与社会秩序的互相联结的辩证理论体系。儒道既深刻影响了中华民族的文化心理、自然观念、伦理秩序、政治结构的和谐共生的关系，也对整个人类处理人和自然之间、不同国家之间、强权种族之间，如何和谐相处、规避丛林法则、构建人类命运共同体，贡献了独特的理论架构。

皖南文化以宋代以后的“徽学”为核心，形成了以朱熹为翘楚的新安理学和以戴震为领袖的徽州朴学。朱子不仅将“涵养”“致知”“力行”作为行为准则，凸显修身养性的重要意义，而且以“正心”“诚意”作为修身、齐家、治国、平天下的必要条件，推崇“一心兴邦”的黜私为公的家国情怀。实际上，张载提出的“为天地立心，为生民立命，为往圣继绝学，为万世开太平”，是整个新安理学最为激荡人心的至理名言，也成为中国知识分子历史担当的宏伟理想。在理学笼罩朝野、难与争锋之时，“朴学”也悄然兴起，至清代而蔚为大观。理学谈义理，朴学重考据。从宋代的程大昌到明清之际的黄生、姚际恒，再到乾隆时期的江永、汪绂，徽州朴学成就斐然，戴震则集其大成。朴学从考据学立场出发，重新阐释了儒家“理”“天道”“性”“才”“道”“诚”“权”等一系列哲学范畴，弥合了“灭人欲，存天理”的人为对立，建构了一个情理和谐的宇宙境界和人生境界。无论从学术文化还是从人生境界上说，理学与朴学都构成互补而非对立的关系。皖北的道家和皖南的徽学是支撑“皖学”的两大核心。

二

江淮是吴楚和中原的联结点。兼有中原的理性和吴楚的浪漫，是江淮文化的基本品格。因此不唯学术理性造就了“皖学”的辉煌，浪漫情调也催生了江淮文学的繁荣。只是因为“天下文章莫大乎桐城”——“桐城派”响亮的名头，既给江淮文学戴上令人景仰的桂冠，极大地提升了江淮文学的地位，也部分转移了人们对江淮文学全面审视的视线。以安徽为核心的江淮文学岂是一个桐城派所能代表的！

遥远的历史且不说吧。在汉代，汉代淮南王刘安组织文人撰写《淮南子》，融贯诸子，漫然包容，汪洋博洽，绚丽多彩；梁孝王刘武修建梁园（菟园），孕育了枚乘、邹阳、庄忌和司马相如等一流的汉代辞赋家。如果说辞赋由梁园而鼎盛，尔后辐射京师，造就一代之文学——汉赋，大约也不算言过其实。至魏晋时期，最为辉煌的建安文学也是扎根于江淮沃野的。“三曹”是那个时代文学的标志。鲁迅在《魏晋风度及文章与药及酒之关系》一文中推崇曹操文章清峻、通脱，是“改造文章的祖师”；说曹丕的时代是一个“文学自觉”的时代，因为他以“气”为主，所以华丽、壮大；也称赞曹植“文章做得好”。建安文学不仅是“汉魏风骨”的代表，也是中国文学史发展的转关。此后的正始文学，“嵇志清峻，阮旨遥深”（《文心雕龙·明诗》）。我们常识性的误解是，正始文学以竹林七贤为代表。其实，“阮旨遥深”是曹植后期文学的直接延伸，“嵇志清峻”才是正始文学的独特风格。这一风格恰恰形成于围绕在嵇康周围的嵇喜、刘伶、郭遐叔、郭遐周及以《思旧赋》垂名的向秀等人组成的文学群体。皖籍作家是构成这一文学群体的核心。

唐宋以降，虽然没有出现李白、杜甫那样的双子星座，苏轼、辛弃疾那样的巅峰对决，但是不仅李白、辛弃疾流寓江淮，创作大量诗词，构成安徽诗路的绚丽彩虹，而且也出现了后世诗名不彰、当时声誉极隆的“五言长城”刘长卿，元白新乐府运动的积极倡导者、参与者李绅、张籍，及晚唐“诗旨未能忘救物”（杜荀鹤《自叙》）的现实主义诗人杜荀鹤。宋代则有其诗被陆游称之与欧阳修文、蔡襄书“三者鼎立，各自名家”（《梅圣俞别集》序）的梅尧臣，“文章如大海之起涛澜，泰山之腾云气，倏散倏聚，倏明倏暗”（《张于湖先生集》序）的张孝祥，以及因编撰《江西宗派图》而在文学批评史上声名鹊起的吕本中等。如果以籍贯论，宋代还出现了一位与李清照齐名的歙州词人朱淑真，其《断肠集》至今读之也令人肠断。元、明两代皖籍诗人创作呈现下降趋势，至清代而复振。除了享誉中外的桐城派，其中元代方回虽以《瀛奎律髓》闻名于世，然其诗也“格力苍坚，在江湖诸集之上”（《四库全书简明目录》卷十七），成就显然超越了宋末江湖诗派。明末清初被称为“江左三大家”之一的龚鼎孳、王夫之推崇曰“诗体整健”的钱澄之，以及清代被誉为“南施北宋”的施闰章等，都是有口皆碑的名家。有清一代无论是学术还是文学，几乎集中于江南地区，成为“徽学”的重要研究对象之一。这种现象至现代而大放异彩，仅就新文化运动的旗手陈独秀、学术成就卓著而以《尝试集》开拓新诗天地的胡适而言，就足以振聋发聩了。

面对如此辉煌的安徽文化，如何从学术原典及其学术研究的视角，进一步加以发掘、研究，就非常必要了。《安徽诗人研究文存》也由此而产生。

三

为了落实中共中央办公厅、国务院办公厅《关于实施中华优秀传统文化传承发展工程的意见》以及《安徽新时代古籍工作实施意见》，深入发掘安徽文化底蕴，深化安徽诗人研究，强化安徽文化的认同感与归属感，安徽师范大学中国诗学研究中心由胡传志教授策划，刘运好教授任总主编，约请全国知名专家、学者，组织编写了《安徽诗人研究文存》。

《安徽诗人研究文存》以皖籍诗人研究为收录对象，共收录关于曹操、曹植、嵇康、刘长卿、张籍、梅尧臣、吕本中、张孝祥、方回、钱澄之、胡适等十余人的研究论文。论文收录范围，始于1921年，迄于2021年，以中国学者研究论文为主体，也酌情收录中国学者发表于海外期刊、海外学者发表于中国期刊的论文。所选学术论文必须以问题为核心，“研究综论”“会议纪要”“文坛掌故”之类，一律不予收录；重要学术著作中具有学术论文性质的相关章节也酌情收录。收录文章必须兼顾思想性与学术性两个方面：第一，有明显意识形态问题，或背离社会主义核心价值观的论文、专著章节，一律不予收录；有特定时代标记，但并无政治倾向问题的论文、专著章节，可酌情收录。第二，收录的论文、专著章节注重以下三点：（1）创新性。所选文章必须具有学术创新的特点，观点新、材料新、视角新，或三者皆备，或必具其一。（2）示范性。所选文章必须具有学术示范意义，蕴涵丰富的学术信息以及新的学术生长点。（3）时段性。所选文章在充分注重创新性、示范性的前提下，必须从学术史的角度，兼顾论文发表时段。对于不同诗人的不同研究现状，由分册主编斟酌处理，保留编选者的学术个性。

每一诗人的研究文存独立成册，有前言、正文、主要论文（论著）索引三个部分。（1）前言，由分册主编撰写，虽各有特点，却也要斟酌以下三点：其一，从文学史视角，对所研究的诗人作简要评价；其二，从学术史视角，对历代研究成果略加评说；其三，从前瞻性视角，对所研究的诗人提出若干有学术意义的理论话题。（2）正文，即所选论文、专著章节。体例上遵循以下四点：其一，论文尊重原著，原则上不作修改、删节；论著节选必须是构成独立论文的形式。对于原文表达的语病、引文谬误、错别字等则径改。其二，论文标题一仍原著，论著节选若原文没有标题，可由分册主编增设标题；为了保持全书格式相对统一，所选论文一律不设“内容提要”“关键词”，只录全文。其三，论文注释，早期论文保留原来注释形式，但相对统一，若引古籍须标明作者、著作名称及卷数、篇名，如“《淮南子》卷一《原道训》”；若引期刊须标明期刊名、出版日期或期别，如“《燕京学报》第19期”，一律采用脚注形式。新时期以后论文，无论发表于何种期刊，注释一律采用《文学遗产》论文规范格式。其四，注明文章来源，期刊注明刊名，著作节录注明节录之章节（名称）、出版社及出版年份。（3）主要论文（论著）索引，突出“主要”，不必求全。此外，为了协调丛书各分册规模，便于读者阅读，所选篇幅控制在30万字左右。

相对于辉煌的安徽文化及其深厚的学术研究而言，《安徽诗人研究文存》仅仅是尝鼎一脔。这是一个需要不断努力、不断深化的理论命题。

出于各种原因，截至出版时，我们未能与本套丛书的全部著作权人取得联系。敬请作品的著作权人或与著作权有关的权利人与安徽师范大学中国诗学研究中心联系，以便奉上稿酬和样书。

刘运好

2023年5月

前言：在历史研究中重新发现历史

◎刘运好

引论：重新发现历史

我们没有办法重新置身于过去的历史风云中去体验历史。历史，对于我们而言，只是一个“帝子降兮北渚”的缥缈而真实的存在——充满生命活力，却又难以一睹真容。假如你真能“穿越”时空，置身过去，又能如何呢？白云苍狗的时空变幻、偶然必然的事件叠加、多元组合的人物性格、乍悲欲喜的人生经历、浮云遮眼的认知局限等等，使你仍然无法真切地体验到正在你身边飘然而去的“历史”真实。从历史的形成过程上说，今天我们每一个人的劳动创造、人生阅历，都是这个过程的一个组成部分；对于未来而言，我们既是历史的创造者，也是历史的见证者。你真能深刻地认知正在发生的“历史”真相和“历史”意义吗？

从某种意义上说，历史是一个必须经历时间积淀、认知累积、“误读”纠正的发展过程，才能逐步认知的对象存在。因此，历史也是一个必须经历智者发现、挖掘、整合、描述、阐释的对象存在。我们所阅读的历史，就是一个经过一代一代的历史学家、考古学家以及文化学者二度甚或数度研究所提供的文化蓝本。后来的历史研究者，又是站在前人肩膀上，对这个文化蓝本进行再度阐释而已。如果就学术研究而言，读史使人明智包含两层含义：一是在过往的历史研究中，触摸历史跳动的脉搏，接近历史发展的真实，使我们庶几走进先民经历过的人生画卷；二是在过往的历史研究中，也可能发现历史研究者智者千虑中存在的认知误区，力图求证历史描摹中存在的事实偏差，从而寻绎到新的历史研究的生长点。

文学史研究，是历史研究的一个分支，当然必须遵循历史研究的一般规律。一方面在文学原典、金石考古的文学史料中，发掘文学史可能存在的历史真相；另一方面又在历代文学史研究中，汲取研究成果，揣摩研究方法，培育研究直觉。历代文学史研究的得失，既可能作攻玉之石，又可能是立此存照。要言之，原典研究和学术史研究是文学史研究不可或缺的两条基本路径。纵观百年的曹操文学研究史，大致可分为四个历史阶段：民国时期（1912—1949）、新中国成立初期（1949—1966）、“文革”时期（1966—1976）、新时期（1977—2021）。回顾这一段百年学术研究史，对于进一步深化曹操研究，具有重要的学术启示。

一、作家研究与历史评价

“知人论世”是中国文学研究的一条重要准则。我们的文学研究除了无名氏作品之外，很少将一部作品纯粹地作为一个“自足的整体”。即便是无名氏作品，如《诗经》《古诗十九首》，我们也仍然努力考证作品的产生年代，揭示作者的身份之谜。殚精竭虑地还原作者的历史原貌，成为文学研究的重要对象。与一般文学家不同，曹操首先是一位政治家、军事家，文学创作只是军国大事之余“抒情言志”的涟漪而已。所以他对中国历史的影响并不局限于文学创作，研究曹操的文学创作只是其中的一个部分。

作为政治家，曹操是一个极为复杂的历史人物。历史的争议也几乎超过在他之前的所有政治人物。而且由于《三国演义》的流行，中国国粹——京剧也以曹操为题材的剧目最为丰富，因此曹操就成为一位家喻户晓的历史人物。按时髦的话，说曹操是一位“流量”政治明星一点也不算夸张。

曹操生前死后都一直饱有争议。历史上对曹操的评价始终纠缠在人品道德、政治伦理之中。简言之，曹操人生可以分为三段：

（一）早期（169—190）。曹操生于公元155年，陈寿《三国志·魏书·武帝纪》说曹操“少机警，有权数”①。据万绳楠先生考证，曹操十四岁入太学，时人对曹操产生这一印象应该是在入太学后，所以我们姑且以十四岁作为他的人生起点。所谓“机警”“权数”，虽然不能说是贬抑，却也不能算是褒奖。特别是《曹瞒传》记载他佯装中风，诓骗叔叔，反而在父亲面前诬陷叔叔对自己因“失爱”而冤枉自己的行为，更是背离了一个孩子应有的做人品质。历史没有提供更为详细的记载，然而据此推断，少年曹操就是一个人品道德极具争议的人。成年后，初入仕途就锋芒毕露，这既表现出超凡出众的治政才能，也显露其峻刻严苛的执法原则。才略过人、善于识鉴的桥玄就看出其乱世英雄的一面。《后汉书·乔玄传》载：“初，曹操微时，时人莫知者。尝往候玄，玄见而异焉。谓曰：‘今天下将乱，安生民者，其在君乎！’”②以月旦评著称于世的许劭又评价他“治世之能臣，乱世之奸雄”③。在走向政治舞台的过程中，他任济南相时，整顿吏制，惩罚奸宄，禁断淫祀；拒绝王芬谋废灵帝，反对何进矫诏董卓进京；后来又拒绝与董卓合作，谋刺不成，就变易姓名，逃归故乡；最后募集义兵、讨伐董卓。然而，曹操在

① 宋本《三国志》，国家图书馆出版社 2018 年版，第 4 页。

② 宋本《后汉书》（一九），国家图书馆出版社 2017 年版，第 136 页。

③ 《魏书·武帝纪》裴注引《世语》，宋本《三国志》（一），国家图书馆出版社 2018 年版，第 5 页。

逃归故乡途中，又发生误杀吕伯奢一家之事，且恨恨地说：“宁我负人，毋人负我。”这一时期，曹操已经展露出超出常人的胆识、治世能臣的才能以及谋兴汉室的政治理想。但是，道德的瑕疵也十分显眼，“雄”中之“奸”也初显端倪。然而，《曹瞒传》是三国吴人所作，说出自政敌之手，恐怕也不算臆测。误杀吕伯奢之事，诸家记载并不相同，是否可信，至少存疑。

（二）中期（190—209）。初平元年（190），曹操起义兵讨伐董卓之后，先邀击乱贼眭固于濮阳，平定匈奴於夫罗于内黄，破黄巾军于青州，甘冒矢石箭雨，折冲陷阵，终于在逐鹿中原的军阀中脱颖而出。建安元年（196），迎天子，都许昌，走上“挟天子以令诸侯”一路，终于登上国家政治舞台的中心。自此之后，战张绣，定袁术，擒吕布，大败袁绍，北征乌桓，最终平定了中国北部，成为一枝独秀的北方统治者。如若不是挥师南征，遭遇赤壁之败，或许曹操就成为统一天下的霸主。当然，历史是不允许假设的。赤壁之战后，三国鼎立的政治格局逐步形成，吴、蜀羽翼逐渐丰满，曹操虽仍然东征西讨，终也没有建立一统天下的辉煌勋业。曹操的这一段历史本无多少争议，但是中间又发生几件事引发后人争议。一是初平三年（192），破黄巾军；二是建安元年（196），曹操招集流民，设屯田制；三是建安十二年（207），北征乌桓三郡。传统的历史学家，站在维护中央集权的立场上，对这三件历史事件并无诟病，但是新中国成立后，历史、政治观念都发生了巨大变化，于是破黄巾、设屯田、征乌桓，也引得争议蜂起。

（三）后期（209—220）。三国鼎立的地域格局正式形成后，虽然从政治、经济、军事、人才、版图上，曹操都占有绝对优势，但是与以往军阀割据大不相同的是，吴、蜀辖地也地域辽阔，人口众多，内部稳定，经济繁荣，军力资源相对丰富。尤其是吴、蜀政治集团内部也已形成完整的国家政治框架和上下同心的区域性国家认同意识。在这种形势下，任何一方要吞并对方都会遭到对方上下同心的抵抗，企图在短暂时间内完成国家统一已不可能。建安十四年（209），曹操开芍陂屯田，就是一个标志。说明此时曹操已经非常清楚，吞并东吴已不可能，故屯田芍陂以作久长之计。刘备占领益州后，实力大增，后来曹操在对西蜀用兵过程中，屡遭挫折，形成双方以汉中为核心的拉锯态势。所以，这一时期，曹操虽也戎马倥偬，重心却移向操控汉室。早在建安十三年（208），曹操以汉献帝名义，罢三公，置丞相、御史大夫，结束了三权分立，自此独断朝纲。所以建安十五年（210）所下《求贤令》就以“自古受命及中兴之君”的身份自居。终于在十八年（213）封魏公，“位在诸侯王上”，且“承制封拜诸侯守相”；二十一年（216）封魏王，“设天子旌旗，出入称警跸”（《三国志·魏书·武帝纪》），其仪仗、官制一如天子。曹操后期，不仅实质上操控朝政，形式上也位同天子，所以才遭到传统的历史学家所谓“名为汉臣，实为汉贼”的愤怒指责。恰恰又是在这一时期，曹操又罗列罪名，杀戮名士孔融、杨修，更招致后人的批评。

综观历史上对曹操的评价，主要集中在两点上：第一，从少年佯装“中风”到“宁我负人，毋人负我”，再到莫须有而杀戮孔融、杨修，成为曹操道德品质上难以洗刷的污点；第二，从“少机警，有权数”到“乱世之奸雄”，再到“名为汉臣，实为汉贼”，又成为曹操政治伦理上难以洗刷的污点。后来，经过小说、戏剧的渲染夸张，曹操白脸奸雄的形象也就家喻户晓了。

随着辛亥革命推翻了几千年的君主制后，学界普遍摆脱了“君主本位”陈腐观念的束缚，传统历史学家咬牙切齿所指责的政治伦理问题，普遍被弱化了；再随着历史唯物主义观念的深入人心，发掘曹操的历史贡献也提到了研究日程上。所以，近百年来的曹操研究，主要还是集中在“翻案”的问题上。

之所以称之为“翻案”，因为正统的史书如《三国志》中，曹操是正面形象；从唐太宗《祭魏太祖文》到宋真宗《亳州魏武帝帐庙记》，曹操也还是正面形象。但是到了宋代萧常和元代郝经的两部《续后汉书》，曹操就成为“假大义以欺世盗国”，“此其大奸，以一死欺天下后世者也”的形象。曹操的形象在史书中被一步步污名化了。

民国著名学者章太炎大约是第一个为曹操翻案的人，其《魏武帝颂》对曹操推崇备至：“夫其经纬万端，神谟天挺。出师而猃狁襄，戎衣而关洛定……加之以恭俭，申之以廉谨。廷有壶飧之清，家有绣衣之警。布贞士于周行，遏苞苴于邪径。务稼穑故民繁殖，烦师旅而人不病。信智计之绝人，故虽谲而近正。”[①]且在《近思》《菿汉昌言·区言一》文中肯定了曹操的历史功绩及政治才能。梁启超《中国历史研究法》说：“曹操代汉，在历史上看来，这是力征经营当然的结果，和汉高祖、唐太宗们之得天下实在没有甚么分别。”[②]后来，鲁迅《魏晋风度及文章与药及酒之关系》又说：“其实，曹操是一个很有本事的人，至少是一个英雄，我虽不是曹操一党，但无论如何，总是非常佩服他。”[③]此后，出现了文载道（金性尧）《谈曹操》、王璞《认识曹操》、王明《曹操论》等系列翻案文章。虽然这一时期对曹操的研究并没有新中国成立后那么热闹，但是也终于使曹操抖落了历史骂名，部分恢复了历史原貌，直接影响了新中国成立后人们对曹操的评价。

新中国成立初期，1953年11月1日，《光明日报》发表袁良义《曹操论》；1956年，上海人民出版社又出版王仲荦《曹操》，大约可以看作新中国后第一批为曹操翻案的文章，但是

① 章太炎《魏武帝颂》，《雅言》卷一，1914 年。

② 梁启超《饮冰室合集》第 12 册，中华书局 1989 年版，第 46 页。

③ 鲁迅《而已集》，《鲁迅全集》第三卷，人民文学出版社 2005 年版，第 524 页。

应者寥寥。从1952年到1958年这一段时间，毛泽东主席多次谈到关于曹操的问题，充分肯定了曹操的历史贡献，并且明确地说，“说曹操是奸臣，那是封建正统观念制造的冤案”，“现在我们要给曹操翻案”[①]。由于领袖崇高地位的影响，这一问题立即在学术界引起了强烈反向，形成了1959年“为曹操翻案”的热潮。1959年1月25日，《光明日报·文学遗产》第245期发表郭沫若《谈蔡文姬的〈胡笳十八拍〉》，提出替曹操翻案的问题。文章核心论点有三：第一，曹操攻打黄巾，却继承了黄巾运动，并把这一运动组织化了。第二，曹操锄豪强，抑兼并，济贫弱，兴屯田，费了三十多年的苦心经营，把汉末崩溃了的整个社会基本上重新秩序化了。第三，自殷代以来即为中国北边大患的匈奴，到曹操手里，几乎化为了郡县。他还远到辽东去把新起的乌桓平定了。一言以蔽之，“曹操对于民族的贡献是应该作高度评价的，他应该被称为一位民族英雄”。1959年2月19日，著名历史学家翦伯赞在《光明日报·史学》专刊第152号发表《应该替曹操恢复名誉——从〈赤壁之战〉说到曹操》，实际上是对郭沫若翻案文章的一个响应。后来郭沫若又在3月23日《人民日报》上发表《替曹操翻案》，对曹操镇压黄巾、平定乌桓、滥杀无辜等问题进行了系统论述，结论是“曹操对于民族的发展和文化的发展有很大的贡献”。复旦大学谭其骧先后发表《论曹操》《蔡文姬的生平及其作品》《读郭著〈蔡文姬〉后》系列文章商榷郭沫若的观点，认为“曹操是一个有优点、有缺点，功劳很大，罪孽也不小的历史人物”，不存在所谓“翻案”问题。这次讨论席卷全国，不仅是学术界，几乎各个行业都参与了讨论。其意义就在于：自此之后，曹操是一位杰出的政治家、军事家和文学家的结论，已经深入人心。

① 王永华《1959年曹操评价问题讨论始末》，《党史博采》2009年第9期。

“文革”时期，由于特殊的政治背景，研究文章虽然不少，但是将曹操塑造成“尊法反儒的典型”则产生了不小的历史误差，其中梁效《论三国时期的法家路线》（《北京大学学报》1974年第4期）、项罗《曹操》（上海人民出版社1975年版）正是这一时代的特殊产物。尤其是前者，完全歪曲了历史的真实。所以“四人帮”倒台后，即刻受到学界的清算。张金光《论曹操》（《文史哲》1977年第4期）、柯友根《试析曹操的“重豪强兼并之法”——兼驳梁效的“中小地主进步论”》（《厦门大学学报》1978年第2—3期），漆泽邦《驳“四人帮”在评论曹操问题上的几个谬论》（《西南师范学院学报》1979年第3期），都为曹操研究的正本清源做出了相应贡献。后来沈祖祥、高希中分别撰文，深刻反思这一段曹操研究史①。自此之后，曹操研究，其整体评价以及对镇压黄巾、屯田制度、北征乌桓、残忍好杀、用人政策等诸多方面，都有深入研究，虽然也有热烈争论，但已回归于真正意义的学术争鸣上。刘运好认为：“评价历史人物必须有一个基本维度：是以历史发展为基点，而不是以道德评判为准绳。”正是以此为评价维度而得出结论：“曹操是‘命世之才，超世之杰’，也滥杀无辜、清除异己；‘揽申、韩之术’，也崇尚经传儒学；重构‘汉官威仪’，也权欲膨胀，阴怀‘不逊之志’。”②“其文学成就集中于诗歌和文章，其中，浪漫与理性、温情与残酷、坦率与阴骘，错综交织，更立体地刻画出了这位历史人物的多元复合性格。”③应该说，这是具有总结意义的研究成果。

---

① 沈祖祥《曹操研究的历史反思》，《江汉论坛》1989年第9期；高希中《历史人物评价标准之反思——以1959年“替曹操翻案”讨论为中心》，《齐鲁学刊》2011年第1期。

② 刘运好《回归历史原点：再论曹操》，《中原文化研究》2021年第1期。

③ 刘运好《真实的人生记录：曹操文学的主体特点（上）》，《文史知识》2021年第5期。

纵观历代对曹操的评价，抑扬云泥，就像过山车一样，令人头晕目眩。但是有一点非常清楚，即近百年来的曹操研究越来越接近历史真实，在脱去“君主本位”的传统观念和“阶级本位”的现代桎梏之后，逐渐从脸谱化、符号化思维认知方式中回归于历史语境，“庶几还原一个真实的历史上的曹操——‘非常之人，超世之杰’是曹操的基本特征”[1]。

二、文献整理与文学比较研究

“外定武功，内定文学”是曹操辉煌人生的两个方面。作为文学研究，文献整理和文物考古是一切历史与文学研究的基础。有关曹操的文物考古，莫过于2009年12月27日河南省文物局在北京向新闻媒体公布的一项重大考古成果，即曹操高陵在河南安阳县安丰乡西高穴村得到考古确认。然而，这一重要考古发现引起轩然大波，致使由学术争论演化为公共事件，似乎至今也难以定论。本人对于考古是外行，故对此难以置喙。不过有一点，我是赞成的，即将“魏武王常用”作为是曹操墓的直接证据似乎有点牵强。因为史籍记载曹操皆称“魏公”“魏王”，并无“魏武王”的称谓。读者诸君要了解争论详情，可以参阅《重庆社会科学》2010年第1期《曹操墓真伪之辨》。

有关曹操的文献整理，主要涉及文集整理校释、作品编年考辨、研究资料汇编三个方面，而这三个方面又是曹操研究的基础。

第一，文集整理是文学研究的第一步。曹操集整理一直都受到学界重视。1911年丁福保刊印《汉魏六朝名家集·魏武帝集》，对于张溥《汉魏六朝百三家集·魏武帝集》又重加董理和补充；1916年又出版《全汉三国晋南北朝诗》，其中对曹操

① 刘运好《曹操集（解读）》，国家图书馆出版社 2021 年，第 9 页。

诗再加整理校勘。1925年北京大学出版组出版黄侃《魏武帝诗注》，作者将训诂与章句结合，前人评述悉加征引，举凡作品疑义处皆加考证。这是第一部关于曹操诗集的经典注本。新中国成立后，曹操文集整理获得突破性进展。1974年，中华书局整理出版《曹操集》，不仅全部收录曹操诗文，而且将曹操《孙子注》也收录其中，且附录江耦《曹操年表》及《曹操著作考》，为曹操研究提供一个完整读本，成为后来曹操集整理的范本。亳县（今安徽省亳州市）集体编撰《曹操集译注》（中华书局1979年版）、夏传才《曹操集注》（中州古籍出版社1986年版）以及刘运好《曹操集（解读）》（国家图书馆出版社2021年版），基本上都以此为参考底本。其中《曹操集（解读）》汲取众家之长，不仅有详细的文本编年，而且每篇皆有简略的史实考证以及诗艺文心的解读。书首的“导读”钩稽史料，力图还原曹操的历史原貌，既详尽分析了祢衡、孔融、杨修被杀的深层原因，也细致分析了曹操的思想特点、历史贡献、文学成就诸多方面。

第二，年谱编撰。20世纪40年代，陆侃如相继发表《建安（曹操）诗谱初稿》（《语言文学专刊》1942年卷二）、《建安文学系年（196—219）》（《清华学报》1941年卷十三）。在这期间，陆侃如花费十年时间编撰《中古文学系年》，新中国成立后仍然反复修改，直至去世后，1985年才由人民文学出版社出版。其中关于曹操诗谱的内容基本保留在本书之中。1959年，江耦发表《曹操年表》（《历史研究》1959年第3期），是新中国成立以来第一部曹操年谱，且对《三国志·魏书·武帝纪》《资治通鉴》《三国志集解》所载的互相歧异之处，略加辨正。1983年，齐鲁书社出版张可礼《三曹年谱》，该书材料丰富，考证精审，是曹操研究中一项引人注目的研究成果。

第三，资料汇编。1980年中华书局出版河北师范学院编撰《三曹研究资料》，辑录了从魏晋到清末有关三曹作品评述及其文学活动的资料，省却研究者的翻检之劳。2003年南开大学出版社出版朱一玄、刘毓忱编《三国演义资料汇编》，其中“本事编”也可供研究曹操时参阅。

补充说明的是，中华书局整理本《曹操集》、刘运好《曹操集（解读）》都收录了曹操《孙子注》，而且后者通过对曹操《孙子注》与《孙子兵法》的比较性阐释，将曹操的军事思想、军事谋略及用兵特点充分揭示出来，在曹操研究史上有重要意义。对人物年谱的编撰，除了《曹操年表》之外，比较《中古文学系年》和《三曹年谱》，也可以明了相关历史事件和作品系年。特别是刘运好《曹操集（解读）》，在目录中已经标明作品系年外，每一篇解读都有作品生成背景考证，即使难以系年的作品也通过文本内容与作者思想及相关史料的辨析，确定其大致编年。

随着对曹操人物认识和研究的不断深化，人们开始注意“关系研究”和“比较研究”，即曹操与建安文学的关系以及三曹文学特点的比较。这两种研究直接涉及曹操文学史的定位问题。

第一，曹操与建安文学的关系。在中国文学史上，建安文学第一次显现出鲜明的时代特点，特别引起后人注意。刘勰《文心雕龙》、沈约《宋书·谢灵运传论》就已经注意到这一文学史现象。刘勰影响尤大，其《文心雕龙·时序》说：“观其时文，雅好慷慨，良由世积乱离，风衰俗怨，并志深而笔长，故梗概而多气也。”显然，曹操是开风气的人物。黄侃《诗品讲疏》说：“建安五言，毗于乐府。魏武诸作，慷慨苍凉，所以收束汉音，振发魏响。”不过究竟是谁属于“魏响”的振发者，学界尚有不同看法。钟嵘《诗品下》说：“曹公古直，甚有悲凉之句。”诚有两汉之遗风。显然蕴含“汉音”的意味。严羽《沧浪诗话》以“汉魏”含糊言之，胡应麟《诗薮·内编》则批驳之，认为至子桓兄弟才开魏代文学新的风气。至陈祚明《采菽堂古诗选》卷五则下断语：“孟德全是汉音，丕、植便多魏响。”

民国时期，汪长锐《曹氏父子研究》说：“孟德所赋诗，皆沉雄俊爽，时露霸气，纯为汉音，绝不类建安文体。子桓的诗，以便娟婉约为主，变乃父悲壮的气概。”[①]此论直接接受了陈氏的观点。新时期以来，王鹏廷《徜徉于“汉音”与“魏响”之间——曹操诗文艺术精神探析》（《北京工业大学学报》2007年第4期），以折中的态度，认为曹操诗文徜徉于“汉音”与“魏响”之间，实际上是黄侃观点的再度阐释。其实，曹诗多是乐府，然主体色彩鲜明。从乐府发展史上说，是汉音的终结者；从抒情主体性上说，又是魏响的引领者。以乐府写时事，具有强烈的抒情性，曹操的确是第一人；且如鲁迅所说，曹操是“改造文章的祖师”，“没有顾忌，想写的便写出来”，个性色彩十分浓郁。就后一点而言，则是“魏响”。

所谓“魏响”就是指不同于汉末文学的建安文学。也就是说，曹操是建安文学的领袖人物。因此研究曹操与建安文学的关系，也成为民国时期的一个热门话题。钱振东较早注意这一问题，先后发表《建安诸子文学的通性》《魏晋文学之时代背景》两篇论文，明确指出：“再加上他们自己的文学环境，于是散文的辞藻，就变为清峻了。”[②]紧随其后的是关健南。其《建安文学底时代背景》说：“曹操以‘一世之雄’，当‘朝野崩离，纪纲文章荡然’之际，因缘时会，取得最高政权。于是治棼理丝，大发挥其政治铁腕，重刑名，用法治，以振颓风，结果法家思想大盛，而儒家之经术思想就衰。法家思想务在深文，文学受其影响，自然也就厚重谨严而为深刻了。……法家思想既经把拘束人心底经术思想打破，于是社会思想便由谨严而趋于旷达，这种旷达的思想表现在文学上自然通脱驰骋不循故常了。”[③]当然，他的

① 汪长锐《曹氏父子研究》，《惊蛰》，1935年第1卷第1期。

② 钱振东《建安诸子文学的通性》，《国立北平师范大学国学丛刊》1931年第1卷第1期。

③ 关健南《建安文学底时代背景》，《南开大学周刊》1932年第129，130期。

研究多半集中在曹操文学风格形成的时代和主体原因，但是他把法家思想作为乱世中的一种文化思潮，不独曹操一人所崇尚，这是非常有历史眼光的。此后，李家瑞《曹家文学》明确指出："时代之思想环境，攸关于文学者，至深且巨。"建安之际，战祸频仍，百姓流离，人命危浅，"是以当时文学之士，咸有人生如寄，为欢几何之感。发为诗文，则为慷慨，为唏嘘。情深音怨，气充辞沛"，"此皆时代环境之影响于文学，而使之不得不然者也"[①]。

在1959年"替曹操翻案"的争鸣中，今果《曹操与建安文学》是为数不多的专论曹操文学的论文。论文细致论述了建安文学的价值："首先在于真实地反映一定历史阶段社会生活中最本质的东西。……建安文学就它的总倾向和主导方面来说，它比较深刻地批判了汉末腐朽政权和豪强权贵统治的罪恶，相当充分地表达了当时人民群众疾苦和声音，可以说，建安文学是汉末、三国时代的一面镜子，它从艺术的角度，反映了这个充满了变动和灾难的年代。"曹操诗歌正是"一针见血地击中当时社会生活的要害"，而且"曹操是建安文学的倡导者和组织者……以邺都文士集团为骨干的建安文学的队伍，在很大程度上，是曹操培植起来的"[②]。虽然文章难免浸染特定的时代特点，但是比较系统论述了曹操与建安文学的关系，肯定了曹操在文学史上的崇高地位。胡明《关于三曹的评价问题》指出："曹操对建安文学繁荣与发达的贡献主要在政治上为之提供了一个稳定良好并不算太祥和的外部环境。其次是他身体力行带头为建安诗文注塑新气象，开创新传统，建立特定时代的文采风骨使之放射异彩而作出的不朽努力。"[③]另外，曹操虽然没有明确的文学主张，但是其

① 李家瑞《曹家文学》，《北京大学日刊》1924年第11分册。

② 今果《曹操与建安文学》，《安徽史学通讯》1959年第3期。

③ 胡明《关于三曹的评价问题》，《文学评论》1993年5期。

领袖群伦的政治地位、文学作品所浸润的审美风貌，也影响了建安文学理论与批评的形成。早期张道仁《建安诗的批评》（《大夏月刊》1929年第2期），虽然言之不详，却有开创之功。近年来，宋亚莉、郑杰文《曹操与汉末士人的交往及建安文学批评的形成》（《理论学刊》2015年第3期），熊建军、顾兴德《曹操文学创作与文学理论关系研究》（《石河子大学学报》2021年第5期），即弥补了张氏研究的缺失。

第二，三曹文学特点比较。三曹（操、丕、植）是建安文学的中流砥柱。所以钟嵘《诗品序》曰："降及建安，曹公父子，笃好斯文；平原兄弟，郁为文栋；刘桢、王粲，为其羽翼。次有攀龙托凤，自致于属车者，盖将百计。彬彬之盛，大备于时矣。"三曹父子血脉相连，文化同根，其文学审美趣尚也必然同宗。故《文心雕龙·乐府》又说："至于魏之三祖，气爽才丽，宰割辞调，音靡节平。观其《北上》众引，《秋风》列篇，或述酣宴，或伤羁戍，志不出于淫荡，辞不离于哀思，虽三调之正声，实韶夏之郑曲也。"刘勰所言之"三祖"乃指操、丕、睿，因魏明帝立"三祖庙"而连带称之。钟嵘《诗品》下说："曹公古直，甚有悲凉之句；睿不如丕，亦称三祖。"刘勰虽批评操、丕作品情感放荡，言辞慷慨，背离了"清商三调"的雅正，犹如《韶》《夏》之于郑声，实际上恰恰揭示了操、丕父子的乐府创新性。而这一点在曹植创作中表现尤为突出。

刘勰对建安文学的批评相对偏颇，后来研究，不断纠偏。民国时期的学者，既注意其共性，如陈登原对曹操乐府评价尤高，认为丕、植乐府受其直接影响，"曹公乐府诸作，真能启迪二儿者矣"①；也注意其差异性，如曾毅《中国文学史》则

① 陈登原《曹操评》，《金陵学报》1933年第3卷第2期。

认为“孟德如猛将，子桓如美媛，子建如贵宾”[1]，明确指出三曹的差异。其实，从折中的态度看，三人同异互见。李家瑞《曹家文学》在论述建安文学的特点及其成因之后，特别点明：“遍观曹氏三代之诗文，咏叹慷慨之作，实逾其半。”其共同处，“文意相生，辞气并逐”，不同处在于曹操“风格苍劲，气色古朴”[2]。对这一问题，杨剑花阐释最为周详：“魏晋文风之嬗变，曹氏三父子实为其枢纽。子桓为文，便娟婉约，一变其父沉鸷雄粲之作风，而为徘徊俯仰，是能深于情者。子建郁郁不自得，虽为贵胄，而一生坎坷，为文慷慨隽逸，无乃兄柔娟之态。父兄多才，渠尤独步。可知曹氏三父子，各有所长，而文笔亦各自成一体，风格殊不相类，以大体论之：曹操著作少，陈思王最丰富，学问则相若，而天才则以陈思王为冠。”[3]他认为，曹操为文“奇伟、古劲，具两汉之遗风”；曹丕为文“娟媚如处子”；曹植“骨气奇高，词采华茂”。三人各有所长，自成一体。评价三人长短，成为一时热点，如汪长锐《曹氏父子研究》（《惊蛰》1935年第1卷第1期）、关健南《建安文学底时代背景》（《南开大学周刊》1932年第129期、130期）、徐百康《三曹文学管规》（《桃坞》1946年刊）等等，且又引起三曹孰优孰劣的争论以及在文学史的定位问题。

这个争论一直延续到新中国成立以后。蔡厚示极力推崇曹操：“综观曹操的全部诗作，虽不能过誉为‘无篇不奇’，但就志深笔长、梗概多气两点而言，确不愧为‘建安风骨’之冠，连他的儿子曹丕、曹植也略逊一筹，七子之徒更是望尘莫及了。”[4]

---

① 曾毅《中国文学史》，上海泰东书局1915年，第91页。

② 李家瑞《曹家文学》，《北京大学日刊》1924年第11分册。

③ 杨剑花《魏晋文学拓荒者曹氏父子评传——孟德、子桓、子建之文学及其影响》，《经纶月刊》1942年第2卷第4期。

④ 蔡厚示《曹操诗歌艺术剖析》，《文史哲》1983年第5期。

后来研究逐渐深入，李洲良细致地比较曹操与曹丕诗风：广而言之，一为阳刚，一为阴柔；狭而言之，一为雄浑苍劲，一为清丽婉约。曹操诗歌意象的特征是大、壮、古、朴，主要采用赋的手法来组合。曹丕诗的意象却是小、弱、柔、丽，主要采用比兴手法来组合[①]。傅正义又从题材选择、思想内容、总体风格、表现手法、语言色彩、艺术形式六个方面比较了三曹诗歌的异同点[②]。此外，李南冈《试谈三曹诗歌的审美特征》（《东北师大学报》1983年2期）、王昌献《论三曹诗“气”及其风格差异》（《安徽师范大学学报》1984年2期）、沈念慈《“三曹”乐府的音乐特色》（《艺谭》1984年2期）等论文，或论其同，或论其异，但是在广度和深度上，都没有突破性成果——见仁见智，各有其是。

由上可见，文集整理校释，直至新中国成立以后才取得突破性成就，而对于曹操思想风格、曹操与建安文学关系以及三曹比较，基本上还是盘桓在民国研究的苑囿之中。倒是在曹操作品的实证研究和审美研究等方面，逐步深入，走向辉煌。

三、诗歌与散文创作研究

任何关于一代文学、文学群体以及作家的整体研究，都必须建立在文本研究的基础上。曹操虽然一生戎马倥偬，墨突不黔，但手不释卷的勤奋、横槊赋诗的个性及事必躬亲的案牍写作，使之留下大量的应用文体和诗歌创作。其中诗十五题二十四首，令八十九题九十四首，教八首，表二十四首，上书、奏事六首，策二首，书信二十五首，祭文一首，题识、序三首。除了诗歌之外，所有应用文体都统称为“散文”。

① 李洲良《三曹诗歌的意象与风格》，《北方论丛》1991 年 4 期。

② 傅正义《三曹诗歌异同论》，《重庆师范学院学报》1993 年 2 期。

在曹操创作中，诗歌和散文既各有特点，又互相贯通。后人有整体风格研究，也有诗歌和散文分类研究。

风格是作家主体生命的审美性呈现，其中思想个性和审美态度是作家主体生命的主要表征。就思想个性来说，曹操是刑名思想的倡导者，也是儒家思想的继承者。《三国志·魏书·武帝纪》说："揽申、商之法术，该韩、白之奇策。"傅玄《举清远疏》也说："近者魏武好法术，而天下贵刑名。"这种思想根底和御政方式，加之时世乱离的深刻影响，形成曹操诗文独特的风格。唐元稹《唐故工部员外郎杜君墓系铭并序》说："建安之后，天下文士，遭罹兵战，曹氏父子，鞍马间为文，往往横槊赋诗，故其遒文壮节，抑扬怨哀，悲离之作，尤极于古。"[①]这种对曹操文学成就及整体风格的认知，历代评价大致趋于一致。随着现实主义和浪漫主义理论的引入，人们的研究视野发生了转变。如钱振东《魏晋文学之时代背景》说："笃行未必见用，放荡未必见摈，于是士风日趋颓放之途。至竹林七贤，遂至颓废之境，浪漫性之文学，乃胚胎于此矣。"[②]认为曹操用人，"唯才是举"，"放荡"之人亦见重于世，导致士风的变化，促进了建安浪漫文风的形成。在"清峻""通脱"中，又发现"放""放荡"，并认为这是魏晋浪漫文学的源头——颓废派的浪漫主义。这一说法，立论或可商榷，观点却有启迪性。

在曹操创作研究中，诗歌历来最受关注，人们尤其注意其横槊赋诗所形成的诗歌个性风格。如南宋敖陶孙《臞翁诗评》说："魏武帝如幽燕老将，气韵沉雄。"（魏庆之《诗人玉屑》引）沈德潜《古诗源》说："孟德诗沉雄俊爽，时露霸气。"从风格上说，"沉雄""俊爽"的确得其三昧。陈祚明《采菽堂古

① 董诰等编《全唐文》，中华书局1983年，第6649页。

② 钱振东《魏晋文学之时代背景》，《国立北平师范大学国学丛刊》1931年第1卷第2期。

诗选》卷五又说：“跌宕悲凉，独臻超越。”在英雄之气中见其“悲凉”，在史诗描述中见其“超越”，确实表现出陈氏独特的艺术眼光。

近代以来，关于曹诗整体风格研究，绝少歧见，唯有所论深浅而已。汪长锐《曹氏父子研究》檃栝前人“慷慨”“沉雄”，以之概括曹诗风格[①]。汪辟疆《汉魏诗注·魏武帝》“按语”阐释更为细致：“惟魏武以雄鸷之才，负匡时之略，鞍马论文，横槊赋诗，于激昂慷慨之中，有规模宏远之意，不拘拘于绳尺，不屑屑于时名，而其辞之横绝瑰丽，傲岸自喜，则诗如其人。宜其高视一时，跨越百代，同时作者，咸莫能及。”[②]郭伯恭《魏晋诗歌概论》指出：“因为他半世生涯都在戎马仓皇里，耳闻目见，均为伤心的环境和凄怆的材料。所以他的诗歌，遂充满了慷慨悲放之气。”[③]长期征战，所见满目疮痍，“千里无鸡鸣，念之断人肠”，遂形成慷慨悲凉、通脱放达的风格。在“悲”中又拈“放”字，与“规模宏远”构成呼应之势。陈美朴、郑振铎等人持论与汪、郭氏基本一致。

新中国成立后，陈飞之《论曹操诗歌的艺术成就》虽也以“风骨”为核心探讨曹诗风格，然而特别点明曹诗“深化了《诗经》以来的忧时悯乱的现实主义传统，对建安时代社会人生中的种种矛盾能够尽情披露，把现实主义诗歌的批判精神推进了一大步”；“发展了《离骚》以来的浪漫主义精神，强化了生的意志及其主观能动作用，富有强烈的奋斗不止的鼓舞力量，增强了我国浪漫主义诗歌的积极因素”[④]。这就将民国所论曹操颓废的消极浪漫主义，又拉到了向上的积极浪漫主义。后来，也有许多

① 汪长锐《曹氏父子研究》，《惊蛰》1935 年第 1 卷第 1 期。

② 汪辟疆《汪辟疆文集》，上海古籍出版社 1988 年，第 171 页。

③ 郭伯恭《魏晋诗歌概论》，上海商务印书馆 1936 年，第 31 页。

④ 陈飞之《论曹操诗歌的艺术成就》，《文学评论》1983 年第 5 期

专题论文研究曹操诗文的风格，如燕世超《略论曹操诗歌的悲壮美》（《学术界》1993年第10期）、霍雅娟《悲凉慷慨，沉雄顿挫——论曹操诗歌的悲壮美》（《内蒙古师范大学学报》1994年第6期）、贾长营《气韵雄浑，慷慨悲凉——浅谈曹操的诗歌》（《北京广播电视大学学报》2000年第2期）、马志英《论曹操诗歌的悲情色彩及审美体认》（《北方民族大学学报》2012年第2期）等等，都难以翻出民国大家研究的手心，曹诗风格研究似乎已经进入瓶颈。事实上，曹操诗文俊爽的一面，至今尚无专论剖析之。而曹操诗文浓郁的儒家人文色彩，虽有专题论文如孙明君《论曹操对原始儒学精神的诗化》（《陕西师范大学学报》1996年第3期）、吴怀东《经学盛衰与曹操诗歌革新》（《江淮论坛》1999年第3期）等，但由此而形成不同于“沉雄”的“俊爽”风格似乎也没有深入发掘。

单篇作品和分类研究，是曹诗研究非常热烈的部分。1944年林庚《谈曹操〈短歌行〉》认为：“曹操这一首《短歌行》是古诗的代表，它代表着人生的两面，一方面是人生的忧患，一方面是人生的欢乐。……古诗是《楚辞》与《诗经》的产儿。它一方面不失为楚辞上永恒的追求，一方面不失为一个实在生活的表现。这乃是古辞乐府中最可珍贵的一点。它是一个对于人生认识得更透彻后的丰富的生活。”[①]文章发表后，受到王福民的反驳。其《再谈曹操的〈短歌行〉》说：“我们把这首歌行详细念一遍，便可知道里面没有一点儿欢乐的成分。”“他是有欲望有野心底‘吃肉动物’；‘东方渐高’能使沉溺者转进更深的悲哀，这‘一世之雄者’，经过了‘龙腾虎跃’的生活之后，由‘慨当以慷，忧思难忘’到了‘忧从中来，不可断绝’；再进一步，竟在漫长的人生历程上找不到一枝可栖；这是多么令人悲哀

① 林庚《谈曹操〈短歌行〉》，《国文月刊》1944年第27期。

的事情呢！”[①]所以不厌其烦引用，因为这一问题至今仍然是一个关注热点。如杨宝林《〈短歌行〉新解》（《辽宁大学学报》1991年6期）等。另外，民国时期，程会昌《曹孟德〈蒿里行〉“初期会盟津乃心在咸阳”解》（《国文月刊》1949年第77期），运用乾嘉学派考据的方法，考史论诗，实际上在曹诗研究上具有重要意义。新时期以来，李成蹊《曹操〈短歌行〉旧训中的几个问题的探讨》（《徐州师范学院学报》1989年第4期）、袁传璋《曹操〈短歌行〉剩义拾零》（《安徽师范大学学报》2012年第1期），算是一个遥远的回应吧。

曹操诗的分类研究，早期多关注于诗歌体裁。民国时期，或认为四言诗成就斐然，代表曹诗最高成就。章太炎就说曹操四言诗：“上不摹拟《诗经》，独具气魄。”[②]需火甚至认为：“曹操的四言乐府，尤其后无来者，独步诗坛。”[③]持这类观点人数众多，如郑振铎、陈美朴、萧涤非、刘大杰等，但是否定曹操四言诗的学者也不在少数。如郭伯恭从文学进化的观念出发，指出建安是四言衰退的时代，即使“以操的大才，也终究挽回不过来已经死去了的四言诗的命运”[④]。沈达材又从艺术层面上历数曹操四言乐府的失败之处：一是有很多无谓的堆砌，二是叙事太烦琐，三是教训（说理）太多。即使如《短歌行》之类的名篇，也不免有蹈袭风雅词意之讥。他极力称赞其五言诗，认为是有生命的文学，最能代表并体现曹操诗歌创作的新倾向，即民俗化色彩[⑤]。

新中国成立后，学界很少着眼于曹操作品的体裁。在内容决

① 王福民《再谈曹操的〈短歌行〉》，《国文月刊》1947年第60期。
② 章太炎著，曹聚仁编《国学概论》，泰东图书局1922年版，第118页。
③ 需火《论曹操》，《南风月刊》1948年第2期。
④ 郭伯恭《魏晋诗歌概论》，商务印书馆1936年版，第34页。
⑤ 沈达材《建安文学概论》，北平朴社1932年版，第99—104页。

定形式的另一种思维模式下，题材是否具有积极或消极意义则成为热点。其中，关于游仙诗讨论最为热烈，如陈飞之《曹操的游仙诗》（《学术月刊》1980年第5期），农作丰《关于曹操游仙诗的评价》（《广西师范大学报》1993年1期）、顾农《曹操游仙诗新论》（《山东师范大学报》1993年3期），这些论文都从不同角度肯定了曹操游仙诗的积极意义，带有比较浓郁的“翻案”意味。但是张士骢则认为曹诗“走的是一条从现实主义到背离现实主义的诗歌创作道路”，其后期“诗歌中的社会现实因素愈来愈稀薄，雄心壮志完全被神仙烟霞所包围，为长生久视的欲求所消融，形成了纯粹的游仙诗”[①]。此外，关于曹诗用事、用典研究也成为关注焦点。就对《诗经》引用而言，张振龙认为，曹氏家族浓厚的儒学家学传统，以及曹操已有自觉地用事意识和依经立义书写原则，是其重视《诗经》的主要动因[②]。李健则从审美表达上阐释曹操将《诗经》比兴引入的诗学意义[③]。随着时间推移，研究越来越趋向于细化。

曹操散文研究相对寥落。刘勰所谓“观其时文”固然包括曹文，但专门论述唯有《文心雕龙·诏策》“魏武称作敕戒，当指事而语，勿得依违”，其他则不多见。连极具个性的诏令也没有进入刘勰的视野，只是到了近代才逐渐受人重视。学者特别注意发掘曹操诗文风格与思想个性之间的联系。如刘师培《中古文学史讲义》明确指出：“两汉之世，户习七经，虽及子家，必缘经术。魏武治国，颇杂刑名，文体因之，渐趋清峻。”[④]鲁迅《魏晋风度及文章与药及酒之关系》有更为深刻的阐释。简要言之，曹

① 张士骢《论曹操诗歌的创作道路》，《江淮论坛》1988年第6期。

② 张振龙《曹操作品引用〈诗经〉原因探析》，《信阳师范学院学报（哲社版）》2013年第1期。

③ 李健《曹操〈短歌行〉对〈诗经〉比兴的创造性化用》，《古典文学知识》2011年第6期。

④ 刘师培《中国中古文学史讲义》，上海古籍出版社2000年，第7页。

操崇尚刑名，力倡通脱，影响到文章，就形成了“清峻”“通脱”的风格。

新中国成立以后，曹操散文研究基本处于停滞状态，直至新时期才有极大改观。张啸虎从“风遒骨劲”“骨气奇高”“雅好慷慨”“文体清峻”四个层面，论述曹操人格、作风与文章风格的内在关联性[①]。高光复认为曹操散文风格简约严明，抒情真切感人，既有清峻通脱的语言风格，又有严整而不拘于一式的结构体系[②]。张亚新将曹操散文的艺术特色总结为三点：一是“清峻”，即篇制短小，文意清楚，议论严密尖锐；二是“通脱”，即表意不作假，行文无拘束；三是一些应用文有充沛感情，有人物形象；语言朴直凝练、生动形象[③]。刘运好概括说，曹操散文的意义：“从史的角度说，涉及了众多历史大事，是一部真实的汉末风云录；从人的角度说，勾勒了饱满的人物情性，是一部生动的人物写真集；从文的角度说，呈现了多样的文章风格，是一部公文的审美教科书。”曹操散文的风格：“以通脱个性为核心，以气势充沛为内质，以斩截自然为形式，三者之间的交融互生，形成清峻、朗畅、潇散的审美风格。然而通脱而又谨严，鼓荡亦有顿挫，斩截兼有曲折。”并且认为：“这种文章风格的多样性与作者主体性格的复杂性，恰恰构成内在的逻辑关联。”[④]此外，张可礼《建安文学论稿》（山东教育出版社1986年版）、郑孟彤《建安风流人物》（山西人民出版社1989年版）等专著，对曹操散文也详细论述。这一时期研究的深入还表现在具体问题的探讨上。如张振龙在论述曹操引用《诗经》的基础上，又扩展到曹操散文的语典和事典的运用。特别指出，所引语

① 张啸虎《曹操文章与建安风骨》，《社会科学辑刊》1981 年第 4 期。
② 高光复《简论曹操的散文》，《求是学刊》1981 年第 4 期。
③ 张亚新《曹操散文的艺术特色》，《求索》1983 年第 5 期。
④ 刘运好《真实的人生记录：曹操文学的主体特点（下）》，《文史知识》2021 年第 6 期。

典在于明理和抒情，事典也有重新诠释和变化[1]。安鹏翔通过考察曹操的仕宦经历，对前人判定的时间逐一分析，认定《陈损益表》应该作于建安元年（196）九月初七领大将军到罢免三公的这一段时间内[2]。另有数篇硕士论文，或论曹操的笔法特征，或论曹操的令体文，都推进了曹操散文的深入研究。

回顾近百年来，关于曹操创作研究，或论述整体风格，或析为诗文二体；或着眼于体裁，或落实在题材；或以文学理论观照文学，或以乾嘉学风诗史互证，都取得了丰硕成果。但是，文学研究并非产生于象牙塔中，难免接受时代风云的洗礼；思维方式也难免受到时代的局限，其中既有成功经验，也有可汲取的教训。

结语：学术史的启示

回顾历史，是为了研究历史。百年曹操学术研究史，既给我们提供了他山之玉，提升当代学术研究的起点；也给我们提供了前车之鉴，避免以后学术研究的弯路。学术研究固然是个人的学术创造，带有鲜明的个性，但是也无可避免地接受历史典籍、意识形态、文化思潮及已有研究的深刻影响。这种影响有积极的引导意义，但是若不悉心辨析，一味“拿来”，也可能误入歧途。

第一，研究历史典籍，注意语境还原。历史叙事有两种情况比较复杂：一是历史的存在，本是一堆碎片化场景的组合，其中有必然性、规律性，也有偶然性、突发性。历史的发展趋势本有多种可能的选项，因为机缘巧合，某一选项成为唯一，而历史学家通常从唯一的选项出发，逆向寻绎历史存在的因果律，以此构建“真实”的历史叙事框架，后人往往确信不疑，从而造成历

① 张振龙《曹操散文中的语典和事典》，《中州学刊》2012 年第 1 期。

② 安鹏翔《曹操〈陈损益表〉作时考论》，《宁夏师范学院学报（社会科学版）》2010 年第 5 期。

史认知的误区。二是权力的选择与道德的冲突，在封建统治者身上往往是一种悖论式的真实存在。他们为了最大限度地攫取权力，以一种非道德的方式清洗甚或杀戮政敌，是一种常态，著名的“玄武门之变”是经典例证，后人的选择性记忆造成“有意识”的遗忘，李世民也就成为一代明君。有时又因为历史学家的政治倾向对部分历史真实的刻意放大，或文学家的主观喜好对部分历史真实的有意扭曲，后人对这种被放大、歪曲的历史也深信不疑，如曹操误杀吕伯奢就是如此，因此也成为其刻毒、自私的标签。对于这类史籍，必须注意在前人提供的有限史料中，按照历史逻辑，重新剪辑、拼接，力求还原历史语境。如曹操在出逃途中，因仓皇而生疑，误杀吕伯奢一家是合乎常理的，但对一个机警而善于权术的曹操来说，十分明了收买人心是乱世称雄的基本策略，在那种情境下，怎么可能再发“宁我负人，毋人负我”——令天下人心冷且将自己推向道德审判台的愚蠢议论？如果还原历史语境，就不难判断这种记载的荒谬。其实，对于曹操由忠于汉室到觊觎汉室的过程，对于孔融、杨修等人被杀，如果通过一系列历史细节的语境还原，就不可能掉进史籍的叙事陷阱。

第二，考察意识形态，探求历史动因。中国封建时期，随着王朝更迭，统治手法也不断花样翻新，因此不同朝代的国家意识形态也不尽相同。然而，一个民族特定的文化传统又逐渐积淀为特殊的文化心理结构，不自觉地支配人们的思想行为，这又形成一种“集体无意识”的意识形态。另一方面，每一王朝所形成的意识形态并非随着王朝的消亡而消亡，前一王朝的国家意识形态也可能成为新的文化因子积淀于文化心理结构中。这种特定的文化心理结构往往成为群体自觉的士大夫阶层所尊崇的传统意识。简单地说，国家意识形态具有鲜明的时代性，体现君主意志；传统意识形态具有稳定的连续性，形成历史惯性。就一个朝代而言，国家意识形态和传统意识形态有叠合，也有分离。如

《三国志》对曹操褒赞有加，以彰显历史功绩为主；到了南朝范晔《后汉书》以及宋代萧常、元代郝经的《续后汉书》，不再有陈寿所接受的国家意识形态，自觉的士大夫传统意识形态上升为主体，抽去了曹操在乱世中拯救垂死之汉室的特定历史情境，全然站在儒家忠君的立场上，于是咬牙切齿地痛骂曹操"欺世盗国""欺天下后世"。我们在阅读这些史籍时，务必明了两种意识形态的交互影响，历史张力的对立与消解，悉心探究每一观点出笼的历史动因，才能避免让别人在自己的思想上面跑马。

第三，厘清文化思潮，谨防矫枉过正。任何学术（文学）研究既是时代文化思潮的有机组成部分，又深受时代文化思潮的影响。一个时代的文化思潮随着新鲜血液的输入，往往能够提供崭新的理论视野，改善人的思维结构以及观照事物的视角和方法。然而，在时代新旧交替之时，人们满怀激情拥抱新的时代文化思潮，也最容易走进矫枉过正的思维桎梏之中。比如辛亥革命之后，面对积贫积弱的旧中国，"师夷之长技以制夷"成为拯救旧中国的时代强音，于是西方学术大量涌进，加之那一时期学者多有留学经历，乱世呼唤"超世之杰"与一切向西的学术转向，造就了民国时期学术繁荣的同时，也使民国学术留下矫枉过正的暗伤。他们打碎了旧道德的桎梏，重塑曹操乱世英雄的形象，但是如果理性地判断民国时期关于曹诗研究，大都带有那个时代"偏激"的鲜明印记。如沈达材赞赏文学的"民俗化"这本来是不错的，但是说曹操五言诗具有民俗化色彩，并因此而全盘否定他的四言诗，就显然矫枉过正了。在一个激烈动荡的时代，人们急于"破"旧而"立"新，矫枉难免过正，这也是一种常态，但是这种思维方式势必影响对历史的正确评价。其实，郭沫若认为曹操是黄巾路线的执行者，陆侃如认为曹操诗歌"为其法治路线服务"，也可作如是观。

第四，揣摩研究成果，注意比较对比。传统的文学批评大多是印象式批评，印象式批评的叠加就形成整体批评。印象式批评是建立阅读直观的基础之上，具有强烈的主体性。如果作者的观点建立在整体阅读的前提下，这种印象式批评往往能够直击审美对象的本质。但是如果作者存在阅读“盲点”，这种印象式批评所得出的结论就必须留心了。比如南宋敖陶孙说曹诗“气韵沉雄”，清沈德潜又说“沉雄俊爽，时露霸气”，究竟哪一种说法更切合实际？因为沈德潜《古诗源》是诗歌选本，是在全面阅读曹诗的基础上选其精品，所以他在“沉雄”中又发现了“俊爽”。如果仅就《蒿里行》《短歌行》等作品说，确是沉雄，然而《步出夏门行》《龟虽寿》等作品，显然在于俊爽。即使是同一作品如《短歌行》（对酒当歌），是否是沉雄中亦有俊爽？如果我们沿着“沉雄”一路而忽略了“俊爽”，显然就误入歧途了。曹操诗歌的俊爽与文章的通脱，恰恰构成内在个性的一致性，而后一点又被大多学者忽略了。所以，一般说来，选本批评与印象式批评往往更具有科学性。只有注意比较对比，才能准确地汲取扬弃。不过，无论是历史研究还是文学研究，也是在不断纠正前人“误读”的基础上而生生不息，就这一点上说，我们似也不必苛求前人。

总之，阅读典籍，必须善于捕捉细节，甄别真伪，还原合乎逻辑的历史场景。阅读史评，必须细致考察意识形态的影响，辨明国家意识与“集体无意识”所形成的二元张力，厘清悖论存在背后的历史动因。考量前人研究成果，必须注意文化思潮——尤其是代际之间的文化裂变所出现“批评焦虑”，谨防矫枉过正；注意同异比较，回归文本，参酌取舍，同时将印象直观与整体阅读互相贯通。唯有如此，才可能在理论观念上有所突破、研究方法上有所创新，从而建构一种新的研究模式。

汉魏诗选按语·魏武帝

◎汪辟疆

按邺下时体，竞尚五言。群伦宗尚，时号新体。至于四言遗制，乐府短歌，诵习既罕，继武遂难。惟魏武以雄鸷之才，负匡时之略，鞍马论文，横槊赋诗，于激昂慷慨之中，有规模宏远之意，不拘拘于绳尺，不屑屑于时名，而其辞之横绝瑰丽，傲岸自喜，则诗如其人。宜其高视一时，跨越百代，同时作者，咸莫能及。此体既出于乐府古辞，而《史记·留侯世家》之《黄鹄歌》，《乐府诗集》所引琴曲之《采芝歌》，以及瑟调曲之《善哉行》等篇，并为孟德歌行所祖述。渊源具在，不难缕指。钟氏品诗，但取五言，鲜及乐府。即以五言论，其所标举，亦在风格彩藻兼擅之作。清刚若越石，冲远如陶公，不列上品，则于孟德之雄厉独绝者，安能具真赏耶?

（附：《汉魏诗选按语》是从汪老师所编中国诗歌史讲义附录中辑录出来的，全书未完，所以只能就现存部分选抄。其中所涉及的考证方面的问题，有些在今天已有新的结论，但老师对这一历史阶段诗歌流变的论述及作家风格的辨析，仍然使人感到是很精辟的，值得重视的。——程千帆《汪辟疆文集·后记》）

（原载《汪辟疆文集》，上海古籍出版社1988年版）

谈曹操《短歌行》

◎林　庚

曹操这一首《短歌行》是古诗的代表，它代表着人生的两面，一方面是人生的忧患，一方面是人生的欢乐。而所谓两面：也就是人生的全面。整个的人生中，自然含有一个生活的态度。所以我们说古诗是《楚辞》与《诗经》的产儿。它一方面不失为楚辞上永恒的追求，一方面不失为一个实在生活的表现。这乃是古辞乐府中最可珍贵的一点。它是一个对于人生认识得更透彻后的丰富的生活。

这首诗从“对酒当歌，人生几何”，到“但为君故，沉吟至今”，充分表现着《楚辞》里的哀怨。一方面是人生的无常，一方面是永恒的爱慕。宇宙间的美与失望到这里都得到了证实；而“呦呦鹿鸣”以下四句，却是尽情的欢乐。李白《乌栖曲》：“姑苏台上乌栖时，吴王宫里醉西施。吴歌楚舞欢未毕，青山欲衔半边日。银箭金壶漏水多，起看秋月坠江波，东方渐高奈乐何！”由沉溺趋于醒觉，由欢乐变为哀歌。这里却是由哀愁变为欢乐。变换不同，异曲同工。你不晓得何以由这一端忽然会走到那一端去。情词婉转，天衣无缝，仿佛本来就该是这么一回事似的。这才是真正的人生的感觉。这一段如是，下一段也如是，“明明如月，何时可掇？忧从中来，不可断绝。越陌度阡，枉用相存。契阔谈宴，心念旧恩。月明星稀，乌鹊南飞，绕树三匝，何枝可依”。缠绵的情调，把你又带回更深的哀怨去。但“山不厌高，海不厌深”终于走入“周公吐哺，天下归心”的结论。上下两段是一个章法。但是你并不觉得重复，你只觉得卷在悲哀与欢乐的旋涡中，不知道什么时候悲哀没有了，变成欢乐，也不知道什么时候欢乐没有了，又变成悲哀。这岂不是一个整个的人生吗？把整个的人生表现在一个刹那的感觉上，又都归于一个最实在的生活，“我有嘉宾，鼓瑟吹笙”不正是当时的情景吗？“周公吐哺，天下归心”因此乃说着横槊赋诗的雄心。

“青青子衿”到“鼓瑟吹笙”两段连贯之妙，古今无二。《诗经》中现成的句法一变而是有了《楚辞》的精神，全在“沉吟至今”一句的点窜。那是“青青子衿”更深的解释，《诗经》与《楚辞》因此才有了更深的默契。从《楚辞》又回到《诗经》与《鹿鸣》之诗，这样乃打成一片。这是一个完满的行程，也便是人生旅程的意义。“月明星稀”何以会变为“山不厌高，海不厌深”，几乎更不可解。“山高月小”，原是天然的景色，所谓“明月出天山”，才足以说明这气象。至于“海上生明月”呢，而“沧海月明珠有泪”那不就深沉在海底吗？古辞说：“枯桑知天风，海水知天寒。”枯桑何以知天风，因为它高；海水何以知天寒，因为它深。唐人诗：“一叶落知天下秋。”我们对于宇宙万有正应该有一个“知”字，然则既然是山，岂可不高；既然是海，岂可不深呢？“并刀如水，吴盐胜雪”，既做了刀，就应该雪亮；既做了盐，就应该雪白。那么就不必问山与海了。

山海之情，成为漫漫旅程的归宿。这不但是乌鹊南飞，且成为人生的渴念。山既尽其高，海既尽其深。人在其中，乃有一颗赤子的心。孟子主尽性，因此养成他浩然之气。天下之所以归心，我们乃不觉得是一个夸张。

（原载《国文月刊》1944年第27期）

魏武乐府歌词

◎游国恩

魏武乐府歌词多有所本。如《碣石篇》编录第一章云："神龟虽寿，犹有竟时；腾蛇乘雾，终为土灰。"按《庄子·外物篇》云："神龟能见梦于元君，而不能避余且之网；知能七十二钻而无遗策，不能避刳肠之患。"此所谓"神龟虽寿，犹有竟时"也。又按《韩非子·难势》篇引慎子曰："飞龙乘云，腾蛇游雾。云罢雾霁，而龙蛇与蚓、蚁同矣，则失其所乘也。"《淮南·主术训》亦云："腾蛇游雾而动，应龙乘云而举。"又《说林训》亦云："腾蛇游雾，而殆于蝍蛆。"《史记·龟策传》亦云："腾蛇之神，而殆于蝍蛆。"此并腾蛇乘雾之说之所本也。又《蒿里行》一章有"铠甲生虮虱，万姓以死亡"之言。按《汉书·严安传》，安上书云："介胄生虮虱，民无所告诉。"则知此文盖用严安语。

（原载《国文月刊》1945年第38期）

再论曹操的《短歌行》

◎王福民

国立厦门大学教授林庚先生，主讲中国文学史有年，曾撰《谈曹操的短歌行》一文，载本刊第二十七期，内容要点如下：

1.那首歌行代表人生的两面——人生的忧患与欢乐。

2.自“对酒当歌”至“沉吟至今”是“永恒的爱慕”；自“呦呦鹿鸣”至“鼓瑟吹笙”是“尽情的欢乐”；“明明如月”至“何枝可依”是“把你带入更深的哀怨去”；但“山不厌高，水不厌深”，终于走入“天下归心”的结论。

3.从“月明星稀”何以会变为“山不厌高，水不厌深”呢？唐人说“一叶落知天下秋”，我们对宇宙的万有，正应该有一个“知”字：既然是山，岂可不高？“并刀如水，吴盐胜雪”，既然是刀，就应该雪亮；山海也是如此。

4.山海之情是人生的归宿，乌鹊南飞也是人生的渴念；山海既高深，人在其中，乃有一颗赤子之心。

他好像是用研究诗歌原理的方法来研究这首歌行的。他这样的解释诗，和我的兴趣正相投。因为忻喜的缘故，所以草就这篇文章来凑热闹，把林先生讲得不够透辟的地方，再加以充实；意见不同的地方，也坦白地提出来，望林先生与本刊的编者、读者加以指教！

我们把这首歌行详细念一遍，便可知道里面没有一点儿欢乐的成分。

诗人和哲学家的感觉都是敏锐的；他们对人生痛苦的感受和反应也特别厉害。曹氏在当时是“一世之雄”，当他雄视海内之后，更加感到人生的空虚，——我们经过一次盛大的游艺会或庆祝会。在那种会未进行之前，我们是满怀着热望，及举行之后，便常常使我们惝然若有所失。受到那种“空虚”“无聊”的痛苦，是在不知道要举行那些盛大集会之时所没有的。懂得这个道理，然后来念这首歌行，便思过半了。

自“对酒当歌”至“去日苦多”四句，有两种意思：一是人生的短促，一是人生的痛苦。

古代以色列的民族英雄摩西是领导以色列族出埃及的英雄。当他事业初步成功之时，也有同样的感觉。诗篇九十篇就是一首他感觉到人生是“短促的”“痛苦的”的诗：“你使世人归于尘土；说：你们世人要归回。”（第三节）“我们度尽年岁，好像一声叹息！”（第九节）“但其中所矜夸的，不过是劳苦愁烦，转眼成空；我们便如飞而去！”（第十节）不是跟这四句的意思一样吗？所不同的，只在摩西已经认识了一位“具体的上帝”，因此他感受的痛苦和缺陷有得弥补。曹操却不是这样，“慨当以慷”四句，便是要学一般“玩世派”“乐观的悲观派”或“浪漫派”的人物，用杜康——酒——来浇愁解忧了。

但酒只能做浇愁之用，根本无法填补人生的缺陷和痛苦。

林先生又说李白的《乌栖曲》与这首歌行是异曲同工：“姑苏台上乌栖时，吴王宫里醉西施。吴歌楚舞欢未毕，青山欲衔半边日。银箭金壶漏水多，起看秋月坠江波，东方渐高奈乐何！”是由沉溺趋于醒觉。

“异曲同工”是对的；但说《乌栖曲》是由“沉溺趋于醒觉”却错的。这是由沉溺转进更深的愁境——沉溺者的绝路，狂欢者的丧钟。

“青青子衿”四句，林先生说是永恒的爱慕，我也赞成。但我的解释和他不同。

张若虚的《春江花月夜》里有两句："江畔何人初见月，江月何年初照人？"有两种解释：

1.初进化到人类阶段的人，那一个在江上先看见月亮；而江上的月亮，是在那一年初把她的亮光照着刚进化为人类的人。

这样解释有两种意义：

A.这与宇宙发生的问题同样神秘，应入实在论范畴。

B.从宇宙划分出人类来，使我们知道人类的地位：

"号物之数谓之万，人处一焉……此其比万物也，不似毫末之在于马体乎？五帝之所连，三王之所争，仁人之所忧，任士之所劳，尽此矣！（言局促于人类社会也）伯夷辞之以为名，仲尼语之以为博。此其自多也。"——《庄子·秋水篇》。

2.初进化到人类阶段的人，那一个在江上看见月亮，先发见了她的美丽，乃生出种种情感；而月亮在江上，甚么时候才第一次照得使人类生出感情来？

这也有两种意义：

A.是考问人类对宇宙的认识的一句话，应入认识论范畴。

B.从人类中再分出有情感的人类来：

甲、这时人类懂得过着"超越寻常的自己"底生活；扩大自己，以与宇宙冥契。——"天地与我并生，万物与我为一。"

乙、是佛家所说"有漏因缘"的开始产生。

当人有忧思的时候，对茫茫宇宙和人生发出的问题便更多而更紧逼了；屈原的《天问》，《圣经》里的《约伯记》便是例证。张若虚那诗的疑问句再下去便是肯定句："人生代代无穷已，江月年年只相似。"这和刘希夷的"年年岁岁花相似，岁岁年年人不同"一样，可作如此解释：

1.把外界看作静止的，把自己看作时刻在变动的。

2.感觉宇宙的一种"潜在力"是永恒的，我们自己都是片时的。（其实我们自己也是宇宙的“潜在力”所表现的万有之一，也是随着万有“生生不已”；但我们是有灵感的，对这种“生生不已”是不会满足的，所以爱慕那个“永恒”。可是结果不免有“人面不知何处去，桃花依旧笑春风”的失望！）

郑振铎在《海燕》一文写他的乡愁，说他很早在故乡看到一只两只隽逸的燕子，到了他要离开家乡出国的时候，坐在轮船上也看到海上有一只两只的燕子；接着又说：是故乡的那一只两只吗？

我在十年前看见那些唱歌的少女们用温润的歌喉唱着婉转动人的歌儿，现在也看见很多少女们唱着美丽可人的曲子；是十年前的那些吗？反观我们自己的脸上，却添了不少因忧患而生的人生皱纹！

所以“青青子衿”（是录《诗经》的句子的）便是宇宙无穷“潜在力”所表现在我们之外的万有之一；而“我心”却是“悠悠”地“恰似一江春水向东流”，“不知江月待何人，但见长江送流水”，都是“悠悠”的注脚。“但为君故”的“君”字，就是他所追求所爱慕的“永恒”的代名词。既然有自知是“倏忽的”、是“渺小的”之明，便面对着那“永恒的”“无限的”发生孺慕了。“沉吟至今”底紧接上去，就是因为那“无限的”“完美的”“永恒的”无法获得，所以要“沉吟”；杜甫“白头搔更短”，即是含有这种意思。

曹子建得不到父亲的爱，又受他哥哥的疑忌，当黄初三年（222）的时候，他“朝京师，还济洛川”，便悬拟一个宓妃——一个瑰姿艳逸的洛神，而把他那颗既沉重又痛楚的心灵向她倾吐：“托微波而通辞”。到后来还是“恨人神之道殊兮……悼良会之永绝兮，哀一逝而异乡。”终于要“顾望怀愁”了！

李白：“云想衣裳花想容……”是显示一个多么美丽的人儿呢？但人间没有这种人，“若非群玉山头见，会向瑶台月下逢”。

“呦呦鹿鸣”四句也是摘录《诗经》的。《三国演义》描写周郎当他的故人蒋干来要为曹操做说客时，他便置酒与江东群英共欢宴他。酒酣耳热之余，便唱道：

丈夫处世兮立功名，立功名兮慰平生；慰平生兮我将醉，我将醉兮发狂吟！

诸葛亮出茅庐时是个二十七岁的青年，虽然比周郎大不了多少，却深沉厚重得多，允为大器。周郎虽然在那时“小乔初嫁了，雄姿英发”，而实在说起来，却没有第一流人物“蕴蓄”“吞吐”“含忍”的修养。所以曹操看不起他，说是“虚受其名”。写小说的人意匠心营地刻画周郎的性格，所以这首歌在他的嘴里唱出来，他对人生的秘密没有往深里体味的弱点便暴露无遗了。

我们再看那管兵只会管十万、却会驾驭很多的大将的流氓刘邦，当他回故乡时，也在酒酣耳热之余唱出一首歌来，他的深谋远虑的心机也暴露无遗。

大风起兮云飞扬，威加海内兮归故乡，安得猛士兮守四方！

有人说这首歌是匹夫侥幸成功之后患得患失的心理表现。曹操在这里是没有得失可患的，因为他还没有得“四方”呢；但也不像周郎那样的不懂得往深里体味的。他满想“鼓瑟吹笙”来填补人生的空虚与缺陷，但是淡忘片刻的印象，终会更活现的显出来：

明明如月，何时可掇（掇辍通）？忧从中来，不可断绝！

张若虚的“玉户帘中卷不去，捣衣砧上拂还来”与这句同意。王维的“红豆生南国，春来发几枝。愿君多采摘，此物最相思”，这一首诗使红豆有了“相思子”的美名。张若虚是以为月亮柔美的光辉，最能引起人们兴思的；虽然所激起的清波，有各种不同的形式，但当它抒发的时候，真是“卷不去”“拂还来”的。曹操所遭受的痛苦正是这么的讨厌！月亮的光辉有掇的时候；他的愁绪却没有掇的时候；真是“剪不断”“理还乱”啊！

再下去他写到那些故人“越陌度阡”的来“相存”，互相“契阔谈宴”，畅叙旧情，也没有孟浩然“故人具鸡黍，邀我至田家。绿树村边合，青山郭外斜。开轩面场圃，把酒话桑麻。待到重阳日，还来就菊花”的逸致；却像杜甫赠卫八的“人生不相见，动如参与商。今夕复何夕？共此灯烛光！”是怀着无限人生“无常”与“萧瑟”的叹气。因此紧接这四句的是：

月明星稀，乌鹊南飞。绕树三匝，何枝可依！

拜伦有一次在他的朋友家里看到一幅画：一条悠长的古道，有一群羊，由牧者监护着，在快到黄昏的时候回家。拜伦掉下眼泪了。他的朋友问他为甚么落泪？他答道：“我想我也是一条羊！”所谓李白做的《忆秦娥》有“何处是归程？长亭更短亭！”词里面还有“过尽千帆皆不是”的名句。体会这些名句的微旨，便可知道在牧人监护之下的悠长古道上的归羊是幸福的。我们是宇宙之子，我们需要人生的归宿，所以我们有一种“向心力”；这“向心力”使我们时时刻刻过着一种“超越寻常自己”的生活。每在“江水流春去欲尽”的时候，“碣石潇湘无限路”的当中，我们没有忘记了家乡：“不知何处吹芦管，一夜征人尽望乡！”曹操找不到人生的归宿，便不免有“何枝可依”的彷徨了！

老子主张要“虚其心，实其腹”，因为没有思虑，没有欲望——无营无欲——才有安息。浑浑噩噩的人是不会醒觉的，是不管人生有没有归宿的。杨修嗟叹那个被曹操在梦中杀死的近侍说："丞相不在梦中，君乃在梦中耳！"《诗经》的"隰有苌楚"是写出无知的快乐。

隰有苌楚，猗傩其枝。夭之沃沃，乐子之无知！

徐志摩说：我们不幸生做文明人。而曹操不幸是"不在梦中"的曹操，他是有欲望有野心底"吃肉动物"；"东方渐高"能使沉溺者转进更深的悲哀，这"一世之雄者"，经过了"龙腾虎跃"的生活之后，由"慨当以慷，忧思难忘"到了"忧从中来，不可断绝"；再进一步，竟在漫长的人生历程上找不到一枝可栖；这是多么令人悲哀的事情呢！

但他终有一种希冀，想拿来填补这个缺陷：

山不厌高，海不厌深。周公吐哺，天下归心。

梁启超有一首《志未酬》的诗："志未酬。问君之志几时酬？志亦无尽量，酬亦无尽时……"因此既然是山，当然要越高越好；既然是海，也是越深越好；因为人的欲望是填不满的。这和伯牙的"巍巍兮若高山，洋洋兮若江河"不是同调的，伯牙用"山海之情"来写"人生的归宿"，而野心勃勃的曹操，在感到心灵上的"日暮穷途"的时候，便想"倒行而逆施"了！可是"天下"还没有"归心"之际，却不敢露骨，以篡夺自居，所以用周公来自况，这不过是个假面具而已；野心勃勃的曹操那里来的一颗"赤子之心"呢？（在三国时候，曹操比起刘备、司马懿辈，当然是比较可喜的人物。有机会当另撰一文讨论之。）

（原载《国文月刊》1947年第60期）

曹孟德《蒿里行》“初期会盟津乃心在咸阳”解

◎程会昌

以乐府咏时事，为曹公新启之异境，此治诗者之所共知也。兹篇用意，在刺袁绍、袁术兄弟行事。史传具在，疏解非难。闻人倓《古诗笺》、黄节《汉魏乐府风笺》等既略征引之，无俟更论。独“初期”二语，黄氏云：“即沮授说绍所谓‘迎大驾于长安，复宗庙于洛邑’也。”（《风笺》卷九）谨案：沮授之语，乃首次为绍画策。绍闻其言，喜曰：“是吾心也。”事在初平二年，见《后汉书·袁绍传》（卷一百四上）。传又载绍上献帝书，自陈其勤王之状，有云：“故遂引会英雄，兴师百万，饮马孟津，歃血漳河。”盟孟古通。盟津之即孟津，学人已有考论。（详《禹贡》半月刊第四卷第十期王树民《孟津》及第五卷第二期童书业《盟津补证》。《风笺》亦云。）而咸阳之与长安，不过一水之隔。既皆旧都，诗又用冬阳庚通韵，则以此代彼，揆诸诗辞恒例，亦属当然。是如黄氏之说，此二句者，上以谓陈师之事，下以称效忠之情，宜若怡然理顺矣。顾详稽史迹，则有窒碍难通者。

此篇之作，不审何年。考之《后汉书·献帝纪》：“建安元年……秋七月……车驾至洛阳。……八月……迁都许。……二年春，袁术自称天子。”（卷九）诗有“淮南弟称号”之语，明指术言，则至早当在建安二年春后。又绍传云：“兴平二年，拜绍右将军。其冬，车驾为李傕等所追于曹阳。沮授说绍曰：‘将军累叶台辅，世济忠义。今朝廷播越，宗庙残毁。观诸州郡，虽外托义兵，内实相图，未有忧存社稷恤人之意。且今州城粗定，兵强士附，西迎大驾，即宫邺都，挟天子而令诸侯，畜士马以讨不庭，谁能御之？’绍将从其计。颍川郭图、淳于琼曰：‘汉室陵迟，为日久矣。今欲兴之，不亦难乎？且英雄并起，各据州郡，连徒聚众，动有万计。所谓秦失其鹿，先得者王。今迎天子，动辄表闻。从之则权轻，违之则拒命。非计之善者也。’授曰：‘今迎朝廷，于义为得，于时为宜。若不早定，必有先之者焉。夫权不失几，功不厌速，愿其图之。’帝立既非绍意，竟不能从。……建安元年，曹操迎天子都许，乃下诏书于绍，责以地广兵多，而专自树党，不闻勤王之师，而但擅相讨伐。……绍每得诏书，患有不便于己，乃欲移天子自近，使说操以许下埤湿，洛阳残破，宜徙都甄城，以就全实。操拒之。”《魏书·武帝纪》云：“建安元年……秋七月，杨奉、韩暹以天子还洛阳，奉别屯梁。太祖遂至洛阳，卫京师，暹遁走。……洛阳残破，董昭等劝太祖都许。九月，车驾出轘辕而东。……自天子西迁，朝廷日乱。至是，宗庙社稷制度始立。”（卷一）盖自董卓胁迫，徙都长安，乘舆播荡，累易行在。迄建安初元，还洛迁许，乃成定局。汉室之政，遂亦由曹氏出。袁绍始闻沮授论议，虽善其言，然以首鼠两端，终失挟天子以令诸侯之机会。此实曹、袁成败枢机之一端。史册所载，良彰彰也。今执陈、范所记以较黄说，则有不合之点二焉。一者，沮授之言，就袁方言之，则所云乃谋士之长策，非权臣之实事。自初平之元，迄建安之始，前后七载，绍但尝声讨倡乱之贼党，而未曾奉迎败绩之皇舆。就曹方言之，则起兵之际，虽未迎大驾于长安，作诗之时，固已复宗庙于许下。此则事实有未合也。二者，挟天子，令诸侯，纵尽人皆知之心迹；迎大驾，复宗庙，亦尊王定乱之嘉猷。此事曹操既躬行之，何乃忽于赋咏之中，归美于其政敌？（至诗首句称绍为“义士”者，正斥其为德不卒，盖深致讥切之辞。“初期”句则以讨贼兴兵，绍本盟主。时操方行奋威将军，初无权势，《武纪》所载甚明。此类皆非归美，故不得与勤王之事比论也。）此则情理有未符也。

余以闻宴反复紬绎，窃疑二语之在本诗，实乃用事而非叙事，乃间接之比喻而非直接之纪录。“初期会盟津”，犹言始冀纠合诸侯，吊民伐罪。“乃心在咸阳”，犹言继竞攻城争地，树党营私。《史记·周本纪》云：“武王……东观兵，至于盟津。……是时诸侯不期而会盟津者八百诸侯。诸侯皆曰：‘纣可伐矣。’武王曰：‘女未知天命，未可也。’乃还师归。居二年，闻纣昏乱，暴虐滋甚。……于是武王遍告诸侯……东伐纣……师毕渡盟津，诸侯咸会。”（卷四）此上句所用之故事也。绍传云：“初平元年，绍遂以勃海起兵，以从弟后将军术、（刘攽曰：‘以从，案文：以当作与。’）冀州牧韩馥、豫州刺史孔伷、兖州刺史刘岱、陈留太守张邈、广陵太守张超、河内太守王匡、山阳太守袁遗、东郡太守桥瑁、济北相鲍信等同时俱起，众各数万，以讨（董）卓为名……约盟，遥推绍为盟主。”则其所喻之时事也。《史记·项羽本纪》云：“怀王与诸将约曰：‘先破秦入咸阳者，王之。’”又云：“沛公已破咸阳，项羽大怒，使当阳君等击关。项羽遂入，至于戏西。沛公军霸上，未得与项羽相见。沛公左司马曹无伤使人言于项羽曰：‘沛公欲王关中，使子婴为相，珍宝尽有之。’项羽大怒，曰：‘旦日飨士卒，为击破沛公军。’”（卷七）此下句所用之故事也。前引绍传，操既专柄，即假诏责绍地广兵多，专自树党，不闻勤王，擅相讨伐；而《魏书·武帝纪》“初平元年”条亦云：“绍又尝得一玉印，于太祖坐中举向其肘。太祖由是笑而恶焉。”则其所喻之时事也。盖上句指其起义讨罪，乃承“关东有义士，兴兵讨群凶”为言。下句指其变节自雄，则启“军合力不齐，踌躇而雁行。势利使人争，嗣还自相戕”为言。律体之中，颈腹二联，常有单句承先，双句起后之格。古诗尤多变化，自可随意错综。此类是矣。至所比方，未尽精确，则断章取义，用事常科，要不足病。《颜氏家训·文章篇》云：“沈隐侯曰：‘文章当从三易。易见事，一也。……’邢子才常曰：‘沈侯文章用事不使人觉，若胸臆语也。’深以此服之。”此篇所运典实，固皆近在耳目，徒以地名之混同，遂有《风笺》之误解，则真用易见事不使人觉之例。因特表而出之，待证定焉。

（原载《国文月刊》1949年第77期）

诗坛中心的曹氏父子·曹操

◎郭伯恭

建安诗歌之伟大，全是曹氏父子造成的：曹操以一世之雄“挟天子以令诸侯”，在政治上当时无人及得上他，自己又爱才若命，奖励文学，故得造成一个提倡文学的中心。他的儿子丕、植，又以公子之尊，爱好文学，更促进建安诗歌之发展。曹植《与杨德祖书》曾说：“昔仲宣独步于汉南，孔璋鹰扬于河朔，伟长擅名于青土，公幹振藻于海隅，德琏发迹于大魏，足下高视于上京；当此之时，人人自谓握灵蛇之珠，家家自谓抱荆山之玉也。吾王于是设天网以该之，顿八纮以掩之，今尽集兹国矣。”可见那些文人当初并不在一块儿，因了曹操的招揽，始由各自不同的地域，而来会集于邺下。又以曹丕的殷勤款待，与他们“行则连舆，止则接席”，于是所谓“建安七子”的孔融、陈琳、王粲、徐幹、阮瑀、应玚、刘祯以及繁钦、左延年、杨修、吴质等人，遂如星海一般，围绕着曹家的明月。在这样环境的自然结果下，当然要酝酿着极浓厚的文学空气，继承着乐府诗歌的主流，而开放出五言诗的极灿烂的花朵来。

我们知道建安诗歌的来源，完全由于乐府。胡适说：“这个以曹氏父子为中心的文学运动，他的主要事业在于制作乐府歌辞，在于文人用古乐府的旧曲改作新词。……以前的文人把做辞赋看做主要事业，从此以后的诗人把做诗看做主要事业了。以前的文人从仿做古赋颂里得着文学的训练，从此以后的诗人要从仿做乐府歌辞里得着文学的训练了。”（《白话文学史》第五章）而曹操就是这个依旧曲作新词的文学运动的第一人。

曹操（155—220）字孟德，小字阿瞒，沛国谯人（故城在今安徽亳县境）。他在政治上是一个英雄，在文学上又是一个忠臣。少年时候，任侠放荡，不治行业，二十岁举孝廉，就想建立名誉，从事政治活动。后征为都尉，迁典军校尉，掌兵权，便野心勃勃，欲望封侯。他本雄才盖世，所以不久便慢慢地并吞诸州牧——破董卓，灭袁术，斩吕布，伐袁绍，击刘备，并刘表，败张绣——依次平定群雄，造成他一人专政的局面。因为他半世生涯，都在戎马仓皇里，耳闻目见，均为伤心的环境和凄怆的材料，所以他的诗歌，遂充满了慷慨悲放之气。钟嵘说“曹公古直，甚有悲凉之句”，可为最先认识了他；但钟氏又把他列在下品，又陷于自己的矛盾里。

操的诗存于今者，共二十三首，全是乐府歌辞。其中《塘上行》一首，尚不可定究为谁所作。乐府在汉代很少有人注意，直到曹操，才算认识了乐府的真价值，由于他的提倡和制作，乐府文学的价值方才显于世。他的诗因为从乐府而来，所以初期的作品，形式是杂言的，并无韵律，内容是游仙与怀古，如《气出唱》《度关山》《精列》《对酒》《陌上桑》等，都仍脱不了模拟的痕迹。但《秋胡行》虽也是杂言，离开了本题，于古乐府的音调保存不少。例如：

晨上散关山，此道当何难！晨上散关山，此道当何难！牛顿不起，车堕谷间。坐磐石之上，弹五弦之琴，作为清角韵，意中迷烦。歌以言志，晨上散关山！

——《秋胡行》其一

北上太行山，艰哉何巍巍！羊肠坂诘屈，车轮为之摧。树木何萧瑟，北风声正悲！熊罴对我蹲，虎豹夹路啼。溪谷少人民，雪落何霏霏！延颈长叹息，远行多所怀。我心何怫郁，思欲一东归。水深桥梁绝，中路正徘徊。迷惑失故路，薄暮无宿栖。行行日已远，人马同时饥。担囊行取薪，斧冰持作糜。悲彼《东山》诗，悠悠使我哀！

——《苦寒行》

鸿雁出塞北，乃在无人乡。举翅万里余，行止自成行。冬节食南稻，春日复北翔。田中有转蓬，随风远飘扬。长与故根绝，万岁不相当。奈何此征夫，安得去四方？戎马不解鞍，铠甲不离傍。冉冉老将至，何时反故乡？神龙藏深泉，猛兽步高冈。狐死归首丘，故乡安可忘！

——《却东西门行》

这种行旅征役之苦，家室乡间之思，非操所亲身经历，恐怕不易写出。钟嵘说的悲凉之句，想即指此。

此外，他的四言诗，在他集子中也很重要，许多人都说于《三百篇》外别开生面。其实，依我们现在的眼光看，四言诗的时代早已过去了，他虽有意去学，结果，成绩并不见怎样特别好。像最著名的《短歌行》："对酒当歌，人生几何？譬如朝露，去日苦多，慨当以慷，忧思难忘。何以解忧？惟有杜康！……明明如月，何时可掇？忧从中来，不可断绝。……月明星稀，乌鹊南飞。绕树三匝，何枝可依？"及《步出夏门行·观沧海》的"水何澹澹，山岛竦峙。树木丛生，百草丰茂。秋风萧瑟，洪波涌起。日月之行，若出其中；星汉灿烂，若出其里。"《龟虽寿》的："老骥伏枥，志在千里。烈士暮年，壮心不已。"也仅这几节可取。他虽天才很高，然关于这方面的发展，毕竟成绩有限。我们再详细分析，就很容易发现他的四言诗，不惟不十分高明，而且还有种种的失败：若"鹍鸡晨鸣，鸿雁南飞；鸷鸟潜藏，熊罴窟栖。"（《步出夏门行·冬十月》）

便是犯了堆砌的毛病。若“周西伯昌，怀此圣德，三分天下，而有其二；修奉贡献，臣节不坠。”（《短歌行》）便是犯了繁冗的毛病。若“大人先天，而天弗违；不戚年往，忧世不治。存亡有命，虑之为蚩。”（《秋胡行》其二）便是犯了教训的毛病。有这三种失败，我们还能特别赏识它吗？昔人论诗，无论把它捧得怎样高，我们现在来研究，殊不值再在它身上迷恋。在这里，我们可以看出，建安诗坛固然受乐府文学的影响。但它的发展尚分作两条路：一条路是朝着平民化的方向走，一条路是模拟《雅》《颂》仍回到古旧的路上去。前者是这时代的潮流趋势，后者却又反映了他们的阶级意识；他们虽有意为之，然为时代的浪潮所驱，以操的大才，也终久挽回不过来已经死去了的四言诗的命运。

（原载《魏晋诗歌概论》，上海商务印书馆1936版）

谈曹操和建安文学

◎今　果

建安时代和建安文学

从献帝建安元年到建安二十五年（这一年，曹丕正式代汉建立曹魏王朝）的二十六年间，前后情况是大不相同的。建安初年，自桓灵以来爆发的社会政治危机，仍在急剧发展，农民同地主阶级之间的斗争，地主阶级内部各种力量之间的斗争，都还以战争形式交错复杂地进行着。曹操在北定冀州之后，建安十三年，乘胜消灭了荆州的刘表，基本上完成了北中国的统一事业。这年冬天，曹操大败于赤壁，三分之局已定。此后，在曹操统治的地区，也还有时有农民起义活动，曹操也还进行了消灭汉中张鲁政权，消灭马腾、韩遂等集团的战争及其他一些战争。但总的来说，自建安十三年曹操平定荆州并接着在赤壁战败之后，中原、华北、西北这些地区的混乱局面基本告一段落，出现一个相对稳定的社会秩序和休养生息的局面。

建安文学就是在这个时期产生的。这个时期产生了在我国文学史上占着十分重要地位的建安文学，不是偶然的。

从社会政治经济条件来看，东汉末年和建安时代，由于豪强地主在经济上的无限制兼并，政治上的专横，赋税徭役的加重，自然灾害的频仍，促成了当时阶级斗争的尖锐化，结果爆发了空前规模的农民起义，差不多在同时和稍后，是地主阶级内部各个集团之间的连年战争，对农民的镇压、屠杀、战乱，给人民带来了巨大的灾难。社会的激荡，冲击着每一个人，一些知识分子也被生活的激流卷了进去，对当时的现实有着深深的感受。建安文学所反映的当时社会惨象，对豪强地主统治罪恶的批判，对人民疾苦所表现的极大同情，就是这种社会条件的产物。从文学源流来说，在东汉时期，具有现实主义传统的民间文学有了长足的发展，特别是乐府民歌如五言诗，成就更为辉煌，一些杰出的民歌和无名氏作品，如《东门行》《妇病行》《孤儿行》和古诗十九首等，都用朴素生动的语言，简明形象的风格，反映了人民的生活和社会现实。东汉末年，乐府民歌和五言诗，无论在内容和形式上，都达到空前丰富完善的地步。这对建安文学的内容和形式，都起了巨大的影响。

建安文学在我国文学史是一个重要的阶段，它受到自古以来文学评论家的称赞。建安文学队伍的骨干分子之一的曹丕，要算最早肯定建安文学成就的一个评论家。他在《典论·论文》中称“王粲长于辞赋，徐幹时有齐气……琳、瑀之章表书记，今之隽也，应玚和而不壮，刘桢壮而不密，孔融体气高妙，有过人者。”此后，在钟嵘的《诗品》、刘勰的《文心雕龙》中，对建安文学也都给予很高的评价。钟嵘特别称赞建安文学的“风力”“风骨”，用这类同“虚淡”“寡味”相对立的字眼，形容建安文学的特点。这是很有卓见的。《文心雕龙》更指出：“观其时文，雅好慷慨，良由世积乱离，风衰俗怨，并志深而志长，故梗概而多气也。”刘勰在这里已经指出了当时时代对建安文学的影响。不过，由于古人认识水平受时代的限制，虽然也肯定建安文学，并且说了不少正确的有价值的意见，但不能明确地指出建安文学的社会价值所在。我们认为，文学是社会生活的反映，它的价值首先在于真实地反映一定历史阶段社会生活中最本质的东西。根据这个标准，我们肯定建安文学的成就。建安文学就它的总倾向和主导方面来说，它比较深刻地批判了汉末腐朽政权和豪强权贵统治的罪恶，相当充分地表达了当时人民群众疾苦和声音，可以说，建安文学是汉末、三国时代的一面镜子，它从艺术的角度，反映了这个充满了变动和灾难的年代。

组成建安文学队伍的骨干，是曹氏父子、王粲、蔡文姬、陈琳、应场等人，同时也应包括当时一些无名的作家。在他们的作品中，从各个方面描写了汉末政治的腐败、社会的残破景象、民生的痛苦，具有深刻的社会现实意义。

关于曹操的作品及其他

曹操是建安时期北中国的实际统治者，是个卓越的封建政治家和军事家，也是一个卓越的文学家和诗人。他是建安文学队伍中的一个极重要的人物。

曹操留传下来的作品不过二十来篇，但这一情况，并不能使他在建安文学中的地位减色。因为就在这不多的作品中，他却能以自己的文艺才能，一针见血地揭露了汉末豪强政权的昏聩、腐败和罪恶，反映了人民生活的痛苦情景。

惟汉二十世，所任诚不良。沐猴而冠带，知小而谋强。犹豫不敢断，因狩执君王。白虹为贯日，己亦先受殃。贼臣执国柄，杀主灭宇京。荡覆帝基业，宗庙以燔丧。播越西迁移，号泣而且行。瞻波洛城郭，微子为哀伤。（《薤露行》）

曹操这首诗主要是描写汉末政治腐败情况的，他把当权的宦官、董卓之辈，骂为“沐猴”“贼臣”。虽然在这首诗里，曹操怀着殷人微子的心情，对刘汉王朝的“荡覆”，感到很惋惜，但他揭示了当时社会的最主要的病根。

在《蒿里行》中，曹操在叹息征讨董卓无功之后，写道：

铠甲生虮虱，万姓以死亡。白骨露于野，千里无鸡鸣。生民百遗一，念之断人肠！

在这里，曹操具体生动地刻画了汉末社会的一片惨象。曹操的这些诗，和王粲的《七哀》、蔡文姬的《悲愤诗》、陈琳的《饮马长城窟行》、阮瑀的《驾出北郭门行》等，都是对当时社会比较完整的写照。王粲在《七哀》中写道："西京乱无象，豺虎方遘患。复弃中国去，委身适荆蛮。亲戚对我悲，朋友相追攀。出门无所见，白骨蔽平原。"蔡琰《悲愤诗》中说："卓众来东下，金甲耀日光。平土人脆弱，来兵皆胡羌。猎野围城邑，所向悉破亡。斩截无孑遗，尸骸相掌拒。"《饮马长城窟行》《驾出北郭门行》用生动形象的对白，叙述了当时的战争、死亡、饥饿、寒冷给人民带来的深重灾难。

曹操的作品在对汉末社会批判方面，虽然也打中了要害，但并不比王粲等人的作品更深刻，更集中。不过有一点是王粲等人所远不及的，就是曹操在他的作品中，一方面慨叹了当时人间浩劫，但另一方面，并不完全浸沉于伤哀悲悼之中。曹操更多的诗篇，是描绘自己的政治理想，抒发了自己雄心勃勃和豪迈的气概。例如他在《度关山》中写道：

天地间，人为贵。立君牧民，为之轨则。车辙马迹，经纬四极。黜陟幽明，黎庶繁息。於铄贤圣，总统邦域。封建五爵，井田刑狱。有燔丹书，无普赦赎。皋陶甫侯，何有失职？嗟哉后世，改制易律。劳民为君，役赋其力。舜漆食器，畔者十国。不及唐尧，采椽不斫。世叹伯夷，欲以厉俗。侈恶之大，俭为共德。许由推让，岂有讼曲？兼爱尚同，疏者为戚。

又在《对酒》中写道：

对酒歌，太平时，吏不呼门。王者贤且明，宰相股肱皆忠良。咸礼让，民无所争讼。三年耕有九年储，仓谷满盈。班白不负载。雨泽如此，百谷用成。却走马，以粪其土田。爵公侯伯子男，咸爱其民，以黜陟幽明。子养有若父与兄。犯礼法，轻重随其刑。路无拾遗之私。囹圄空虚，冬节不断。人耄耋，皆得以寿终。恩德广及草木昆虫。

曹操在这些诗篇里，所描写的理想社会，很像《礼运篇》的“大同”社会。所不同的是，曹操主张厉行法治，由贤明王者和忠良宰相来达到这种理想。诗中说“三年耕有九年储”“囹圄空虚”“路无拾遗”等太平富庶景象，在封建社会是无法实现的幻想，但表明了曹操对汉末固有的社会病症的否定。这同他本人在政治上的活动，是一脉相承的，值得重视。曹操是地主阶级的代表，他的法治，当然首先是为了维护地主阶级的利益，但也对无法无天的豪强势力，起了抑制作用。他在早年作洛阳北部尉时，就制造了五色棒，打那些胡作非为的豪门，在消灭袁绍之后，又正式命令禁止豪强兼并。因此，曹操的法治思想，在某些方面，符合当时人民的利益，有积极作用。

曹操在《短歌行》中说：“山不厌高，海不厌深。周公吐哺，天下归心。”在《龟虽寿》中说：“老骥伏枥，志在千里。烈士暮年，壮心不已。”在《观沧海》中，曹操通过对自然景物的描写，抒发了广阔豪迈的胸怀。在这些诗篇中，我们看到作者对未来的信心，表现了生命的活力和气壮山河的风格。曹操作为地主阶级的一个人物，处在封建社会时期，在文治武功取得很大成功的情况下，有这些思想感情，是可以理解的。这样的思想感情，其实不单是曹操一个人的，它也符合我们勇敢勤劳的民族传统的思想感情。从这一点看来，曹操的作品，具有很高的典型意义。像这样的诗，这样的思想感情，不仅在建安时代的一般文人的作品中找不到，即使像曹植、王粲等人的作品中，也不容易找到。我们知道，曹植是被公认的建安时代最卓越的诗人、很多写文学史或评论建安文学的人，往往把曹植列为首位。曹植的诗篇留传下来的较多，从各个方面反映了当时的社会生活，他本人在曹氏家族内部的斗争中，受到很多的折磨，胸中抑郁之情不少。他的诗，在艺术表现和技巧方面，在同时代可算是最高的。但我们把曹植的诗同曹操的诗比较一下，总觉得曹植的诗还缺少些什么，就是缺少曹操作品中那种对未来信心、乐观和豪迈的气概。这一点，建安时代的诗人，没有能同曹操相比的，就是在历史上著名的诗人中，这样的也不多。他的“老骥伏枥”四句，千百年来成为脍炙人口的壮志写照，不是偶然的。

在评论建安文学时，把曹丕和建安七子中的某些人的地位摆在曹操前面，就尤为不公平。例如曹丕，他写过比较完善的七言诗，对七言诗的发展起了推动作用。他在文学评论方面，更有出色的贡献。文学批评的开展，对文学创作中内容和形式问题的研究，是建安文学一个重要组成部分。曹丕在其中所起的卓越作用，应予肯定。但他的许多诗篇，缺乏积极因素，不能同曹操相比。“七子”中除王粲外，其余成就均较小，不能和曹操相比。以孔融而论，他擅长散文，是建安文学中的一个流派，但其作品内容的社会价值，则很少有可取之处。《文心雕龙》中说：“至于魏之三祖，气爽才丽，宰割辞调，音靡节平，观其北上引众，秋风列篇，或述酣宴，或伤羁戍，志不出于慆荡，辞不离于哀思，虽三调之正者，实韶夏之郑曲也。”刘勰对曹操作品的评价相当高，具有卓见。不过也由于时代的限制，他没有能明确指出曹操诗的社会价值。

在建安文学的宝库中，还有一颗金光四射、耀眼欲眩的宝珠，那就是以《孔雀东南飞》为代表的民间作品。《孔雀东南飞》是一首不朽的古典叙事诗，值得注意的是，它不是通过战乱、屠杀、饥饿情节，来反映当时的社会生活现实，而是通过建安时期一双青年恩爱夫妻的悲剧，狠狠地鞭挞了封建礼教、包办婚姻和家长统治的黑暗。追求婚姻自由，反对旧礼教，反对包办婚姻，如果像《红楼梦》那样出现在封建末期的清代，或者像《西厢记》那样出现在封建中期的唐代，并不为奇。但《孔雀东南飞》出现在1800年前的封建社会初期。它是最先吹起反封建的号角的檄文之一。《孔雀东南飞》在建安时代出现，反映了在汉末三国时代在政治、思想等战线上激烈的斗争中，封建传统观念所受打击的沉重性，反映了封建社会固有的矛盾，即使在它的初期，也尖锐地存在着，封建礼教即使在它形成的初期，也鲜明地暴露出它的罪恶，从而孕育着否定它自身的强大因素。

在反映当时社会生活这个总的题目下，建安文学的内容涉及的范围很广，有揭露、批判汉末腐败统治的，有描述战争灾祸的，有描述人民饥寒交迫和流离之苦的，有描写爱情、家庭的悲剧的，有抒发个人不幸的，等等。在留传下来的不多的曹操诗篇中，并未包括上述一切内容，但有一点是明显的，就是曹操的诗集中地体现了建安文学总倾向的特征。

另一种倾向

曹操只留下那么几篇诗，却一针见血地击中当时社会生活的要害，在一些重要方面，为包括曹植在内的同时代诗人所不及，这点是应予以充分估计的。有的人，如蔡邕留下的诗文成集，不仅没有做到这一点，反而表现了另一种倾向，这种对比，使我们更感到建安文学和曹操作品的可贵。

蔡邕是汉末一个很有声望的大知识分子，死于汉献帝初平三年。严格地说，他不是建安时代的人，但是他也经历了建安作家所经历过的社会现实，汉末社会矛盾、动荡、黑暗种种，他也亲眼看到过，并置身其中。所以他的作品也值得在这里谈谈，这将有助于我们从另一个方面了解建安文学的价值。

蔡邕很有学问，他对学术有相当贡献，他的著作，如《独断》等，提供了有价值的历史资料。但他在文学上是怎样的呢？

从现存的蔡邕的作品中，我们可以看到蔡邕的作品主要是为官宦之家颂扬祖荫和功德，还为皇帝出巡和祖德作颂辞。蔡邕在《答诏问灾异》和《陈政要七事疏》中，批评了当时的朝政，谈了一些社会实际问题。在《述行赋》中，叙述了自己的不幸遭遇，有一定现实意义。但其他绝大部分作品，都是脱离生活，没有现实意义的。他对那样的社会惨象，和人民疾苦，在文学作品里，几乎没有什么反映，却悠闲地去为笔、为琴、为团扇作赋。蔡邕在政治上依附过董卓，在董卓死的时候，他还甘冒众愤去哭尸。不仅如此，他还写过《荐太尉董卓表》，称颂董卓“上解国家播越之危，下救兆民涂炭之祸”。在蔡邕的笔下，屠夫董卓变成了菩萨。蔡邕在政治上的表现，说明他在文学上的倾向不是偶然的。

被曹丕称为“建安七子”之一的孔融，在建安时代的文学活动中，也是一个值得研究的人物。在曹操的统治之下，孔融是一个郁郁不得志者，他的诗文中牢骚比较多，但反映现实生活的并不多。孔融对曹操的不满和反对，也应加以具体分析，这并不是说曹操不应当为人不满和反对，但孔融不满和反对的，并不是曹操在对人民犯的罪行等方面，在很多地方，正确的还在曹操方面，而不在孔融方面。以为凡是有不满的诗文，都是好的，是不合乎事实的。曹丕说孔融“体气高妙，有过人者，然不能持论，理不胜词，至乎杂以嘲戏，及其所善，扬、班俦也”。曹操在杀了孔融之后说：“世人多采其（孔融）虚名，少于核实，见融浮艳，好作变异，眩其诳诈。”前者指出了孔融作品的“理”与“词”的矛盾，后者指出孔融虚有其表，这种评价是有些道理的。《三国志》裴注中还记载说：孔融被曹操贬黜之后，终日饮酒，看到“虎贲士有貌似蔡邕者，融每饮酣，辄引与同坐，曰：虽无老成人，尚有典刑”。这大概也是“惺惺惜惺惺”吧。

两种传统

在我国古代文学发展史上，一直存在着两种不同的倾向，一种是现实主义的，另一种是非现实主义的。而且这两种倾向经常是同时并存，构成鲜明的矛盾对立面。例如雅、颂与国风，汉赋与乐府民歌，都是这种情形。无论雅、颂或汉赋，它们的主要特点是为贵族、统治阶级服务的文学。这种文学的产生有一定的社会基础，例如汉赋，它产生和成长在汉帝国的昌盛时期，其中夸张颂赞之辞，对京都、江山景物的铺张描写，在某种程度上，反映了我们民族兴旺时期的精神面貌，有合理的地方，不能全盘否定，但其总倾向，是脱离人民、脱离现实的。国风、乐府民歌则是来自人民，在人民劳动、斗争和生活中产生的。它们的内容具有深刻的社会性，在形式上也是通俗、朴素、健康的。但在两汉时代，在文坛上出风头、占统治地位的不是乐府民歌，而是汉赋。两汉社会发展变化的过程，同时也是汉赋与乐府民歌在并存的局面下消长转化的过程。由于社会政治、经济、生活的变化，思想战线上先进与落后的斗争，由于汉赋本身存在的弱点，和乐府民歌所具有的优点，因而汉赋同实际生活距离越来越远，到了汉末，它已没有什么生命力；相反，乐府民歌的影响却越来越大，以致某些上层文人也逐渐模仿作起乐府体诗来。而到了建安时代，具有现实主义传统、充分吸收了民间文学的营养而成长起来的建安文学，却代替汉赋在文坛上占了统治地位。这一事实，说明了建安文学在我国文学史上特别值得注意的成就。

曹操是建安文学的倡导者和组织者

从这里我们也可以看出曹操在文学上所起的卓越作用。有人说，曹操在文学上违背了两汉的传统。笼统地这样讲是令人费解的，如果说曹操违背了两汉文学非现实主义的传统，是正确的，曹操是汉赋这种宫廷文学的叛逆者，但他是乐府民歌的现实主义文学传统的继承者。曹操是建安时期北中国实际统治者，他所处的地位，使他不仅在政治、军事上起着支配、主导作用，而且也在文学上起支配、主导作用。所以要评价曹操对建安文学的贡献，不能单从他的作品本身来考察，而且要从他所起的倡导、组织作用方面来考察。

曹操非常重视文化建设工作。《魏氏春秋》说他“外定武功，内兴文学”（《三国志·荀彧传》）。就是在战争频繁的年月中，曹操始终也没有把文化工作放掉。建安八年七月，曹操下令说：“丧乱以来，十有五年，后生者不见仁义礼让之风，吾甚伤之，其令郡国各修文学。”（《三国志·武帝纪》）他本人在治学、创作方面，在当时的文士集团中，起了榜样作用。《三国志》引《魏书》的记载说：曹操“御军三十余年，手不舍书。昼则讲武策，夜则思经传，登高必赋，及造新诗，被之管弦，皆成乐章”。曹丕在“自叙”中写道：“上（指曹操）雅好诗书文籍，虽在军旅，手不释卷。每每定省从容，常言人少好学则思专，长则善忘。”曹丕同时还指出，由于曹操的这个榜样和教导，“余是以少诵诗、论”。看来曹丕走上了文学道路，同曹操所给的影响是有关系的。《文心雕龙·时序篇》说：“魏武以相王之尊雅爱诗章。”《宋书·臧焘传论》中说：“自魏氏膺命，主爱雕虫，家弃章句。”在两汉时代，上层社会治学的传统以为搞经术才是正经，搞诗文就是“雕虫”小技，不足挂齿。这种传统在建安时代受到曹操的否定。曹操是“相王之尊”，是“主”，“上有所好，下心有甚焉”，曹操极力提倡诗歌，并亲自写作，这对社会治学风气的影响，无疑是非常巨大的。《宋书·臧焘传论》说，由于作为“主”的曹操爱好“雕虫”（诗章），因而在学术文坛上出现了“家弃章句”，纷纷不再搞经术的风气。这就是曹操在治学方向、创作道路上对当时巨大影响的生动描述。

另外值得提出的是，曹操根据“唯才是举”的用人政策，广泛“求贤”“举士”，对当时各方面的文人学士，极力争取。东汉末年到了建安初期，中原地区已经残破不堪，生产遭到严重破坏，人口流亡死伤殆尽，文化事业也几乎荡然无存，在这种情况下，曹操尽了很大的努力，来重建和发展中原地区文化事业。其重要措施之一，是通过巨大而又细致的组织工作，来恢复、建立文化和知识界的队伍。战乱和社会动荡把当时的文人学士，搞得七零八落，到处流浪，只是由于曹操在政治、军事上统一了北方，并采取了积极措施对他们进行安插之后，他们才有可能喘口气来进行文化、写作等活动。钟嵘在《诗品》中描写邺都文士盛况时说：“降及建安，曹氏父子笃好斯文，平原兄弟郁为文栋，刘桢王粲为其羽翼，次有攀龙托凤，自致于属车者，盖以百计。彬彬之盛大备于时矣。”这样济济一堂、“彬彬之盛”的文坛景况，同汉末和建安初年满目疮痍的现象，成了鲜明的对比。曹操在争取、团结文人学士方面所做的许多工作，是这种盛况形成的主要原因之一，如建安“七子”之一的王粲，从京都跑到荆州，流离奔波，郁不得志，后来归顺曹操，就一再加官重用。“七子”之一的陈琳，曾为袁绍起草檄文，骂了曹操的祖宗三代，但“太祖爱其才而不究”，还重加任用。“七子”之一的阮瑀，曹洪曾欲用为书记，他不就，曹操后来用他为司空军谋祭酒、管记室。《三国志》裴注引《文士传》还说，阮瑀曾因不肯做曹操的官逃入山中，曹操使人烧山，才把他找了出来。这种记载虽不甚可靠，但也反映了人们对曹操“爱才”的看法。就拿孔融来说，曹操也是一忍再忍，想把他争取过来。可以说，邺都文士集团的形成是同曹操的努力分不开的。以邺都文士集团为骨干的建安文学的队伍，在很大程度上，是曹操培植起来的。我们知道，曹操是一个不大拘细节、讲礼教的人，他的儿子曹丕在这方面，继承了乃父的作风。曹氏父子对邺都文士，是君臣，也是朋友，特别是曹丕，同他们“出则连舆，止则接席……酒酣耳热，仰而赋诗”（曹丕《与吴质书》）。曹丕还写了些有价值的文学评论文章，可以想见，他们父子对当时文学活动的领导作用。

曹操的矛盾

曹操在政治上是汉末地主阶级内部开明派的代表，他反对豪强暴政，主张对农民让些步，主张给人民以休养生息的机会恢复生产。不仅这样主张，而且也是这样做的。但他在政治上同时是农民起义军不调和的敌人。他残酷地镇压黄巾革命军，坚决维护地主阶级的统治地位。曹操在文学作品中，批判汉末暴政，主张法治，是同他实际政治活动相符合的。但是应当指出，曹操的作品，比起他在政治上的措施，具有更多的人民性。曹操在批判豪强罪恶，提出他的丰衣足食的理想社会时，无意间批判了整个地主阶级统治的罪恶，批判了根本不能丰衣足食的地主阶级的社会现实。曹操说汉末的社会不好，董卓统治不好，但他自己统治的地方，虽然略有改善，也远不符合他在作品中所描绘的那个社会，因而那种描绘，不能不同时是对自己的批判。曹操骂汉末皇帝用人“不良”，沐猴而“冠带”，但他的祖父、父亲实际也是这些“不良”“沐猴”群中的人物。他的父亲曹嵩，花钱买了个重要官爵太尉。曹操慨叹“万姓以死亡”“白骨于露野”，但这种惨象的形成，曹操本人也是有很大责任的。在这里，我们也发现，曹操在政治上和文学上，存在某些矛盾的现象：他对当时社会的批判，逃不了对整个地主阶级，包括对他本人的批判。

地主阶级的代表曹操，之所以能够比较深刻地批判当时社会，在文学上能够比他在政治上前进得更远些，是因为曹操是一个比较讲求事实的人。东汉末年对儒家思想的反抗，哲学上唯物主义对唯心主义的斗争，文学上现实主义对反现实主义的斗争，在思想领域内广泛地进行着。这种斗争，对曹操有很大的影响，曹操在政治上的改良要求，使他比较容易地接受正确的思想。他在政治措施、生活作风、文学活动等方面的都说明了这一点。这不能不使曹操的作品在对社会生活方面，采取比较老实的态度。

曹操在建安文学活动中，也不是无可非议的。他的有些诗在内容和形式方面，也不是尽善尽美的。我们读曹操的诗，虽然从主要方面来说，充溢着积极进取的精神，但也流露出某些消极的情绪。除了感到曹操作品的好处以外，也往往感到写得比较粗糙，艺术性还有待提高。曹操诗对当时社会的揭露、批判，虽然打中了要害，但反映的深度和广度，都是不够的。作为曹魏统治集团的首脑，曹操虽然对邺都文士厚遇备至，他在文学上吸收了民间文学的优秀东西，但对民间的东西，注意得仍不够，如汉时搜集民歌的优良传统做法，在魏时便没有了。因此，在建安文学作品中，虽然也包括了当时无名作者的优秀民歌，但它的地位和影响都是比较次要的。

我们说建安文学总的倾向是好的，是现实主义的，但并不能一概而论。其中相当一部分作品，不仅在形式上没有摆脱汉赋形式主义的影响，而且在内容上也缺少社会价值。有一些歌颂曹魏功德的东西，虽不无一定事实为依据，但逃不了虚夸、作伪和庸俗。建安文学在摆脱古老的文学创作传统方面的贡献，对后世的文学发展起了很大的影响。建安时期成长、发展起来的五言诗、七言诗，给以后中国传统诗的形式奠定了基础，建安诗歌中成熟了的叙事体、抒情体，也打开了我国诗歌中叙事体和抒情体的新页。当我们读陈琳的《饮马长城窟行》、阮瑀的《驾出北郭门行》、无名氏的《孔雀东南飞》时，再对照一下杜甫的“三吏”、白居易的《琵琶行》，就能发现我国古代文学上两个盛世——建安时代和唐代，在内容、形式诸方面的血肉联系。建安文学的某些不足之处，如形式尚不完善，汉赋的不良影响，等等，是我们古代现实主义文学发展过程中的一种现象，带有时代的特点，不应苛求。

以上是肤浅的极不成熟的意见，错误当所难免，请同志们和老前辈们批评指正。

（原载《安徽史学通讯》1959年第3期）

曹操为其法治路线服务的诗歌创作

◎牟世金

公元184年爆发的黄巾大起义，沉重地打击了世家豪族的封建割据势力，粉碎了从西汉末以来二百多年间儒家路线占统治地位的局面，迎来了法家路线在军事、政治、经济、文化各个方面获得重大胜利的三国时期。在这时期出现的众多法家人物中，曹操是一个杰出的政治家、军事家，也是较杰出的文学家。史称曹操“御军三十余年，手不舍书……登高必赋，及造新诗，被之管弦，皆成乐章”[①]。作为诗人的曹操，其诗歌创作和他的法家路线是不能无关的。毛主席教导我们：“一切文化或文学艺术都是属于一定的阶级，属于一定的政治路线的。”曹操尊法反儒的政治路线，必然要反映到他的诗歌创作中来。

一

自秦汉以后，统一是中国历史发展的必然道路。但正如毛主席所指出的：“自秦始皇统一中国以后，就建立了专制主义的中央集权的封建国家；同时，在某种程度上仍旧保留着封建割据的状态。”封建割据状态自东汉初年以来，逐步发展，到了汉末就形成对统一的中央集权的封建国家的严重威胁。在声势浩大的黄

① 《三国志·武帝纪》注。

巾起义摧毁了腐朽的东汉王朝之后，盘踞各地的豪宗大族，便乘机称王称霸，各据一方，造成汉末割据分裂的混战局面。曹操的历史功绩，就是在黄巾起义的基础上，结束北中国的分裂，为后来司马氏统一全国打下了基础。

“挟天子以令诸侯”，是曹操在统一北方过程中采取的重要政治策略。公元196年曹操迎汉献帝刘协都许昌后，刘协在曹操的控制下，只能起一个汉王室象征性的作用。曹操深知当时没有这个象征性的帝王，要统一中国将会遇到更多、更大的困难。所以，后来虽是“尺土一民，皆非汉有”[①]，多次有人劝曹操取汉室而代之，曹操仍坚持不干。他以自己不称王称帝的立场来反对别人称王称帝，以稳定当时的局势。如公元197年袁术在淮南僭位，已演出“两妇预争为皇后”的丑戏了，可是当有人让袁术公开即帝位时，袁术却回答：“曹公尚在，未可也。”[②]所以曹操说，当时如果没有他，“不知当几人称帝，几人称王”[③]，确是事实。

曹操的《短歌行》（“周西伯昌”）一诗，就表达了他维护统一的政治态度。这首诗歌颂了周文王、齐桓公和晋文公三人，说周文王在三分天下有其二，仍“臣节不坠”，“犹奉事殷”。齐桓公、晋文公是春秋时最强盛的两大霸主，齐桓公有“九合诸侯，一匡天下”之功；晋文公“名亚齐桓”，也能“躬奉天王”。曹操在《让县自明本志令》中也表示过同样的意思：“齐桓、晋文所以垂称至今日者，以其兵势广大，犹能奉事周室也。”[④]这都是表白自己当时的政治态度。曹操这样写并不是从“忠”于汉室出发而要守其“臣节”，主要是为其统一中国的

① 《三国志·武帝纪》注。

② 《三国志·武帝纪》注。

③ 《三国志·武帝纪》注。

④ 《三国志·武帝纪》注。

政治服务。当时，曹操还没有足够的力量战胜众多的封建割据势力，而以维护汉王朝的一统天下为旗号，可大大减少统一中国的阻力。这样，首先必须自己不制造分裂，所以他一再表示，纵使自己的力量逐渐强大起来，但仍将像齐桓、晋文之奉事周室一样，要维护汉王朝的一统天下。曹操在诗文中反复宣扬这一思想，显然具有反对搞割据分裂的用意。

当时，曹操统一中国在北方的劲敌，是“四世居三公位”“势倾天下”的袁绍兄弟。曹操的名篇《蒿里行》就对此二人大搞割据分裂的行为进行严厉的谴责。

在汉末宦官外戚狗咬狗的斗争中，凉州军阀董卓于公元189年闯进洛阳，废少帝，立献帝，大肆烧杀掳掠，将洛阳城内宫室、府库、民房及周围数百里内的城市村庄，焚烧殆尽。公元190年，各地军阀组成联军，以袁绍为首，举兵讨伐董卓。《蒿里行》写的就是这一历史事件。因这伙讨董联军，大都是当时割据称雄的地方豪强势力，他们只顾争权夺利，扩充自己势力，所以会师之后，大都观望不前，最后竟自相残杀起来。曹操在诗中批评他们说：“军合力不齐，踌躇而雁行。势利使人争，嗣还自相戕。”其中特别严重的是袁绍兄弟：“淮南弟称号，刻玺于北方。”即指公元197年袁绍的从弟袁术在淮南僭号；袁绍在公元191年私刻皇帝印于淮南之北，想另立刘虞为帝。这种争权夺利互相残杀，造成“白骨露于野，千里无鸡鸣”的惨状。诗的最后说：“生民百余一，念之断人肠！”曹操带着浓厚的感情色彩这样来写，表现了他对割据分裂的强烈反对，也增强了对造成这种严重灾难的罪魁祸首袁绍兄弟的鞭挞力量。前人评此诗为“汉末实录，真诗史也”[①]，那是不错的。不过曹操写这首诗，显然不在于记录史实，而在为其统一中国的政治斗争服务。

① 钟惺《古诗归》。

曹操现存的全部诗歌，有四分之一是反映其为统一中国而战的征战生活。毛主席在《浪淘沙·北戴河》词中提到的“遗篇”——《观沧海》便是其中之一。这首诗是曹操在北征乌桓的途中写的。联系到平定乌桓后北中国基本统一和曹操在当时的必胜信心来看，他在诗中描绘大海吞吐日月的宏伟景象“日月之行，若出其中；星汉灿烂，若出其里”，充分表现了为统一中国而战的广阔胸襟和壮志宏图。

天下大乱，达到天下大治。统一，是汉末大乱的必然结果。当然，“历史必然性的思想也丝毫不损害个人在历史上的作用，因为全部历史正是由那些无疑是活动家的个人的行动构成的”（《列宁全集》第一卷，第139页）。但个人在历史上能够起到作用，必须顺应历史前进的方向才有可能。比曹操强大的袁绍何以反而败于曹操呢？曹操的谋士法家郭嘉对此作了正确的分析：“绍以逆动，公（指曹操）奉顺以率天下。”[1]袁绍大搞封建割据，逆乎历史潮流而动，所以“虽兵强，无能为也”。曹操走统一的道路，顺乎历史潮流，终于完成统一中原的大业。

当时历史发展的主要障碍，是豪强地主势力。自东汉以来，土地高度集中于少数豪强大姓之手，丧失土地的农民，大量流徙，沦为半奴隶式的徒附。到东汉末年，“豪人之室，连栋数百，膏田满野，奴婢千群，徒附万计……荣乐过于封君，势力侔于守令；财赂自营，犯法不坐；刺客死士，为之投命”[2]。这种庞大的地主庄园，就是一个一个的独立王国。豪强兼并的必然结果，便是封建割据和军阀混战。汉末的长期割据混战，使生产发达、人烟稠密的黄河流域，出现一片荒凉景象：“出门无所见，白骨蔽平原”（王粲《七哀》）；“名都空而不居，百里绝

① 《三国志·郭嘉传》注。

② 《后汉书·仲长统传》。

而无民者不可胜数”[①]。到曹丕称帝时，洛阳附近的膏沃良田，已是“树木成林”，“荒莱”满目了[②]。曹操对北方的统一，在一定程度上阻止了豪强兼并和军阀混战，减少了人民的流徙和死亡，促使了生产的恢复和发展，并为重建统一的中央集权的封建帝国打下基础，这在当时是有其重大的历史意义的。曹操在诗歌创作中把当时中原最大的豪强地主袁绍作为打击的主要对象，正抓住了当时的主要矛盾。

二

公元200年，官渡一战，曹操以少胜多，打败袁绍，奠定了统一北方的基础。在这个基础上，曹操进一步展开了一系列重大的法治措施：公元204年提出“重豪强兼并之法”，205年下《整齐风俗令》，206年开始大量推广屯田，210年宣布“不信天命之事”，并从210年开始三下《求贤令》。所有这些，都是为了继续打击豪强，巩固并扩大统一中原的成果。在这些斗争中，曹操也以他战斗的诗篇，进行了密切的配合。

统一中原的斗争，主要就是和豪强势力进行斗争。面对当时的混乱局面，曹操认识到“拨乱之政，以刑为先”[③]，必须用严格的法治，才能制服那些大搞割据分裂的贵族豪强。曹操直到临死前还告诫其下属：“天下尚未安定，未得遵古也。”[④]希望他的继承者，不要回到古代礼治的老路上去，而必须继续执行其“以刑为先”的法治路线，来治理“尚未安定”的天下。曹操的一生，一直贯彻这条打击豪强的法治路线。他早在二十岁出任洛

① 《后汉书·仲长统传》。
② 《三国志·王昶传》。
③ 《三国志·高柔传》。
④ 《三国志·武帝纪》。

阳北部尉时，就显示了敢于和豪强斗争的精神。他刚到洛阳，就“造五色棒，悬门左右各十余枚，有犯禁者，不避豪强，皆棒杀之”[①]。当时正是宦官权势熏天之际，特别是不久后便居“西园八校尉”首领的蹇硕，更为灵帝刘宏所重用。蹇硕的叔父仗势犯禁，曹操还是依法惩办，毫不容情。统一中原之后，曹操丝毫没有放松和豪门贵族的斗争，他对一些十分猖狂的世族地主的代表人物，如孔融、杨修、魏讽等进行坚决镇压；同时重用和支持那些执行法治路线、敢于裁抑豪强的司马芝、赵俨、满宠等人。

曹操主张法律应“设而不犯，犯而必诛”[②]。为了使他的法治路线能够贯彻下去，曹操不仅不避豪强，甚至亲属犯法，也不轻易放过。如他的儿媳（曹植妻崔氏）违犯不准穿锦绣衣服的禁令，就“以违制命，还家赐死”[③]。有一次在行军途中，曹操的马腾入麦地，踏坏麦苗，违犯了他制定的不准“败麦”的法令，便主动提交主簿议罪。主簿据“罚不加于尊”的儒家章程，不予论罪。曹操则说：“制法而自犯之，何以帅下？”[④]于是便割发置地，以示惩处。割掉头发，在“身体发肤，受之父母，不敢毁伤，孝之始也”[⑤]的儒家观念上，也并不是一件平常的事。曹操这样身体力行，正表现了他执法严明的法家精神。

曹操在诗歌中，一再表达了这种严格的法治精神。《度关山》中说：“有燔丹书（古代奴隶的名册），无普赦赎。皋陶、甫侯，何有失职？嗟哉后世，改制易律。”这里强调，规定了刑法就必须坚决执行。过去，有功的奴隶可烧掉他的名册，免除其奴隶身份。所以，除有特殊贡献的人之外，一切罪犯，不能

① 《三国志·武帝纪》注。
② 《孙子注》，《曹操集》，第 77 页。
③ 《三国志·崔琰传》注。
④ 《三国志·武帝纪》注。
⑤ 《孝经·开宗明义章》。

随意赦罪赎罪，使刑法有名无实。古代皋陶、甫侯等刑狱官，都能坚持职守，严格按照刑法规定办事。后来就更值得赞美了：战国时的早期法家李悝，汇集各国刑书成为《法经》，商鞅把这部《法经》带到秦国，并改“法”为“律”，正如西汉著名法家桑弘羊所说的，商鞅“革法明教，而秦人大治”[1]，让法律产生了更大的作用。《度关山》中表达的这种思想，可说是一曲法治精神的赞歌、严明法纪的宣言。

值得注意的是，曹操在《对酒》诗中描绘了一个他所理想的太平世界，其中人人过着丰衣足食、“民无所争讼”“路无拾遗”的安乐生活。在阶级社会中，这当然只是一种不可能实现的幻想，但即使在这种理想中的社会里，曹操认为仍然不能没有刑法，仍然要“犯礼法，轻重随其刑”。这说明，在曹操的思想上，无论到什么时候，也不管是什么人，只要犯了法，就得按其轻重论处。这表现出曹操的法治精神是比较彻底的。当然，曹操的法治精神，对地主阶级和劳动人民是不可能一视同仁的。但严格贯彻执行这种法治路线，不仅否定了“刑不上大夫”“罚不加于尊”的儒家礼教，而且有力地打击了“犯法不坐”的豪门贵族。特别是《度关山》中反对“赦赎”的思想，是有着鲜明的针对性的。汉末滥赦滥赎成风，豪强地主阶级可随便犯法而又轻易地得到赦罪和赎罪的机会。曹操主张“无普赦赎”“犯而必诛”，矛头显然是直指豪强贵族的。郭嘉曾说过，“汉末政失于宽”，曹操“纠之以猛”[2]。所谓“宽”，指汉末实行礼治，对世族地主的巧取豪夺宽容放纵；所谓“猛”，是说曹操实行法治，对豪强势力进行了狠狠地打击。

“政治路线确定之后，干部就是决定的因素。”曹操反豪

---

① 《盐铁论·非鞅》。

② 《三国志·郭嘉传》注。

强的法治路线得以贯彻实施，必须有一批有胆识、有才干的执行者。当时“门生故吏遍天下”的袁氏余党还大有人在，忠于豪强的儒生，以及本身就是豪强地主的官吏，还遍布中原各地，他们是曹操法治路线的反对者。曹操意识到这问题的严重性，公元208年赤壁之战确立了三国鼎立的局面之后，他就下决心，打长谱，于公元210年、214年、217年连下三次《求贤令》，从建立推行其法治路线的基本班子这个根本问题着手，来大力搜罗人才。

曹操在三次《求贤令》中，特别提出要重用那种勇于反对儒家传统的“不仁不孝”的人，那种“负污辱之名，见笑之行”，或“盗嫂受金”的礼教叛逆者，以及被豪门贵族所排挤，长期埋没于民间的“至德之人”。这可说是“德”的方面。“才”的方面，则要求有“治国用兵之术”，能“临敌力战”，“堪为将守”，以及朝气蓬勃的“进取之士”。三次求贤令总的精神就是不分亲疏贵贱，一概“唯才是举”，充分体现了曹操和豪强地主、和传统的仕进观念进行斗争的决心和勇气。

在这一激烈斗争中，曹操在诗歌创作上也进行了密切的配合，他的名篇《短歌行》（“对酒当歌”）就是一篇形象化的“求贤令”。诗的头几句说：“对酒当歌，人生几何？譬如朝露，去日苦多。慨当以慷，忧思难忘。何以解忧，唯有杜康。”这固然透露出一些人生无常的消极思想，但他深深“难忘”的是什么？要以酒“解忧”的“忧”是什么？从全诗可以看出，这是由于他对时光易逝，统一中国的功业未成而盼得贤才“以共治天下”的迫切心情的反映。他接着就说：“青青子衿，悠悠我心。但为君故，沉吟至今。呦呦鹿鸣，食野之苹。我有嘉宾，鼓瑟吹笙。”这是说得很恳切的，长期萦回于曹操心中念念不忘的，就是能执行其法治路线的贤才。贤才一到，他便尊为“嘉宾”，竭诚相待，热烈欢迎。诗的最后说：“月明星稀，乌鹊南飞。绕树三匝，何枝可依？山不厌高，海不厌深。周公吐哺，天下归心。”汉末豪强混战的局面，在赤壁之战后已鼎足三分，“月明星稀”了，而天下才士有如乌鹊纷飞，正在择木而居。“何枝可依”呢？法家早期代表人物管仲曾说：“海不辞水，故能成其大；山不辞土石，故能成其高；明主不厌人，故能成其众。”[①]曹操便用这一思想作了回答，并表示要像周公“一饭三吐哺”那样虚心接待贤才，希望这样来得到天下之人的归服和拥戴。

这首诗充分表达了曹操求贤若渴的思想，其诚挚的感情，迫切的愿望，十分感人。把这样一篇形象化的“求贤令”“被之管弦”，传唱开来，它能起的作用是三次《求贤令》所不能及的。

曹操不仅广集人才，“任天下之智力”[②]以统一中原，他自己也有一种坚毅顽强、老当益壮的斗争精神。他与袁绍编造什么“袁氏受命当王，符瑞炳然”[③]的谎言，相信天命的思想不同，而相信人力，认为“天地间，人为贵”，反对天命思想。《龟虽寿》就是曹操反天命思想的名篇。

神龟虽寿，犹有竟时。腾蛇乘雾，终为土灰。老骥伏枥，志在千里。烈士暮年，壮心不已。盈缩之期，不但在天。养怡之福，可得永年。

传说神龟可活三千年，也有它的尽头；腾蛇虽能乘云游雾，但在云消雾散之后，就和普通蝇蚁一样，化为灰土。这和曹操在《精列》诗中说的万物“莫不有终期，圣贤不能免”，即使周公孔子也终归一死的意思相同。但不能因此便听天由命，曹操在诗中强调，良马虽老，仍志在千里，有志之士虽到了晚年，仍

① 《管子·形势解》。
② 《三国志·武帝纪》。
③ 《三国志·袁术传》注。

壮志不息。人的成功与失败，并不决定于天，人虽老了，只要壮志犹存，积极争取，仍可像善于保养身心以得长寿一样，获得较大的成就。

这首诗是公元207年曹操北征乌桓时写的，他这年五十三岁。诗中的“老骥”“烈士”，正表现了他老当益壮的英雄气概和统一中国的积极乐观精神。这首诗针锋相对地批判了儒家的“天命”思想。孔丘认为“死生有命，富贵在天”，曹操则说：“盈缩之期，不但在天。养怡之福，可得永年。”孔丘说他“五十而知天命”，并用“天命”论来吓唬人，要人们“畏天命”。曹操则认为“知天命”的孔丘，却逃不出“莫不有终期”的自然规律。孔丘说他五十岁以后懂得“天命”，曹操五十三岁写的这首诗，却高举反“天命”的大旗，强调人的主观努力的作用。曹操到五十六岁，更正式宣布他“不信天命之事”。这时，曹操已“荡平天下”，统一中原了。他是在总结自己一生“推弱以克强，处小而禽（擒）大”的《明本志令》中谈到“不信天命”的。不信“天命”的人偏能以弱克强，以小胜大，信“天命”的孔丘呢？正好五十六岁时搞复辟失败，被赶出鲁国，开始了“丧家之犬”的流亡生涯。这就有力地说明必须靠人力而不能靠“天命”。

三

曹操的诗歌，不仅所表达的思想是尊法反儒的，他从事诗歌创作本身，就具有鲜明的尊法反儒的历史意义。他不仅“登高必赋”，自己积极从事诗歌创作，并收罗文人，大加倡导。他搜集天下文士，大都加以重用，“置之列位”，即使像陈琳这样曾替袁绍写文章大骂过曹操祖宗三代的文人，也不予追究而加重用。所以，当时天下文士，“悉集兹国”，在曹操父子周围形成三国时期的一个文学中心。当时文人除曹氏父子（曹操、曹丕、曹植合称“三曹”）外，还有孔融、陈琳、王粲、徐幹、阮瑀、应玚和刘桢七人，史称“建安七子”（“建安”是汉献帝年号，公元196—219年）。其中孔融是孔丘二十代孙，是当时世族地主制造反动舆论的所谓“清议派”的头面人物，他恃其才望，猖狂地反对曹操尊法反儒的路线。曹操便于公元208年镇压了这个孔丘的孝子贤孙，这也是曹操尊法反儒的一个果断行为。

建安文人除“三曹”“七子”外，还有邯郸淳、繁钦、路粹、丁仪等，总计不下百十人，真所谓“彬彬之盛，大备于时矣”[①]。这样一大批文人在曹氏父子的倡导下，形成一股文学创作的巨大声势。在当时，这是文学创作领域中一个前所未有的新风尚。曹操在文学史上的贡献，即在于此。沈约在《宋书·臧焘传论》里说：“自魏氏膺命，主爱雕虫，家弃章句。”就是说，从曹魏当权后，由于当政者的曹氏父子爱好诗歌创作，影响所及，家家都把传统的“章句”之学抛到一边去了。所谓“章句”，就是解释儒家经典的经学，这是汉代地主阶级赖以维护其统治地位的重要精神支柱。从西汉后期到整个东汉的二百多年中，在统治者的大力支持下，乌烟瘴气的章句之学，几乎独霸整个学术思想领域。在这个时期内，文学艺术很难摆脱儒家思想的束缚而自由发展。

汉末黄巾大起义摧毁了东汉王朝，地主阶级在这一猛烈冲击之下发生了分化，经学就随着地主阶级中旧势力的衰微而衰微，文学则在地主阶级中新势力的正确对待下，从儒家传统思想的桎梏中解放出来，开辟了自己广阔的天地。那时，曹操敢于在诗歌中大胆嘲讽汉代经学大师郑玄了：“德行不亏缺，变故自难常。郑康成（即郑玄）行酒，伏地气绝。”（《董逃歌词》）

① 钟嵘《诗品序》。

曹植则高唱："滔荡固大节（大体），世俗多所拘。君子通大道，无愿为世儒。"（《赠丁廙》）由此可见当时社会风气的巨大变化。在这个大转变中出现的"建安文学"，就在文学史上开创了一个文学脱离经学而独立发展的新时代。

曹操对建安文学所起的历史作用，显然是与他坚决实行尊法反儒的政治路线分不开的。这也表明，建安文学的出现，在很大程度上是法家思想战胜儒家思想的结果。

作为法家的曹操，也把法家的革新精神带到诗歌创作中来了，所以鲁迅先生曾说，曹操"是一个改造文章的祖师"[①]。曹操的散文，敢想敢说，毫无拘束，而又简明质朴，与两汉文章比较，确是面目一新。其诗歌则一反汉代为儒家思想服务的传统，而为宣扬、捍卫其法治路线的武器，这是一大变革。在形式上，他打破古乐府乐调的局限，用旧乐调写新内容。如《薤露行》和《蒿里行》两个乐调，原来都是挽歌，只在死人出殡时才唱这种调子。曹操第一个用这两支乐调来写当时的现实斗争。他现存二十多首诗全是乐府，所写内容大都和原调无关。曹操还大量采用当时民间新兴的五言诗，并写得相当成功。汉末以前的诗歌多为四言或杂言辞赋，文人写五言诗的还不多。由于曹操的提倡，用乐府旧调写时事，开建安诗坛一代新风，五言诗则成为建安诗歌的主要形式，对后世五言诗的发展和唐代的新乐府运动，都有一定的影响。

但也应指出，建安文学在文学史上的贡献，并非曹操一人的功绩。曹操在诗歌创作上能取得一些成就，是与他虚心向当时民间文学学习并接受汉乐府民歌的优良传统分不开的，汉末《孔雀东南飞》一诗的出现便是明证。这首诗在内容上已具有鲜明的反儒家传统观念的倾向，形式上不仅是五言诗，而且是文学史上不

① 鲁迅《魏晋风度及文章与药及酒之关系》。

可多得的长篇巨制。仅此一例可知，曹操能在文学史上作出一定贡献，其力量源泉，是来自广大无名英雄的劳动人民。而曹操作为地主阶级的一员，民歌中积极乐观的健康思想、勇于斗争的革命精神等，很多是他不可能吸取的，因此，在他的诗歌中，必然要透露出剥削阶级的思想情感，特别是像《气出唱》《秋胡行》等作品，其中求仙学道、追求长生以及人生无常等消极思想是相当严重的。

总的来看，曹操的统一中原、恢复生产、打击豪强、厉行法治以及革新建安诗坛等，是起过一些进步的历史作用的。但他毕竟是地主阶级的一个代表人物，在历史上就不能没有他反动的一面。他参加过镇压黄巾农民起义，这一严重的历史罪过是不容抹杀的。曹操在历史上的作用，和劳动人民的推动历史前进，本质上是不同的。只有人民才是创造历史的动力，只有人民的革命斗争，才是推动历史前进的火车头。作为法家的曹操，只是由于能沿着历史发展的方向前进，才在历史的进程中作出了自己的贡献。

（原载《文史哲》1974年第4期）

论曹操诗歌的艺术成就

◎陈飞之

曹操诗歌是那个动乱时代的动人的乐章，也是作者在戎马倥偬中所激发出来的心声。前人称许曹操“鞍马间为文，往往横槊赋诗”，“息鞍披览，投戈吟咏”，都切实地说明了他的诗歌正是从生活的激流中产生出来的。它们不仅鲜明地显现了忧时悯乱，要求建功立业，以及向往统一安定的时代精神，而且在艺术上很富有创造性，善于运用多种艺术手段，从复杂矛盾中来表现真切的情感，写得极为雄浑劲健，为开创风骨具备的建安诗风作出了重大贡献。

“风骨”一词，乃是一个假物喻意的富有形象性的艺术概念。从诗歌的角度上讲，据刘勰的解释是“怊怅述情，必始乎风，沉吟铺辞，莫先于骨”，“结言端直，则文骨成焉，意风骏爽，则文风清焉”，“故练于骨者，析辞必精，深于风者，述情必显”[1]。这些话很清楚地说明了，“风”就是情思，“骨”就是辞意：情思要如风如气，既含有丰富的不尽之情，又具有节奏上的抑扬顿挫之美；辞意要如体如骨，既有结言端直的骨鲠之意，又有析辞必精的凝练之功。因此一个优秀诗人的作品，就是要情思缭绕，意正辞切。这也正是抒情诗歌的一个问题的两个方面。曹操诗歌就是在这情、辞的两个方面，都达到了他那个时代

① 刘勰《文心雕龙·风骨》。

所能取得的最高的艺术水平。

在他的诗歌中，首先是善于捕捉社会人生中带有普遍意义的矛盾，再从矛盾的交织中慷慨悲歌，因而使人有毋庸置疑的同感，具有深切的说服力和感染力。尽管由于他的阶级偏见，他还不可能认识和承认农民与地主的矛盾，但诗中对于他那个时代所普遍感到的社会人生的问题，如忧世不治和向往太平盛世的矛盾，势利使人争和万姓以死亡的矛盾，高山大雪和饥寒交迫的矛盾，长年征战和将士思乡的矛盾，去日苦多和求贤若渴的矛盾，征途之险和养怡之福的矛盾，人寿不永和壮心不已的矛盾等等，都作了生动的描绘，抒发了真切的感情。这就使他的诗歌富有那个动乱社会的时代感。前人仅仅赞叹他的《薤露行》一诗为“汉末实录，真诗史也”[①]，那还是不够的，只是从某一首诗的表面题材上看问题，若从更广阔的角度上来理解，从所表现的社会矛盾的实质性来考察，他所有直接反映社会现实的诗歌都是汉末实录。

同时在抒写社会矛盾的诗歌中，他善于渗进自己的积极的社会理想，处处贯注着要求建功立业的进取精神，非常重视人的作用和生的意义，这就使他的抒情诗具有强烈的鼓舞力量和鲜明的个性特征。诗中曾发出天地之间以人为贵的感慨，充满了对人民苦难的同情，对士兵疾苦的关注，对贤才的极端重视，对事业的执着追求，对时间的无限珍惜，很强调人的智慧及其主观能动作用。特别可贵的是，面对那样复杂的国事艰难和矛盾交织的社会现实，他并不像屈原那样时常想到死，而是在一切情况下都相信生的意义与力量。他的感情总是有进无退，一往无前。这种艺术境界既给人以巨大的鼓舞，又充分地显现了诗人的个性特征。任何优秀诗篇中最显露光辉的地方，往往就是诗人识见的过人之

① 钟惺《古诗归》卷七。

处。前人说他的诗“直欲夺汉家两风之座”[①]，实质上应该明确地理解为，曹操诗最动人的艺术力量，实在就是他那身处黑暗时代但又能从中闪露出来的人的奋斗的强光。这跟汉代那些现实主义的乐府古诗比起来，富有更强烈的进取精神及浪漫主义气质。至于他的游仙诗的社会内容和浪漫主义特色，我曾在《曹操的游仙诗》一文中比较全面地谈过了。以后还指出曹操曹植父子的游仙诗，“在建安诗歌中放一异彩”，“为我国诗歌开创了一个新的流派”[②]。故本文只着重论述他直接反映社会现实的诗篇。

曹操在抒写对社会现实生活的感受中，或是触景生情，或是寓情于景，或是感慨时事，或是使用故实，或是间生理句，都能从沸热的生活题材出发，经过精心的加工提炼，达到了异常高超的神与境会的艺术境界。诗人在《苦寒行》一诗中，在巍巍的高山中攀登，在羊肠小道上行走，风雪甚大，猛兽很多，人烟稀少，夜无宿栖，军中人马挨饥受冻，进退两难，他被这些怵目惊心的景象震动了，颤栗了，就笔酣墨饱地来抒写那些艰难困苦，在字里行间充满了对士兵的怜悯与同情，也写出了他自己那一颗时时在跳动着的“忧世不治”的心。这种触景生情的描写，正是在对生活的描绘中拨动着自己的心弦，透过外部世界来烘托内心世界，使人从一大幅实在的画面中有生发不尽的联想，对他们的前途命运还留有深切的惦念与推测。后来的大诗人杜甫，在《石龛》诗中所写的“熊罴咆我东，虎豹号我西。我后鬼长啸，我前狨又啼。天寒昏无日，山远道路迷”，无论是从艺术境界或艺术表现上来看，都深深地受了它的影响。跟《苦寒行》成为姊妹篇的，还有《却东西门行》。虽然两首诗写的都是当时从军生活的痛苦，但前者是从空间中截取的一个横断面，着

① 吴淇《六朝选诗定论》卷之五。

② 见拙文《应该正确评价曹植的游仙诗》，载《文学评论》1983 年第 1 期。

重在外部景象的描绘，而后者却是从时间上来切入的纵剖面，因而就着重在对内心情感的抒发。两者在艺术表现上各有特色。诗歌中所抒发的浓烈的内心情感，总是在长期的百十次感受中凝结而成，又是在对某种客观事物的感受或联想中一触而发的。诗人常常用比兴的手法来表现这种感情。《却东西门行》一开头就触景生情，起兴比拟，兼而有之。先以鸿雁南飞，兴起诗情，冬去春归，犹有定期，再以蓬草作比，秋枯根拔，随风飘荡，深化诗意。继而慨叹士兵们马不解鞍，人不离甲，奔波到老，归去无时，写得既概括又沉痛。随后联想到神龙猛虎，尚有渊窟山岗，可以适性而行，而当时的士兵完全不能实现还乡安居的意愿，甚至比那些死了头要向着故穴的狐狸还不如。从全诗的形象描写来看，他们既不如飞禽，更不如走兽，只跟那些没有知觉运动的焦枯了的蓬草一般，断根离土，任风摆布，千秋万岁，永无会期！这正如王夫之所说："着意处，皆以比兴写生。'万岁不相当'，情真悲极。"[①]还有《龟虽寿》一诗，也同样着重在对内心情感的抒发，为此联想起神龟、腾蛇、老骥等多种事物来作比句，更生动地兴起诗情，比拟诗意，把他那种明知年寿有尽，但又雄心勃勃的奋斗精神，表现得淋漓尽致。

再有在山水诗的写作上，他虽然无意在山水上专下功夫，却能很好地借景抒情，寓情于景，开了我国山水诗派的先河。他的《观沧海》一诗，表面上看纯属写景，通篇没有一句抒发性的情语入诗，这在他以前的上古诗篇中从来没有出现过。他确切地抓住了大海之中最富有表现力的事物形象，把握住描写对象的基本特征，不拘于外部细节的摹描，着重在略貌取神，从大处着眼，摄取客观事物中雄伟的形态，让它们跟自己的心灵浑然融化，再加以提炼升华，开创了前人未辟之境，即一种自然美与精

① 王夫之《船山古诗评选》卷一。

神美妙合无垠的壮美境界，使人耳目一新。诗中一方面描写山岛耸立，草木丰茂，尽管秋风萧瑟，寥廓苍茫，波涛汹涌，处在汪洋大海之中，但它依然独立而不群，巍然而不动，自成一片郁郁葱葱的繁缛世界；另一方面又描绘了日月银河，风摇浪涌，天影波光，似乎它们就在大海中运行，从波涛中涌出。在这种高度浓缩的意境里，物我皆同，浑然一体，鲜明地展现了诗人那种有吞吐宇宙气概的广阔胸怀。所以清人王士禛说："古人山水之作"，"总不如曹操'水何澹澹，山岛竦峙'二语，此老殆不易及。"[①]沈德潜也说《观沧海》"有吞吐宇宙气象"[②]。虽然他们这些简评的含意，未必跟我们以上的分析相同，但能够指出其高超之处，还是很有见地的。再如在《孟冬》《乡土》两篇中，诗人都在着力描写天时物候的景象，以及从繁霜霏霏到冰天雪地的寒冬，同时用鸟兽的远飞潜藏作对比，对于人民农余经商的勤劳，流露了深切的勉励与同情，同时也意识到他们那种好勇疾贫的必然现状。诗中写景叙事，抒怀慨叹，较好地做到了结合渗透，熔于一炉。所以吴乔在《答万季野诗问》中说："十九首言情者十之八，叙景者十之二。建安之诗，叙景已多，日甚一日。"本来汉乐府重叙事，古诗十九首多言情，到了曹操、王粲等人的诗歌中，写景的成分增加了，甚或出现了通篇写景之作，以至建安后期的诗歌中情景不离，发展到刘宋元嘉时期更出现了山水诗派。在这一诗歌流派的形成当中，曹操在描写自然景象的艺术上也起到了先驱者的作用。

至于即事抒怀的《短歌行》第二首，历来被学者们所称道，说它"独步千古"者有之[③]，说它"至细至厚至奇"者有

① 王士禛《带经堂诗话》卷一。

② 沈德潜《古诗源》卷五。

③ 张实居《诗友师传录》。

之[①]，说它“纯是一片怜才意思”者有之[②]，但个别处迄今留有误解者亦有之。如“月明星稀，乌鹊南飞，绕树三匝，何枝可依”一章，有人说是“月明乌鹊，言鸟能择木，喻贤者亦当择主”[③]，前面明明说到主客双方是两情契合的好友，为何在迎宾宴会上又提到“择主”的问题，还要回顾“乌鹊南飞”的往事呢？这岂不变成了难堪的多心，跟全篇诗意龃龉。又有人说是“绕树三匝而无所依托，则英雄无用武之地也”[④]，这更是牵强附会的说法，并不符合曹操的心境，因为他从来也没有认为自己或别人，将会有英雄无用武之地的哀愁。实际上他是一个有移时万里、举目南北的雄伟气魄的诗人，这里写的只是他对“乌鹊南飞”的实景的想象。这首诗的艺术成就表现在以下两个方面：一是情思蕴藉，曲折深致，不可端倪。诗中的曲意深情，若有所指，若无实指，若尽是求贤之心，若有不尽之意，交织着事业的艰难和生命的短促，离情的愁烦和欢会的酣畅，国家的分裂和统一的愿望，以及贤才难求和唯恐有失等等复杂矛盾的感情，从而在情调上一时陡然慨叹，一时神思凄恻，一时曲情蜜意，一时心境雄豪，真是思绪万千，使人有“诗无达诂”的感叹，把我国的抒情诗歌写到了炉火纯青的境地。二是气势流畅，声韵谐协，音以律文。气势上波澜起伏，沉郁顿挫，时而如仰天长啸，时而如旋风回还，时而像流水潺湲，时而似深山幽远，既是流畅腾挪，又显得屈蟠凝重。韵节上四句一转，逐层顿换，若断若续，辞离意即，逶迤运动，如走龙蛇。同时声调低昂，随着诗中感情的起伏变化，或扬或抑，或疾或徐，波浪式地向前推进，确实是一曲典型的悲凉慷慨的乐章。从两汉诗歌来看，乐

① 钟惺《古诗归》卷七。
② 吴淇《六朝选诗定论》卷之五。
③ 朱乾《乐府正义》卷六。
④ 王尧衢《唐诗合解》卷三。

府擅长于流畅，古诗见重于蕴藉，但到了曹操的乐府诗中，已兼二者而有之。所以清代学者说：“乐府别是声调，体裁与古诗迥别”，“至曹氏父子兄弟……虽谓之古诗亦可”。[1]他们也觉察到乐府诗到了曹操等人的手里，已经出现了跟古诗合流的趋势。曹操诗歌之所以给人以这种印象，正是因为作者能够吸取前人所长，再结合自己的素养来进行创造，达到了一种畅而不浮、蕴而不涩的艺术境地。

历来被学者们誉为诗史的《薤露行》和《蒿里行》，那更是两首直接抒写忧国忧民思想感情的双璧。它们并不是以写人物及其故事情节为中心的叙事史诗，而是借重大时事题材来表现诗人胸襟的抒情诗歌。如果按照刘勰对“风骨”的解释，就是要“怊怅述情”“结言端直”，即在诗的意境中要蕴含着深厚的情感，在语言表现上又要显露出爱憎分明的锋芒，那么这两首诗也同样鲜明地体现了这种艺术特征。它们从构思上表现出来的共同特点，都是以当时社会动乱的前因后果做线索，八句成章，两章成篇，前章写因，后章写果，形象概括，笔力雄劲，章法严谨，先愤后悲，而且逐层推进，愤之极，悲之切，真正是“怊怅述情”。他对当朝权贵的无能及其优柔寡断，对封建军阀的横行作恶，对豪强势力的争权夺利，都作了极为尖锐的痛斥，而对于由此造成的恶果，他从视觉中看到“白骨露于野”，又从听觉中感到“千里无鸡鸣”，大幅度地概括了那个时代的画面，同情水深火热之中的人民，显出了绝大笔力。对于这种建安时代的社会生活的艺术再现，就其认识意义和艺术借鉴作用来看，可以说虽经百代而常新。所以前人说《薤露》篇“莽苍悲凉，气盖一世”[2]，说《蒿里》篇“笔下严整，老气无敌”[3]，高度肯定了诗

① 王士禛《带经堂诗话》卷四。
② 方东树《昭昧詹言》卷二。
③ 陈祚明《采菽堂古诗选》卷五。

中的情感充沛与气势磅礴。至于有的人说曹操诗歌“乏中正和平之响”[①]，那正是温柔敦厚的诗教的老调。面对着那样残酷的社会现实，而要求诗人在艺术表现上做到温和平静，委婉折中，完全是迂腐之见。同时在诗的语言艺术上，作者用“沐猴而冠带”来写权贵，用“贼臣持国柄”来写军阀，用“踌躇而雁行”来写豪强，用“铠甲生虮虱”来写将士，用“白骨露于野”来写人民，不惟语言凝练，言简意赅，而且写得形象生动，爱憎分明，寥寥数语，即能艺术地概括出客观对象的本质特征。这正如明人陆时雍所说：“其言如摧锋之斧。”[②]他曾特别着意地指出其语言艺术的锐利锋芒。

在曹操诗歌中，有时使用故实，有时间出理句，这不但没有损害诗的艺术效果，反而深化了诗的意境和增强了语言的形象性，很值得后人师法借鉴。例如“沐猴而冠带，知小而谋强。”“狐死归首丘，故乡安可忘！”“悲彼《东山》诗，悠悠使我哀！”“周公吐哺，天下归心。”都是在前面引用一个故实成句，随后就写出一句议论或感叹。这种写法的优点是：第一，笔墨经济而含蕴量大，能借助一个故事或传说来丰富诗意；第二，增强了诗的形象可感性，使读者能从具体的故事传说中生发联想；第三，用事贴切，恰到好处，正好符合作者的诗意；第四，使事成句之后，又承接一简练的议论句或感叹句，使一些不知道典故出处的读者，也能够一般地领会它的意思。在另外少数诗篇中，他还较多地使用典故，甚或如《善哉行》第一首，全诗七解，几乎全用使事句成篇。这也是建安诗歌中的一项创体。自从曹操创出此体以后，曹丕的《煌煌京洛行》，曹植的《精微篇》《豫章行》，都大量地使事成句，就是从他们的父亲那里学

① 黄子云《野鸿诗的》。

② 陆时雍《诗镜总论》。

来的。如明人徐世溥所说："前汉诗不使事，至后汉……曹氏父子益张之。"[①]在这种诗体的创作中，作者并不是炫惑博学，多是用作比较曲折地表现其政治思想服务的，借用一系列故事传说为题材，作为形象地表现诗意的画面转换，使人不会有抽象空泛的感觉。只要艺术表现方法运用得当，仍然是一些富有美感力量的佳作，是诗歌园地里另具特色的花朵，不能用"殆同书抄"一类讥评来予以排斥。为此前人也曾指出："魏武帝《善哉行》七解，魏文帝《煌煌京洛行》五解，全用古人事实，不可泥于诗法论之。"[②]实际上真正切实有用的诗法，只能宜活不宜死，宜全不宜偏。再说到曹操诗歌中惯用理句，那更是他一项富有创造性的艺术成就。他常在诗中某些关键之处，要而不繁地写出一节值得深思求索的诗意，或者写出一两句议论或感叹的理句，往往片言居要，斯为警策，不同凡响。这不仅提高了诗的思想境界，而且在艺术上正是这种画龙点睛之笔，使全诗的形象有机地联系和飞动起来，给人留下了极为深刻的印象。他在游仙诗中的这种艺术表现，前人已经指出："'不戚年往，忧世不治，存亡有命，虑之为蚩。'又云：'壮盛智慧，殊不再来，爱时进趣，将以惠谁？'不特句法高迈，而识趣近于有道。"[③]在他直接反映社会现实的诗歌中，这种善用理句的艺术特色就更为普遍。如他在《龟虽寿》中写道："盈缩之期，不但在天。养怡之福，可得永年。"这种诗意之所以使"腐儒吐舌"[④]，就因为它富有浅俗之士不可理解的哲理意味。再像："势利使人争，嗣还自相戕。""士隐者贫，勇侠轻非。""山不厌高，海不厌深。""君子多苦心，所愁不但一。""烈士暮年，壮心不

① 徐世溥《榆溪诗话》。

② 谢榛《四溟诗话》卷一。

③ 杨慎《升庵诗话》卷十。

④ 钟惺《古诗归》卷七。

已。”这些议论或感叹都很有理趣。前人说这类诗句，可以“取为此老诗品”“道尽群雄病根”，看出“古今治乱之本”“真英雄无欺人语”[1]，等等。正是由于这些理句的作用，反而更加提高了诗的境界。因为流注在诗中的情感，总是要凭识见的深浅来分高下的。同时曹操诗歌中的理句，并不是一般的议论之言，而是深情贯注唱叹之音，带着强烈的感情色彩，其中含蕴量大，外在说出来的意思好像很少，而里面包含着的情意很多，言简意丰，耐人寻味，还能够将其含意融化在全诗的形象组合之中，如从神龟的长寿，联想到腾蛇的作为，老马的远志，随后一笔归结到烈士的壮心，这决不是空泛的议论，而是最好的诗！任何一个读过《龟虽寿》诗的人，即使背诵不出全篇，但对“烈士暮年，壮心不已”两句，总是记得住的；读过《短歌行》诗的人，对“山不厌高，海不厌深，周公吐哺，天下归心”几句，也总是难以忘怀的。这就说明写得好的理句比一般诗句给人的印象更深。就是根据这种艺术实践的经验，陆机才在《文赋》中总结出“立片言以居要，乃一篇之警策”的诗歌理论。后来的大诗人如李白、杜甫和白居易，他们都吸取过这种宝贵的艺术经验。李白在《梦游天姥吟留别》中的“安能摧眉折腰事权贵，使我不得开心颜”，杜甫在《蜀相》中的“出师未捷身先死，长使英雄泪满襟”，白居易在《琵琶行》中的“同是天涯沦落人，相逢何必曾相识”，就是绝不可少的议论或感叹。

从以上论述可知，曹操作品中所体现的“建安风骨”。刘勰曾经从情、辞两个方面作出了比较精辟的总结：“慷慨以任气，磊落以使才：造怀指事，不求纤密之巧；驱辞逐貌，唯取昭晰之能。”[2]这种艺术表现后来就发展为一代诗风，成为建安诗人

① 钟惺《古诗归》卷七。

② 刘勰《文心雕龙·明诗》。

共有的艺术特色。但从我们今天的美学观点来考察，从诗歌的继承与发展来看，结合本文的分析论述，这种风骨具备的诗风，其艺术价值应比刘勰所认识的还要深广得多，可综合为如下几点：

一、他深化了《诗经》以来的忧时悯乱的现实主义传统，对建安时代社会人生中的种种矛盾能够尽情披露，把现实主义诗歌的批判精神推进了一大步。

二、他发展了《离骚》以来的浪漫主义精神，强化了生的意志及其主观能动作用，富有强烈的奋斗不止的鼓舞力量，增强了我国浪漫主义诗歌的积极因素。

三、他吸取了两汉乐府古诗中叙事、抒情、写景、议论之所长，熔于一炉，自铸伟辞，具有特定时代的悲凉慷慨的诗歌风格，达到了畅而不浮、蕴而不涩的艺术境界，情真意切，千古摇撼人心。

四、他是借乐府写时事的开创者，影响深远。在描写社会时代的重大题材上，在开辟游仙、山水等诗歌流派中，在增强诗歌的理趣方面，他都是我国诗歌艺术发展中的前驱。

五、他丰富了诗歌中的想象、比兴、使事和情景交融等多项艺术手段。语言艺术上爱憎分明，形象生动，富有理趣，言简意丰。诗中境界壮阔，含蕴量极大，情调刚健笃实，显示出绝大笔力。

曹操在诗歌创作上能取得这样高的艺术成就，与他那种非常严肃的富有创造性的写作态度是分不开的。他顺应时代的需要，特别重视诗歌创作，并且身体力行，把它当作一项重大事业来做。自东汉以来的两百多年间，文人们都在解说经籍，竞作辞赋，多数是为宣扬儒学经义和歌颂帝王功德而卖力，以致“吟咏靡闻”，形成“诗人之风顿已缺丧”的不景气的局面。随着东汉末年的儒学衰微，辞赋日益僵化，而汉代的乐府古诗却显出了极为活跃的生命力。曹操面对着这种新的形势，就“外定武功，内兴文学”，到处延揽知名文士。那种盛况如曹植在《与杨德祖书》中所说一样，可谓网罗无遗，“悉集兹国”。更重要的是他亲自实践，顿时起了移风易俗的作用。所以前人说他“以相王之尊，雅爱诗章”[①]，又说“自魏氏膺命，主爱雕虫，家弃章句”[②]。这种弃置儒学章句、崇尚诗歌创作的风气，固然是那个时代的要求，但与曹操的倡导和身为表率的作用也是有关系的。尤其可贵的是，他比前代文人更进一步发挥了诗歌的社会功能，紧紧抓住既要“忧世不治”更要“壮心不已”的时代精神，并以此贯串在他所有的诗篇之中，在建安诗人中他第一个用诗歌来“吟咏性情，纪述事业”[③]。他在诗中无论是针砭时事，感叹生灵，悯恤将士，抒发胸怀，以至是哀挽王室，炫耀功德，他的创作态度都非常严肃，真正是把它当作一项重大事业来做的。后来他儿子曹丕在《典论·论文》中所说的“盖文章经国之大业，不朽之盛事”，实际上他父亲早就在这样做着了。为此他的诗决不同于班固《咏史》那样“质木无文”，而是重视诗歌本身的艺术特点，做到情真意切，语言形象凝练，能够表现自己的个性气质，写出了富有创造性的风骨具备的作品。对于诗歌是“不朽之盛事”这一点，他做到了也应该是想到了。

正由于他有这种认识及其创作态度，在他大部分直接反映社会现实的诗歌中，都能从时代生活的实感出发，在比较深广地继承诗歌传统的基础上，又融注着他自己的精神气质及其艺术素养，充分发挥了特有的创造才能。在诗歌体类的运用上，像“借古乐府写时事，始于曹公”[④]，这已为历代学者所公认。《薤露》《蒿里》，原属挽歌，前者挽王公贵人，后者挽大夫士庶，而他

① 刘勰《文心雕龙·时序》。
② 沈约《宋书·臧焘传论》。
③ 张说《张说之文集》卷二十五。
④ 沈德潜《古诗源》卷五。

却用来哀叹王室的倾覆，痛惜百姓的死亡，既有继承性，更有独创性。如明人谭元春所说："《薤露》《蒿里》，如此着想，如此寄意，翻尽从来拟古门户。"[1]再如《短歌行》，据唐人吴兢指出："旧说长歌、短歌，大率言人寿命长短分定，不可妄求也。"[2]而曹操却用来写了表现及时进取精神的迎宾曲。在比较简古的四言诗的写作上，其中《短歌行》和《步出夏门行》可以算是他的杰作。前人也曾指出它们对《诗经》的继承关系，说《短歌行》的风调是"国风清婉之微旨也"，《观沧海》的韵味是"秦齐变风奇峭之遗烈也"[3]。这只是说了有继承性的一面，而在它们的基本精神上，写的是当时的现实生活，抒发的是诗人自己的情怀，显现出悲凉慷慨的风韵，具有独创的艺术特色。因此前人也说："夫风雅后，四言法亡矣。""曹公壮，去《三百篇》远，而曹有曹之得。"[4]或者说："孟德能于《三百篇》外，独辟四言声调，故是绝唱。"[5]他的四言诗所以取得这样的成就，主要原因就是他既重视诗歌传统，又不受传统束缚，总是从自己的生活感受出发，写出当时的实情实境，自出机杼，不落窠臼。前人说他"言其实境，不受束缚耳"[6]，实在是一语破的。在五言和杂言乐府的写作上，曹操诗歌比起两汉乐府诗来，由叙事转向了抒情，比起古诗十九首那种及时行乐的消极情调来，更大大地提高了诗的精神境界。其中无论是写时事、身世或从军，都扎根在自己所处时代的土壤上，气格刚健，同样富有创新的艺术特色。所以前人也说："魏祖慷慨悲凉，自是此公文体如斯，非乐府应

① 钟惺《古诗归》卷七。
② 吴兢《乐府古题要解》卷上。
③ 王世贞《艺苑卮言》卷二。
④ 钟惺《钟伯敬合集》昃集二。
⑤ 陈祚明《采菽堂古诗选》卷五。
⑥ 吴乔《围炉诗话》卷二。

尔。”[①]可见前代学者也看出了这一点，即曹操诗风是自己的独创，并不是两汉乐府诗固有的要求。

在诗歌的炼词炼意方面，他同样有着继承而又创新的表现，对于前人的诗句来说，或是用其词而新其意，或是深其意而近其词。如在《短歌行》中，“青青”两句全用诗经《子衿》篇中的词句，“呦呦”四句又全用《鹿鸣》篇中的句子，这不仅是“明引成语，不是剿袭”[②]，而重要的是在诗意上翻新了。《子衿》篇原是写一个女子对情人的思念，而曹操却用来表示思慕贤才的心情。《鹿鸣》篇原是一般宴客的诗，他却用来表示招待贤者的酣畅。这都是自出新意。再看东汉末年无名氏《烁烁三星列》一诗，其中有几句写道：“远望正萧条，百里无人声。豺狼鸣后园，虎豹步前庭。”写了动乱中亲人离散的痛苦。对照曹操一些诗来看，受它的影响很深，如“白骨露于野，千里无鸡鸣”“熊罴对我蹲，虎豹夹路啼”，又用来描绘死亡线上的人民和士卒，不但在词句上有所变化，而且在诗意上也较之深化得多了，具有更深广的社会意义。又如《观沧海》中的“秋风萧瑟，洪波涌起。日月之行，若出其中。星汉灿烂，若出其里”，本是从司马相如《上林》赋中的句子点化而出，像“视之无端，察之无涯，日出东昭，月生西陂”，两相比较，高下自见。如同明人王世贞所说：“武帝语壮，又‘月生西陂’，语有何致！”[③]这说明曹操确实是一个“手不释卷”的饱学之士，曾广泛地研究了我国的传统诗赋，但他更是一个杰出的诗人，既不忽视优秀的古典诗赋，时常从中吸取营养，又不对之亦步亦趋，而是消融变化，总在叙写自己的时代生活，表现自己的思想情感，作自己的富有创造性的诗。为此鲁迅先生说他“是一个改

① 冯班《钝吟杂录》。

② 吴淇《六朝选诗定论》卷之五。

③ 王世贞《艺苑卮言》卷三。

造文章的祖师”[1]，这话当然也包括了他的诗作在内，实在不是溢美之词，而是精辟之见。

当然在曹操诗歌中，有少数直接叙说政治思想的诗，如《度关山》《对酒》，若从研究他的社会理想来看，那确实是绝好的材料，但如果从诗歌创作的角度着眼，说教气味过重，不够生动形象。前人说这两首诗“名虽乐府，实寡风韵”“不必法也”[2]，我们也有这种看法。这从另一个方面说明了，作诗如果只从书本出发，不写或少写生活实感，就是在杰出诗人的笔下也要失败。

总之任何一位杰出的诗人，尽管各人的境遇不同，但在艺术上之所以取得很高的成就，总是与他的识见、才学和经历密切相关的。而曹操的这几个方面，在当时都有过人之处。一位诗人需要识、学、历，如同一切生物需要光、气、水一样，三者缺一不可。

（原载《文学评论》1983年第5期）

① 鲁迅《而已集·魏晋风度及文章与药及酒之关系》。

② 胡应麟《诗薮》内编卷一。

曹操诗歌艺术剖析

◎蔡厚示

曹操是汉代末年著名的政治家、军事家，也是我国文学史上卓越的诗人。他的诗歌，保存到现在的虽只有二十几首，但它上继先秦两汉民歌的优良传统，下开建安时期慷慨激昂的现实主义诗风，对后世诗歌的发展产生过深远影响。陈沆《诗比兴笺》云："曹公苍莽、古直、悲凉。其诗上继变雅，无篇不奇。"方东树更推尊曹操是"千古诗人第一之祖"[①]。这些话无疑都说得过了头。但平心而论，曹操的诗歌不仅在思想上有许多杰出之处，在艺术上也颇富特色。为此，本文拟着重从审美角度对曹操诗歌的艺术试作剖析。

一

曹操的诗歌，一反两汉几百年间文人诗歌重形式、轻内容的倾向，真能"以情纬文，以文被质"[②]，达到了情文并茂和文质相称的要求。这可从以下几方面说明：

（1）曹操在诗歌中鲜明地表达了他的哲学思想。如《精列》："厥初生，造化之陶物，莫不有终期。……周孔圣徂

① 方东树《昭昧詹言》卷二。

② 沈约《宋书·谢灵运传论》。

落，会稽以坟丘。会稽以坟丘，陶陶谁能度？君子以弗忧。”意思是说：亘古以来，自然界创造的万事万物都有一个从发生、发展到消亡的过程。人也这样，有生必有死。像圣人周公和孔子都死了，禹葬在会稽也变成一抔黄土了。既然如此，谁还能超越这个规律呢？所以聪明人是不为生死担忧的。在《度关山》中，曹操强调人的作用说：“天地间，人为贵。”在《步出夏门行》中，曹操写道：“盈缩之期，不但在天。养怡之福，可得永年。”认为人的寿夭，不是全由老天爷决定的，只要人们注意身心健康，保持乐观精神，也能使寿命延长。显然，这些都是用诗的语言表达的朴素辩证法和朴素唯物主义的思想。

不仅上述诸篇是这样。即使某些以游仙为题材的诗篇，我们从中也能察知曹操对宇宙和人生的看法。譬如《气出唱》三首，一般注家多以为是求仙慕道之作，我却不以为然。我认为它是借游仙为题材以寄托那一时代特定的审美理想。如在“骖驾六龙饮玉浆，河水尽，不东流”的艺术形象里，就有“吾将上下而求索”的屈原和“与日逐走”的夸父的影子。《山海经·海外北经》载：“夸父与日逐走，入日。渴，欲得饮，饮于河、渭，河、渭不足……”曹操在《楚辞》和这一神话的基础上，塑造了一个把黄河水都喝干了的雄伟形象，从而反映出他对宇宙、人生的积极态度和昂扬向上的浪漫主义憧憬。

（2）曹操在诗歌中充分地体现出他的政治主张。如《对酒》篇，描绘了一个政令严明、生产繁荣、“民无所争讼”的太平盛世，寄寓了他的政治设想。他提出的“三年耕有九年储，仓谷满盈”的社会规划，在当时是被部分实现了的。

（3）曹操真实地描绘了现实生活，创作了许多富有时代精神的诗篇。如《薤露行》《蒿里行》等篇，都被后代诗评家如钟惺、沈德潜等人称作“汉末实录”，起了一代“诗史”的作用。

以上说明：曹操诗歌的审美价值，首先是跟它先进的哲学思想、政治主张和深刻的社会内容联系在一起的。曹操许多优美的诗篇，综合了那个时代的审美经验，在历史上曾有助于人们对真、善、美的追求。我们不能根据《三国演义》中那个被丑化了的曹操形象去评价历史上那个真实的曹操，正如我们不应该用历史上那个真实的曹操去否定《三国演义》中那个成功的曹操形象是同样的道理。当然，历史上那个真实的曹操也有错误以至反动的一面，如镇压过黄巾大起义，杀了持不同政见的知识分子孔融、杨修等，喜欢玩弄权术……但他在统一中国北方和发展生产、安定社会方面所作出的贡献，是不应该被抹杀的。他在诗歌审美活动中的优异成绩，也同样是应该受到重视的。

刘勰说得好："故情者，文之经；辞者，理之纬。经正而后纬成，理定而后辞畅。此立文之本源也。"[①]曹操的诗歌之所以能具有巨大的艺术魅力，正首先由于它以情为经、有着先进思想和深刻内容的缘故。如《度关山》和《步出夏门行》诸篇，曹操敢面对现实，直吐胸臆，恰似清人陈祚明所说："本无泛语，根在性情，故其跌宕悲凉，独臻超越。"[②]要不然的话，若是思想陈腐和内容肤浅，则即使技巧工致，也是不可能成为"独臻超越"的艺术品的。

二

曹操的诗歌，不愧为"建安风骨"的代表作。所谓"风骨"，尽管近人有各式各样的解释，但都不否认它是指一种既有充实内容，又有强烈感染力的质朴、刚健、清新、明朗的艺术风格。就审美范畴说，它属于一种刚性的崇高美，或又称壮美。

① 《文心雕龙·情采》。

② 《采菽堂古诗选》卷五。

宋人敖陶孙在《臞翁诗评》中说曹操的诗歌“如幽燕老将，气韵沉雄”，我以为是抓住了它的风格特征的。试细读《步出夏门行》组诗，就可明显看到这点。

《步出夏门行》写于公元207年曹操北征乌桓的途中。它一如曹操的其他诗篇，都是“借古乐府写时事”[①]的。它虽在戎马倥偬之间写成，却立意深远，笔力遒健。在组诗开头相当序曲的《艳》中，曹操抒发了他身经碣石心怀天下的豪情，为全诗定下了慷慨激越的基调。

组诗的头一首《观沧海》，历来被人们推为中国山水诗的创始之作。它说明那个时代的人们已把大自然作为审美对象，他们的审美感已大为丰富。但这首诗的卓越之处不只在此。更难能可贵的是曹操在这首诗中把审美客体和审美主体融而为一，通过对大海吞吐日月星辰那种壮丽景色的描写，抒发了他统一祖国的雄心壮志。在曹操的笔下，景物都写得生气勃勃。沈德潜说曹操诗“时露霸气”[②]，是有几分道理的。所谓“霸气”，指的正是曹操志在统一的襟怀。你看：海水动荡，山岛矗立；树木葱茏，百草苍翠。祖国山河显得何等雄浑，何等有生命活力！在萧瑟的秋风中，洪波涌跃，一浪高似一浪。这又是何等顽强的斗争精神！“日月之行，若出其中；星汉灿烂，若出其里。”这四句更是气象壮阔，想象宏奇。诚如沈德潜所说：“有吞吐宇宙气象。”[③]鲁迅说得好：曹操的“胆子很大，文章从通脱得力不少，做文章时又没有顾忌，想写的便写出来”[④]。做文章如此，写诗歌也是这样。曹操敢于抒写自己的政治抱负，在诗歌中不隐瞒自己的观点，这点精神是

① 沈德潜《古诗源》卷五：“借古乐府写时事始于曹公。”

② 《古诗源》卷五。

③ 《古诗源》卷五。

④ 鲁迅《魏晋风度及文章与药及酒之关系》。

令人赞赏的。

组诗的第二首《冬十月》和第三首《河朔寒》（又作《土不同》）写于胜利班师的凯歌声中。它先后描绘出“天气肃清，繁霜霏霏”的冀北初冬和“水竭不流，冰坚可蹈”的河朔隆寒时的行旅图。尽管一路上“舟船行难”，将士们“心常叹怨”，但曹操在诗中仍然有一股沉雄之气贯串始终。“鹍鸡晨鸣，鸿雁南飞。鸷鸟潜藏，熊罴窟栖”，勾勒出一个虽悲凉、萧瑟却又有声有色的世界。真可谓虽悲而壮，不失幽燕老将的气度。

末一首《神龟虽寿》乃千古传诵之作。它显示了曹操在政治上乐观进取的昂扬斗志。曹操虽然认识到生总要转化为死是不可抗拒的自然规律，但他同时认为：在客观规律许可下，人的主观能动性还是很大的。“老骥伏枥，志在千里。烈士暮年，壮心不已”四句，形象地表达出人生有限而壮志无穷的辩证思想。全诗直抒肺腑，不假雕绘。它用质朴的语言，组成“气韵沉雄”的诗句。怪不得《世说新语》记东晋王敦每逢酒后便吟此四句，禁不住以如意击节赞赏，连唾壶也被敲缺了。

钟嵘主张好诗要“干之以风力，润之以丹彩，使味之者无极，闻之者动心”[①]。意思是说：要以“风骨”（“风力”即“风骨”）为躯干，以辞藻为装饰，使读者觉得津津有味，使听众受到强烈感染。建安时期的许多优秀诗歌，堪称这种典范。刘勰说：“观其时文，雅好慷慨，良由世积乱离，风衰俗怨，并志深而笔长，故梗概而多气也。”[②]综观曹操的全部诗作，虽不能过誉为“无篇不奇”，但就志深笔长、梗概多气两点而言，确不愧为“建安风骨”之冠，连他的儿子曹丕、曹植也略逊一筹，七子之徒更是望尘莫及了。明代徐祯卿认为王粲、刘桢等人在气韵（即

① 《诗品序》。

② 《文心雕龙·时序》。

风骨、韵味）方面皆不如曹操超妙、奇峻[1]，我深有同感。

三

前人评曹操的诗歌时，多强调它的质朴和古直。在崇尚骈俪、追慕浮华的魏晋南北朝时期，曹操的诗歌未受到应有重视是不奇怪的。但连独具只眼、自称重“自然英旨”的钟嵘在《诗品》中也把曹操诗屈居下品，这就不能不使后人感到是千古憾事了。

鲁迅对曹操的诗文作出了准确而又全面的审美判断。他在《魏晋风度及文章与药及酒之关系》中说：“董卓之后，曹操专权。在他的统治之下，第一个特色便是尚刑名。他的立法是很严的……因此之故，影响到文章方面，成了清峻的风格——就是文章要简约严明的意思。”曹操敢于撇开陈言滥调，革除典雅的陋习，也如鲁迅所指出：“力倡通脱”，“是一个改造文章的祖师”。这无论就散文方面说，或就诗歌方面说，都是恰切的。下面试举一二例说明：

曹操的《薤露行》和《蒿里行》都是用挽歌叙写时事的。它完全摆脱了乐府古题的陈旧约束，直接反映了汉末动乱期间广阔的社会生活。它用质朴而又形象的描绘，有力地控诉了军阀混战的种种恶果。方东树在《昭昧詹言》中评《薤露行》说：“此诗浩气奋迈，古直悲凉，音节词旨，雄恣真朴。”评《蒿里行》说：“真朴，雄阔，远大。”如《蒿里行》：“铠甲生虮虱，万姓以死亡。白骨露于野，千里无鸡鸣。”这是一幅多么真朴而又令人触目惊心的悲惨画面！“生民百遗一，念之断人肠！”再从画面中引出必然的慨叹。写到此，诗人已毋须另费笔墨，而人

① 徐祯卿《谈艺录》：“气韵绝峻，止可与孟德道之；王、刘文学，皆当袖手耳。”

们渴望祖国安定、统一的心愿就昭然揭出了。这是何等质朴、古直，又何等真实、生动！

《苦寒行》是写曹操在公元206年春征伐袁绍余党高幹时行军路上的情景。全诗用铺垫的手法，写得一层深似一层。起首写道路的艰难，山谷的凄凉；兼之以野兽出没，风雪交加。无怪乎诗人要“延颈长叹息”，心情为之“怫郁”不安了。后半进一步写水深桥断，日暮途迷，加上人饥马饿，无处栖宿。在这样困难的境况下，曹操统率的大军没有退却，相反还“担囊行取薪，斧冰持作糜”，克服困难继续前进。诗中所描绘的凄凉景物，正好反衬出诗人的豪迈心情。读者透过诗中一些悲苦的字面，能清楚地触摸到诗人一颗刚毅、火热的心。方东树《昭昧詹言》说它“沉郁直朴……寻其意绪，无不明白；玩其笔势文法……诵之令人意满”。他所谓“直朴”，也就是古直和质朴的意思。

综上所述，可见曹操诗的质朴、古直，实乃一种造诣高超的艺术手法。明代王世贞说曹植天才流丽，虽誉冠千古，而实比不上他的父亲。为什么呢？就由于曹植的诗词藻过于华丽，缺少他父亲作品中那种质朴、古直的朴素美的缘故[①]。

四

在曹操的诗歌中，情和景是不断变化的，往往能于悲凉中觉其豪放；空间和时间也是不断转换的，常给人以壮阔、邃远之感。曹操擅长于用虚表实、举少总多、因小见大、化静为动等方法，以充分抒发自己的审美遐想。如脍炙人口的《短歌行·对酒当歌》就用了许多合乎艺术辩证法的手段，表达了诗人思贤若渴

① 王世贞《艺苑卮言》：“子建天才流丽，虽誉冠千古，而实逊父兄。何以故？材太高，辞太华。”

的迫切心情。

“对酒当歌，人生几何！譬如朝露，去日苦多。慨当以慷，忧思难忘。何以解忧？唯有杜康。”一开头，诗人就因眼前景物起兴，用虚表实，慨叹人生的短促和年华的消逝。诗由写景变为写情，由对空间的描绘转为对时间的回顾。从表面看，似乎曹操在诗里提出了一个异常消极的主题，甚至给后世许多悲观之士引为口实；而实际上刚好相反：全诗洋溢着高昂的情绪，蕴藏着应该及时努力的思想。它通过微吟、低唱的形式，倾吐出慷慨激烈的心曲。魏源说：“对酒当歌，有风云之气。”[①]陈沆《诗比兴笺》指出：“此诗即汉高《大风歌》思猛士之旨也。”汉高祖刘邦思得猛士以守四方，曹操想求贤才以定天下，他们的思想基调确是很相似的。

“青青子衿，悠悠我心。但为君故，沉吟至今。呦呦鹿鸣，食野之苹。我有嘉宾，鼓瑟吹笙。”八句诗中有六句引自《诗经》。以古喻今，自不免启人思接千载之上。“青青”写色，“呦呦”写声。诗中有色有声，便顿觉鲜艳、活泼多了。从表面看，曹操的话只有“但为君故，沉吟至今”两句，但它通过借古以讽的手法，举少总多，联类无穷，宛转而清晰地吐露了深挚的情意。

“明明如月，何时可掇？忧从中来，不可断绝。越陌度阡，枉用相存。契阔谈宴，心念旧恩。”“掇”一作“辍”，我同意作“掇”是。在这里，诗人奇想天外：明朗的月亮，什么时候能把它摘到手呢？后来李白“欲上青天揽明月”的诗句应即由此脱胎。这两句写得委实精彩！它除了显出诗人不失赤子之心想“上九天揽月”外，还作为一种比兴手法，因小见大，暗寓贤才何时求得、理想何时实现等丰富含义。诗人因求才不得而忧，又

① 魏源《诗比兴笺》序。

因贤才到来而喜。这一忧一喜、忽忧忽喜的矛盾心理，正完满地表现了思贤若渴的主题。

“月明星稀，乌鹊南飞。绕树三匝，何枝可依？山不厌高，海不厌深。周公吐哺，天下归心。”诗人融情入景，因抬头见月明星稀，遂顿生孤寒寂寞之感。接着又化静为动，以乌鹊南飞喻人才外流。诗人怜贤才的无所依托，渴望其归己。最后，以“山不厌高，海不厌深”作比方，引“周公吐哺”作楷模，表明自己求贤不懈的耿耿赤忱。

这首《短歌行》立意深远，风格别致。它集抒情、写景、叙事、说理于一炉，而能相互发热增辉。全篇音韵铿锵有力。韵脚或八句一换，或四句一转，既摇曳生姿，又错落有致。真能给人以无穷的审美享受。

五

曹操毕竟是地主阶级的政治家、文学家。由于阶级和时代的局限，他有许多和人民对立的思想。他的抱负和愿望只能是为巩固地主阶级专政效力。他不可能真正表达劳动人民的感情，因此在他的诗中，人民只能是作为受难者的形象出现。他的理想，他的审美观念，连同他的欢乐和哀伤，都深深地烙上了封建统治者的印痕，显然包含着他“立功”“创业”的自私打算。在他的作品中（特别是晚年），有时确不免也流露过一些人生无常的慨叹和虚无求仙的幻想。

曹操的诗歌在艺术上也不可能完美无缺，就正如它在思想上不可能没有谬误一样。

曹操的审美标准无疑把政治放在首位。由于这样，他有时为了图解政治的需要，就不惜舍弃对艺术的追求。如《短歌行·其二》《善哉行（三首）》等篇，都或多或少地存在着一味说理的概念化倾向。这样做，不只降低了诗的艺术水平，同时也就损害了诗的社会效果。像某些诲之谆谆而使人听之昏昏式的哲理诗，又怎能给广大读者以审美趣味呢？

鉴古知今，这对我们发展社会主义的新诗是大有裨益的！

（原载《文史哲》1983年第5期）

评曹孟德诗

◎陈贻焮

评诗不易，评孟德诗尤难。《曹瞒传》说他少好飞鹰走狗，游荡无度。这记载即令无讹，也不能从而得出他自幼顽劣、不爱学习的推断。（好玩和好学，对于某些青少年来说，二者并非总是不可得兼的。请以后人为例：杜子美十四五岁时，不是一壁厢“出游翰墨场”“以我似班扬”，一壁厢又“健如黄犊走复来”“一日上树能千回”去摘庭前梨枣吗？）曹丕曾在《典论·自叙》中记其父言行有云：“上雅好诗书文籍，虽在军旅，手不释卷。每每定省从容，常言：‘人少好学则思专，长则善忘；长大而能勤学者，唯吾与袁伯业耳。’”据孟德自述，可知他不止“少好学”，且“长大而能勤学”。张华《博物志》载：“汉世，安平崔瑗、瑗子寔，弘农张芝、芝弟昶并善草书，而太祖亚之。桓谭、蔡邕善音乐，冯翊山子道、王九真、郭凯等善围棋，太祖皆与之埒能。”要是他“少壮不努力”，哪能有这样多方面的成就呢？曹植的《武帝诔》也提到他“既总庶政，兼览儒林；躬著雅颂，被之琴瑟”，而王沈的《魏书》记之则稍详：“（太祖）御军三十余年，手不舍书，昼则讲武策，夜则思经传，登高必赋，及造新诗，被之管弦，皆成乐章。”曹操既然这么好学而又勤于创作，他平生所赋就决不只是现存的这二十二首诗歌。仅仅根据流传下来的少量作品，要想全面而准确地评骘作家总的文学成就及其对当代文坛的影响，可以预言，其结果显然是不会令人满意的。这是评孟德诗尤难的原因之一。其次，曹操政治上的特殊性和性格上的复杂性，也给正确评价他的诗歌带来困难。对待前一问题，在没有发现更多新材料的情况下，除了利用现存诗文和有关史料作综合分析力求近实，此外别无他法。而后一问题，实质在于探讨作家人品与作品价值之间的关系。比如朱熹说："曹操作诗必说周公，如云：'山不厌高，水不厌深。周公吐哺，天下归心。'又《苦寒行》云：'悲彼《东山》诗。'他也是做得个贼起，不惟窃国之柄，和圣人之法也窃了。"又说："诗见得人。如曹操虽作酒令，亦说从周公上去，可见是贼。"（朱熹《朱子语类》卷一百四十《论文下》）刘克庄也说："且孔融、杨修俱毙其手，操之高深安在？（这针对'山不厌高，水不厌深'而言。）身为汉相，而时人目以汉贼，乃以周公自拟，谬矣。"既然曹操的诗歌不过是他这个"汉贼"为欺世盗名而作，那又有什么价值呢？因此本文有必要先对这一问题稍加探讨。

一

经过1959年那场关于曹操评价问题的盛大讨论，大多认为他：一、收拾了东汉末年残破的局面，统一了北方，给全国统一打下了基础；二、兴屯田，修水利，有助于恢复生产；三、抑制豪强兼并，强调"唯才是举"，多少改进了生产关系和政治措施。所有这些，都在历史上起过进步作用，都是应该加以肯定的。但同时也有人指出，就道德品质而论，他确乎存在忌刻残忍的一面，不容掩饰。曹操是政治家，评他的诗，不能不管他的历史评价。我基本同意上面这几点看法，摘录出来，权当立论的依据和出发点。

现在且来谈谈曹操那首最富政治意味、颇遭非议的另一首

《短歌行》：

周西伯昌，怀此圣德。三分天下，而有其二。修奉贡献，臣节不坠。崇侯谗之，是以拘系。（一解）

后见赦原，赐之斧钺，得使征伐。为仲尼所称，达及德行，犹奉事殷，论叙其美。（二解）

齐桓之功，为霸之首。九合诸侯，一匡天下。一匡天下，不以兵车。正而不谲，其德传称。（三解）

孔子所叹，并称夷吾，民受其恩。赐与庙胙，命无下拜。小白不敢尔，天威在颜咫尺。（四解）

晋文亦霸，躬奉天王。受赐圭瓒，秬鬯彤弓，卢弓矢千，虎贲三百人。（五解）

威服诸侯，师之者尊。八方闻之，名亚齐桓。河阳之会，诈称周王，是以其名纷葩。（六解）

周文王姬昌，殷纣时为西伯。崇侯虎谮西伯于殷纣说：“西伯积善累德，诸侯皆向之，将不利于帝。”纣乃囚西伯于羑里。闳夭之徒患之，乃求有莘氏美女、骊戎之文马、有熊九驷，及其他奇怪礼品，因殷嬖臣费仲而献之纣。纣大悦，说：“此一物足以释西伯，况其多乎！”乃赦西伯，赐之弓矢斧钺，使西伯得专征伐。（详《史记·周本纪》）孔子曾称赞周文王说：“三分天下有其二，以服事殷。周之德，其可谓至德也已矣。”（《论语·泰伯篇》）本篇一解、二解即咏其事。齐桓公姓姜名小白。任用管仲进行改革，国力富强。以“尊王攘夷”相号召，制止了戎、狄对中原的进攻，还安定东周王室的内乱，多次大会诸侯，订立盟约，成为春秋时第一个霸主。孔子说：“管仲相桓公，霸诸侯，一匡天下，民到于今受其赐。”又说：“桓公九合诸侯，不以兵车，管仲之力也。”又说：“晋文公谲而不正，齐桓公正而不谲。”（《论语·宪问篇》）《左传·僖公九年》载：“王使宰孔赐齐侯胙，曰：‘天子有事于文武，使孔赐伯舅胙。’齐侯将下拜，孔曰：‘且有后命。天子使孔曰：以伯舅耋老，加劳赐一级，无下拜。’对曰：‘天威不违颜咫尺，小白余敢贪天子之命，无下拜？恐陨越于下，遗天子羞，敢不下拜？’下拜登受。”本篇三解、四解即咏其事。晋文公重耳，曾因其父献公立幼子为嗣而出奔在外十九年，由秦送回即位。整顿内政，增强军队，使国力强盛。又平定周的内乱，迎接周襄王复位，以“尊王”相号召。城濮之战，大胜楚军；并在践土大会诸侯，成为霸主。《史记·晋世家》载：“晋文公五年五月丁未，献楚俘于周，驷介百乘，徒兵千。天子使王子虎命晋侯为伯，赐大辂，彤弓矢百，玈弓矢千，秬鬯一卣，圭瓒，虎贲三百人。晋侯三辞，然后稽首受之。”《左传·僖公二十八年》载：“冬，会于温。……是会也，晋侯召王，以诸侯见，且使王狩。仲尼曰：以臣召君，不可以训。故书曰：天王狩于河阳。言非其地也，且明德也。”孔颖达曰：“晋侯命王假称出狩，若言王自出狩，诸侯因会遇王，遂共朝王。”这就是“诈称周王”之意。“纷葩”，多貌，盛貌。本篇末二解即咏其事。现将全诗散译如下：

周族的领袖西伯姬昌，他具备了崇高的圣德。当时天下三分，他已拥有其二。但仍然朝贡殷王，决不让自己失了臣节。只是崇侯向殷纣进了谗言，他才被拘禁起来。后来得到了赦免和原谅，殷纣还赐给他斧钺，授予他专征的大权。仲尼曾经称道过他的德行，赞美他实力强大却能服事殷商。齐桓公功劳很大，成了第一个霸主。九次会合诸侯，全仗他匡正天下。匡正天下，不靠兵车。光明正大而不谲诈，他的道德为后世传言称美。孔子赞叹他，同时还称许那位名叫夷吾的管仲，说人民受到了他们的恩惠。周天子派遣使者赐给他祭庙肉，传话说年纪大了不须下拜。他说小白我哪敢这样，天威就近在我的面前。晋文公后来也成了霸主，他同样躬身奉事周天子。他得到天子赏赐给他的圭瓒、秬鬯等等，还有虎贲勇士三百人。他的威望使诸侯折服，大家学习他、尊敬他。四面八方都知道他，他几乎跟齐桓公齐名。他让周天子假装狩猎在河阳会见诸侯，他的名声因此而大盛。

经过注释，这首诗就比较好懂了。黄节注完这首诗后加按语说：

《魏志》裴注引建安十五年十二月魏武令曰："齐桓、晋文所以垂称至今者，以其兵势广大，犹能奉事周室也。《论语》云：'三分天下有其二，以服事殷。周之德，其可谓至德矣。'夫能以大事小者也。"又曰："'愿我万年之后，欲令传道我心，使他人皆知之。'孤此言，皆肝鬲之要也。"又十八年策命为魏公，诏曰："君秉国之钧，正色处中；纤毫之恶，靡不抑退：是用锡君虎贲之士三百人。君龙骧虎视，旁眺八维；掩讨逆节，折冲四海：是用锡君彤弓一、彤矢百，玈弓十、玈矢千。君以温恭为基，孝友为德；明允笃诚，感于朕思：是用锡君秬鬯一卣，圭瓒副焉。"以《魏志》证之，然则此篇所由作也。

这里引证的一令一诏，真能说明问题。令与诗同是曹操所作。令中称赞齐桓、晋文能以大事小，接着又引用孔子赞叹周文王西伯昌三分天下有其二尚能服事殷的话，其内容与诗中歌颂这三位古人的内容完全相同。所不同的是诗中并未说明之所以歌颂这三位古人的用意，而令中则明确地表示要学他们的能以大事小，希望后代的人能相信他这一片至诚之心。两相对照，可见这诗决非一般地发思古之幽情，而是具有很强烈的现实意义和很明确的政治目的的。那篇令中还有这样几句话黄节没有引："或者人见孤强盛，又性不信天命之事，恐私心相评，言有不逊之志，妄相忖度，每用耿耿。"既"强盛"又"不信天命之事"，岂不会篡位吗？曹操料到会有人在背后忖度他、评论他，故而耿耿于怀，于是就紧接着引出齐桓、晋文等以大事小之事以明心迹，这就更能见出这令，乃至这诗，是为了辟谣而作，其现实意义和政治目的确乎是很明显的。最有意思的是：从傀儡皇帝的策命曹操为魏公诏中得知，朝廷几乎全按上述诗中所列周天子赏赐晋文公的具体项目赏赐曹操，又特别强调他高尚的道德和对汉室的忠诚："诞育丞相，保乂我皇家，弘济于艰难，朕实赖之"；"君以温恭为基，孝友为德，明允笃诚，感于朕思"。在我看来，这与其说是"英雄所见略同"的偶合，不如说是曹操自编、自导、自演的一场政治闹剧。这样做，对曹操在政治上最大的好处是：通过法定的形式，名正言顺地确认其霸主地位，双收邀誉、辟谣之效。关于曹操是否真想篡汉的问题，朱乾《乐府正义》曾就此诗论之颇详：

按《乐府广序》称"此与《自叙令》同指，自明终守臣节，窥窃神器之心，终已不露"，似也。而谓其"功足盖之，诚建安之桓、文"，岂其然哉！建安二十四年，曹操表孙权为荆州牧，封南昌侯。权上书称臣于操，称说天命，操以示外曰："是儿欲踞吾着炉火上邪？"陈群等皆曰："汉祚已终，宜正大位。"操曰："若天命在吾，吾为周文王矣。"此诗在此意也。尹氏起莘曰："操十八年自立为魏公，加九锡，建社稷宗庙，置尚书等官，次年进位诸侯王上。二十一年，进爵为王。二十二年遂用天子车服，出入警跸，已全用天子之制矣。使操不死，废帝为山阳公，岂特出于五官将之手？然是时汉虽未灭，特拥虚器而已，未有代德而有二王，乌有至尊在上，人臣可用天子车服出警入跸者乎？操于斯时，亦既自帝甚明，略无存汉之意。或者顾谓操畏名义，没身不敢废帝自立，是特未深察耳。即《纲目》之所书，合前后而观之，则操躬自篡汉之实，昭昭若此，其奸诈之心，果可以欺天下后世乎？吁！”

他们的看法虽有不同，主要的事实和各自的道理倒是摆出来了。现折中众说，略述浅见于后：

一，陈群等对曹操劝进说：“汉祚已终，宜正大位。”姑且不问说话人的立场和动机，单就实际情况而论，汉室确乎名存实亡，以曹操当时所具备的条件，是完全可以取而代之，而且于理也是无可厚非的。关于这一点，翦伯赞先生曾经说过几句很干脆也很有趣的话：“当曹操出现在历史舞台上的时候，起义的农民军已经粉碎了东汉王朝的天下，在这残破的疆土上出现了大大小小的地主武装集团的营垒。当时的汉献帝除了保有一件褴褛的皇袍以外什么也没有了，像这样一个皇帝还能从他手中‘篡’到什么？曹操的天下，是自己打出来的，不是从姓刘的手里接收过来的。假如曹操痛痛快快披上皇袍，谁能说他不是太祖高皇帝，就因为他把皇袍当作衬衣穿在里面，反而被人抹上了一脸白粉。”（《应该替曹操恢复名誉》，载《曹操论集》）既然痛痛快快地做了皇帝，反而万事大吉，那为什么曹操不轻而易举地把他那件当衬衣穿的皇袍穿出来呢？翦先生回答说，这是由于曹操有点鸵鸟思想，他以为把头埋在沙里，别人就看不见他的身体。因此他总是抓住汉献帝不放手，企图躲在汉献帝的背后完成做皇帝的一切准备，而在他宣布自己为中国皇帝的前一天，都没有人知道——躲在汉献帝背后做手脚是事实，但不见得就是鸵鸟思想。我倒比较同意吴晗先生的意见，认为这不过是出于战略考虑的政治利用：“正因为人心思汉，汉家这块牌号还可以继续利用，曹操一生不称帝，周文王是他的榜样。到曹丕继位，经过曹操二十多年的经营，内部巩固了，另一方面，吴、蜀一时也打不下来，才摘了旧招牌，另起牌号。”（《谈曹操》，载《曹操论集》）不妨先回顾一下历史：曹操在军阀互斗和镇压黄巾起义中壮大了自己。建安元年（196）七月，献帝还洛阳。曹操在许，采荀彧“昔晋文公纳周襄王而诸侯景从”之议，奉献帝迁都许。以曹操为大将军，封武平侯。从此“挟天子以令诸侯”，先后削平吕布等割据势力。官渡之战，大破世族军阀袁绍。以后又击高幹，征乌桓，逐步统一了北方，改革了政治，发展了生产，终于奠定了魏在鼎立三分中的主导地位，使自己成了“建安之桓、文”。既然曹操有意效法桓、文的“尊王”而霸，采取“挟天子以令诸侯”的方针，且奏奇效，自己又在前引明志令中公开宣称：“设使国家无有孤，不知当几人称帝，几人称王。”从舆论和政治影响考虑，我看他与其突然翻脸、自立为帝，还不如努力创造条件、让儿子禅汉的好。由此可见，曹操答陈群等劝进说：“若天命在吾，吾为周文王矣。”这倒也是真心话。那么，说他“畏名义，没身不敢废帝自立”，又有什么错呢？当年孙权上书称臣于曹操，曹操对别人说：“是儿欲踞吾着炉火上邪？”孙权对曹操称臣，貌似归顺，实欲揭露对方图谋篡位的野心，将他置于政治上受攻击的不利地位，真是居心叵测。曹操是何等样人，哪会轻易给骗上炉灶让火烤？一个使坏，一个不上当，这岂不充分说明“名义”之于曹操，在当时确乎是很可畏的啊。曹操当不当皇帝，主要取决于权衡得失的策略考虑。如果说这就是他的奸诈，那未免是书生迂腐之见。历史上又有哪一个政治家不讲点权术呢？

二，曹操真的学习周文王、齐桓公、晋文公，取得了极大成功，也受到了不少的限制。他将对这几位古人的赞颂写在《短歌行》中，除了有邀誉、辟谣的现实政治意义外，也是他英雄怀抱的抒发，如果我们心中不总是梗着个忠奸之辨的念头，读起来，确能从质朴无华的诗句中见出此公独特的性格和为人，颇觉有趣。既然他以那三位古人自况并非毫无道理，那就更不该指责他的《短歌行》“山不厌高，水不厌深。周公吐哺，天下归心”和《苦寒行》“悲彼《东山》诗”是什么“不惟窃国之柄，和圣人之法也窃了”。至于说“且孔融、杨修俱毙其手，操之高深安在”，这话虽失之偏激，却也击中了老瞒的忌刻残忍生性。谭其骧先生曾在论述曹操功过时说：“在道德品质方面，他的忌刻残忍实在也是不可饶恕的。为了打击世族而杀孔融、杨修，姑置不论。但如逼死荀彧，杀崔琰，杀华佗，岂不充分暴露了他的暴戾恣睢？对故人旧怨，更极不放松。袁忠、桓邵等都因先前以细故得罪了他，之后落到他手中，尽管下跪求饶，仍不能免于杀身灭族。曹植之妻仅仅因违反了他不准着锦绣的命令，就被赐死，已属太忍。更有一幸姬因没有按时叫醒他午睡而即被棒杀，其残酷更令人悚然。至于那恶名最为昭著的舞台上所演《捉放曹》一事，虽然不敢断言其一定可信，却也没有理由认为必不可信……”（《论曹操》，载《曹操论集》）言之凿凿，都很可信。所要补充的是，即使说杀孔融、杨修是为了打击世族，仍有可非议处。杀孔融后，曹操见世人有同情孔融的，就下令宣示孔融罪状说：“太中大夫孔融既伏其罪矣，然世人多采其虚名，少于核实，见融浮艳，好作变异，眩其诳诈，不复察其乱俗也。此州人说平原祢衡受传融论，以为父母与人无亲，譬若瓶器，寄盛其中；又言若遭饥馑，而父不肖，宁赡活余人。融违天反道，败伦乱理，虽肆市朝，犹恨其晚。更以此事列上，宣示诸军将校掾属，皆使闻见。”一会儿宣称连“不仁不孝而有治国用兵之术”（《举贤勿拘品行令》）的人也用；一会儿又以卫道士自居，反噬别人“败伦乱理”。如此翻云覆雨、出尔反尔，原是历来政客惯用伎俩，本不足怪，也就罢了。只是杀杨修后却给他父亲杨彪送厚礼，还假惺惺地说什么：“足下贤子，恃豪父之势，每不与吾同怀，即欲直绳，顾颇恨恨。谓其能改，遂转宽舒，复即宥贷，将延足下尊门大累，便令刑之。念卿父息之情，同此悼楚，亦未必非幸也。”（《与太尉杨彪书》）虽说政治斗争难讲“费厄泼赖”，不过像这样挖空心思去捉弄、去折辱死者的父亲，就未免太恶毒、太卑劣了。想到这些，读起那首“周公吐哺，天下归心”的《短歌行》来，当然会倒胃口。可是我们也应该公正地看到他“唯才是举”的用人路线确实是贯彻了的。这无论在理论上还是在实践上，无不冲击着东汉士族所垄断的举孝廉制，颇富历史进步意义，应给予充分肯定。《三国志·魏书·王粲传》载，陈琳避难冀州，袁绍使典文章。袁氏败，陈琳归附曹操。曹操问他：“卿昔为本初移书，但可罪状孤而已，恶恶止其身，何乃上及父祖邪？”陈琳谢罪。曹操爱其才而不咎，还任命他和阮瑀同为司空军谋祭酒管记室，军国书檄多出他俩之手。那篇檄文尚存，其中是这样骂曹操的：“司空曹操，祖父中常侍腾，与左悺、徐璜并作妖孽，饕餮放横，伤化虐民。父嵩，乞匄携养，因赃假位，舆金辇璧，输货权门，窃盗鼎司，倾覆重器。操赘阉遗丑，本无懿德。……”（《为袁绍檄豫州》）骂了一家三代，语言尖刻恶毒，曹操居然不记宿怨，足见雅量。又《王粲传》裴松之注引《典略》说，陈琳作诸书及檄，草成呈曹操。曹操先苦头风，是日疾发，卧读陈琳所作，翕然而起，说：“此愈我病。”数加厚赐。虽然这只是曹操对待陈琳一个人的两则趣闻，却典型地显示出他的求贤若渴和知人善任。那么，能说《短歌行》“对酒当歌”首只不过是笼络人心的政治宣传而毫无真情实感吗？当评到这首诗时，谭元春说：“人知曹公惨刻，不知大英雄以厚道为意气。”钟惺说：“惨刻处惨刻，厚道处厚道，各不相妨，各不相讳，而又皆不出于假，所以为英雄。”斯言庶几得之。

二

在现存曹操的诗歌中，有两篇着重表现作者政治理想的作品。一篇是《度关山》：

天地间，人为贵。立君牧民，为之轨则。车辙马迹，经纬四极。黜陟幽明，黎庶繁息。於铄贤圣，总统邦域。封建五爵，井田刑狱。有燔丹书，无普赦赎。皋陶甫侯，何有失职？嗟哉后世，改制易律。劳民为君，役赋其力。舜漆食器，畔者十国；不及唐尧，采椽不斫。世叹伯夷，欲以厉俗。侈恶之大，俭为共德。许由推让，岂有讼曲？兼爱尚同，疏者为戚。

另一篇是《对酒》：

对酒歌，太平时，吏不呼门。王者贤且明，宰相股肱皆忠良。咸礼让，民无所争讼。三年耕有九年储，仓谷满盈。班白不负戴。雨泽如此，百谷用成。却走马，以粪其土田。爵公侯伯子男，咸爱其民，以黜陟幽明。子养有若父与兄。犯礼法，轻重随其刑。路无拾遗之私。囹圄空虚，冬节不断。人耄耋，皆得以寿终。恩德广及草木昆虫。

还是余冠英先生讲得最扼要、最中肯："曹操在《对酒》篇里描写了理想的太平时代。他想象那时候执政的人都能像父兄对子弟一样地爱护百姓，但是赏罚严明。社会上都讲礼让，没有争讼。农民安心地从事农业，不必奔走四方，人人过着和平丰足的生活，终其天年。作者在这里所表现的政治理想似乎是儒家和法家的混合（但曹操在具体的设施和作风上则显出浓厚的法家色彩）。在《度关山》篇强调正刑和节俭，反对'劳民为君'，和

《对酒》篇的意思大致相同。”自从汉武帝“罢黜百家，独尊儒术”以来，儒家内部虽有经学纬学之别、今文学派古文学派之争，但儒家思想始终被视为统治思想。黄巾起义以后，东汉王朝瓦解，儒家思想因之受到打击，这无疑有利于名、法、道各家思想的复苏和传播。曹操乱世图治，“术兼名法”（刘勰语），并且提出“唯才是举”的选士标准，动摇了儒家名教的绝对地位。可是，当他写作诗和令时，一再引用孔子赞扬周文王和齐桓公的话来为自己辟谣、邀誉；而欲加人罪时，又抛出“败伦乱理”、有乖名教的由头。这固然都是出于政治上的考虑，也多少能见出曹操的“离经叛道”还并没有达到从思想感情上完全摈弃儒教的地步。既然如此，那么，说他在《对酒》等篇里“所表现的政治理想似乎是儒家和法家的混合”，就比较有根据，也容易理解了。《对酒》和《度关山》虽然都表现作者的同一政治理想，但二者的写法和效果有所不同。

《度关山》以铭戒体总结历史经验，意在自警和垂训。朱乾说：“魏武乐府诸题，必踞第一等议论。如《度关山》，便想到陟方、巡狩、考侯、省农、正刑等事，而归本于俭，意在简省舆从资粮之费，可谓有志于民事者。故能芟刈群雄、几平海内。史称操用法峻急，有犯必戮，或对之流涕，终无所赦。而雅性节俭，不好华丽，故于用刑持俭，独惓惓言之。”（《乐府正义》）指出孟德作诗“必踞第一等议论”，又比照这“第一等议论”一一检验了他政治实践上的成败得失。据此可以看出，诗中的这些政治理想，并非仅仅停留在口头上说说而已，诗人确乎为他的理想奋斗了一生，而且卓有成效。这样，我们就不应将这一类诗看成毫无诚意、纯为骗人的政治宣传。就拿所谓“世叹伯夷，欲以厉俗”和“许由推让，岂有讼曲”来说，他自己虽然并不那么谦让（他也曾多次写过《让九锡表》《辞九锡令》《上书谢策命魏公》《谢置旄头表》等等，这不过都是些按当时习俗揖让如仪的假俗套），却曾下令大力提倡，希望能借以缓和其部属之间的利害冲突，加强统治集团的团结：“里谚曰：‘让礼一寸，得礼一尺。’斯合经之要矣。辞爵逃禄，不以利累名，不以位亏德之谓让。”（《礼让令》）还有一事很能见出曹操真想借提倡“推让”以“厉俗”之意。无终人田畴（字子泰），初为幽州牧刘虞的从事。在公孙瓒、袁绍先后统治幽州时，他率领宗族及附从者数百人，到徐无山避乱，营深险平敞地而居，躬耕自给，百姓归之，数年间至五千余家，自成坞堡。建安十二年（207）曹操北伐乌桓，田畴主动协助，立大功。师还，论功行赏，以五百户封田畴为亭侯。田畴说：“吾始为刘公（虞）报仇，率众遁逃，志义不立，反以为利，非本志也。”坚辞不受。曹操知其志不可夺，也就不勉强他。当时曹操所下《听田畴谢封令》说：“昔伯成弃国，夏后不夺，将欲使高尚之士，优贤之主，不止于一世也。其听畴所执。”伯成子高是帝尧时代的一个诸侯。尧让位给舜，舜让位给禹，伯成便辞掉职位去种田。以“伯成”誉田畴，以“夏后”誉献帝实自誉。听田畴辞封以成其“高尚”，实为己邀“优贤”之誉，其政治目的与提倡“推让”以“厉俗”是一致的。过了一年，曹操反悔了，下令说：“此为成一人之高，甚违王典，失之多矣。宜从表封，无久留吾过。”（《爵封田畴令》）田畴上疏表白，誓死不从。有司弹劾田畴“狷介违道，苟立小节，宜免官加刑”。曹操下令世子曹丕及大臣评议此事：“昔夷、齐弃爵而讥武王，可谓愚暗，孔子犹以为‘求仁得仁’。畴之所守，虽不合道，但欲清高耳。使天下悉如畴志，即墨翟兼爱尚同之事，而老聃使民结绳之道也。外议虽善，为复使令司隶以决之。”（《决议田畴让官教》）曹丕认为：“畴同于子文辞禄，申胥逃赏，宜勿夺以优其节。”其他的人也都以为不可勉强。曹操仍不死心，派田畴的熟人夏侯惇去劝说。田畴说：“畴，负义逃窜之人耳；蒙恩全活，为幸多矣，岂可卖卢龙之塞以易赏禄哉！纵国私畴，畴独不愧于心乎！将军雅知畴者，犹复如此，若必不得已，请愿效死，刎首于前。”话没说完，涕泪横流。夏侯惇回来将这些情况全部汇报了，曹操直叹气，知不可屈，只得拜田畴为议郎。深入研究一下这事的前后变化倒很有意思。田畴在政治上有实力、有影响，对北伐乌桓又确乎立了大功，曹操为他表功请封，理应如此。田畴不受，曹操开头听其自便，如前所述，这不能说没有提倡“推让”以“厉俗”的考虑。那为什么后来又反悔呢？我看仍然是出于政治上的考虑。有功必赏，赏而不受，这不是使他难堪，有损他的威信，影响很坏吗？想到这一点，曹操当然不能容忍，硬要强迫对方屈服，甚至连“欲以厉俗”的“伯夷”等“高尚之士”也免不了要痛加斥责道：“昔夷、齐弃爵而讥武王，可谓愚暗……”为了“厉俗”，就标榜“伯夷”，提倡“推让”；为了维护自身威信、反对别人的偃蹇，就骂倒“夷、齐”，否定“清高”。这种翻云覆雨、出尔反尔的态度固然显示了曹操性格的谲诈多变及其政治上的实用主义，但不得从而认为他的提倡“推让”是假。需要你推让就得推让，需要你服从就得服从，对于像曹操这样的政治家来说，二者并不矛盾，因此也不存在真假必居其一的问题啊。实话实说，曹操对待田畴的辞封，开头的处理是对的，后来的冒火却是很错误的。即使从他本身的长远政治利益考虑，他逼田畴受封虽然事出有因，终不足为训，而提倡“推让”倒不失为乱世“厉俗”的一个可取措施。至于说到“侈恶之大，俭为共德”立国尚俭的主张，他不仅实有所感，而且身体力行。《三国志·魏书·武帝纪》注引《魏书》说，曹操“雅性节俭，不好华丽”，“帷帐屏风，坏则补纳，茵蓐取温，无有缘饰”。在他的倡导和带动下，一些官吏也“布衣蔬食”，改变了东汉以来奢侈靡费的陋习，形成了俭朴节约的好风气。他曾下《内诫令》以节俭告诫吏民和家人说：“孤不好鲜饰严具，所用杂新皮韦笥，以黄韦缘中”；“吾衣被皆十岁也，岁岁解浣补纳之耳”；“吏民多制文绣之服，履丝不得过绛紫金黄丝织履。前于江陵得杂彩丝履，以与家，约当着尽此履，不得效作也”；“昔天下初定，吾便禁家内不得香熏。后诸女配国家为其香，因此得烧香。吾不好烧香，恨不遂所禁，今复禁不得烧香，其以香藏衣着身亦不得”；“房屋不洁，听得烧枫胶及蕙草”。《韩非子·十过》载秦穆公问由余：“愿闻古之明主得国失国常何以？”由余答：“常以俭得之，以奢失之。”李商隐《咏史》“历览前贤国与家，成由勤俭破由奢”即此意。封建专制时代，国家的安危与君主的作风关系甚大，这一认识可说是历史教训的正确总结。曹操亲历战乱，又是个很有见地、励精图治的大政治家，可见他以身作则，倡导去奢尚俭，决非仅为沽名钓誉，而是出于一种确立立国之本的战策考虑。前面提到，曹植之妻仅因违令着锦绣即被乃翁赐死一事。这固然见其生性的暴戾恣睢，但也可用来证实曹操推行去奢尚俭基本国策的坚决。唐人陆龟蒙可能不大了解这一点，又讨厌曹操的矫饰多诈，曾将他《遗令》中“余香可分与诸夫人”一语，与《内诫令》“吾不好烧香，恨不遂所禁，今复禁不得烧香，其以香藏衣着身亦不得”“房屋不洁，听得烧枫胶及蕙草”二则比照起来，作《邺宫词》嘲讽说：“魏武平生不好香，枫胶蕙炷洁宫房。可知遗令非前事，却有余薰在绣房。”既然公开宣称自己不喜烧香，为什么又有“余香”呢？这诗的主旨是揭露曹操为人处世的表里不一。曹操确有虚伪奸诈的一面，我也“不是曹操一党”，不想为他开脱。只是像曹操这样，为了要以身作则倡导去奢尚俭的良好社会风气，从理智出发，不得不对自己的私欲有所压制，甚至有所掩饰，这在历史上也并非只有曹操一人如此，岂可对他求全责备呢？比如后来的唐太宗，他痛感隋季的破国由奢，但居于至尊之位，惑于尘世之欲，迫于桑榆之年，苦于膏肓之疾，难以克制，乃明知故犯，屡建宫室，却

“务令节约，惟所居殿覆以瓦，余皆茅茨”（《资治通鉴》卷一九八）；自恃功大益多，颇得人心，稍图安逸，当无大害；转思子孙“无我之功勤而承我之富贵”，“骄惰奢纵，则一身无保”（唐太宗《帝范》），又不无后顾之忧。于是撰文垂训，引咎责躬，还特别礼重宫嫔谏奢逆耳之言（太宗善纳谏，往往知过必改，此则不然，一方面礼重之，一方面并未有所举动，可见是故作姿态），无非想借以表示奢纵之习为害甚大，己虽不免却深自痛恨，万“勿以为是而法之”（同上）。一个偷着干，一个干了再检讨，虽然不好，却能见出他们都深切地认识到国家“常以俭得之，以奢失之”的历史教训，而有所畏惧，有所检点，有所儆戒。这总比那些亡国之君带头倡导奢侈颓风要强得多。魏初、唐初整个社会的风气较淳朴，这不能说跟这两位最高统治者的提倡无关。朱嘉徵也看到《度关山》垂训深意而叹后继无人：“魏祖有立国规模。文帝嗣之，逸豫失德。美业不终，悲夫！”曹植《登台赋》说：“从明后之嬉游兮，聊登台以娱情。见天府之广开兮，观圣德之所营。”力主去奢尚俭的魏祖，在建安十五年冬作铜雀台，已开“逸豫”之风，岂可独责嗣君的“失德”？后继无人，“美业不终”，固然可悲。但在我看来，古往今来那些确“有立国规模”堪称“明后”的统治者，一旦大局初定或年事稍高，意志就往往敌不过情欲而明知故犯、鲜克有终，这才是莫大的悲哀！

如果说《度关山》是以铭戒体总结历史经验，意在自警和垂训；那么，《对酒》则可说是采取颂的形式，模拟躬逢其盛者的口吻，以极大的热忱，讴歌太平时代的终于到来，从而表达了诗人颇带浪漫色彩的政治理想。在这个理想的社会里，君王贤明，宰相忠良。都讲礼让，民无所争。天下太平，风调雨顺，五谷丰登。种三年粮食，储蓄起来够吃九年，上年纪的人用不着肩扛头顶干重活。各级统治者都像父兄对待子弟一样爱惜人民，还能做到赏罚分明。犯了礼法，根据情况轻重加以恰如其分的处分。路不拾遗，牢房空了，到腊月也用不着处决犯人。人们活到八九十岁都得以寿终，恩德还广被草木昆虫。——你看他想得多美！只要君臣发善心行仁政，并辅之以法治，天下就会太平了。事情哪会这样简单呢？曹操这是在写诗，尽管随意想象。他是政治家，也难免在做宣传，但仍可以从中看出他有感于乱世而在探索社会问题的思维痕迹。古代的奴隶因愤恨奴隶主的剥削而生出寻找无鼠“乐土”的想法。东晋的陶渊明以哲理为经、诗情为纬编织出一个“春蚕收长丝，秋熟靡王税”的“桃花源”。后世异域更有乌托邦、太阳城等等理想社会。同这样一些人人自食其力、基本上没有剥削（乌托邦虽废除私有财产却还保留奴隶）的理想社会相比，曹操在《对酒》中所描绘的理想社会则建立在封建制度之上，虽极空想却很难说是一般所谓“空想社会主义”的。不过从中确乎显示了诗人不满当前社会现实而有所憧憬、有所追求的心情，这不能说与那些朴质的或典型的空想社会主义者毫无相通之处。诗中所颂扬的正好是乱世社会现实中所没有的。曹操在建安七年（202）的《军谯令》中说：“旧土人民，死丧略尽，国中终日行，不见所识，使吾凄怆伤怀。”又在《蒿里行》中写道：“铠甲生虮虱，万姓以死亡。白骨露于野，千里无鸡鸣。生民百遗一，念之断人肠。”就算老瞒有千种不是，当目睹乱世人民的苦难时，他到底是动了恻隐之心了。有时，他还甚至会采取一些具体措施救民于水火。例如建安二十二年（217）冬瘟疫流行，百姓死亡甚众。第二年曹操下《赡给灾民令》说：“去冬天降疫疠，民有凋伤，军兴于外，垦田损少，吾甚忧之。其令吏民男女：女年七十已上无夫子，若年十二以下无父母兄弟，及目无所见，手不能作，足不能行，而无妻子父兄产业者，廪食终身，幼者至十二止。贫穷不能自赡者，随口给贷。老耄须待养者，年九十以上，复不事，家一人。”凶年赈济，历代皆然，非独魏武一人如此。但考虑到他曾深感“北方沍寒之地，老少羸弱，将有不堪之患”而严禁“绝火寒食”（《明罚令》）随俗，又见“凡山水甚强寒，饮之皆令人痢”而下《戒饮山水令》，可见他确有造福于民的心愿和措施。了解到这一点，再回过头来看《对酒》，就不难看出：一、原来曹操关于“太平时”的描绘，并不纯是天花乱坠的宣传，而是苦难现实在诗人心中所激起的对理想社会的渴望和幻想。曹操的性格是复杂的，这诗表现了他内心美好而天真的一面。光就这一点看，也是很有意义的。二、任何空想社会主义都实现不了，更何况是这种建立在封建等级制度之上的幻想。但从诗中正面歌颂的“太平时”背后，可看出诗人认为一个封建国家在政治、经济、文教、法治、阶级关系等方面到底存在哪些亟待解决的重大问题。这也是很有趣、很有启发性的。就拿“恩德广及草木昆虫”来说，只要摈弃其中所含有的诸如“泽被万物”“百兽率舞”之类颂圣滥调和神秘色彩，其实它已触及为政者必须注意调整人与自然的关系这一重大问题。《孟子·梁惠王上》载孟子对梁惠王说：“不违农时，谷不可胜食也；数罟不入洿池，鱼鳖不可胜食也；斧斤以时入山林，材木不可胜用也。谷与鱼鳖不可胜食，材木不可胜用，是使民养生丧死无憾也。养生丧死无憾，王道之始也。”让谷物、林木、鱼鳖等都能正常生长、繁殖，就动物、植物来说，这自然是“恩德广及草木昆虫”了。不过孟子和孟德都不是宗教家，他们这么提倡，完全是为了“使民养生丧死无憾”以成“王道”而致“太平”。世界发展到今天，人们已认识到保持生态平衡对于人类生存的密切关系，这与前人的认识虽有高低之分，但所讨论的仍然是人与自然的关系这同一课题啊！

三

《善哉行》三首的前二首是借咏史以示规劝和自伤身世之作。其一说：

古公亶父，积德垂仁。思弘一道，哲王于豳。（一解）
太伯仲雍，王德之仁。行施百世，断发文身。（二解）
伯夷叔齐，古之遗贤。让国不用，饿殂首山。（三解）
智哉山甫，相彼宣王。何用杜伯，累我圣贤。（四解）
齐桓之霸，赖得仲父。后任竖刁，虫流出户。（五解）
晏子平仲，积德兼仁。与世沉德，未必思命。（六解）
仲尼之世，王国为君。随制饮酒，扬波使官。（七解）

古公亶父是周文王的祖父。传为后稷第十二代孙。据《史记·周本纪》记载：古公亶父复修后稷、公刘之业，积德行义，国人都拥戴他。戎狄再次来攻打，欲得地与民，民皆怒欲战。他说："杀人父子而君之，予不忍为。"乃与私属由豳（今陕西彬县东北）迁到岐山下的周（今陕西岐山北）。豳人举国扶老携幼都来投奔他。"思弘一道"是说古公亶父专心致志发扬后稷、公刘发展农业、施行"仁政"一贯的治国之道。太伯是古公亶父的长子。他有两个弟弟：仲雍和季历。季历的儿子就是姬昌（周文王）。传说古公预见到昌的"圣德"，想破例把君位不传长子太伯，而传给幼子季历，以便再传给昌。太伯为实现父亲的愿望，就和仲雍出走到江南，改从当地风俗，断发文身，成了吴国的始祖。伯夷是商末孤竹君长子。开初孤竹君以次子叔齐为继承人；孤竹君死后，叔齐让位，伯夷不受。后二人都投奔到周。到周后，反对周武王讨伐商纣王。武王灭商后，他们又逃避到首阳山，不食周粟而死。仲山甫是周宣王的大臣。他辅佐宣王以成“中兴”之业。杜伯是宣王的臣子，无罪为宣王所杀。传说其后三年，宣王会合诸侯田猎，见杜伯乘白马，朱衣冠，射王中心，折脊而卒。齐桓公靠得到仲父（即管仲）而称霸。后因不听管仲遗言，任用他所宠信的宦官竖刁等坏人，朝政日非。桓公死后，因其五子争位相攻，宫中无人收殓，尸陈床上六十七日，蛆虫爬出户外。晏子即晏婴，字平仲，春秋时齐国大夫，历任灵公、庄公、景公三朝。他崇尚节俭，言行高尚。越石父贤，在缧绁中。晏子外出，同他在路上遇见了，即解左边驾车的马为他赎罪。此所谓“积德兼仁”。齐庄公和他的大臣崔杼的妻子私通，为崔杼所杀。崔杼要晏子顺从他，晏子守正不屈。孔子名丘，字仲尼，生在春秋末年，当时诸侯强大，王室衰微，周天子的地位实际上和诸侯相等。此所谓“王国为君”。“王国”指周王室。“君”，列国之君，指诸侯。《左传》载，僖公十二年冬，齐侯使管仲入朝，王以上卿之礼飨管仲，管仲辞，受下卿之礼而还。君子曰：“管氏之世祀也，宜哉！让不忘其上。”这里作者直以“君子”为孔子。黄节注：“‘波’疑‘彼’字之误。”末二解意思不明显。《曹操集译注》译为：“齐国贤相晏平仲，秉性仁厚积德行。随着乱世保全德行，未必想到忧天命。（六解）。孔丘的时代正是春秋，王室衰微等同诸侯。按照酒量尽情喝酒，赞扬使臣谦让难求。（七解）。”又注“随制饮酒”说：“《论语·乡党》：‘唯酒无量。’（只有喝酒没有定量，因各人酒量不同）制：限制，当指酒量。”相应句即据此翻译。这两段译文大致不错，有助于理解原文，只是这一句尚可商榷。该书末解注中仍引管仲朝周事。既如此，则应紧扣其事索解方可。案：以酒食劳人曰飨（《仪礼·士昏礼》注。《公羊传》庄公四年：“夫人姜氏飨齐侯于祝丘。”亦此义）。王以上卿之礼飨管仲，管仲辞，受下卿之礼。这就是说原想按招待上卿的礼仪规格备酒食招待他，他辞谢了，只接受按下卿规格举行的宴会。根据这样的理解，如果要紧扣故实，“随制饮酒”似应意译为：遵从礼仪的规定赴宴饮酒。这样，才能引出末句“扬彼（波）使官”之意来。不然，光见他“按照酒量尽情喝酒”，又怎会让人看出他的谦让而“赞扬使臣谦让难求”呢？经过以上的爬梳，这首诗的命意所在就粗略可知，且能作进一步的探讨了。朱乾以为前三解隐然以太王肇基王迹自居，以太伯、仲雍、伯夷、叔齐让国为法。说亦可通，稍嫌笼统。若细加琢磨，似乎还可作如下理解。这三解首咏宁肯迁都而不愿人民为保卫他而战死的古公亶父，着重在赞扬他的“积德垂仁”。次咏宁肯“断发文身”而坚决让国的太伯、仲雍，也赞扬他们的“王德之仁”。开基人有仁德，让国人也有仁德，前者“思弘一道”，后者“行施百世”，这样就突出地显示了他们之间的一脉相承和开基、让国意义的各有千秋，从而极大地肯定了当仁“而”让的美德。第三解是进一步的补充，指出宁肯“饿殂首山”而决不失节的伯夷、叔齐之所以成为“古之遗贤”，主要还在于他们能“让国不用”。曹操是个很有雄才大略、很有进取心的政治家，如前所述，他虽然一再表示要学齐桓、晋文能以小事大忠于汉室，而且为了加强统治集团的团结，也曾下过《礼让令》一般地提倡“推让”以“厉俗”；但他对自己的建魏国、称魏王，不但从来没有真正“礼让”过，其实还是他亲自策划的结果。荀彧可说是曹操的大功臣了。建安十七年（212），曹操拟称魏公，备九锡，荀彧不以为然，竟被迫自杀，这就是明证。既然如此，诗人为什么要在这里张扬其辞、大力讴歌这几位古人的让国美德呢？我觉得这不只是一般的“世叹伯夷，欲以厉俗”（《度关山》），也不是泛泛地发思古之幽情；而是想借诗歌“闻之者足以自戒”的特点，针对曹丕、曹植的剧烈争当太子，在作正面的规劝并加以积极引导。建安十八年（213）曹操为魏公。《三国志·魏书·陈思王植传》载：

十九年，徙封临菑侯。太祖征孙权，使植留守邺。戒之曰："吾昔为顿丘令，年二十三。思此时所行，无悔于今。今汝年亦二十三矣，可不勉欤！"植既以才见异，而丁仪、丁廙、杨修等为之羽翼。太祖狐疑，几为太子者数矣。

同上传裴注引《文士传》：

廙尝从容谓太祖曰："临菑侯天性仁孝，发于自然，而聪明智达，其殆庶几。至于博学渊识，文章绝伦。当今天下之贤才君子不问少长，皆愿从其游而为之死，实天所以钟福于大魏，而永受无穷之祚也。"欲以劝动太祖。太祖答曰："植，吾爱之，安能若卿言！吾欲立之为嗣，何如？"

二十一年（216）曹操由魏公进为魏王。同上传裴注引《世语》：

（杨）修与丁仪兄弟皆欲以植为嗣。太子患之，以车载废簏，内朝歌长吴质与谋。修以白太祖，未及推验。太子惧，告质。质曰："何患。明日复以簏受绢车内以惑之，修必复重白，重白必推而无验，则彼受罪矣。"世子从之。修果白而无人，太祖由是疑焉。修与贾逵、王凌并为主簿，而为植所友。每当就植，虑事有阙，忖度太祖意，豫作答教十余条，敕门下，教出以次答。教裁出，答已入。太祖怪其捷，推问始泄。太祖遣太子及植各出邺城一门，密敕门不得出，以观其所为。太子至门，不得出而还。修先戒植："若门不出侯，侯受王命，可斩守者。"植从之。

二十二年（217）以曹丕为太子。《三国志·魏书·贾诩传》：

是时文帝为五官将，而临菑侯植才名方盛，各有党与，有夺宗之议。文帝使人问诩自固之术。诩曰："愿将军恢崇德度，躬素士之业，朝夕孜孜，不违子道，如此而已。"文帝从之，深自砥砺。太祖又尝屏除左右问诩，诩嘿然不对。太祖曰："与卿言而不答，何也？"诩曰："属适有所思，故不即对耳！"太祖曰："何思？"诩曰："思袁本初、刘景升父子也。"太祖大笑，于是太子遂定。

《三国志·魏书·王粲传》裴注引《世语》：

魏王尝出征，世子及临菑侯植并送路侧。植称述功德，发言有章，左右属目，王亦悦焉。世子怅然自失，吴质耳曰："王当行，流涕可也。"及辞，世子泣而拜，王及左右咸嘘唏。于是皆以植辞多华而诚心不及也。

《陈思王植传》：

二十四年，曹仁为关羽所围。太祖以植为南中郎将行征虏将军，欲遣救仁，呼有所敕戒。植醉不能受命，于是悔而罢之。

裴注引《魏氏春秋》：

植将行，太子饮焉，逼而醉之。王召植，植不能受王命，故王怒也。

同上传：

植尝乘车行驰道中，开司马门出。太祖大怒，公车令坐死。由是重诸侯科禁，而植宠日衰。

裴注引《魏武故事》载令：

始者谓子建，儿中最可定大事。

又令：

自临菑侯植私出，开司马门至金门，令吾异目视此儿矣！

同上传：

太祖既虑终始之变，以杨修颇有才策，而又袁氏之甥也，于是以罪诛修。植益内不自安。

举此数则，即见曹操初属意于曹植终以曹丕为太子的始末梗概与争嗣斗争的激烈以及丕胜植败各自的主客观原因。此《善哉行》其一之作未知在属意子建之时抑或在以子桓为嗣以后。但斗争既如此尖锐，不管哪一方失败，不仅本人精神上深受打击，还势必会因此而伏下祸根。曹操作为传位的开基人和父亲，当他将要或终于作出最后决定时，必会估计到或觉察到后果的严重性而深有所忧。那么，说他当立嗣之际，除了在政治上有所处断（如后来为立子桓为嗣而剪除子建的羽翼杨修之类），还会对落选者借诗歌加以热情诱导，希望他在道德的自我完善上媲美前贤，这揣度也是合乎情理不无可信的。其奈陈王未能超脱，文帝父子又抵死相残，就白白辜负了魏武望得国者建王业、让国者成高贤的深情厚意了。后四解，朱乾解释说："责山甫、管仲之不能任贤，平仲之不能讨贼。末以孔子之进退随时结之。皆非第二等人语也。《魏志》称操少机警，有权数，而任侠放荡，不治行业。‘饮酒扬波’，其亦自道乎？”黄节按：“秬堂以惟酒无量释‘随制饮酒’，以尝为委吏释‘扬波使官’（谓‘扬波’即浮沉也）。此释未见典确。责平仲之不能讨贼，以语气寻之，亦恐未是。《魏志》：董卓废帝为弘农王，而立献帝，京都大乱。卓表太祖为骁骑校尉，欲与计事。太祖乃变易姓名，间行东归。出关，过中牟，为亭长所疑，执诣县；邑中或窃识之，为请，得解。此与平仲遇崔杼之乱相同。盖以自比也。山甫、管仲，不能任贤，即《薤露篇》意。末引仲尼春秋之义，示尊王也。”各有所见，都未必破的，录以备考。根据前面的笺注和辨正，四、五解的主旨当是作者居安思危，忧为政用人有失而贻害身后、影响令誉。足智多谋的仲山甫辅佐周宣王中兴，只因错杀杜伯，累及君圣臣贤的好名声。齐桓公称霸全靠管仲，后因误用竖刁而乱政，致使死后尸体生蛆。曹操曾多次以齐桓自况，对中兴的周宣王想也是赞许的。这里却着重叹息他们的重大失误和悲惨结局，可见曹操这位大政治家，虽然性格刚强、处事果断，但他的内心深处，仍然是有所畏惧、有所警惕的。这谲诈多变的“奸雄”，总是矫情自饰，尤其不愿让人看到他心理上的弱点。如今居然让我们多少窥见了他隐蔽的思想活动，这不仅有趣，对了解其人其诗也是很有意义的。六、七解是承上意转而自我宽慰，大意是：只要像晏子那样在乱世中“积德兼仁”而不忧天命，像管仲那样“让不忘其上”，那就没有什么可担心的了。这首诗从开基者的仁德发端（一解），引出对继承仁德之让国者的颂扬（二解、三解），和对执法、用人、立嗣不当而致乱的忧虑（四解、五解），末复以仁德自慰自勉。起承转合，全诗思绪有迹可循而又浑然一体，作如是观，既能贯通大意，复见构思的别出机杼，似较他解稍得作者之用心。

《善哉行》其二是自叙身世和述志之作：

自惜身薄祜，夙贱罹孤苦。既无三徙教，不闻过庭语。（一解）

其穷如抽裂，自以思所怙。虽怀一介志，是时其能与！（二解）

守穷者贫贱，惋叹泪如雨。泣涕於悲夫，乞活安能睹？（三解）

我愿于天穷，琅邪倾侧左。虽欲竭忠诚，欣公归其楚。（四解）

快人由为叹，抱情不得叙。显行天教人，谁知莫不绪。（五解）

我愿何时随？此叹亦难处。今我将何照于光曜？释衔不如雨。（六解）

《列女传》载，孟母先住在墓地附近，再迁于市，认为这两处的环境对孟子的影响都不好，三迁于学宫之旁。后孟子长大，学六艺，终成大儒。“三徙教”，指母教。《论语·季氏篇》载，孔子的儿子孔鲤趋而过庭，孔子要他学诗，另一次又要他学礼。“过庭语”，指父教。“祜”，依靠。“所祜”，指父亲。“天穷”，当作“天穹”，即苍穹。“琅邪”，山名，在今山东诸城县东南。地理上以东为“左”。董卓之乱，曹操的父亲曹嵩避乱琅邪，为徐州刺史陶谦的部下所杀。黄节说：“琅邪谓嵩被杀处。愿天倾侧左，盖琅邪左倾，则入于海矣。恨辞也。”初平元年（190），董卓胁迫献帝迁都长安。兴平二年（195），董承等护献帝东迁，建安元年（196）七月至洛阳。“欣”，喜。《春秋·襄公二十九年》：“公至自楚。”“欣公归其楚”，即用此典，表示喜献帝还洛之意。“抱情不得叙”，谓不得抒其情于天子。建安元年，曹操派曹洪西迎天子，献帝由于受杨奉、韩暹挟持，曹洪又为董承、袁术所拒，所以曹操不得迎天子，以表达自己的忠诚。一解自叙生来微贱孤苦，缺乏教养。二解因自伤穷困而思念其父，复叹志向虽小当时也力不从心。三解谓安于贫贱，却悲伤泪落，看不到活路。黄节以为“‘安能睹’，谓父不及睹己之穷也”，亦通。四解悲悼父死而欲尽忠于君。末二解《曹操集译注》译文较能曲尽其意，录以备考："使人欣幸啊还有怨叹，难向天子啊倾吐心愿。奉天行令啊教化万民，谁知这些啊都难实现。""实现心愿啊将待何时？内心怨叹啊实难停息。日月之下啊我何以为人？雨有停时啊我忧无尽期。"建安元年（196）七月，献帝还洛阳，曹操随即至洛阳，天子假以节钺，录尚书事。九月，曹操奉献帝迁都许（今河南许昌市），从此"挟天子以令诸侯"。今既云"欣公归其楚"却"抱情不得叙"，则知其二当作于这年七月献帝还洛之后曹操入都以前。朱嘉徵说："英雄失路，自叙却真；不真不成英雄。"朱乾说："内痛父死，外悲君难。君父至情，忠孝至性，安得疑其有伪？只是初心不守，夺于利欲，后遂无所不至耳。故圣贤因忧患而德性固，奸雄因忧患而机械深。此周召操莽之分，而王道之必本于诚意也。"认为真英雄有真性情，此诗有真性情，初心有可能随主客观条件变化而变化，人的变化，人的变好与变坏与个人的本质也有直接关系，这些看法一般而论都有道理。但要想较确切地理解这首诗，仍须作进一步的探讨。本纪说曹操是"汉相国参之后。桓帝世，曹腾为中常侍大长秋，封费亭侯。养子嵩嗣，官至太尉，莫能审其生出本末。嵩生太祖"。这样的人家财和势无疑都是有的。只是其父"生出本末"不明，又作了太监的养子，在最重门第的封建时代，他家社会地位的卑下可想而知。所以陈琳在《为袁绍檄豫州》中骂曹操是"赘阉遗丑，本无懿德"。诗开端自惜生来微贱，薄福孤苦，实深有所感而发。本文一开始就曾着重论证过曹操"少好飞鹰走狗，游荡无度"的记载即令无讹，也不能从而得出他自幼顽劣、不爱学习的推断。但本纪说他"少机警，有权数，而任侠放荡，不治行业，故世人未之奇也"，与本诗自叹"既无三徙教，不闻过庭语"参看，可见他小时候父母对他的管教是不严的。《曹瞒传》载：

太祖少好飞鹰走狗，游荡无度，其叔父数言之于嵩。太祖患之，后逢叔父于路，乃阳败面㖞口；叔父怪而问其故，太祖曰："卒中恶风。"叔父以告嵩。嵩惊愕，呼太祖，太祖口貌如故。嵩问曰："叔父言汝中风，已差乎？"太祖曰："初不中风，但失爱于叔父，故见罔耳。"嵩乃疑焉。自后叔父有所告，嵩终不复信。太祖于是益得肆意矣。

事如属实，不仅见其"少机警，有权数"，亦见其父教的不严。曹操幼时，并非不努力学习，但家教不严，自己又很放纵，这对他独立不羁性格的形成和足智多谋才能的培养，还是很有关系的。一般的诗人自报家门，多以豪情颂辞赞先人之德，而言及稚年旧事则不胜神往。如屈原《离骚》："帝高阳之苗裔兮，朕皇考曰伯庸。摄提贞于孟陬兮，惟庚寅吾以降。皇览揆余初度兮，肇锡余以嘉名。名余曰正则兮，字余曰灵均。纷吾既有此内美兮，又重之以修能。"韦孟《讽谏诗》："肃肃我祖，国自豕韦。黼衣朱绂，四牡龙旂。"不一而足，大率如此。曹操的先人又有什么可夸耀的呢？因此写来情绪低沉、百感交集，充分反映了一个在社会上受歧视者的压抑心情。曹操少壮励志奋进，一生行事有愤世嫉俗、反传统势力的一面，这同他的家庭出身与童年遭遇是多少有些关系的。当然，说曹操少壮励志奋进，这绝不意味着他一上来就想当齐桓、晋文、周文王。建安十五年（210）他作《让县自明本志令》说：

孤始举孝廉，年少，自以本非岩穴知名之士，恐为海内人之所见凡愚，欲为一郡守，好作政教以建立名誉，使世士明知之；故在济南，始除残去秽，平心选举，违忤诸常侍。以为强豪所忿，恐致家祸，故以病还。……后征为都尉，迁典军校尉，意遂更，欲为国家讨贼立功，欲望封侯作征西将军，然后题墓道言

“汉故征西将军曹侯之墓”，此其志也。

先想当郡守，后想在平董卓乱中立功封侯以终其身，这就是诗句“虽怀一介志”所指其志的具体内容。“介”通“芥”，草芥。“一介”，指轻微的东西。想当郡守，想立功封侯，还说这不过是“一介志”，这固然是自谦之词，也见其抱负之大。曹操合义兵共讨董卓，这在当时，是正义的。建安十九年（214）曹操《戒子植》说：“吾昔为顿丘令，年二十三。思此时所行，无悔于今。今汝年亦二十三矣，可不勉欤！”本纪载曹操为济南相，国有十余县，长吏多阿附贵戚，赃污狼藉，于是奏免其八，禁断淫祀，奸宄逃窜，郡界肃然。可见他少有干才，为政多富进步性。正因如此，当念及壮志未酬，就难免要感慨系之，“惋叹泪如雨”了。这大概是这诗真挚感人的所在吧！说诗中抒发了“内痛父死，外悲君难”之情，这是不错的。建安十八年（213）曹操《上书谢策命魏公》说：“臣蒙先帝厚恩，致位郎署。……会董卓作乱，义当死难，故敢奋身出命，摧锋率众，遂值千载之运，奉役目下。”从当时的行为表现看，不能说他的赴难勤王纯系投机。若稍加考察，则自会发现他“内痛父死”实远甚于“外悲君难”。《资治通鉴》献帝初平四年（193）载：

前太尉曹嵩避难在琅邪，其子操令泰山太守应劭迎之。嵩辎重百余两，陶谦别将守阴平，士卒利嵩财宝，掩袭嵩于华、费间，杀之，并少子德。秋，操引兵击谦，攻拔十余城，至彭城，大战，谦兵败，走保郯。初，京、雒遭董卓之乱，民流移东出，多依徐土，遇操至，坑杀男女数十万口于泗水，水为不流。操攻郯不能克，乃去，攻取虑、睢陵、夏丘，皆屠之，鸡犬亦尽，墟邑无复行人。

攻城杀人之事曾有好心人为之辩护，但总不得一笔将它抹杀。为报父仇而大张杀伐，迁怒于无辜百姓，足见他“内痛父死”竟达到了何等疯狂的程度！这难道是“外悲君难”之情所能比拟的吗？前已指出，曹操的用人、为政确有反儒家名教传统的趋向，但他的“离经叛道”还并没有达到从思想感情上完全摈弃儒教的地步。田余庆同志对此曾有很中肯的论述：“他并没有否定德行的标准。他说的是‘治平尚德行，有事赏功能’。他固然需要‘不仁不孝而有治国用兵之术’的人，把这些人从乡议禁锢之中救出身来，这同汉武帝元封五年招致‘有负俗之累而立功名’的‘跅弛之士’，倒是有点相像。同时，他也需要‘至德之人放在民间’者。……曹操的言行中，有许多矛盾的现象。他对孝的看法就是这样。他的别驾东平大姓毕谌，因母妻被张邈掳去，叛归张邈。曹操捉住了毕谌，别人都为毕谌担心。曹操却说：‘夫人孝于其亲者，岂不亦忠于君乎！吾所求也。’曹操在这里把孝看作德行的根本，表现了儒家的正统思想。”（《曹操论集·关于曹操的几个问题》）曹操既如此崇尚孝道，生性又极端残忍，这就促使他犯下为报父仇而肆暴的罪行来。“君父至情，忠孝至性，安得疑其有伪？”“忠君”或伪，“孝父”却真。但是这种“真”，无论从“性情”本身，还是从行为后果来看，又有什么值得肯定的呢？

《善哉行》其三“朝日乐相乐”首，《乐府诗集》以为是武帝所作，《宋书·乐志》以为是文帝所作。其辞与曹操《短歌行》“对酒当歌”首意近而艺术远逊，且作者终难确定，故不拟评议。

四

《文选》卷二十四曹植《赠白马王彪》“虚无求列仙，松子久吾欺”，李善注引曹操《善哉行》：“痛哉世人，见欺神仙。”有人认为它反映了曹操不信神仙的朴素唯物主义思想。可是张华的《博物志》却说他“好养性法，亦解方药，招引方术之士，庐江左慈、谯郡华佗、甘陵甘始、阳城郄俭无不毕至。又习啖野葛至一尺，亦得少多饮鸩酒”（本纪裴注引）。有诗为证固然可靠，其奈不同时期、不同情况，思想内容或有变化。志异之书不足为凭，也可能多少有点根据。欲知何者近实，且先看曹植《辨道论》：

夫神仙之书、道家之言，乃云傅说上为辰尾宿，岁星降下为东方朔。淮南王安诛于淮南，而谓之获道轻举。钩弋死于云阳，而谓之尸逝柩空。其为虚妄甚矣哉！……世有方士，吾王（指曹操）悉所招致。甘陵有甘始，庐江有左慈，阳城有郄俭，始能行气导引，慈晓房中之术，俭善辟谷，悉号数百岁。本所以集之于魏国者，诚恐此人之徒接奸诡以欺众，行妖恶以惑民。故聚而禁之也，岂复欲观神仙于瀛洲，求安期于边海，释金辂而顾云舆，弃文骥而求飞龙哉？自家王与太子及余兄弟，咸以为调笑，不信之矣。然始等知上遇之有恒，奉不过于员吏，赏不加于无功，海岛难得而游，六黻难得而佩，终不敢进虚诞之言，出非常之语。余尝试郄俭，绝谷百日，躬与之寝处，行步起居自若也。夫人不食七日则死，而俭乃如是。然不必益寿，可以疗疾，而不惮饥馑焉。左慈善修房内之术，差可终命。然自非有志至精，莫能行也。甘始者，老而有少容，自诸术士咸共归之，然始辞繁寡实，颇有怪言。余尝避左右，独与之谈，问其所行，温颜以诱之，美辞以导之，始语余……又言：取鲤鱼五寸一双，令其一煮药，俱投沸膏中，有药者奋尾鼓鳃，游行沉浮，有若处渊，其一者已熟而可啖。余时问言，率可试不。言是药去此逾万里，当出塞，始不自行，不能得也。……始若遭秦始皇、汉武帝，则复为徐市、栾大之徒也。桀、纣殊世而齐恶，奸人异代而等伪，乃如此邪！又世虚然有仙人之说。仙人者，倘猱猿之属，与世人得道化为仙人乎？……夫帝者，位殊万国，富有天下，威尊彰明，齐光日月，宫殿阙庭，焜耀紫微，何顾乎王母之宫、昆仑之域哉？……而顾为匹夫所罔，纳虚妄之辞，信眩惑之说，隆礼以招弗臣，倾产以供虚求，散王爵以荣之，清闲馆以居之，经年累稔，终无一验，或殁于沙丘，或崩于五柞，临时复诛其身、灭其族，纷然足为天下一笑矣。若夫玄黄所以娱目，铿锵所以耸耳，媛妃所以绍先，刍豢所以悦口也。何以甘无味之味，听无声之乐，观无采之色也？然寿命长短，骨体强劣，各有人焉。善养者终之，劳扰者半之，虚用者殀之，其斯之谓欤？

据此可知：一、曹操及其诸子都不信神仙之书、道家之言。他招聚当时知名方士，授以低位薄禄，意在羁縻，令不得流窜各地，妖言惑众，扰乱社会治安。这是一种佯尊实禁的策略，与真正的崇尚神仙道术不同。二、文中对神仙虚妄之说的批驳，和对前代帝王好神仙而不得善终的指责，都很有道理。这话虽出自子建之口，但多少可看成“不信之”的曹氏父子的共同看法。虽然如此，但由于与周围方士接触较长，还曾亲加考察而受其蒙蔽，他同时也认为辟谷等术不假，以致发展到后来竟一变初心，完全相信起长生之道来了。再看曹子建的《释疑论》：

初谓道术直呼愚民诈伪空言定矣。及见武皇帝试闭左慈等，令断谷，近一月而颜色不减，气力自若。常云可五十年不食，正尔，复何疑哉！令甘始以药含生鱼而煮之于沸脂中，其无药者，熟而可食，其衔药者，游戏终日，如在水中也。又以药粉桑以饲蚕，蚕乃到十月不老。又以住年药食鸡雏及新生犬子，皆止不复长。以还白药食犬，百日毛尽黑。乃知天下之事不可尽知，而以臆断之，不可任也。但恨不能绝声色，专心以学长生之道耳。

子建对神仙道术的看法前后迥异，乃翁岂独不然？因此当论及这一问题，不宜遽定曹操信或不信神仙，而应根据不同情况作具体分析。有了这样一个基本的理解，再来研讨他的游仙诗，就不至于胶柱鼓瑟，各执一面之词了。

从文学史角度来看，现存写神灵、仙境最早、最好的是《九歌》《离骚》和《庄子·逍遥游》中的片段。这无疑同楚地巫风或古代神话传说有关，但用意一在借浪漫想象以表达理想和孤愤，一在设神人为喻以谈哲理。秦皇、汉武好神仙，方士争言蓬莱仙药、王母蟠桃。西汉末年谶纬之学兴起，多言神灵怪异。东汉时期逐渐形成道教，求仙学道之风复炽。汉乐府中的大量游仙诗，就是这种风气影响下的产物。虽说建安时期诸方士受制于孟德，“不敢进虚诞之言，出非常之语”，但孟德同他们相处久了，又曾亲试断谷等术而验，哪能不受蒙蔽、不受影响？加之他位望日隆，“去日苦多”；“烈士暮年，壮心不已”。这就无怪乎他未能免俗，也想学仙求长生，写起游仙诗来了。

孟德游仙诗现存《气出唱》《精列》《陌上桑》《秋胡行》四题共七首。这些诗多写神游名山仙境，与仙人往还，得养气秘诀、长生方药等情事，无论内容还是写法都较简单，无甚可取。其中稍佳者为《秋胡行》二首的其一：

晨上散关山，此道当何难！晨上散关山，此道当何难！牛顿不起，车堕谷间。坐盘石之上，弹五弦之琴。作为清角韵，意中迷烦。歌以言志，晨上散关山。（一解）

有何三老公，卒来在我傍。有何三老公，卒来在我傍。负掩披裘，似非恒人。谓卿云何困苦以自怨，徨徨所欲，来到此间？

歌以言志，有何三老公。（二解）

我居昆仑山，所谓者真人。我居昆仑山，所谓者真人。道深有可得。名山历观，遨游八极，枕石漱流饮泉。沉吟不决，遂上升天。歌以言志，我居昆仑山。（三解）

去去不可追，长恨相牵攀。去去不可追，长恨相牵攀。夜夜安得寐，怅惘以自怜。正而不谲，辞赋依因。经传所过，西来所传。歌以言志，去去不可追。（四解）

《三国志·魏书·武帝纪》载：建安二十年“三月，公（指曹操）西征张鲁，至陈仓。将自武都入氐，氐人塞道。先遣张郃、朱灵等攻破之。夏四月，公自陈仓，以出散关”。“散关”即大散关，在今陕西宝鸡市西南。关在山上，为秦蜀往来要道。诗云“晨上散关山”，参合史实，知《秋胡行》其一当作于其时。一解谓出关道路艰险，牛困车翻，坐石上歇息弹琴，心迷意烦。二解谓有三神仙忽来身旁，问诗人何事愁苦，何为来此。三解谓神仙自述其居处、道行、仙游，见诗人沉吟不决，即升天而去。四解语简意隐，难求甚解。黄节引《论语·宪问篇》“齐桓公正而不谲”注“正而”句，引《淮南子》载宁戚击牛角而疾商歌因得桓公重用事以释“辞赋依因”，谓“盖以宁戚比三老，而自比齐桓也”。又引《史记·齐太公世家》“桓公称曰：‘寡人南伐至召陵，望熊山；北伐山戎、离支、孤竹；西伐大夏，涉流沙，束马悬车，登太行，至卑耳山而还。’”意谓曹操以桓公西伐大夏喻己之西征张鲁，此“所谓‘经传所过，西来所传’也”。“商歌”岂得谓“辞赋”？“经传”二句究竟与西伐大夏何涉？此说过于牵合齐桓，故不得其解。私意：如前所论，曹操素尊齐桓，在另一首《短歌行》中就曾称赞他“正而不谲，其德传称”。这首诗中也有“正而不谲”，说这是诗人表示想效法齐桓的德行，自然合情合理，但也不得由此而生发开去，说其后三句都与齐桓有关。案："依因"即依仗。"辞赋依因"，意谓赖辞赋以自娱。曹丕《典论·自叙》："上（指曹操）雅好诗书文籍，虽在军旅，手不释卷。"就是这意思。《离骚》王逸注："经，径也。"《释名》："经，径也，如径路无所不通，可常用也。"《左传·庄公九年》："公丧戎路，传乘而归。"注："戎路，兵车。传乘，乘他小车。""经传所过"，意谓从小路（径，经）乘小车（传）过散关山，即照应发端"晨上散关山，此道当何难！牛顿不起，车堕谷间"之意。"西来所传"，意谓西来此地得闻所传三神仙之事，醒出幻想之所由生。根据这样的理解，四解则可译作：仙人去了没法追上天，常恨俗事相牵攀。夜夜睡不着，惆怅不已徒自怜。成不了仙啊且学齐桓公为人正派不奸诈，一有空便依仗辞赋来排遣。从小路乘小车经过这散关山，只因西来途中听到三老公的传说，不觉在恍惚中遇见了这几位神仙。唱支歌来表达心愿，仙人去了没法追上天。——去掉因刻意求深而外加的求贤之意，重新现出这首游仙诗的本来面目，这样不仅让人读起来觉得明快些，似乎还会因这几句文意得以稍顺而不致破坏整首诗艺术表现的完美。这首诗在艺术表现上确有其独到之处。行旅困顿中神仙忽来，沉吟不决时忽又隐去。想象稚气，情节简单，涂抹粗放，却见出诗人徘徊于仙境、尘世之间的矛盾心情，手法似拙而实巧。从行旅之苦，到遇仙之喜，到失望之恨，感情层次分明而对比强烈，复假重沓咏叹（实为配乐时所作艺术加工）以加强苍茫沉郁的气氛。这样就使得那积压在诗人内心深处的巨大人生感触和无名烦恼得到淋漓尽致的宣泄，从而产生类似悲剧艺术效果的强大感染力。谓余不信，试吟诵一过即知。

其二写"思得神药"而明知长生无望的苦闷。其中"不戚年往，忧世不治。存亡有命，虑之为蚩"，颇警快，甚为杨慎所赞赏，谓"不特句法高迈，而识趣近于有道"（《升庵诗话》）。陈祚明说："首章自升仙而归于时业，次章自时业而悼于人生，会味其旨，总归'沉吟不决'四言而已。序述回曲转变，反复循环不穷，若不究其思端，殊类杂集，引绪观之，一意凄楚，成佳构矣。"（《采菽堂古诗选》）升仙无路，时业未成，烈士暮年，百感交集，就不觉言之反复循环了。直抒胸臆，所以感人。王夫之评《秋胡行》说："当其始唱，不谋其中，言之已中，不知所毕，已毕之余，波澜合一，然后知始以此始，中以此中，此古人天文斐蔚夭矫引申之妙。盖意伏象外，随所至而与俱流，虽令寻行墨者，不测其绪。要非如苏子瞻所云'行云流水，初无定质'也。惟有定质，故可无定文，质既无定，则不得不以钩锁映带起伏间架为画地之牢矣。"（《船山古诗评选》）。"质"是内容，"文"是形式，形式随内容而变化，大好文章无不如此。如无内容，硬要作文，只好按程式如法炮制，这就是所谓"画地之牢"了。船山衡文，独具只眼，此评不但能发此诗之妙，亦可从中领会创作的三昧。"云""水"亦质也，"初无定质"实是"初无定则"之意，语出苏轼《答谢师民书》，全段为："所示书教及诗赋杂文，观之熟矣。大略如行云流水，初无定质，但常行于所当行，常止于所不可不止，文理自然，姿态横生。"又自述其为文说："吾文如万斛泉源，不择地而出。在平地滔滔汩汩，虽一日千里无难。及其与山石曲折，随物赋形而不可知也。"（《文说》）足证其本意与船山之说并不相左，不必斤斤计较于一字之失。

如前所述，曹操先不信神仙，后受方士影响，又迫于桑榆暮景，曾一度寄妄想于求仙。几经挫折，待道出"存亡有命，虑之为蚩"时，已是迷梦方醒，有所觉悟了。但真正摆脱因"沉吟不决"而引起的迷惘和烦恼，终于对生死问题有了正确的看法，抱着乐观的态度，那就得等到他创作出《步出夏门行·龟虽寿》的时候：

神龟虽寿，犹有竟时。腾蛇乘雾，终为土灰。老骥伏枥，志在千里。烈士暮年，壮心不已。盈缩之期，不但在天。养怡之福，可得永年。幸甚至哉，歌以咏志。

《庄子·秋水》："吾闻楚有神龟，死已三千岁矣。"《韩非子·难势》："飞龙乘云，腾蛇游雾。"神物尚且有死，何况是人。当头棒喝，发人猛醒，诗人当亦从此悟出。人皆有死，岂我独无？消极者想到这里，必然万念俱灰了。然而伏枥老骥有千里之志，暮年烈士有不已壮心，这看不破处，也正是诗人对人生无比执着处。《世说新语·豪爽》载："王处仲（敦）每酒后辄咏'老骥伏枥，志在千里。烈士暮年，壮心不已'，以如意打唾壶，壶口尽缺。"王世贞按："其人（指王敦）不足言，其志乃大可悯矣！"亦见诗歌感人之深。朱乾说："魏武乌桓之役，履危蹈险，殊非怡养之福。军还之日，科问前谏者，皆厚赏之，曰：'孤前行乘危以侥幸，不可以为常。诸君之谏，万安之计，是以相赏。''永年'之云，盖惊心于事定也。"（《乐府正义》）难说决无此意，但仅作如是观，就未免把含义较深的诗句讲浅了。曹操曾在《让县自明本志令》中宣称他"性不信天命之事"，学仙求长生，从某种意义上说，有向"天命"挑战而妄图主宰自己命运的意义。如今长生的迷梦既已破灭，深感年寿与时业之间矛盾的尖锐，却确信生命的长短不但取决于自然，而摄生有道可得益寿延年，人力亦大有可为处。"盈缩"四句讲的就是这样的一个道理。这仍然是老瞒"不信天命"的倔强性格的表现，但已同自信的豪气或天真的妄想丝毫无关，而是经过长期艰苦的人生探索和理性的沉思所得出的平凡的真理。直到今天，这几句话仍被一些人当作座右铭，足证其含义的深广。人类处于蒙昧阶段，不能说毫无对死的畏惧，但由于活着大不易，恐亦无暇虑及于此。待懂得咏叹"生年不满百，常怀千岁忧"（东汉末无名氏《古诗十九首》其十五）时，人类已智慧大开了。就在这一时期，曹操经过痛苦的人生探索，居然在对待生死大事的看法上高出时人一筹，这确乎是难能可贵的。东晋陶渊明，在《形影神三首》中，通过形、影、神的赠答，最后对生死问题也提出自己经过探索得来的看法：“纵浪大化中，不喜亦不惧。应尽便须尽，无复独多虑。”跟《龟虽寿》比较起来，一奋进一任化，一慷慨一恬淡，二者差异明显；但同样闪耀着思想火花，显示出诗人在人生真谛的追求上各自所达到的高度。两相参诵，定多启发。

五

孟德脍炙人口的佳作，除前已着重评介的《龟虽寿》等篇外，还有《薤露》《蒿里行》《苦寒行》《步出夏门行·观沧海》《却东西门行》《短歌行》“对酒当歌”首诸什。其中，《薤露》《蒿里行》，正如钟惺所言，“汉末实录，真诗史也”（《古诗归》），应看作组诗，放在一起讲。《薤露》先叙汉末因任人不良而招致大乱情事：

惟汉二十世，所任诚不良。沐猴而冠带，知小而谋强。犹豫不敢断，因狩执君王。白虹为贯日，己亦先受殃。贼臣持国柄，杀主灭宇京。荡覆帝基业，宗庙以燔丧。播越西迁移，号泣而且行。瞻彼洛城郭，微子为哀伤。

东汉中平六年（189），灵帝刘宏卒，少帝刘辩即位，何太后听政。太后兄大将军何进谋诛宦官，太后不听。何进召董卓向京城洛阳进军以胁迫太后；谋泄，何进为宦官张让、段珪等所杀。张让、段珪等又劫持少帝和陈留王出走小平津（今河南孟津县西北）。董卓入京，废少帝为弘农王，立陈留王为帝，即献帝刘协。董卓独揽大权，肆意残杀。初平元年（190）正月，关东州郡起兵讨伐董卓。董卓焚烧洛阳，胁迫天子、百官和百姓数百万口西迁长安。诗即咏其事。汉从高祖刘邦到灵帝刘宏共二十二代。此作“二十世”，举其成数而言。一作“惟汉二十二世”。黄节补注：“按石经，凡经传中‘二十’字皆作‘廿’。然则此诗‘二十二世’，当作‘廿二世’也。”甚是。不然全诗五言句，首句作六言殊不协。“所任”，指外戚何进。“沐猴”，猕猴。“沐猴而冠”出《史记·项羽本纪》，意谓徒有人的样子而无人性和人的智慧。“知（智）小而谋大”出《易·系辞下》。此为叶韵而易一字，指何进谋诛宦官的大事。何进谋诛宦官，太后不从，其弟何苗受宦官贿赂也加以劝阻。当时宦官曾去何进处谢罪，袁绍劝他立即下手，他犹豫不决，因而失去时机。“犹豫”句即指此。“执君王”，指张让、段珪劫持少帝和陈留王奔小平津的事。《后汉书·五行志》：“虹贯日……天子命绝，大臣为祸。”这是古代迷信的说法。初平元年（190）正月，董卓毒死被废为弘农王的少帝刘辩。《后汉书·献帝纪》载这年二月“白虹贯日”。何进在前一年八月被杀，所以说他“先受殃”。《史记·宋微子世家》载：箕子朝周，过故殷墟，感宫室毁坏而生禾黍，箕子伤之，作麦秀之歌曰：“麦秀渐渐兮，禾黍油油。彼狡童兮，不与我好兮。”《尚书大传》以此诗为微子所作。这诗前段写汉室传到第二十二世灵帝手上因误用不良之辈何进而致乱；后段写董卓烧毁洛阳胁迫献帝西迁的惨状和诗人深沉的哀伤。以短语概括重大史实，准确且富感情。论断精当，又不乏形象性和幽默感。此等诗，非高瞻远瞩而以天下为己任者所不能办。钟惺说：“俯视群雄之言，便有‘天下英雄，惟使君与操’意。”从“俯视”二字悟入，就不难发觉这诗在艺术上的高妙之处。方东树说：“此诗浩气奋迈，古直悲凉，音节词旨，雄恣真朴。一起雄直高大，收悲痛哀远。……读此知潘岳《关中》、谢瞻《张子房》之伤多而平弱。收二句，妙。莽苍悲凉，气盖一世。”（《昭昧詹言》）也很有体会，可参看。

《蒿里行》接着写讨伐董卓的诸军阀因各怀异心而火并，以及长期混战所带给人民的深重灾难：

关东有义士，兴兵讨群凶。初期会盟津，乃心在咸阳。军合力不齐，踌躇而雁行。势利使人争，嗣还自相戕。淮南弟称号，刻玺于北方。铠甲生虮虱，万姓以死亡。白骨露于野，千里无鸡鸣。生民百遗一，念之断人肠。

《资治通鉴》载：献帝初平元年（190）正月，关东州郡皆起兵以讨董卓，推勃海太守袁绍为盟主。董卓在洛阳，袁绍等诸军皆畏其强，莫敢先进。曹操道：“举义兵以诛暴乱，大众已合，诸君何疑！向使董卓倚王室，据旧京，东向以临天下，虽以无道行之，犹足为患。今焚烧宫室，劫迁天子，海内震动，不知所归，此天亡之时也，一战而天下定矣。”后曹操到酸枣，诸军十余万，日置酒高会，不图进取，操责道：“今兵以义动，持疑不进，失天下望，窃为诸君耻之！”初平二年（191），是时关东州郡务相兼并以自强大，袁绍、袁术亦自离贰。袁术既与袁绍有隙，各立党援以相图谋。袁术结公孙瓒而袁绍连刘表，豪杰多归附于袁绍。袁术大怒道：“群竖不吾从而从吾家奴乎！”建安二年（197）袁术称帝于寿春（今安徽寿县）。《三国志·武帝纪》裴注引《献帝起居注》载曹操上言：“大将军邺侯袁绍，前与冀州牧韩馥，立故司马刘虞，刻作金玺。……又绍与臣书曰：‘可都鄄城，当有所立。’擅铸金银印，孝廉计吏，皆往诣绍。”“盟津”即孟津，在今河南孟县南。相传周武王伐纣，与诸侯会盟于此。曹操到酸枣，曾向诸军提出“使勃海（指袁绍）引河内之众临孟津”的建议（见《资治通鉴》初平元年三月）。“初期会盟津”，既是用典以壮讨董卓义军的声势，又实有所指。如此理解，方见使事之妙。《尚书·康王之诰》载，周康王即位后对诸侯说：“虽尔身在外，乃心罔不在王室。”后称忠心国事为“乃心王室”。黄节按：“‘初期会盟津，乃心在咸阳’，即沮授说绍所谓‘迎大驾于长安，复宗庙于洛邑’也。”袁术是袁绍的从弟。“淮南弟称号”，意谓袁绍之弟袁术称帝号于淮水之南寿春。对照史实，便知这类作品被称为“诗史”确实当之无愧。但也有些许讲究：史多是后人所撰，再好也终隔一层；这类作品则出自当时叱咤风云的个中人的如椽大笔，而且是诗，因此就独具无比强烈的历史真实感。“铠甲”六句亦是“实录”实感。曹操为报父仇，曾领兵攻打陶谦，所过“皆屠之，鸡犬亦尽，墟邑无复行人”，但不得因此而认定他即使在正常的情况之下也毫无恻隐之心。谭元春说：“一味惨毒人，不能道此；声响中亦有热肠，吟者察之。”（《古诗归》）这不失为知音之言，也是公道话。曹操在《军谯令》中写的也是同样的所见所感：“吾起义兵，为天下除暴乱。旧土人民，死丧略尽，国中终日行，不见所识，使吾凄怆伤怀。”其他如曹植的《送应氏》“洛阳何寂寞，宫室尽烧焚。垣墙皆顿擗，荆棘上参天。……中野何萧条，千里无人烟”，王粲的《七哀诗》“出门无所见，白骨蔽平原”，都是当时战乱惨状的真实写照，可参看。

张玉穀说：“二章皆赋当时之事，而借此旧题，盖亦有故。《薤露》《蒿里》本送葬哀挽之辞，用以伤乱后丧亡，固无不可。且上章执君杀主，意重在上之人。下章万姓死亡，意重在下之人。又恰与《薤露》送王公贵人，《蒿里》送士大夫庶人，两相配合。勿徒以创格目之也。”（《古诗赏析》）所论甚是。但须稍加补充：魏武当时，这两首乐府的旧曲、旧辞俱存，因此，之所以采此二题，除内容上一一对应便于借鉴外，似乎还应有借原来悲怆的乐曲一洒哀君悼民之泪的考虑。可惜音乐早已失传，只能从诗句的声响中依稀揣度了。沈德潜在评《蒿里行》后接着说：“借古乐府写时事，始于曹公。”（《古诗源》）这话是不错的，但须作如下说明：一、曹操“登高必赋，及造新诗，被之管弦，皆成乐章”（《三国志·武帝纪》裴注引王沈《魏书》），他现存二十几首作品全都是乐府歌辞。可见他对汉乐府民歌爱好之深。汉乐府民歌如《战城南》《有所思》《东门行》《妇病行》《孤儿行》等等，无不“感于哀乐，缘事而发”。既然曹操特别爱好汉乐府民歌，并主要采用这一文学形式进行创作，而且他本身又是当代历史潮流的“弄潮儿”，那么，他自会深有感于时事而从乐府得到启发写出《薤露》《蒿里行》这样一些“汉末实录，真诗史”来。曹操写的都是入乐的乐府诗，因此，他“借古乐府写时事”，同那些借古乐府写饮宴、行旅、游仙等等题材的作法并无二致，只是前者作为一个方向的开端，再变为杜甫的“因事立题”（也就是元稹所说的“即事名篇”），最后发展到白居易提出“歌诗合为事而作”的理论并出现了所谓“新乐府运动”，从对后世文学发展所起的影响看，它的意义却是不一般的。二、曹操是当时的政界和文坛领袖，把他作为代表，说“借古乐府写时事，始于曹公”，这当然是可以的，但不得因此而认为当时就没有别的人也这么做。且不论陈琳《饮马长城窟行》这样一些根据旧题材进行创作却富于深刻现实意义的作品，只要举出王粲《七哀诗》之一为例，就可以说明问题了。《乐府古题要解》说“《七哀》起于汉末”，这就是当时的一种乐府新题。曹植、阮瑀各有《七哀诗》一首。王粲有六首，今存三首。其中“西京乱无象”首，记述献帝初平三年（192）关中一带人民遭受董卓部将李傕、郭汜等纵兵摧残，流徙死亡的惨象，控诉了这些“豺虎”的罪行，其写作年代与曹操的《薤露》相同而早于《蒿里行》起码五年（该诗提到建安二年即公元197年“淮南弟称号”的事，可见当作于这年以后）。《三国志·王粲传》载，献帝西迁，王粲入长安。年十七，以西京扰乱，往荆州依刘表。后归曹操，为丞相掾。由此可见王粲作《七哀诗》时不大可能受曹操诗歌创作的影响。然而这诗不是已经在“借乐府（虽难说‘古’）写时事”了吗？如果不死抠采用的是不是“乐府”，那么，曹植的《送应氏》“步登北邙阪”首，尤其是蔡琰的《悲愤诗》，都是很珍贵的“汉末实录”和一点儿也不假的“真诗史”啊！《文心雕龙·时序》说观建安“时文，雅好慷慨，良由世积乱离，风衰俗怨，并志深而笔长，故梗概而多气”。建安文风之所以慷慨多气，主要是因为“世积乱离，风衰俗怨”所致。曹操诸人有感于现实的严酷而写“实录”、写“诗史”，同样是受“时序”影响的结果。作如是观而不过于将“借古乐府写时事，始于曹公”看作个别作家的偶然现象，庶几近于实际。

建安十年（205），袁绍的外甥、并州牧高幹叛曹，屯兵壶关（今山西长治市东南）。次年正月，曹操从邺城（今河北临漳县西）出兵，北度太行山去攻打高幹。途中作《苦寒行》，写行军之苦及其感慨。《苦寒行》属相和歌清调曲，这当然是“借古乐府写时事”了；但写的只是途中的所见所感，同前两首相比，其“诗史”的意义就稍逊。诗说：

北上太行山，艰哉何巍巍！羊肠坂诘屈，车轮为之摧。树木何萧瑟！北风声正悲。熊罴对我蹲，虎豹夹路啼。溪谷少人民，雪落何霏霏！延颈长叹息，远行多所怀。我心何怫郁？思欲一东归。水深桥梁绝，中路正徘徊。迷惑失故路，薄暮无宿栖。行行日已远，人马同时饥。担囊行取薪，斧冰持作糜。悲彼《东山》诗，悠悠使我哀！

羊肠坂在壶关东南。《东山》是《诗经·豳风》的一篇，写久戍士卒在还乡途中想家的迫切心情。毛苌则认为："《东山》，周公东征也。周公东征，三年而归，劳归。士大夫美之，故作是诗也。"此用旧说，意谓在艰苦的征途中已体会到《东山》诗中所述周公东征时的心情，也有以周公自况之意。吴淇解此诗颇得作者之用心，如说："'少人民'而谓之'溪谷'者，山居趁坳，泽居趁突，此山行而曰'溪谷无（少）人民'，则更无人民矣。"（《六朝选诗定论》）不只读诗心细，平日观察生活也细。但以为"'熊罴'云云，喻当时外有群雄，内有诸臣，以致事不克济"（《六朝选诗定论》），将之过于象征化，就多少会减弱诗歌真切的艺术感染力。在我看来，这只是一种将生活实感加以夸大的浪漫主义的艺术表现。在严寒的荒山里行军总会遇到些野兽，这是真实。但以对仗的句子将"熊罴"的"蹲"和"虎豹"的"啼"集中地写在"我"所经行的"路"旁这同一时间、同一空间，这就是艺术了。这么写，就像那些好用"左青龙右白虎"之类对称手法而富于装饰性的民间艺术一样，乍看似乎有点呆板、幼稚，其实却带有很强烈的童话色彩，显得天真而有趣。汉乐府《陇西行》"桂树夹道生，青龙对道隅"、刘琨《扶风歌》"麋鹿游我前，猿猴戏我侧"、杜甫《石龛》"熊罴咆我东，虎豹号我西"等等，都出自同一机杼，而后二联则显系受到曹操"熊罴"一联的影响，一一对照琢磨，便知此一手法之妙。

另一组同诗人征战经历有关的作品是《步出夏门行》。建安五年（200）十月，官渡之战，曹操大破世族军阀袁绍。七年（202）五月，袁绍自军败惭愤，发病呕血而卒。十年（205）正月，攻袁绍子袁谭，斩之，冀州平。袁绍另二子袁熙、袁尚奔乌桓（丸）。乌桓乘天下大乱，略有汉民十余万户。袁绍皆立其酋豪为单于，以家人子为己女，妻之。辽西乌桓蹋顿尤强，为袁绍所厚，故袁尚兄弟归之，数入塞为寇，欲助袁尚收复故地。十二年（207）三月，曹操轻兵兼程出讨乌桓。军次无终（今河北玉田县），时方夏水雨，而滨海洿下，泞滞不通，敌亦遮守蹊要，军不得进。采田畴计，佯引军还，而署大木表于水侧路旁："方今夏暑，道路不通，且俟秋冬，乃复进军。"暗以田畴为向导，东指柳城（今辽宁朝阳县南），大获全胜。九月，曹操引兵自柳城还。时天寒且旱，二百里无水，军又乏食，杀马数千匹以为粮，凿地入三十余丈方得水。十三年（208）正月，曹操还邺。这组诗即写还师途中的观感。开头一段叫"艳"，是乐章的序曲，叙出兵前众见分歧和行军途中为大雨所阻而引起的惆怅：

云行雨步，超越九江之皋。临观异同，心意怀游豫，不知当复何从。经过至我碣石，心惆怅我东海。

余冠英先生的《三曹诗选》注说：《步出夏门行》古辞只存"市朝人易，千岁墓平"两句，见《文选注》。从这两句看来，原诗内容是人生无常的慨叹。《乐府诗集》另有古辞"邪径过空庐"一篇，写升仙得道。曹操这一篇和两首古辞的内容都不相干，是"借古乐府写时事"的又一例。艳辞不整齐，和正曲四章不同，又有不甚可解的地方，可能本是用散文写的序，后来合乐时用作艳，为了迁就乐调不免改变原来的句读。正曲每章末尾两句也是入乐时加上的，和正文无关。《水经注·谷水》："（洛阳）大夏门，故夏门也。门内东侧际城，有魏文帝所起景阳山。山之东，旧有九江。"朱乾《乐府正义》引此，又说："时袁熙、袁尚奔乌桓，诸将皆欲南击刘表。郭嘉曰：'袁绍有恩于民夷，而尚兄弟生存，今舍而南征，尚因乌桓之资，招其死主之臣，以生蹋顿之心，恐青、冀非己之有也。表坐谈客耳，自知才不足以御备，虽虚国远征，公无忧矣。'操从之。篇中'心怀游豫’二句，盖斟酌于南北之用师也。”若采此说，则头四句可理解为他原想领兵“云行雨步”般迅疾地越过洛阳夏门景阳山东的九江堤岸（皋）去南征刘表；但等到听了不同的意见，心里就犹豫起来。《步出夏门行》，是乐府旧题。将“九江”确定在夏门附近于题于义均切，此解可采。余冠英先生注以为“九江之皋”指荆州，开头两句是说初意要用兵于荆州。亦可。《曹操集译注》：“碣石：山名，在今河北昌黎县北十五里。主峰娘娘顶海拔六九五公尺，离海约十五里。天晴时登临观海，海上渔船皆历历可见。有巨石矗立山顶，高数十丈，所以称作‘碣石’。按：人们多持碣石沉海之说，此说出自《水经注》。据《昌黎县志》记载和我们实地考察，纯系臆测之辞，是没有事实根据的。”相传沉于海者名大碣石山，在今河北乐亭县西南。诸家多以此为此诗之碣石。姑两存其说。第一章《观沧海》即写登碣石山望沧海的奇观和狂想：

东临碣石，以观沧海。水何澹澹，山岛竦峙。树木丛生，百草丰茂。秋风萧瑟，洪波涌起。日月之行，若出其中。星汉灿烂，若出其里。幸甚至哉，歌以咏志。

一片汪洋，满眼是水，以惊叹语出之，便简捷有力地表现了登山望海第一个最强烈的印象。实写山岛草木，却从虚处烘托出大海的浩淼，这犹如齐白石画几个跳虾，空白处就立即幻现出一泓清泉一样。“秋风”“洪波”，不惟写景，亦是抒情，与汉武帝《秋风辞》同读，可见其悲怆之深。月日星辰似乎都出没于大海之中，这是错觉，是非非之想，但同时又是大海给人的实感，因此具有震撼人心的艺术力量，与那些外强中干、虚张声势的夸大描写不同。寥寥数语，平直写来，却“浩渼动宕，涵于淡朴之中”（陈祚明语），这是何等手段！钟惺评此诗说：

“直写其胸中眼中一段笼盖吞吐气象。”沈德潜也说：“有吞吐宇宙气象。”无广阔胸襟不能赏此壮观之景，非壮观之景不足显其广阔胸襟。孟德与大海，真可说是相得益彰。王夫之最有艺术敏感，他不只觉出深藏于“秋风”“洪波”之中的悲哀，而且说全篇“不言所悲，而充塞八极无非愁者。孟德于乐府，殆欲踞第一位，惟此不易步耳。不知者但谓之霸心”（《船山古诗评选》）。读此诗，海和诗人胸襟的伟大易识，伟大中的悲愁不易识。若细加体味，容或得之。“烈士暮年，壮心不已”，如今登山望海，倍感时空的无垠而人生的有限，悲从中来，纵不言传，仍可意会。唐代陈子昂的《登幽州台歌》“念天地之悠悠，独怆然而涕下”，与之相较，表现虽有隐显、曲直的差异，而二者的思想感情却很有共同之处。王世贞说：“（此篇）其辞亦有本。相如《上林》云：‘视之无端，察之无涯；日出东沼，月生西陂。’马融《广成》云：‘天地虹洞，因无端涯。大明出东，月生西陂。’扬雄《校猎》云：‘出入日月，天与地沓。’然觉扬语奇，武帝语壮。又‘月生西陂’，语有何致，而马融复袭之。”（《艺苑卮言》）如果这仅仅是为了证明孟德的诗“其辞亦有本”（固然我国古人作诗确有好用典故和讲究辞章出处的习惯），那意义是不大的。因为正如歌德所说，“我的作品中的东西都是我自己的，至于我的根据是书本还是生活，那都是一样，关键在于我是否运用得恰当”（朱光潜译《歌德谈话录》）。换言之，我们看一篇作品主要当着眼于作者是否有独特的真切感受，同时又是否恰当地将之表现出来，而不应把作品“拆成碎片，认为你从某处得来某一碎片，从另一处得来另一碎片”（朱光潜译《歌德谈话录》）。这就是我要说的第一层意思。第二，如果将这些从汉赋中搜集到的资料拿来跟这诗作比较，探索出有关宏观景物的观察和描写实渊源于前者，而在后者中显示了富于创造性的实绩，并从而具体品评其艺术构思和表现手法的高低优劣，这无疑已超出词句出处的搜求，多少涉及文学发展趋势的探讨了。中国山水诗派的形成和壮大，始终同老庄思想和隐逸生活有着密切的关系。但是，表现大自然阳刚之美又富于向上精神的佳作，不但李白、杜甫有，甚至连以隐逸和田园山水诗著称的王维、孟浩然也有。须知开这一类高唱之先声的，正是孟德的这首《观沧海》！由此可见，它不但本身写得好，而且在诗歌艺术的发展过程中，还起过一定的承先启后的作用呢。第二章《冬十月》写回师途中所见：

孟冬十月，北风徘徊。天气肃清，繁霜霏霏。鹍鸡晨鸣，鸿雁南飞。鸷鸟潜藏，熊罴窟栖。钱镈停置，农收积场。逆旅整设，以通贾商。幸甚至哉，歌以咏志。

初冬十月，北风不停地吹。天清霜繁。早上鹍鸡叫，大雁南飞。鹰隼藏起来了，熊在洞里冬眠。农具收拾好，庄稼堆满场。整修过的旅店重开张，方便过往行商。——拉杂写来，而节候、景物、时世立见，这简直是小说刻画细节的手法，能给人以身临其境之感，亦复生新别致，不宜用诗家常法衡之、常眼观之。第三章《土不同》（或作《河朔寒》）写河北的风土人情：

乡土不同，河朔隆寒。流澌浮漂，舟船行难。锥不入地，蘴藾深奥。水竭不流，冰坚可蹈。士隐者贫，勇侠轻非。心常叹怨，戚戚多悲。幸甚至哉，歌以咏志。

蘴是蔓菁，藾是蒿子。奥，积聚。《乐府正义》：“按《魏志》：田畴引军出卢龙塞，堑土堙谷，五百余里，径白檀，历平罡，登白狼，望柳城。时天寒且旱，二百里无水，军又乏食，杀马数千匹以为粮，凿地三十余丈方得水。此诗所谓‘水竭不流，冰坚可蹈’也。‘隐’，疾也。好勇疾贫，岂唯河朔气习？叹怨多悲，职为乱阶。魏武思念及此，宜其摄人心，而成白狼之功也。”余冠英先生注：“当时经过的路很长，‘流澌浮漂’和‘水竭不流’不是同一地方的景象。”均有助于理解。此纯是实录实感，质朴又甚于前章。

末章《龟虽寿》与首章《观沧海》，一抒怀一记游，题材、写法不同而俱佳，堪称组诗中的双璧。末章前已论及，故略去。

此四章都写北伐乌桓往返途中的所见所感；虽各自成章，若断若续，却从不同角度真切地反映了同一诗人在从事同一大事时的思想感情，因此仍不失其整体的一致性。王夫之说：“四篇皆题碣石，未有海语，自有海情。”非皆题石，若谓四篇皆有河朔海滨之情，则庶几近之。

《却东西门行》，以鸿雁、转蓬起兴，写征夫怀乡之情，虽主要以诗人自身军旅征战生活实感为依据，却无本事，这与前述诸篇又稍有不同。诗说：

鸿雁出塞北，乃在无人乡。举翅万余里，行止自成行。冬节食南稻，春日复北翔。田中有转蓬，随风远飘扬。长与故根绝，万岁不相当。奈何此征夫，安得去四方？戎马不解鞍，铠甲不离傍。冉冉老将至，何时反故乡？神龙藏深泉，猛兽步高冈。狐死归首丘，故乡安可忘！

《却东西门行》是相和歌瑟调曲歌辞。余冠英先生说：“乐府有《东门行》《西门行》，又有《东西门行》。《东西门行》大约是合并《东门行》和《西门行》的调子。曹操此题作《却东西门行》，后来陆机又有《顺东西门行》，‘却’和‘顺’有人以为是倒唱和顺唱之别，这些都是乐调的变化。”“去四方”，谓离去四方而还乡。“深泉”之“泉”当作“渊”，“猛兽”之“兽”当作“虎”。唐高祖名渊，唐太祖名虎。或是唐人因避讳而改。“首”，向着。“丘”，此指狐的窟穴。“狐死首丘”是古谚语，见《礼记·檀弓》：“古之人有言曰‘狐死正丘首’，仁也。”孔疏：“所以正首而向丘者，丘是狐窟穴根本之处，虽狼狈而死，意犹向此丘。”亦见《淮南子·说林》与《楚辞·哀郢》。塞北鸿雁，随阳逐食南飞，春日仍可北归。最可怜的是田里的转蓬草，只要一旦随风而去，就永远离开本根了。一衬一比，借以显示长年作战在外、戎马倥偬而不遑稍歇的战士老至难归的苦衷。“末四，谓故乡终不能忘也。却用‘神龙’三句，物各安居，死犹恋土，两层三比，然后一句拍合陡收，笔势凌厉，通首增色”（张玉穀《古诗赏析》）。诗不长而比兴五见，之所以不觉板滞，这主要是用得灵活多变化，又确有此等感触的缘故。王夫之说：“着意处皆以兴比写生。‘万岁不相当’，情真悲极。”即此意。孟德诗主观色彩大多很浓，此诗的抒情主人公却大大超出诗人本身而获得更深广的典型性，因此也更接近汉乐府民歌的精神。民歌多是“饥者歌其食，劳者歌其事”，“感于哀乐，缘事而发”，正因为如此，就为大众所喜爱、所传诵，并在流传中得到有意无意的修改而定型。这就是所谓民间口头创作。既是口头创作，自然就没有作者。不过，揆情度理，一首较复杂的民歌，开初总会有个唱出“毛坯”的人，甚至竟是无名的民间歌手或下层文士之作。此见如不全谬，那么，凭《却东西门行》内容和形式的接近民间及其抒情主人公典型性的深广，要是它在流传中佚失主名，也很有可能被当作为汉乐府民歌的。（《董逃》《满歌》是乐府古辞。胡应麟《诗薮》说：“《董逃》或作魏武。《满歌》亦魏武辞，未可知。大概气骨峻绝。”可证这种可能性确乎是存在的。）我作这样的揣测，不过想说明：一、既要认为民歌是集体的口头创作，但也不可绝对化。二、既要充分肯定曹操开始“借古乐府写时事”对发展我国现实主义诗歌传统及其表现艺术的重大意义，又要看到他仍能写出同汉乐府民歌一样思想性、艺术性高度相结合的作品来。

《短歌行》“对酒当歌”首可算得是曹集压卷之作，所以放在最后讲：

对酒当歌，人生几何？譬如朝露，去日苦多。慨当以慷，忧思难忘。何以解忧？惟有杜康。青青子衿，悠悠我心。但为君故，沉吟至今。呦呦鹿鸣，食野之苹。我有嘉宾，鼓瑟吹笙。明明如月，何时可掇？忧从中来，不可断绝。越陌度阡，枉用相存。契阔谈宴，心念旧恩。月明星稀，乌鹊南飞。绕树三匝，何枝可依？山不厌高，水不厌深。周公吐哺，天下归心。

《乐府解题》据古诗“长歌正激烈”、曹丕《燕歌行》“短歌微吟不能长”、傅玄《艳歌行》“咄来长歌续短歌”，谓“长歌”“短歌”是指歌声长短而言。曹操《短歌行》，《乐府诗集》载二首。另一首前已论述。此首从对酒当歌而感叹时光易逝发端，继写求贤若渴心情，临结尾始道出己之大志，激情回荡，一气呵成，确乎是凌云的高唱。“杜康”，相传是开始造酒的人，一说黄帝时人，一说周朝人。这里用作酒的代称。《诗经·郑风·子衿》：“青青子衿，悠悠我心。”“衿”，衣领。“子”，诗中女子指她所思念的情人。此用成句，表示对人才的思慕。《诗经·小雅·鹿鸣》首章：“呦呦鹿鸣，食野之苹（艾蒿）。我有嘉宾，鼓瑟吹笙。吹笙鼓簧，承筐是将。人之好我，示我周行。”毛苌说：“鹿得苹，呦呦然，鸣而相呼，恳诚发乎中，以兴嘉乐宾客，当有恳诚相招呼，以成礼也，吹笙而鼓簧矣。‘筐’，篚属，所以行币帛也。”郑玄笺末二句说：“‘示’当作‘寘’；寘，置也。‘周行’，周之列位也。‘好’犹‘善’也。人有以往善我者，我则置之于周之列位，言己维贤是用。”曹操亦力主“唯才是举”，这里虽只截取《鹿鸣》首章前四句，实暗含全章之意，示己渴望礼遇贤才。应劭《风俗通》引古谚：“越陌度阡，更为客主。”《韩诗外传》载周公自谓：“吾文王之子、武王之弟、成王之叔父也，又相天下。吾于天下亦不轻矣！然一沐三握发，一饭三吐哺，（起以待士）犹恐失天下之士。”陈沆《诗比兴笺》解之较切：“此诗即汉高《大风歌》思猛士之旨也。‘人生几何’发端，盖传所谓古之王者知寿命之不长，故并建圣哲，以贻后嗣。次两引《青（子）衿》《鹿鸣》二诗，一则求之不得，而沉吟忧思；一则求之既得，而笙簧酒醴。虽然，鸟则择木，木岂能择鸟？天下三分，士不北走则南驰耳，分奔吴、蜀，栖皇未定，若非吐哺折节，何以来之？山不厌土，故能成其高；海不厌水，故能成其深；王者不厌士，故天下归心。说者不察，乃谓孟德禅夺已萌，而沉吟未决，畏人讥嫌，感岁月之如流，恐进退之失据（煳案：此说摘自陈祚明《采菽堂古诗选》）。试问篇中《子衿》《鹿鸣》之诗，契阔宴谈之语，当作何解？且孟德吐握求贤之日，犹王莽谦恭下士之初，岂肯直吐鄙怀，公言篡逆者乎？其谬甚矣。”朱熹、刘履、王尧衢诸家，皆固执忠奸之辨，恶孟德之致士实为倾汉计，不异王莽，故极贱此诗。陈沆就诗论诗，持论颇公允；但将“孟德吐握求贤”与“王莽谦恭下士”相提并论，可见仍未突破传统偏见。其实当时汉室早已名存实亡，曹操的致士图强，主要不在于倾汉，而是为了统一中国。这无疑是顺历史潮流而动的，岂可厚非？此外，谢榛还认为这诗写得也不好：“魏武帝《短歌行》，全用《鹿鸣》四句，不如苏武‘鹿鸣思野草，可以喻佳宾’点化为妙。‘沉吟至今’可接‘明明如月’，何必《小雅》哉！盖以养贤自任而牢笼天下也。真西山不取此篇，当矣。及观《艺文类聚》所载魏武帝《短歌行》曰：‘对酒当歌，人生几何？譬如朝露，去日苦多。明明如月，何时可掇？忧从中来，不可断绝。月明星稀，乌鹊南飞。绕树三匝，无枝可依？山不在高，水不在深。周公吐哺，天下归心。’欧阳询去其半，尤为简当，意贯而语足也。”（《四溟诗话》）愚见以为：“简”则简矣，“当”则未必；至于所谓“意贯”“语足”，这就要看说诗人所持的标准如何了。吴淇倒能道出作者的用心：“劈首‘对酒当歌’四字，正从古诗‘今日良宴会’之‘今日’二字来。截断已过、未来，只说现前，境界更逼，时光更促，妙传‘短’字神髓，较古诗更胜。盖‘今日’二字虽妙，然一日之间未必皆对酒当歌之时也。以下三十一句诗文，皆从此四字生出。盖一厢口中饮酒，一厢耳中听歌，一厢心中凭空作想，想出这曲曲折折，絮絮叨叨，若连贯，若不连贯，纯是一片怜才意思。”（《六朝选诗定论》）就是靠“这曲曲折折，絮絮叨叨，若连贯，若不连贯”的话语，才能写出他心中“不可断绝”的“忧思”“沉吟”的神情和这“一片怜才意思”来。既然如此，那又何必将这首内容和形式结合得本来很恰“当”的作品，硬“去其半”，使它因过“简”而显得很单薄呢？文章繁好还是简好，顾炎武曾在《日知录·文章繁简》中精辟地论述说：

辞主乎达，不论其繁与简也。繁简之论兴而文亡矣。《史记》之繁处，必胜于《汉书》之简处；《新唐书》之简也，不简于事而简于文。其所以病也。……“时子因陈子而告孟子，陈子以时子之言告孟子。”此不须重见而意已明。“齐人有一妻一妾而处室者，其良人出，则必餍酒食而后反。其妻问所与饮食者，则尽富贵也。其妻告其妾曰：良人出，则必餍酒肉而后反，问及与饮食者，尽富贵也。而未尝有显者来，吾将瞯良人之所之也。”“有馈生鱼于郑子产，子产使校人畜之池。校人烹之，反命曰：始舍之圉圉焉，少则洋洋焉，悠然而逝。子产曰：得其所哉！得其所哉！校人出，曰：孰谓子产智？予既烹而食之，曰：得其所哉！得其所哉！”此必须重叠而情事乃尽，此《孟子》文章之妙；使入《新唐书》，于齐人则必曰“其妻疑而瞯之”，于子产则必曰“校人出而笑之”，两言而已矣。是故辞主乎达，不主乎简。

诗也一样，如汉乐府民歌《江南》：

江南可采莲，莲叶何田田，鱼戏莲叶间。鱼戏莲叶东，鱼戏莲叶西，鱼戏莲叶南，鱼戏莲叶北。

莲叶之东西南北，岂不就是莲叶之间吗？若主简，则后四句可删。但从艺术效果考虑，看法就可能不一样。采莲人见鱼游莲叶之间，只是总的印象。然后再四用重沓句写鱼游于莲叶的东西南北四方，这不仅写活了鱼，也将采莲人目随鱼转的神情和莲塘水清见底的幽境显现出来了。删之从简则意趣索然，存此似繁实情景兼备，那又何劳斧削呢？《短歌行》的情况也差不多，“欧阳询去其半”的做法显然是不足取的。或者以为这首诗中用成句过多不好。一般说来，这看法是不错的。但具体情况仍须具体对待。还是歌德说得好：“我的靡非斯托夫也唱了莎士比亚的一首歌。他为什么不应该唱？如果莎士比亚的歌很切题，说了应说的话，我为什么要费力来另作一首呢？”既然《短歌行》中的那些成句很切题，说了应该说的话，还带有“潜台词”（详前面的笺注），而且在实际生活中古人有诵诗喻志的习俗，那么曹操为什么不应该用？为什么要费力来另作几句呢？

粗读孟德诗一过，再看看历代诸家有关其艺术风格的评论，我觉得以敖陶孙《诗评》“魏武帝如幽燕老将，气韵沉雄”

一语最妙，而此评实从钟嵘《诗品》“曹公古直，甚有悲凉之句”的话中衍出。孙盛《异同杂语》载：“（太祖）尝问许子将：‘我何如人？’子将不答。固问之，子将曰：‘子治世之能臣，乱世之奸雄。’太祖大笑。”朱嘉徵说：“至东汉建安之乱，酷矣。魏武踵其事，挟孝献帝为共主，号令鞭笞天下，群雄靡遗，六州归心……余颇颂其歌诗所陈，未尝不悲其志、悯其劳也。……若夫闵时悼乱，歌以述志，武帝有焉。”（《乐府广序》）前一则记“能臣”“奸雄”之评，虽有微辞，却能见出孟德的雄才大略。后一则论汉末的艰难时世和孟德的霸主地位及其特殊的经历、深沉的实感，言简意赅，颇中肯綮。孟德诗歌，除了上述“如幽燕老将，气韵沉雄”“甚有悲凉之句”的特点，还有“豪迈纵横，笼罩一世”（胡应麟语）的气势。所有这些，都是同诗人的时代、地位、经历和实感密不可分的。谭元春说：“此老诗歌中有霸气，而不必其王；有菩萨气，而不必其佛。‘山不厌高，水不厌深’，‘水何澹澹，山岛竦峙’，吾即取为此老诗品。”钟惺说：“曹公心肠，较司马懿光明些，治世能臣，乱世奸雄，明明供出，读其诗知之。”又说：“英雄帝王，未必尽不读书，而其作诗之故，不尽在此。志至，而气从之，气至，而笔与舌从之，难与后世文士道。”（《古诗归》）不要嫌有些话讲得很玄，他们对孟德人品、诗品的理解还是颇有深度的，可资参考。

谈到“英雄帝王”诗的不同凡响，在评孟德诗时确也不免会触及这一问题，而且前人早已有所议论了。比如王世贞就说：“《垓下歌》，正不必以虞兮为嫌，悲壮呜咽，与《大风》各自描写帝王兴衰气象。千载而下，惟曹公‘山不厌高’‘老骥伏枥’，司马仲达‘天地开辟，日月重光’语，差可嗣响。”（《艺苑卮言》）又说：“高皇帝（指明太祖）神武天授，生目不知书，既下集庆，始厌马上，长歌短篇，操笔辄韵，有魏武乐府风。”（《艺苑卮言》）英雄的成败、王朝的兴衰，不待史诗或悲剧的渲染，本身就具有震撼人心的强大感染力。那些主宰沉浮、叱咤风云的大人物，自然会对时代潮流和历史变迁有个总体的观念而且感受深刻。因此，无论其文化修养如何，只要他们真能直抒胸臆，就有可能发出不同凡响的高唱来。同刘邦、项羽、朱元璋一样，孟德“英雄帝王”的地位和经历，对其“豪迈”“沉雄”“悲凉”诗风的形成无疑直接有关，这一点儿也不神秘，是完全可以理解的。

那么，是不是所有的“英雄帝王”都能写出雄伟悲壮的诗篇来呢？且先看潘德舆《养一斋诗话》中的这段议论：“帝王作诗，工拙皆不足计。然《庚溪诗话》极尊《大风歌》为英主气概，谓武帝《秋风辞》言固雄伟，终有感慨之语；魏武帝父子，诗虽悲壮，仍乏帝王之度；六朝以后人主，言非不工，而纤丽不逞，无足述者。亦未为无识也。乃独取唐文皇（李世民）‘昔乘匹马去，今驱万乘来’‘新丰停翠辇，谯邑驻鸣笳’‘一朝辞此去，四海遂成家’，词气壮伟，足与功烈相副，未免太过。如此六句，乃陈、隋人气格，特多填帝王门面字耳。较之魏武，犹有愧色，况汉高哉！文皇诗大率未脱文士气，此亦风会使然，不必苛绳者。而谓其高出魏、晋，则非矣。”这里面颇有可商榷之处。比如：能否以所谓“帝王之度”作为评价“英雄帝王”之诗的唯一标准？“魏武帝父子”的诗歌各具特色岂可笼统而言？等等即是。为了不过于枝蔓，且单就对唐太宗诗歌的评价谈一点粗浅的看法。太宗的武功文治在我国历代帝王中是罕有其匹的。以其阅历、胸襟、才学，如果他真有所感而想作诗，按说总会写出一些同诗人本身相称的杰作来的。二十三年前我开始通读《全唐诗》，开卷就是太宗诗，谁知读后很失望。因为既没有发现一首通篇雄健的作品，就是摘出的一些较好的句子，除“昔乘匹马去，今驱万乘来”稍微有点气派（至于“新丰”“一朝”

二联，虽有点气派，诗却不佳），其余如“雕弓写明月，骏马疑流电”“萍间日彩乱”“长烟散初碧”“晚雪间花梅”等，皆不离秀士口吻，放在名家集中也难称警策。失望之余，当时曾在卷末加评语说：“欲寻乐有所顾忌，句雕琢而少真趣。斯人似应有好作，惜为宫体所拘束。”“唐兴，诗人承陈、隋风流，浮靡相矜”，而“高祖、太宗，大难始夷，沿江左余风，绨句绘章，揣合低卬”（《新唐书·文艺列传》）。这又怎能教太宗这位真正的“英主”写出“词气壮伟，足与功烈相副”的诗篇来呢？看起来，还是潘德舆认为太宗的诗不及魏武更赶不上汉高的评价正确。其实，王世贞早就明快地表示了同样的看法：“唐文皇手定中原，笼盖一世，而诗语殊无丈夫气，习使之也。……可谓远逊汉武，近输曹公。”通过这番比较，目的在说明曹操之所以能写出雄伟悲壮的诗篇，不光因为他是个“英雄帝王”，还幸亏当时并不存在任何浮艳萎靡的文风有可能给予他以不良影响，而且更取决于他生性横放又最富创新精神。

鲁迅曾在《魏晋风度及文章与药及酒之关系》中说道：

总括起来，我们可以说汉末魏初的文章是清峻，通脱。在曹操本身，也是一个改造文章的祖师，可惜他的文章传的很少。他胆子很大，文章从通脱得力不少，做文章时又没有顾忌，想写的便写出来。

这里讲的是文章，他的诗又何尝不是这样呢？“清峻”“通脱”就是孟德当时的文风，“胆子很大”“没有顾忌”就是孟德本身的生性。而唐太宗在主客观两方面恰好不具备这样的条件，这就无怪他写出的诗句要“近输曹公”了。

《文心雕龙·时序》说：

自献帝播迁，文学蓬转，建安之末，区宇方辑。魏武以相王之尊，雅爱诗章；文帝以副君之重，妙善辞赋；陈思以公子之豪，下笔琳琅：并体貌英逸，故俊才云蒸。仲宣委质于汉南，孔璋归命于河北，伟长从宦于青土，公幹徇质于海隅，德琏综其斐然之思，元瑜展其翩翩之乐，文蔚、休伯之俦，于叔、德祖之侣，傲雅觞豆之前，雍容衽席之上，洒笔以成酣歌，和墨以借谈笑，观其时文，雅好慷慨，良由世积乱离，风衰俗怨，并志深而笔长，故梗概而多气也。

确如刘勰所说：一、曹氏父子的政治地位和文学成就都很高。由于他们的爱好和提倡，无疑有助于当时文士的结集和创作的繁荣。二、三曹诸子，风格各异，但都“慷慨”于“乱离”，“志深”而“多气”，这就自然而然地形成了既有执着的现实主义精神，又富于强烈的浪漫主义情调的共同时代特色。后世反对颓靡文风多标榜“建安风骨”，这“建安风骨”显然与这共同时代特色分不开。曹氏父子之于建安文学的兴盛、建安文学之于后世文学的发展既有如此重大的影响，那么，对于当时作为政治上、文学上创业人的曹操以及他那最富“建安风骨”的诗篇，理应受到应有的重视和高度的评价。钟嵘著《诗品》，分上、中、下三品诠次五言诗作者。他推崇“建安风力”；说“曹公古直，甚有悲凉之句”，在他不无贬义，倒也一语破的。但将曹操置于下品，显系出于他重“词采”的偏见，因而引起后人的不少议论和不平。比如王世贞就说：“魏文不列乎上，曹公屈第乎下，尤为不公。”（《艺苑卮言》）王士禛认为《诗品》的三品诠次多有不当，还提出过更正的意见：“上品之陆机、潘岳，宜在中品；中品之刘琨、郭璞、陶潜、鲍照、谢朓、江淹，下品之魏武，宜在上品。”（《渔洋诗话》）我比较同意这些意见，但觉得也不必为此过于感到遗憾。因为钟嵘早已声明：

“预此宗流者，便称才子。至斯三品升降，差非定制，方申变裁，请寄知者耳。”（《诗品·总论》）他本人也并不认为这排列是绝对正确的，是铁定了的。许学夷说：“今或推曹公而劣子桓兄弟者，盖钟嵘兼文质，而后人专气格也。”（《诗源辩体》）这话很通情达理。不同时代、不同人的观点和评价标准不尽相同。既然古人已经是那样想、那样写了，我们不是也可以照样写我们所想的吗？于是我就写了这篇聊陈管窥蠡测之见的拙文。

（原载《中国古典文学论丛》第五辑，人民文学出版社1987年版；收入《论诗杂著》，北京大学出版社1989年版）

关于曹操游仙诗的评价

◎农作丰

学术界关于曹操游仙诗的评价有两种截然不同的观点：一是认为曹操并不相信神仙，其游仙诗中的求仙便是求贤，在精神实质上表现了曹操"希望国家得到统一的理想，抒写访求贤才的意愿，以及那种强烈的'壮心不已'的事业心，只是在艺术上表现得更为复杂、更为曲折罢了"①。另一种观点则认为：曹操晚年思想由不信神仙转变为相信神仙，游仙诗的思想也由求仙与求贤的冲突发展为虚无缥缈的神仙世界，"曹操的游仙诗最终的归宿是个人的长生及子孙的福禄，这些是不会引起读者的审美积极性的，诗歌的生命随着诗人生命的完结也就终结了"②。对此，本文拟从曹操对神仙方术的思想态度和曹操游仙诗的寄托特点两方面进行论述，以就教于海内外方家。

一

曹操对神仙方术的思想态度是我们首先讨论的问题，而曹操是否"晚年转而相信神仙"是我们着重讨论的问题的关键。

① 陈飞之《曹操的游仙诗》，《学术月刊》1980年第5期；又见陈飞之《三曹诗论集》，广西师范大学出版社1989年版。

② 张士骢《是求仙还是求贤——评曹操的游仙诗》，《中国人民大学学报》1988年第4期。

曹操早期是不相信神仙方术的，这是学术界公认的事实。曹操不仅说过“性不信天命之事”（《让县自明本志令》），“痛哉世人，见欺神仙”（《善哉行》残句），表现了对神仙方术蒙骗世人的强烈愤慨，而且在具体行动上对神仙方士禁止和镇压。曹操30岁任济南相时“禁断淫祀”，“除奸邪鬼神之事”[①]。建安四年曹操派兵镇压黑山农民起义军，抓获了当时号称“神人”的宋金生，“辄行军法”处死（《掩获宋金生表》）。另一方面，曹操又广招天下神仙方术之士，笼络收买，禁止他们与农民起义军结合起来，避免神仙方术思想被农民起义军所利用。如当时汉中五斗米教领袖张鲁，就被曹操将还中国，“待以客礼”，加官封侯[②]。张华《博物志》中就载有曹操招致的16个方士。曹植在《辩道论》中很清楚地说明了乃父招致神仙方士的目的：“世有方士，吾王悉所招致。甘陵有甘始，庐江有左慈，阳城有郄俭。始能行气导引，慈晓房中之术，俭善辟谷，悉号数百岁。本所以集之于魏国者，诚恐此人之徒，接奸诡以欺众，行妖恶以惑民，故聚而禁之也。岂复欲观神仙于瀛洲，求安期于海边，释金辂而顾云舆，弃文骥而羡飞龙哉？自家王与太子及余兄弟，咸以为调笑，不信之矣。”[③]

曹操于建安二十一年（216）五月为魏王，曹丕于建安二十二年（217）十月立为太子，由文中“自家王与太子”句可知，曹植《辩道论》应写于建安二十二年十月以后，亦可证明建安二十二年十月之前曹氏父子并不相信神仙方术之说。那么，此后到建安二十五年（220）正月曹操病死共两年两月的时间里，曹操真的由不信神仙转为相信神仙了吗？关于曹操晚年是否相信神仙思想和长生不死的问题，曹操临终前所下的《遗令》最能说明他的看

① 《三国志·魏书·武帝纪》“光和末”文及裴注引《魏书》。

② 参见《三国志·张鲁传》。

③ 赵幼文《曹植集校注》，人民文学出版社1984年版，第186页。

法："吾死之后，持大服如存时，勿遗。……敛以时服，葬于邺之西冈上，与西门豹祠相近，无藏金玉珍宝。"《三国志·魏书·武帝纪》"建安二十五年"裴松之注引《魏书》称："（太祖）雅性节俭，不好华丽。""常以送终之制，袭称之数，繁而无益，俗又过之，故预自制终亡衣服，四箧而已。"由此可见曹操对生死问题不仅有清醒的认识，而且在他生命的最后时刻，对自己的身后之事都预先有所安排，从容不迫，顾及打破习俗，注意节俭的影响，丝毫不相信自己或别人会长生不死，而是清醒意识到死期的临近，为自身"预自制终亡衣服"。同时，曹操晚年采取了一系列重要政治措施，以巩固曹氏集团的统治地位，如建安二十二年四月的置天子旌旗，出入警戒清道，十月的立曹丕为太子等，都是为了确保自己死后曹氏集团继续统治，进而谋取天下的有力措施。这正是曹操晚年对自己的即将死亡有清醒认识而采取的政治行动，也是对曹操晚年相信长生不死的成仙思想的有力否定。

我们来讨论一下有些学者得出曹操晚年相信神仙结论所持的主要论据：一是葛洪《抱朴子·内篇·论仙》所引的曹植《释疑论》的一段话；二是曹操《与皇甫隆令》中的夫子自道。葛洪《抱朴子·内篇·论仙》引曹植《释疑论》云："初谓道术，直呼愚民诈伪空言定矣！及见武皇帝试闭左慈等，令断谷近一月，而颜色不减，气力自若，常云可五十年不食。正尔，复何疑哉？……乃知天下之事，不可尽知，而以臆断之，不可任也。但恨不能绝声色，专心以学长生之道耳。"由此葛洪认为："彼二曹，学则无书不览，才则一代之英，然初皆谓无，而晚年乃有，穷理尽性，其叹息如此。"有些学者把"彼二曹"理解为曹操和曹植，并以之作为曹操和曹植由不信神仙转为相信神仙的重要根据，这是一个大误解。这些学者忽略了葛洪在引曹植《释疑论》前有关曹丕的一段记载，因而张冠李戴地把"彼二曹"所指的曹丕和曹植误解为曹操和曹植。关于这点，陈飞之先生在《再论曹植的游仙诗》①一文中进行了详细辨正。需要我们着重讨论的是第二个论据，即曹操在《与皇甫隆令》中的自我表白："闻卿年出百岁，而体力不衰，耳目聪明，颜色和悦，此盛事也。所服食施行导引，可得闻乎？若有可传，想可密示封内。"

这里我们看不到曹操任何相信神仙的痕迹，如果一定要找出"嫌疑"的话，充其量是"所服食施行导引"一句。其实，曹操这里所谓的"服食"，与其说是神仙道术的仙丹，毋宁说是人间的长寿秘方，因为在曹操看来，皇甫隆是个善养生的长寿老者而不是神仙，曹操索求的只是皇甫隆的长寿秘方而已。至于"施行导引"，则是一种结合呼吸吐纳的养生健身操，早在曹操之前就有人以之来达到强身健体的目的。《黄帝内经》就把导引列为主要养生手段之一，如《灵枢·病传》篇云："余受九针于夫子，而私览于诸方，或有导引、行气、跷摩、灸熨、刺焫、饮药之一者。"到秦汉时期，我国已出现了有关导引方面的专门著作，如《汉书·艺文志》载有《黄帝杂子步引》十二卷。1973年长沙马王堆三号汉墓出土的《导引图》，更给我们提供了具体翔实的导引术史料。与曹操同时的名医华佗曾对弟子吴普说："人体欲得劳动，但不当使极耳。动摇则谷气得消，血脉流通，病不得生，譬犹户枢终不朽也。是以古之仙者为导引之事，熊经鸱顾，引挽腰体，动诸关节，以求难老。吾有一术，名五禽之戏：一曰虎，二曰鹿，三曰熊，四曰猿，五曰鸟。亦以除疾，兼利蹄足，以当导引。"（《后汉书·方术列传·华佗传》）由上所引可得出关于导引的两个认识：其一，古人常把长寿老者誉为"仙者"，而导引术能使人健身强体，使人长寿，故常被人夸张为"长生不老术"。其二，古人把导引术当作养生强身术的一

① 陈飞之《再论曹植的游仙诗》，《广西师范大学学报》1991年第2期。

种，名医华佗就把自己的五禽戏当作一种导引术，因而导引并不存在任何相信神仙的成分。

其实，有关曹操好养生求长寿的历史记载远非如上所引。《三国志·魏书·武帝纪》裴注引张华《博物志》云：“（曹操）又好养性法，亦解方药，招引方术之士，庐江左慈，谯郡华佗，甘陵甘始，阳城郄俭，无不毕至。”张华所谓曹操“好养性”而招引方术之士的看法是不正确的。曹操完全是出于政治上的考虑而招引方士的，“聚而禁之”，为的是禁止他们蛊惑人心，扰乱社会治安。但我们还可以发现，名医华佗也被列入这些方士之中，说明了当时这些方士方术中也掺杂着一些合理的科学成分。方术中的“引气”“辟谷”等，都是以气功和一定体操活动来达到强身增寿的方式，与迷信的神仙术有严格区别。因此，曹操在与这些方士的长期相处和交往中，接受了方士们合理的养生术是有可能的。

要判断曹操晚年是否相信神仙，最好的办法莫过于从他诗文中寻找根据。翻开他的诗集，我们看到的只是“老骥伏枥，志在千里。烈士暮年，壮心不已”（《步出夏门行》）的积极进取的精神；我们看到的只是“青青子衿，悠悠我心。但为君故，沉吟至今”（《短歌行》）的求贤若渴的心理；我们看到的只是“於铄贤圣，总统邦域”（《度关山》）的统一天下的抱负。即便是那些游仙诗，我们看到的也只是“造化之陶物，莫不有终期”（《精列》），对人的生死持有的清醒态度；我们看到的也只是“世言伯阳，殊不知老。赤松王乔，亦云得道。得之未闻，庶以寿考”（《秋胡行》），对神仙之道持有的理性认识；我们看到的也只是“不戚年往，忧世不治”（《秋胡行》）的心系天下的高远情志。综观整个曹操的诗文，可以一言以蔽之曰：不迷信神仙思想。

二

曹操游仙诗的寄托及其特点是什么呢？在讨论曹操游仙诗前，先对中国古代游仙诗的思维模式和抒怀本质有所了解将有助于启发我们对曹操游仙诗的深入理解。

那篇被清人朱乾称为“后世游仙诗之祖”[①]的《楚辞·远游》，便是一篇借游仙以抒情的作品。王逸《楚辞章句·远游第五》精辟指出：“屈原履方直之行，不容于世，上为谗佞所谮毁，下为俗人所困极，章皇山泽，无所告诉，乃深惟元一，修执恬漠，思欲济世，则意中愤然，文采铺发，遂叙妙思，托配仙人，与俱游戏，周历天地，无所不到，然犹怀念楚国。”《远游》是否为屈原所作姑且不论，但其开创的借游仙以抒怀言志的创作模式对后代游仙诗创作有深远影响则是无可置疑的事实。因此，钟嵘《诗品》所说的“游仙之作，辞多慷慨，乖远玄宗……乃是坎壈咏怀，非列仙之趣也。”既是对郭璞游仙诗的评论，也是对中国古代游仙诗借游仙以抒怀言志创作模式的概括总结。

曹操游仙诗无疑继承了《楚辞·远游》所开创的借游仙以抒怀言志的传统模式。诗人常通过飘忽的仙境表现出统一中国的理想抱负，通过求仙表现求贤，同时也通过美好仙境的难求抒发了理想抱负难以实现所带来的矛盾悲凉的心理。清人陈祚明评《秋胡行》二首云：“疑畏之念，既阻于中怀；性命之理，未达于究竟。游仙远想，实系思心。”[②]清人朱嘉徵亦云：“《秋胡行》歌‘晨上’，思治也。武帝有大一统之志，尔时三分之业已定，自苦年力不逮，是其遗恨。读‘去去不可追，长恨相牵攀’‘爱时进趣，将以惠谁’，寄托益远矣！”[③]可谓洞察曹操游仙诗所

① 朱乾《乐府正义》卷十二。

② 陈祚明《采菽堂古诗选》卷五。

③ 黄节《魏武帝魏文帝诗注》，人民文学出版社 1958 年版。

寄托的精辟之论。然而，曹操既被鲁迅先生称为“改造文章的祖师”[①]，其游仙诗在继承借游仙以抒情的传统模式基础上，还有新的创造和发展。曹操在游仙诗中所表现出的补偿意识和自我仙人意识，便是这一创造和发展的体现。这里我们从游仙诗的情感变化特点和时空意识特点两个角度，对曹操游仙诗的托情言志特点进行探索。

首先，我们看看曹操游仙诗中对神仙的情感变化特点。这种变化过程往往有如下的四部曲：先是表达诗人对仙境的向往，再是通过幻想漫游仙境，接着转而批判神仙之虚无，最后归结到对人生现实的进取态度。如《秋胡行》二首其一，先写诗人“晨上散关山，此道当何难！牛顿不起，车堕谷间”。艰难迷烦之际幻想见到了神仙，“有何三老公，卒来我身旁。负掩被裘，似非恒人”。接着写诗人与仙人们的交往，仙人们问诗人：“谓卿云何困苦以自怨？徨徨所欲，来到此间？”并向诗人展示了仙境的美妙。再接着写由于诗人“沉吟不决”，仙人升天远去，“去去不可追，常恨相牵攀”，说明诗人清醒认识到自己不能摆脱人间的功业去追求虚无缥缈的神仙生活。最后转回到现实人间，“正而不谲，辞赋依因。经传所过，西来所传”。诗人希望能像齐桓公一样，有宁戚这样的贤才为他所用，以完成自己的统一大业。黄节注此诗云：“此诗作于二十年三月，盖有求贤之意。”[②]虽然把此诗系于建安二十年三月尚有可商榷之处，但认为此诗有求贤之意是极富见地的。据《三国志·魏书·武帝纪》和《资治通鉴》卷六十七载，曹操于建安二十年三月西征张鲁，四月到达散

① 鲁迅《而已集·魏晋风度及文章与药及酒之关系》。

② 黄节《魏武帝魏文帝诗注》，人民文学出版社 1958 年版。

关[1]。曹操“登高必赋”[2]，“鞍马间为文，往往横槊赋诗”[3]，登上散关时想起当时三国鼎立已成，统一天下的艰难，于是通过游仙的方式寄托自己统一天下的抱负和求贤若渴的心理。

在《秋胡行》其二中，诗人对神仙的感情和态度的变化特点与第一首同：“愿登泰华山，神人共远游”（向往仙境）——“飘飖八极，与神人俱”（漫游仙境）——“世言伯阳，殊不知老；赤松王乔，亦云得道。得之未闻，庶以寿考”（批判神仙之虚无）——“不戚年往，忧世不治”（追求现实人生的价值）。此外，《陌上桑》中诗人虽“绝人事，游浑元。若疾风游欻飘翩”，但最终仍“寿如南山不忘愆”，念念不忘自己的人间过失。《精列》中诗人先抒写“思想昆仑居”“志意在蓬莱”，表现了对仙境的向往，但最后又归结到“年之暮奈何，时过时来微”，珍惜剩下的时光，以完成未竟之业。可见曹操对待神仙从来没有沉醉迷恋，而是有着清醒的认识。借游仙来抒怀言志，在幻想的仙境中寄托自己的理想抱负，现实人生的缺憾和不足得到了想象中的补偿——被时空束缚的人生在仙境中得到超脱，未竟之统一大业在幻想中得到完成。曹操游仙诗对人生缺憾的补偿意识，正是曹操追求完美的人生理想，迫切希望完成自己统一天下大业的心理体现，当然也表现了诗人因时不我待而生发的矛盾悲凉的心理。

其次我们从曹操游仙诗的时空意识特点进行探索。人都生活在一定的时间和空间里，摆脱时空的束缚，在时间上达到永恒，在空间上获得自由，是人们的共同愿望心理。求仙游仙正是

① 《三国志·魏书·武帝纪》载：“建安二十年三月，公西征张鲁，至陈仓。夏四月，公自陈仓以出散关。”《资治通鉴》卷六十七载：“（二十年）三月魏公操自将击张鲁……夏四月，操自陈仓出散关，至河池。”

② 王沈语，见《三国志·魏书·武帝纪》裴注引《魏书》。

③ 元稹《唐故工部员外郎杜君墓系铭并序》，《元氏长庆集》卷五十六。

人们这一共同愿望心理的一个体现。不同的人生观和价值观使人们对神仙采取不同的态度：或相信神仙之实有，一心一意虔诚求之，陷入沉醉迷恋的状态；或批判神仙之虚无，转而对人生采取积极进取的态度，从现实追求中求得人生价值的永恒。曹操无疑是属于后者的。

在时间意识方面，人生是一个时间不断直线运行的过程。面对时间，人们要么觉得时间的运行与自己的人生方向相反，每一分时间的逝去都增添一分人生的惋惜和伤感；要么觉得时间的运行与自己的人生方向一致，因而紧紧抓住现在的分分秒秒积极进取和创造。曹操的人生时间观非常客观清醒，“造化之陶物，莫不有终期”（《精列》），“天地何长久！人道居之短”“壮盛智慧，殊不再来”（《秋胡行》），这简直是一种痛苦的清醒。但重要的是曹操在这种痛苦清醒的认识中对人生采取的态度，“不戚年往，忧世不治”“爱时进趣，将以惠谁”，丝毫没有及时行乐的思想，而是充满了积极进取的精神，力争在固定的时间长度里创造出最大的人生价值，紧迫之中又有脚踏实地的感觉。曹操又经常借游仙把追求长寿、延长生命长度的愿望夸张为“长寿万年”的追求，而这种追求和人生现实的牵累构成了矛盾，因此呈现出“常恨相牵攀”（《秋胡行》）的悲凉情调。

在空间意识方面，诗人通过游仙筑构起特殊的空间世界，寄托了统一四海的博大胸襟和抱负。突出的表现便是《气出唱》三首。这是一组宴会上演唱的乐府组诗，有的学者认为其内容“完全以求仙、服药、长生为轴心，社会人生因素只稀释成‘解愁腹’中的一个空空洞洞的‘愁’字，再也找不到‘忧世不治’之情了”[1]。但其内容并非如此。如果我们把组诗所描写的仙境组成

① 张士骢《是求仙还是求贤——评曹操的游仙诗》，《中国人民大学学报》1988年第4期。

一个完整的空间系统，是不难看出曹操所寄托的情怀的。

组诗的第一首开头："行四海外，路下之八邦"等诗句可视为全组诗的序诗，起着总领组诗的作用。接着写诗人"东到泰山""东到蓬莱山""东到海，与天连"，诗人"上至天之门"，与东方众仙往还漫游。诗人之所以有"愁腹"，是因为"愿得神之人"，有迫切的希望和追求的缘故。第二首"华山阴，自以为大"写西方神仙世界，这里诗人不再仅仅有所希望和追求，而是与华山、昆仑山的众位西方神仙共相饮乐："酒与歌戏，今日相乐诚为乐。玉女起，起舞移数时。鼓吹一何嘈嘈！""乐共饮食到黄昏"，整首诗充满了其乐融融的气氛。第三首"游君山，甚为真"转写南方神仙世界，由于诗人的"甚为真"，因此"东西厢，客满堂"，各方神仙与诗人聚集南方君山共同宴饮欢乐。张华《博物志》云："君山上有美酒数斗，得饮者不死。"与仙人共饮君山酒，说明了曹操对长寿的向往和追求，但我们更应看到这些仙人都有"长寿"和"子孙"，说明仙人是凡人的化身。"常愿主人增年，与天相守"，主客之间的良好祝愿说明了他们心心相印的关系。这里我们还必须注意没有正面描写的北方仙界，曹操是以北方神仙自居的，从而筑构起了完整的四方神仙系统。这种借游仙把四方集于胸中的做法，有深刻的寓意和寄托。在中国传统的空间意识中，东南西北四方向来有天下的含义，《诗经·大雅·文王有声》云："四方攸同，皇王维辟。"可见曹操集四方仙界于胸中正是体现了经略天下席卷宇内的雄心。而在四方仙界中，诗人以北方神仙主人自居，坐北朝南的空间方位，正是《周易·说卦》所谓的"圣人南面而听天下"的象征。有学者在评论这一组诗时说："（诗人）以北方主人自居，邀请泰山、华山和君山等东、西、南三方的仙人聚会，正好体现了他那种要求统一的浪漫遐想。因此《气出唱》这一组求仙诗，实质上就是求贤诗的曲折反映。”[1]确是一语破的之论。诗人以北方主人自居，体现了强烈的自我仙人意识，也体现了诗人统一天下的理想和愿望，这与诗人“经纬四极”“志在千里”的精神是一致的。

《气出唱》三首的其二和其三的结尾，写到了主客之间的祝愿：“万岁长，宜子孙”“常乐甫始宜子孙，常愿主人增年，与天相守”。有的学者认为这是追求“个人的长生及子孙的福禄”，“不会引起读者的审美积极性”，这一看法是因为忽视了诗歌描写的饮宴情景所致，而饮宴中的互相祝愿乃正常之举，不必拘泥理解。我们为什么不能从这些祝愿中看到诗人虽游仙却不能脱离人间尘世的特点呢?

曹操游仙诗所体现的补偿意识和自我仙人意识，都是他理想抱负和人生追求的曲折体现。这与曹操名为一人之下实则君临天下的身份相一致，与建安时代社会乱离，人的自我意识觉醒，人们更为大胆积极地求取人生价值的心态相一致。曹操游仙诗中的理想抱负和人生价值的追求，是统一于他朴素的唯物观和实践观的基础上的。

综上所论，我们对曹操游仙诗有如下两方面的认识。其一，曹操是中国诗歌史上第一位有意识创作游仙诗的诗人，清醒的理性认识和远大的理想抱负，使曹操把游仙诗由长生避世转变为抒写个人情志的方式。曹操所处的时代，促使他对人的生命意识和价值有新的认识和追求。游仙诗中所表现的统一天下功业的追求，对人的生命价值密度和长度的追求，构成了曹操诗歌的慷慨之气。由于主客观条件的制约，这种追求实际上的不可能实现，则构成了曹操悲凉的心态和悲凉的诗风，而这种清醒理性的

① 陈飞之《曹操的游仙诗》，《学术月刊》1980 年第 5 期。又见陈飞之《三曹诗论集》，广西师范大学出版社 1989 年版。

悲凉正是建安“悲凉慷慨”诗风的重要构成部分，也是至为感人的深沉部分。

其二，曹操以其丰富的想象描绘了极富个性的神仙境界，筑构起独特的抒情言志空间。“骖驾六龙，饮玉浆。河水尽，不东流，解愁腹！”（《气出唱》）“食芝英，饮醴泉，拄杖桂枝，佩秋兰。”（《陌上桑》）“名山历观，遨游八极，枕石漱流饮泉。”（《秋胡行》）这些诗句不仅形象具体鲜明，而且极富诗人个性，看似远离尘世的仙境，实则洋溢着诗人的豪迈之气。此前，仙境只是世间凡人向往的彼岸世界，如秦汉时代“王子乔”“仙人骑白鹿”等方士诗的仙境。此后，仙境便成了诗人们驰骋想象、寄托情怀的独特空间世界。曹操游仙诗中寄托情怀所采用的象征、比拟、空间筑构等艺术表现手法，对后世游仙诗产生了深远影响。

（原载《广西师范大学学报》1993年第1期）

略论曹操诗歌的悲壮美

◎燕世超

开建安文学之风的曹操给后人留下二十多首乐府诗，数量不算多，但内容极为丰富。笔者认为，如果从哲学美学的角度对曹操诗歌（以下简称曹诗）作整体把握，不难看出，曹诗的感人魅力，主要在于处处折射出悲壮美。

曹诗普遍笼罩着对人生与社会的忧患意识，权称为悲；而曹操又绝不是那种感时伤今的诗人，他终生都在与命运和社会抗争，其诗也屡屡表现出对人生的达观和整治山河的雄伟抱负，谓之为壮。因而，悲壮之气构成曹诗的基调，形成曹诗独特的艺术美。

个体生命只有一次，且每个人无论寿命多长，在整个宇宙发展的长河中都显得微不足道。屈原的《离骚》就曾发出强烈的感慨："日月忽其不淹兮，春与秋其代序。"他希望"吾令羲和弭节兮，望崦嵫而勿迫"。然而，这毕竟仅是诗人的一厢情愿而已。人生苦短，《离骚》开了这一主题的先河。曹操对此感慨更强烈，且转入深沉的思考中。"对酒当歌，人生几何？譬如朝露，去日苦多"之所以成为千古名句，就因为它道出了人类个体对时光易逝、人生易老的普遍感伤。

自然规律既然与人类求生的愿望相悖，是徒然感伤、哀叹，还是积极与命运抗争呢？曹操无疑属于后者，其方法可分以下几个方面：一是要达观人生。万物有生有死，既然圣贤也不例外，经常忧心忡忡又有什么必要呢？“圣贤不能免，何为怀此忧？”（《精列》）过度忧虑它，只能被传为笑柄。（“存亡有命，虑之为蚩”。《秋胡行》其二）二是通过保养身体，尽量延长寿命。“养怡之福，可得永年。”（《龟虽寿》）三是及时行乐。既然人生短促，应该及时享受它，只有酒才能缓解对生命的殷殷愁思，暂时忘却内心的烦恼（《短歌行》）。曹操经常召集部下宴饮，史载其姬妾有二十多个，看来，美色也是曹操消遣人生的一个方面。

然而，达观总要有所寄托，保养身体对生命的延长总是有限的，行乐之后就像大梦醒来，忧思更浓。于是，他步秦皇、汉武的后尘，走上了幻想成神升仙的道路；游仙诗几乎占了他全部诗作的1/3。他幻想能脱离尘世，与仙人共享人间所没有的富贵荣华，更重要的，是“万岁为期”，与天同寿。

即令能够羽化升仙，又该如何？“泛泛放逸，亦同何为！”（《秋胡行》其二）曹操晚年对此作了断然否定。与神人幻游之后，他终究回到现实的大地上。对过去的时光不必徒然感伤，要使生命得以无限延伸，又要让生命闪光，只有通过建功立业被及后世。（“不戚年往，忧世不治。”《秋胡行》其二）一个人个体生命是有限的，可人类一旦产生，作为类的生命总体则是可以无限伸延的。一个伟大的生命的消失，意味着它已融汇于无限的人类生活中。在人类发展史上，它留下了自己的痕迹，后来社会发展的每一步，都将或多或少、直接或间接地受其影响。至此，曹操在人类永恒的悲剧中，终于得到了相对的解脱：他要通过建立不世之功来和那如朝露般短促的命运抗争，他对统一祖国的贡献、对后世的巨大影响使他的生命走向永恒。

马克·吐温在描写了绝大多数人生前命运之艰辛后，曾这样描述他们身后的不幸：他们在这个世界上将不会留下任何痕迹。他们的亲人可能会为其哀悼一日，然而，这个世界将会永远把他们忘却。曹操正好与此相反，他在那首著名的《短歌行》中，高扬着生命的主体意识，讴歌祖国的统一事业，就像高山、大海一样任你攀登、驰骋，而生命也就像高山、大海一样与天地永寿。

于是，同命运的抗争转化为同社会的抗争，生命的永存寄托在事业的成功上。

青年曹操自陈留起兵，就开始了几十年戎马征战的军事生涯，直到生命结束。《苦寒行》以亲身经历描述了北征行军之难：北风呼啸，雨雪交加；羊肠山道，野兽出没；水深桥断，车轮损坏；人马同饥，夜宿无所；简直是身临绝境。南下行军亦苦：如赤壁之役，士兵徒步千里，不习水战，水土不服，疾病流行，都是兵败的重要原因。《却东西门行》以极大的同情描写了士兵万里行军，南北转战，身如转蓬，老不能归，连塞北大雁都不如的苦境。这首诗很容易使人联想到《古诗十九首》中的“十五从军征，八十始得归”。前者写士兵征战生涯，后者写士兵回归故里后的见闻。故乡是士兵的生命之根，是全部生活的寄托，而曹操的生命之根和全部生活的寄托乃在于赶快结束这苦难的时代，早日成就统一大业。虽然一为士兵，一为统帅，身份迥异，可在人生的这个基本点上，二者产生了强烈的心理感应。

曹操一生大小战斗凡千百次，讨董卓，破袁绍，平袁术，战吕布，败马超……扫除了一个个劲敌，晚年统一了中原，三分天下而有其二。接着，他雄心勃勃，挥麾南下，要与孙权“会猎于吴”。可赤壁一役使魏元气大伤，三国鼎立之势已成，曹操倍觉人生短暂，光阴如梭。（“年之暮奈何，时过时来微。”《精列》）他实现统一大业的愿望与自然规律发生了严重的碰撞，折射出悲壮的火花。这种忧虑长久地困扰着他，越到晚年越是强烈。（“忧从中来，不可断绝。”《短歌行》）它来自对人生的深切体验，也是他“爱时进趣”的动力。

为了加速统一步伐，曹操在丞相任上时，对台阁制度进行了重大改革——移内廷台阁于外朝。皇权的削弱，中央政府权力的增强，使曹操集军政大权于一身，成了中原地带实际上的统治者。在长期的军事与政治斗争中，曹操深感人才难得。为此，他竭力网罗天下人才，并在选官制度上颁布了求才三令，明确规定唯才是举，不以出身、人品，只以才能大小来选拔将、官。量才而用，奖惩分明，使曹操手下谋臣如云、武将千员。为了实现统一大业，他实行屯田制，招抚流亡，赈济灾民，抑制土地兼并，奖励耕战。这些经济政策的实施，使中原一带很快富强起来，为曹操军事上的成功奠定了雄厚的物质基础。曹操在政治、经济方面的一系列革新，对当时的社会产生了重大影响，清楚地打下了他在中国历史上的印痕。

曹操的一生是同社会抗争的一生，并且取得了巨大的成功，他在有限的生命中做出了无限辉煌的事业。我们认为，曹诗悲壮美产生的原因，首先就是生命本体那种蓬勃向上、积极进取的精神。面对作为主体的个人与人生命运搏斗后注定灭亡的厄运，曹操的可贵之处在于明知不可为而为之。生命的原动力使曹诗充满活力和激情。向命运挑战，向不可一世的恶势力挑战，向社会和大自然挑战，曹诗表现了人类征服自然、征服社会、实现自身价值的最崇高的愿望。诗人暮年的力作《龟虽寿》，非但没有沉溺于生命个体面临死亡的巨大悲哀中，且仍然壮心不已，希图驰骋千里之志。这是何等豪迈激越的情感！《晋书·王敦传》云："每酒后，辄咏魏武歌曰：'老骥伏枥，志在千里。烈士暮年，壮心不已。'以如意打唾壶为节，壶边尽缺。"清代陈祚明《采菽堂古诗选》卷五云："《龟虽寿》名言激昂，千秋使人慷慨。"这首诗之所以成为千古绝唱，就在于它道出了人类追求生命本体发展、企图通过征服一切来实现自身价值，甚而与自然法则相抗衡的求生力量。这是最灿烂、最恢宏的悲壮的火花！

曹诗悲壮美产生的原因还在于生命本体与宇宙客体形成的物我同一的意境。这方面的代表作当推《观沧海》。清人朱嘉徵《乐府广序》云："《观沧海》自序其功德之大也，山不厌高，水不厌深，此志也夫。"诗人当年力排众议，东征乌丸，用了大半年时间，大获全胜后挥鞭临海，写下了这气吞环宇的诗篇。已是深秋的自然景物显得如此生机勃勃，波涛浩渺的大海囊括日月星辰，宇宙之博大，显出诗人胸襟之宽广，志向之高远，事业之壮观，纵使东坡学士的"大江东去"也莫与之竞。笔者认为，在中国诗史上，如此通篇情景交融、物我同一，且如此气势恢宏的诗篇堪称"前无古人，后无来者"。人类和宇宙相比是十分渺小的，对宇宙的征服永远是有限的，可人类前进的脚步也是无休止的，这是因为人类征服宇宙的愿望、蓬勃进取的精神是无法泯灭的。它们在《观沧海》中得到了完美的统一。这使我们在艺术体验后再次领悟到悲壮美的无限魅力。

曹诗的悲壮美还得力于音乐美。诗人由于精通音律，许多诗篇即令去其文字内容，听其铿锵跌宕的音调，仍能使人感受到渗透其中的古直、沉雄、豪迈、刚劲的风格，这些进一步强化了诗歌悲壮的神韵。

（原载《学术界》1993年第5期）

论曹操对原始儒学精神的诗化

◎孙明君

归根结底，诗人的地位取决于他给流变的诗史所注入的新内涵。儒学是中国文化的主干，原始儒学人文精神是中国文化的源头活水。曹操诗歌的最大价值就在于：它突破了两汉经学的樊篱，全方位深层次地诗化了原始儒学的基本精神，使标志着中华民族理性意识觉醒的原始儒学精神化为具有动天地、感鬼神之艺术魅力的壮丽诗篇，从而为中国诗史开一坦途。

一、周公吐哺，天下归心：曹诗的天下意识

众所周知，儒学有不同的发展阶段和众多的流派。夫子之道以何统而贯之，迄今聚讼非一。笔者认为，若用一语来概括原始儒学之基本精神，只能是“修己以安百姓”（《论语·宪问》）。在原始儒家的理论中，修己是条件，安百姓是目的。“安百姓”又称平治天下。平，即平暴除乱，安定社会秩序；治，即治理疏导，使国家走上繁荣富强之路。每一位“士”“君子”都应该具备“修己以安百姓”的品质。为了“修己以安百姓”又必须具备两种相应的精神风貌：一是天下意识，二是忧患意识。是否具备此两种精神乃是区别君子儒与小人

儒、志士之仁与匹夫匹妇之仁的根本标志[1]。曹操诗歌便是此两种精神风貌的艺术性再现。

天下意识即是以天下为己任，自强不息、日新不已的精神。曹诗的天下意识表现在三个方面：

其一，以平治天下为己任。

曹操早期对汉室抱有幻想，入仕之初，他打击浊流恶势力，上书为党人领袖请冤。后来，他目睹了东汉政权的腐朽，逐渐认识到汉不可为，于是利用自己日隆一日的政治军事权力，走上了重造天下之路。我们认为，在曹操的思想中，儒学占据主导地位。有时曹操虽以两汉经学叛逆者的面貌出现，但其精神在本质上走向原始儒学人文精神的回归[2]。

曹集中流布最广、堪称压卷之作的是《短歌行》"对酒当歌"。陈祚明云："此是曹孟德言志之作。"（《采菽堂古诗选》卷五）张玉穀云："此叹流光易逝，欲得贤才以早建王业之诗。"（《古诗赏析》卷八）皆深得诗人之旨。这首诗之所以撼动人心，不仅在于它吟唱出了生命如露般的忧思，还在于它坦露出山不厌高、水不厌深的胸怀和周公吐哺、天下归心的抱负。如果只有前者，那么诗人与《古诗十九首》中的沉沦颓废情调无以区别。因为有了后者，才使诗人生命苦短的悲哀不再暗淡；因为有了生命苦短的体认，乃使诗人一统天下的壮怀更显慷慨激烈。"周公吐哺，天下归心"，是诗人之理想，是诗人之追求，是诗人精神世界之写照。《易传》云："天行健，君子以自强不息。"斯语最足以表征原始儒家的人生态度。能够与天地合其德的人，应当像日月星辰那样，健运不已；像天地万物那样，生生不息。因而，人生而在世，应当自觉自愿地承担起改

① 详见拙文《道统说辩难》，《北京大学学报》1995年第3期。

② 参见拙文《曹操与儒学》，《文史哲》1993年第2期。

造世界、治平天下的重任。曹操说过一句令腐儒吐舌的话："设使国家无有孤，不知当几人称帝，几人称王。"（《让县自明本志令》）人或以此认定老瞒之狂妄，我却以为此语不仅符合历史真实，亦契合儒学之义。孟子说："夫天未欲平治天下也，如欲平治天下，当今之世，舍我其谁也。""王如用予，则岂徒齐民安，天下之民举安。"（《孟子·公孙丑下》）据此可证，具有强烈的自信心乃是原始儒学崇高责任感与使命感的必然产物。

赤壁之战败北后，曹操见孙刘联盟一时难以攻克，转而经营北方。日月迅迈，老之将至，眼看在自己的有生之年难以完成统一大业，于是，他写下了令后世慷慨之士击节不已的《龟虽寿》。诗中，他把自己比作伏枥的老骥。老骥之志仍在千里，垂暮的烈士仍然不失英雄本色。

显然，终其一生，曹操从未放弃平治天下的责任与使命。

其二，以平治天下的历史人物为楷模。

曹操所歌咏的历史人物以《短歌行》"西伯周昌"最为集中。诚如陈师贻焮先生指出："他将对这几位古人的赞颂写在《短歌行》中，除了有邀誉、辟谣的现实政治意义外，也是他英雄怀抱的抒发。"[①]按之于《论语》，原来，其中的几位历史人物都是经过孔子所推崇或肯定的。特别是周文王更是儒家所谓的"圣人"。孔子说："三分天下有其二，以服事殷。周之德，其可谓至德矣。"（《泰伯》）此诗值得我们重视的是：将如此多的受孔子肯定的历史人物写进一首诗中，予以热情地歌颂，是史无前例的；将孔子的语录和思想化为诗的语言，并在其中融入自己的热忱，这也是史无前例的。此两点充分表明：曹操深受孔子思想影响，志在以周文王、齐桓公等人为楷模，创造出惊天动地的英雄业绩。

① 陈贻焮《论诗杂著》，北京大学出版社 1989 年版，第 16 页。

需要辩明的是，后儒对曹操诗中称颂、比拟周文王、周公之语的诘难与诟病。朱熹云：“诗见得人。如曹操虽作酒令，亦说从周公上去，可见是贼。”（《朱子语类》卷一百四十）刘克庄云：“身为汉相，而时人目以汉贼，乃以周公自拟，谬矣。”（《后村先生大全集》卷一百七十三）……朱氏诸儒不是以民心的向背为准则，不是从汉魏之际历史运作的大势出发，而是依据汉儒所制定的封建伦理纲常来评价历史人物，所以视操易代革命为奸贼之篡逆，视操称颂儒家圣人为遮人耳目之伎俩。我们认为：汉室失德日久，早已名存实亡；曹操集团统一北方，有利于社会生产力的发展，有利于人民生活的安定。在曹操统治期间，政治较为清明，社会风气大有好转，阶级压迫有所减轻。曹操的统一大业是进步的历史举措，曹操重建天下的行动符合孟子“得民心者得天下”的理论，曹操的行为足以与周文王、周武王推翻暴殷、重建天下之事业相提并论。所以，曹操平治天下的行动应该予以肯定[1]。而曹操对周文王、周公等人的歌颂，正表现了他拯世安民之志。

其三，以开创太平世界为终极目标。

原始儒家“修己以安百姓”，意在创造一太平世界。此太平世界分为两个阶段：“王道之始”（见《孟子·梁惠王上》）是其初级阶段；“大同”世界（《礼记·礼运》）是高级阶段。这种理想的社会形态以诗的形式出现在曹操的《对酒》中。本诗“采用颂的形式，模拟躬逢其盛者的口吻，以极大的热忱，讴歌太平时代的终于到来，从而表达了诗人颇带浪漫色彩的政治理想”[2]。试将《礼运》中的“大同”世界、孟子的“王道之始”与曹操的“太平时”予以比较，其相似之处在于：政治清明，人

① 我们的肯定并非像孟子那样否定血流漂杵的史实。我们在肯定周武王、曹操平暴除乱的历史功绩，又不能掩饰他们曾枉杀无辜的罪行。

② 陈贻焮《论诗杂著》，第25页。

民知礼守法，安居乐业。五谷丰登、物产丰富，人民无养生丧死之憾；社会秩序安定，窃贼不作，路无拾遗。人与人之间友善和睦，老有所终，幼有所长；从三者对比中可以看出《梁惠王上》与《对酒》所表现的是有阶级、有差别的初级社会；《礼运》描绘的乃是平等自由而泛爱众的公天下社会。曹操理想社会形态与儒家理想社会之间的联系是显而易见的。

与《对酒》类似的还有《度关山》一诗。此诗劈空提出："天地间，人为贵。"标明曹操对人的重视，此与原始儒家人与天地参的观念一脉相承。他主张"立君牧民，为之轨则"，反对"劳民为君，役赋其力"，正是孟子民本思想的再现。民本思想固然不同于今日的民主政治，它是以君为本位的。所谓的"民为邦本，本固邦宁"强调的重心在于存社稷、安国家。但在封建时代，这种思想自有其积极意义，至少它在一定程度上重视民的利益，较之于扰民、害民的弊政毕竟是一种进步。曹操对君民关系的认识，基本上符合儒家传统政治思维模式。

二、不戚年往，忧世不治：曹诗的忧患意识

"忧患意识，乃人类精神开始直接对事物发生责任感的表现，也即是精神上开始有了人的自觉的表现。"[①]忧患意识是伴随着天下意识而产生的。《易经·系辞下》云："作《易》者，其有忧患乎！……《易》之兴也，其当殷之末世，周之盛德邪？当文王与纣王之事耶？"首次明确地揭示了忧患意识与政治的联系。《诗经·国风·黍离》抒发了下层士人在西周故宫墟址上所产生的黍离之悲，此亦是忧患意识的表现之一。到了孔孟，进而规定了忧患意识的内涵：一是忧患的超越性："君子忧道不忧

① 徐复观《中国人性论史·先秦篇》，台北商务印书馆1969年版，第21页。

贫。”（《论语·卫灵公》）只有摈弃了物质享乐层面的忧患才可称忧患意识；二是忧患的长期性：“君子有终身之忧。”（《孟子·离娄下》）忧患意识并不是一时一地偶然兴起的，它伴随着士人的终身，“居庙堂之上则忧其民，处江湖之远则忧其君，是进亦忧，退亦忧”（范仲淹《岳阳楼记》），终身没有不忧患之时；三是忧患的广泛性：“乐以天下，忧以天下。”（《梁惠王下》）忧患意识不是为了一己之忧，也不是为了一个家族、一个政治集团之忧，而是为了天下之人、天下之事。

曹操诗歌感情沉恻，悲笼域内，强烈表现出作者的忧患意识。曹诗的忧患意识，向外表现为忧国忧民；向内表现为忧自己年寿不永，无法完成统一大业。

诗人的忧国忧民之情突出反映在“诗史”性作品中。《薤露行》《蒿里行》乃“汉末实录，真诗史也”（钟惺《古诗归》卷七）。此两篇前后相衔，可视为汉末战乱诗史的上下篇。上篇从汉室“所任诚不良”起笔，写了大将军何进欲诛宦官，因优柔寡断，反遭杀身之祸；继写贼臣董卓把持国柄，肆意杀戮。初平二年（190）董卓焚烧洛阳，胁迫献帝西迁。下篇写关东义士，兴兵讨卓。因人心不齐，半途而废。军阀们为了私利，互相残杀，生灵涂炭。“白骨露于野，千里无鸡鸣。”（《蒿里》）写尽了汉末战乱所造成的深重灾难。“瞻彼洛城郭，微子为哀伤”（《薤露》）和“生民百遗一，念之断人肠”（《蒿里》），表现了曹操体恤民情、关怀民瘼的民本主义精神。建安七年（202），曹操颁布《军谯令》，其云：“旧土人民，死丧略尽。国中终日行，不见所识，使吾凄怆伤怀。”据此可知，曹操在一定程度上具有原始儒学所倡导的仁民爱物和忧国忧民的情怀。他所采取的许多政治措施和统一大业都基于拯世济民的基础之上。

曹操对自己麾下的将士也颇为关怀。《苦寒行》写战争时期行军之苦。结尾云：“悲彼《东山》诗，悠悠使我哀！”《东山》是《诗经·豳风》中的一篇，写士卒久戍归乡之情。《毛诗序》云："《东山》，周公东征也。周公东征，三年而归，劳归。士大夫美之，故作是诗也。"曹公之诗一则以周公自况；二则在于说明，经过艰苦的行军作战，自己体察到了当年周公的心境；三则表白：自己怜悯士卒，体贴士卒，并不想让士卒跟随自己去忍受征战之苦，但是要平暴除乱，又不得不如此。他在《存恤从军吏士家室令》中云："自顷以来，军数征行……而仁者岂乐之哉？不得已也。"这种体恤下属、同情将士之心亦属忧患意识。

年寿不永、功业难建的忧患主要反映在创作于晚年的游仙诗中。曹操的游仙诗，虽有享乐主义思想倾向，但主要是忧患意识的再现。前者暴露了作者思想中庸俗的一面，后者与言志之作同旨。《精列》云："年之暮奈何，时过时来微。"《秋胡行》云："夜夜安得寐，惆怅以自怜。"表明到了桑榆暮景之时，诗人功业难就的忧患愈加深刻，无法排遣。"不戚年往，忧世不治"（《秋胡行》），明确告诉后人，诗人所忧并不是为了一己的享乐，而是忧愁壮志难酬、功业难就。这乃是诗人忧患的唯一原因。从这里我们也可推知曹操晚年热衷于写作游仙诗，并不是相信神仙道教，而是借以消解其忧患意识。

曹操诗中所表露的这种责任感、使命感与忧患感，与原始儒学精神出自同一机杼。原始儒学"诗言志"的理想至此得以落实。"诗言志"是中国诗论的"开山纲领"。战国时代，"志"尚有"记忆、记录、怀抱"等多种意义[①]。但在《论语》与《孟子》中"志"的意义比较集中，即是指平治天下的政治抱负。所以孔子说："士志于道。"（《里仁》）"王子垫问曰：'士何事？'孟子曰：'尚志。'"（《尽心上》）到了荀子将"诗"

① 郑临川《闻一多论古典文学》，重庆出版社1984年版，第10页。

与“志”相联结，他说：“诗言是，其志也。”（《荀子·儒效》）原始儒家借诗来言志的思想在两汉不仅未能贯彻，反遭曲解。汉儒所理解的志乃是“经夫妇、成孝敬、厚人伦、美教化、移风俗”（《诗大序》）的工具。沦落为政教工具的诗歌其致命弱点在于虚假和装腔作势。曹操将他以天下为己任的真情真志倾注到诗歌创作上之后，才形成了有血有肉的壮美诗篇。表现士人责任感、使命感、忧患心的诗篇才是真正意义上的言志之作。

三、莽苍悲凉，气盖一世：曹诗的艺术风格

对曹操诗歌艺术风格的体察，古人有大体相近的看法。归纳起来，一是悲，一是健。当然，悲与健不是孤立的，而是悲中有健，健中有悲。悲中有健即为悲壮，健中有悲即为雄健。悲壮与雄健凝成了笼罩天地的浩然之气。方东树评《薤露行》曰：“浩气奋迈，古直悲凉，音节词旨，雄恣真朴。”评《苦寒行》云：“取景阔远，写景叙情，苍凉悲壮，用笔沉郁顿挫，比之《小雅》，更促数噍杀。后来杜公往往学之。大约武帝诗沉郁直朴，气真而逐层顿断，不一顺平放，时时提笔换气换势；寻其意绪，无不明白；玩其笔势文法，凝重屈蟠；诵之令人满意。后惟杜公有之。”（《昭昧詹言》卷二）斯语揭示曹诗风格甚为精当。

巡视诗史，不能不肯定：诗以天下意识、忧患意识为主旨，诗风以悲壮雄健、浩气奋迈为特征的诗歌完成于曹操之手。《诗三百》非一人一时之作，诗风纷呈异彩。“曹公四言，于三百篇外，自开奇响。”（沈德潜《古诗源》卷五）《楚辞》的艺术风格“微婉隽永”“瑰琦卓诡”“严华高整”（李维祯《楚辞集注序》），与曹诗风格判然有别；汉乐府以叙事为主，风格多样。“魏祖慷慨悲凉，自是此公文体如斯，非

乐府应尔”（冯班《钝吟杂录》）；古诗“文温以丽，意悲而远”（《诗品》），“反复低徊，抑扬不尽”（沈德潜《说诗晬语》），缺乏英雄之气；孔融、王粲、曹植辈与曹诗风格相似，然其气度、胸襟不如曹操，诸人诗作气象亦与操不尽相同。徐祯卿说：“气韵绝峻，止可以孟德道之；王刘文学皆当袖手耳。”（《谈艺录》）刘熙载亦说：“曹公气雄力坚，足以笼罩一切，建安诸子未有其匹也。”（《艺概·诗概》）徐刘之说，颇得要领。

此一前无古人、后启来者的诗歌风格并非空穴来风，从根本上探究，实由原始儒学基本精神所导出。

儒道与中国艺术精神之间的关系错综复杂，并非三言两语所能阐清。简言之，儒家重视诗与文学艺术，道家否定之。但是，中国纯艺术精神并不由肯定艺术的儒家开出，反而由否定艺术的道家开出。徐复观先生指出：“老庄思想当下所成就的人生，实际是艺术的人生；而中国的纯艺术精神实由此一思想系统所导出。”[①]由于道家脱离了仁义道德的根源之地，所以他们的理论直接沾溉了中国古典诗歌的理论和创作。严格地说，孔子并不重视诗，孔子所重视的乃是诗歌的社会作用。孔子曰：“诗，可以兴，可以观，可以群，可以怨。迩之事父，远之事君，多识于鸟兽草木之名。”（《阳货》）所谓“兴”即是“引譬连类”（孔安国注）、“感发意志”（朱熹注），显然“兴”的功用在于唤醒人们的社会性情感——仁心。“观”“群”“怨”与“事父”“事君”之说更坦白地讲明了诗与伦理政治的关系。总而言之，孔门的诗学观念是围绕着社会政治伦理观念提出的，孔孟没有明确论及诗歌艺术本体范畴。如此，似乎儒家与艺术精神没有联系。此又不然。儒学之道在于“修己以安百姓”。在安百姓的

① 徐复观《中国艺术精神》，春风文艺出版社 1987 年版，第 41 页。

过程中，表现出强烈的责任感、使命感，流露出深刻的忧患意识。这种精神风貌连同平治天下之举本身就是一曲雄壮的歌。方东美先生说：“天地之美寄于生命，在于盎然生意与酣然创意。这是中国所有艺术形式的基本原理。”[1]原始儒学精神最具备此种昂扬奋发、引人向上之品质。当这种生意与活力形诸诗歌创作之时，其作品必然产生“浩然生气”与“酣然创意”。

中国诗史上首次集中体现出“浩然生气”与“酣然创意”的作品，出现在“慷慨以任气，磊落以使才”（《文心雕龙·明诗》）的建安时代。曹操诗风尤为典型。以天下为己任的责任感、使命感给曹诗以刚健之力、浩然之气；深沉的忧患意识给曹诗以凝重之态、悲壮之势。曹操诗歌的这一风格在中国诗史上产生了巨大影响。诗圣杜甫沉郁顿挫、地负海涵的艺术风格即与之有内在联系。此点已为古人所注意，上引方东树之语即为明证。当然，在深入体认原始儒学、人性思想、政治思想之后，杜甫诗歌更贴近原始儒学精神，其诗歌艺术成就更加博大精深。但曹诗孤明先发，功不可没！

四、日月之行，若出其中：曹诗的意境特征

王国维《人间词话》以有境界为诗之本。进而又说：“能写真景物、真感情者，谓之有境界。”据此，所谓意境是由真情贯注于客观物象所形成的画面。曹诗不仅有意境，并且其意境有自己的特征，即阔大雄奇之境的创造。

意境的构成离不开客观物象。曹诗中的自然景物描写有两点值得我们注意。一是他对自然美极为关注，首次创作出完整的山水诗。“《诗经》时代的人生活是茫然的，缺少自觉性，虽有诗

① 方东美《中国人的人生观》，台湾幼狮文化事业公司 1980 年版，第 126 页。

歌作品，并不欣赏自然。”[①]《诗三百》中的山川日月，草木鸟兽只用来起兴，或者作为人的生活环境的一角来孤立描写，尚未构成独立的审美境界。屈原作品中的自然景物描写主要用比喻，是《诗三百》中“比”法的深化。建安时代，“叙景已多、日甚一日”（吴乔《答吴季野诗问》）。曹操是这一转捩中的关键人物。他的诗中写景成分较多，第一首由自然意象构成的山水诗即出自其手，这就是他的《观沧海》。曹诗景物描写中另一点值得我们注意的是对阔大雄奇之景的偏爱和阔大雄奇之境的创造。

以《观沧海》为例。钟惺云：“直写胸中眼中，一段笼盖宇宙气象。”（《古诗归》卷七）沈德潜云：“有吞吐宇宙气象。”（《古诗源》卷五）钟沈二氏将此诗之妙和盘托出。浩瀚无垠的大海正如同英雄广阔的胸襟，英雄眼里的大海乃是英雄气概的外化，大海与诗人之间有同形同构之处，二者已交融为一体。只要将六朝模山范水之作与此诗略作比较，其间高下不言自明。

通观曹诗，不难发现：诗中多写肃杀的秋冬之景，绝少春风和煦、春光明媚、姹紫嫣红的阳春天气；所写的动物多是凶禽猛兽，不写温驯的家禽、依人的小鸟；所写山水以高山峻岭、深湍急流为特征，不写青山秀水。曹诗的这些特征，前此，并不多见。苏联学者列·斯托洛维奇说：“在崇高的范畴中数量方面具有本质意义，在同美的比较中，被审美评定为崇高的现象的宏伟、威力和硕大可观得到正确地强调。”[②]无疑曹诗景物描写构成了崇高之美。但是，曹诗中的崇高与原始儒学精神有无内在联系，我们尚不能轻率地下一结论。因为对自然“大”美的重视，不是儒家的专利，先秦道家亦以“大”为美。而且，在一般

① 郑临川《闻一多论古典文学》，第 64 页。

② 列·斯托洛维奇《审美价值的本质》（中译本），中国社会科学出版社 1984 年版，第 256 页。

人的心目中后者更关注自然“大”美。

表面看来儒道两家都讲自然，但对自然的理解和所汲取的成分并不相同。道家所谓的“自然”主要是指自然而然，取消人为因素。孔子说：“智者乐水，仁者乐山。”（《论语·雍也》）《易传》曰：“天行健，君子以自强不息。”显然，原始儒家将君子的精神、品质、情操、抱负与自然联系了起来，他们所法的不是天的自然性而是天刚健有为、积极进取的品质。相应地，儒道两家对于崇高的理解亦有内在差别。道家追求无限之大美。庄子认为，尧之治世“美则美矣，而未大也”（《天道》）。这与孔子恰恰相反，孔子曰：“大哉尧之为君也！巍巍乎，唯天唯大，唯尧则之。”（《泰伯》）在孔孟看来，唯有救世济民之功业才可称为最壮观的美。如此，孔孟与庄子对大美理解的区别甚为显豁，“前者指的是个体的道德精神的伟大，具有浓厚的伦理学的色彩……后者指的是不为包括社会伦理道德在内的各种事物所束缚的个体自由和力量的伟大，它没有什么伦理学色彩，已经是一个相当纯粹的美学范畴”[①]。庄子的“大”体现在文学创作上便形成“乘物以游心”的艺术境界，具有空灵虚静之妙；孔孟的“大”经过与天下意识、忧患意识的感应交流，便转换成与道德功业相系的阔大之境，具有挥洒酣歌、刚健挺拔的阳刚之气。

至此，我们可以肯定曹操诗歌中的阔大雄奇之境源于孔孟所倡导的人文精神和审美理想。

沈德潜说：“有第一等襟抱，第一等学识，斯有第一等真诗。”（《说诗晬语》）曹操以周公自命，巨手创业，“运筹演谋，鞭挞宇内”，“终能总御皇机，克成洪业”，“可谓非常之人，超世之杰矣。”（《三国志·魏武帝纪》）其襟怀抱负不可

① 李泽厚、刘纲纪主编《中国美学史》第1卷，中国社会科学出版社1984年版，第256页。

谓不大；“周公所谓多才多艺，孟德诚有之”（张溥《魏武帝集题辞》），学识不可谓不博。其诗亦可誉为“天下第一等真诗”。吉川幸次郎先生甚至认为：“如果没有曹操，陶渊明、杜甫、李白的文学，也许就不能产生吧？即使产生了，恐怕也是取别一种形式。”[①]我以为这并非危言耸听，自有其道理。的确，曹操在诗史上的贡献是多方面的。在戎马倥偬之中，他“朝携壮士，夜接词人，崇奖风流”（胡应麟《诗薮》外编卷一），领导了建安诗歌的新潮流；他率先借古乐府以写时事，为乐府诗闯出了一条新路，为唐代杜甫的新题乐府和白居易的新乐府运动奠定了基础；尤为重要的是，曹诗在摆脱两汉经学家诗教说的束缚之后，大胆地反映现实，讴歌理想，将原始儒学所倡导的以天下为己任的责任感、使命感和忧患意识从哲学思想转化为文学艺术；并以原始儒学之人文精神贯注于诗境、诗风，创造出苍凉悲壮、雄健慷慨的诗歌风格和阔大雄奇的审美境界。因之，我们认为曹操不仅“是一个改造文章的祖师”，也是一位改造诗歌的祖师。正是在这个意义上，我们赞同方东树授予他“千古诗人第一之祖”（《昭昧詹言》卷二）的桂冠。

（原载《陕西师范大学学报》1996年第2期）

① 吉川幸次郎《中国诗史》（中译本），安徽文艺出版社1986年版，第115页。

经学盛衰与曹操诗歌革新

◎吴怀东

一

众所周知，文学是人类社会生活的反映，社会生活的变化是文学上革故鼎新的最终根源。但是，为了更准确、科学地运用这一基本文学观点来审视、解释活生生的文学现实，我们势必还要研究社会生活影响文学的一些复杂的中介因素。就文学史的研究来说，从某些中介因素切入文学现象，往往会深化我们对文学史发展历程的认识。

刘勰在《文心雕龙·时序》中论述汉末建安文学云："观其时文，雅好慷慨，良由世积乱离，风衰俗怨，并志深而笔长，故梗概而多气也。"便已明确指出"世积乱离"与"梗概而多气"之因果关系。问题是，为什么汉末动乱会造成一个文学独立时代的到来?这显然需要我们进一步从文化史、思想史、学术史的角度进行研究。

美国学者阿诺德·豪塞尔在《艺术史的哲学·前言》中说："历史中的一切统统都是个人的成就，而个人总会发现他们是处于某种确定的时间和地点的境况之中的，他们的行为举止是他们天赋才能和所处境况两者共同的结果。"在建安作家群中，集政治家与文学家于一身的曹操显然属于这样的"中介"人物，他不仅亲自进行文学创作，而且还组织作家队伍，他的诗歌实践活动自然对诗歌史的发展产生了巨大影响。曹操没有直接对诗歌理论展开论述，不过在其诗歌创作活动中仍然贯串着特定的诗歌观念，这种诗歌观念构成了其诗歌独创性的理论基础。

思想史的发展规律表明，任何创新皆非无源之水、无本之木。曹操的诗学思想也是在对既有的思想资料进行改造与突破中形成的。汉儒诗学正是曹操从事诗歌活动所面对的居于统治地位的诗学传统和主流意识形态，汉末大一统政权的崩溃使得经学丧失了禁锢人心的力量，曹操诗学思想的创新便以此为契机。因此，曹操与汉儒诗学之关系将成为我们观察曹操诗学独创性、揭示建安诗歌新变的思想根源的一扇恰当的“窗口”。

二

实际上，汉代有经学而无文学，或者更准确地说，有属于经学的“诗”学而无文学性的诗学。这就是汉代诗学的独特形态。汉儒诗学是以对《诗经》的笺注、解说为主要内容和形式而形成的一种专门学术，汉代经今古文以及四家诗的论争便是围绕对儒家经书暨《诗经》的字、词、文意的不同理解而展开的。从这个意义上说，汉代诗学是一门研究诗之用的学术，不是指导和促使人们进行诗歌创作的理论。尽管汉代官方继承了“采诗观风”的先代传统，但在文人中间并没有形成“缘事而发”的自觉的诗歌创作风尚。既然汉代诗学是围绕《诗经》而展开的，曹操的诗学观念便借用了这个既有的“话语体系”，其突破也直接表现在他对《诗经》的新颖理解和运用之中。

曹操没有对《诗经》直接发表评论，不过他在诗歌创作中涉及了《诗经》中的三篇作品，分别见于《短歌行》和《苦寒行》。《短歌行》诗云：“青青子衿，悠悠我心。但为君故，沉吟至今。呦呦鹿鸣，食野之苹。我有嘉宾，鼓瑟吹笙。”这首诗写备设盛宴招待宾客，表达了渴望贤才的热切愿望。其中，“青青子衿，悠悠我心”为《诗经》成句，语出《诗经·郑风·子衿》，毛序谓此诗“刺学校废也。乱世则学校不修焉”。毛传解：“青衿，青领，学子之所服。”曹操引用此诗，正以“青衿”指代有学识、有能力之人才，合毛诗之解读。王先谦《诗三家义集疏》卷五云：“三家诗无异义。魏武《短歌行》‘青青子衿，悠悠我心。但为君故，沉吟至今。’虽未明指学校，并无别解。”所言甚是。

“呦呦鹿鸣”语出《诗经·小雅·鹿鸣》。对《鹿鸣》意旨的理解三家诗有争论。《诗三家义集疏》卷十四载鲁诗说：“仁义陵迟，鹿鸣刺焉。又曰：鹿鸣者，周大臣之所作也。王道衰，君志倾，留心声色，内顾妃后，设酒食佳肴，不能厚养贤者，尽礼极欢，形见于色……此言禽兽得甘之食，尚知相呼，伤时在位之人不能，乃援琴以刺之，故曰鹿鸣也。”毛诗的解释与此相反：“宴群臣嘉宾也。既饮食之，又实币帛筐篚，以将其厚意，然后忠臣嘉宾得尽其心矣。”曹操求贤若渴，故其引《鹿鸣》诗句以见其志，其对《鹿鸣》之理解与毛诗合。

曹操《苦寒行》诗云：“悲彼《东山》诗，悠悠令我哀！”《东山》为《诗经·豳风》诗篇。关于《东山》诗意旨，三家诗与毛诗理解稍有不同。如《诗三家义集疏》卷十三引齐诗云：“东山拯乱，处妇思夫。劳我君子，役无休止。又曰：东山辞家，处妇思夫。伊威盈室，长股羸户，叹我君子，役曰未已。”毛诗则说得非常明确：“周公东征也。周公东征，三年而归。劳归士，大夫美之，故作是诗也。……君子之于人，序其情而悯其劳，所以说之；说以使民，民忘其死，其唯东山乎?”据考，曹操《苦寒行》诗作于建安十二年（206），其时他已基本平定了中原地区，只有袁绍外甥高幹尚盘踞在并州，于是曹操亲率军队征讨并州，途经太行山时正值隆冬，天寒地冻，艰苦异常。《东山》

诗既切合曹操当时行军艰难情状，同时，曹操平生好以周公自比，他借《东山》诗暗寓平定天下之志，可见，曹操对《东山》诗的理解更接近毛诗。

现存曹操诗歌涉及《诗经》的用例并不多，不过，从这有限的几个用例中，还是可以见出他对《诗经》的理解基本出于毛诗而又有所发展。西汉是今文经的天下，故齐、鲁、韩三家诗得立于学官，毛诗只是以民间私学的形式在民间传承；东汉经今古文颇有合流之势，具体而言，则是毛诗独兴而三家诗衰。古文经学家解经的一大特点是标榜从文字训诂入手而探其本，阐明经义，发扬“五经之道”；就《诗经》之解释而言，尽管古文经学家也以美、刺说《诗经》之用，但毕竟发现并承认《诗经》尤其民歌在产生过程中所体现的艺术活动规律，这与三家诗如齐诗用谶纬说诗真乃天壤之别。《毛诗序》云：“诗者，志之所之也，在心为志，发言为诗，情动于中而行于言，言之不足故嗟叹之，嗟叹之不足故咏歌之，咏歌之不足，不知手之舞之，足之蹈之。”它充分地肯定了诗歌产生于“情动于中”的抒情表现性。但是，毛诗同时认为《诗经》是神圣的经典范本，不可以续作，因此作为经学的毛诗只是研究《诗经》中诗歌的产生与功能，只是强调采诗以观风知政、陈诗以见美刺，没有提出要学习《诗经》的艺术精神进行个人抒情性的诗歌创作，这样就不可避免地严重限制、束缚了文人的诗歌创作活动的开展。从宏侈巨衍的汉大赋在汉代的风行来看，文人并不缺少艺术创造的才华，而他们之所以没有进行广泛的诗歌创作，经学的束缚无疑是重要原因。

在四家诗中，曹操独从毛诗，体现了汉末毛诗大兴的学术大势，表明了诗歌艺术精神的复苏，以及曹操对诗歌抒情性的体认。但曹操更重要的突破在于他挣脱了经学的藩篱，打破了《诗经》的神秘性，直接借用其诗句，甚至把《诗经》也视作抒情诗，从而可以像《诗经》那样，用诗歌的形式吟咏情性、抒写怀抱，自觉地进行抒情诗歌的创作。例如，曹操诗云“悲彼《东山》诗，悠悠令我哀”，完全把《东山》当成普通文学作品，不言功利性的美刺而只是个人性的审美欣赏。曹操这种认识态度上的转变，正是诗学由经学还原为文学、弃美刺而抒情、文学创作与学术研究分途的表征。在后来陆机的《七征》中才更加强调《诗经》的抒情特征：“沫北有采唐之思，淇上有送子之叹，《关雎》以寤寐为戚，《溱洧》以谑浪为欢。”南朝的文学批评家也都是在承认《诗经》为经典的同时，肯定其为抒情诗歌，从而视之为后代诗歌发展的源头。当然，我们还不能说曹操已经达到了南朝文论家那样的认识高度，不过，后者的认识无疑是以曹操的诗学观念为逻辑起点的。

事实上，在两汉经学大盛之时，民间的歌唱也并未停止，汉末甚至出现了广泛的文人诗歌活动，诞生了以《古诗十九首》为代表的艺术精美的诗歌作品。但是，汉代正统诗学并没有正视这个生动的社会实践，因此，在官方的诗学理论与实际的诗歌实践之间，潜伏着巨大的矛盾。曹操突破了经学的限制，解决了诗学理论与诗歌实践之间的矛盾，从而解放了诗歌艺术，使诗歌艺术的发展进入了自觉与自由创作的时代。

三

曹操重视诗歌的个人抒情性，从诗学观念来说，这无疑是巨大突破。他在这种艺术观念支配下开展诗歌活动，扩大了诗歌的影响。

其一，以王者之尊而作诗。

《三国志·魏书·武帝纪》注引《魏书》载，在戎马倥偬之际，曹操“昼则讲武策，夜则思经传，登高必赋，及造新诗，被之管弦，皆成乐章”，完全没有美刺说诗观念，纯是个人性情之抒发。上有所好，下必风从，曹操的诗歌创作实践自然对社会发生很大的示范效应。

其二，写作四言诗。

四言是一种比较原始或质朴的诗歌形式，《诗经》主要的诗歌形式就是四言。当《诗经》由普通的文学作品升格为儒家经典之后，在本来单纯的文学类型之上便附加了强烈的文化甚或政治色彩。在汉儒经学家眼中，四言诗几乎就是表达美刺的政治公文的一种形式。西汉韦孟、韦玄成曾模仿此种形式而作“诗”，那种诗不过是谏书的四言形式而已。东汉后期，四言诗的使用范围有所扩大，朋友之间互相赠答亦用之，但其内容仍不出劝诫，庄严典重，持论端肃，依然受到经学思想的束缚。曹操则完全打破这一诗体中积淀的神圣的经学传统，用四言诗的形式抒情写志，吟咏怀抱。如《短歌行》“对酒当歌，人生几何，譬如朝露，去日苦多”，这发自天人之际的深沉感慨气韵沉雄、苍凉悲壮，感人者岂在其说教?《诗经》的四言形式都可以用来抒情，这无疑标志着一个诗歌自由创作时代的到来。

其三，拟作乐府诗。

汉代作家拟作乐府诗已有先例，如宋子侯、辛延年等，不过那种拟制是亦步亦趋，较少独创。曹操则首开以乐府旧题写当代时事、抒发个人情怀，从某种意义上说，这才算是真正继承了汉乐府民歌的艺术创造传统和现实主义精神，即“感于哀乐，缘事而发”。值得注意的是曹操的诗歌具有强烈的现实性，如《蒿里行》诗云“白骨露于野，千里无鸡鸣。生民百遗一，念之断人肠”，几可作诗史读；但是，这种直面现实、关心民生疾苦的精神与汉儒的美刺诗教是站在不同的立场上的，前者抒发的是个人情怀，而后者却是着眼于王朝政治成败。关心民瘼的精神与乘时建功立业的强烈愿望构成了建安风骨慷慨悲歌的核心内涵。因此，曹操借用乐府旧题而作诗，抒写怀抱，不仅使其他作家、诗人学会运用诗歌这种书面艺术叙事抒情，而且，在内容上引导着建安风力之形成。

其四，重视诗歌才能，组织作家队伍。

曹操不仅亲自创作，还广纳人才，在他周围聚集了当时最优秀的文学家，他为作家们提供了相对安定的生活与创作环境。曹植《与杨修书》写道："昔仲宣独步于汉南，孔璋鹰扬于河朔，伟长擅名于青土，公幹振藻于海隅，德琏发迹于北魏，足下高视于上京。当此之时，人人自谓握灵蛇之珠，家家自谓抱荆山之玉。吾王于是设天网以该之，顿八纮以掩之，今悉集兹国矣。"曹丕《又与吴质书》则描写了作家们的生活："昔日游处，行则连舆，止则接席，何曾须臾相失，每至觞酌流行，丝竹并奏，酒酣耳热，仰止赋诗。"这样大规模地自觉写诗在中国诗史上堪称首见。

总之，曹操凭着勇敢的开拓精神、巨大的感召力和成功的创作实践，把诗歌艺术从经学的束缚中解放出来，并且推波助澜，促成了文人自觉诗歌创作活动高潮，形成了建安风力这一古典诗歌范式；诗歌影响不断扩大，逐渐取代赋而成为中国文学后来发展中的主要文体形式；对于自觉的文学理论的生成，比如曹丕《典论·论文》"诗赋欲丽"说的提出也发生了不可或缺的催生作用。

曹操在诗学领域开创性成就的取得，既体现了他敢作敢为的思想性格和"乱世英雄"的本色，同时也是以汉末经学式微、思想解放和"人的自觉"为条件，他思想通达，无门户之见，好刑名，注《孙子》，又向往儒家政治理想，从而在思想上突破拘囿，在艺术上才有所创造。

（原载于《江淮论坛》1999年第3期）

论曹操诗歌的写实性

◎梁祖苹

作为建安文学的缔造者，曹操在其现存的二十多首诗中，真实地记录社会现实，抒写真情实感，体现时代精神，其诗歌创作呈现出鲜明的写实倾向。

一

曹操诗歌的写实精神最突出地体现在对建安时期动荡分裂的社会现实的反映上。东汉统治者内部矛盾错综复杂，宦官、外戚长期争权夺利。汉末，各种自然灾害频繁，各地军阀连年混战，造成“谷一斛五十万，豆麦二十万，人相食啖，白骨委积，臭秽满路”[①]的局面。建安时期的作家群体都亲身经历了汉末的战乱与不幸，有着极为深刻的生活实感。在王粲的《七哀诗》里，既有慈母弃子悲惨场面的典型细节，又有“出门无所见，白骨蔽平原”的社会全貌。在蔡琰的五言《悲愤诗》里，既有对个人颠沛流离生活的悲愤感慨，也有“白骨不知谁，纵横莫覆盖”的凄凉景象。当时的曹操，在打败青州军，迫降30余万，收编其中精锐，号为“青州兵”之后，势力逐渐强大，更是汉末大乱的亲历者。在起兵讨卓和逐鹿中原的崛起中，他以政治家的眼光和

① 《后汉书·董卓传》。

军事家的阔大胸襟，在其诗《薤露行》《蒿里行》中，勾勒了延续十多年的社会大动乱的现实，其所表现的气概和情怀，远非大多文人仕士所能相比。其写实倾向带有鲜明的个性色彩。明人钟惺叹此二诗为“汉末实录，真诗史也”[①]。

首先，曹操在诗歌中以秉笔直书的史笔表现了汉末上层社会的权力之争导致的天下大乱。《薤露行》《蒿里行》都是出殡时扶柩者唱的挽歌，曹操用乐府旧题来写时事，可谓创新之举。《薤露行》不仅纪实般地叙述了董卓祸国殃民的历史事实，而且探究了东汉王朝朝政混乱的原因，表现了曹操志在主宰乾坤的雄才大略与过人的见识。“惟汉二十世，所任诚不良。”诗人直接讥刺了汉灵帝刘宏，正是其昏庸，才使“沐猴而冠带，知小而谋强”的何进之徒充斥朝廷，妄谋大事，致使“贼臣持国柄，杀主灭宇京。荡覆帝基业，宗庙以燔丧”。朝廷被颠覆，洛阳遭到了前所未有的毁灭。《蒿里行》同样展示袁绍主盟的讨卓义师争权夺利给社会造成的严重破坏。诗人用“军合力不齐，踌躇而雁行。势利使人争，嗣还自相戕”具体描述了关东州郡共推袁绍为盟主，起兵讨卓而各怀异心，观望不前以至自相残杀的丑态，以“淮南弟称号，刻玺于北方”说明淮河南北两个最大的军阀豪强袁绍、袁术妄谋篡权的无耻行径。

其次，如实反映并关注人民悲苦是曹操写实精神的一个突出表现。曹操置身于汉末乱世中，对百姓的苦难有着痛切的感受，在建安七年春正月驻军谯县发布的《军谯令》中，曾表达了他伤时悯乱的真实心理：“吾起义兵，为天下除暴乱。旧土人民，死丧略尽，国中日行，不见所识，使吾凄怆伤怀。”并在《蠲河北租赋令》《存恤吏士家室令》《赡给灾民令》等令中明确制定确实可行的政策抚慰救济百姓，可知曹操对百姓的体察与

① 钟惺《古诗归》。

关怀。正因如此，在诗歌中，他和建安其他作家一样，直面人生，描写了生灵涂炭的现实，其诗《蒿里行》概括地描写了连绵不断的战争使大量百姓丧生的悲惨现实：“白骨露于野，千里无鸡鸣。”并在结尾表达了诗人愤慨的情绪与悲伤的叹惋：“生民百遗一，念之断人肠。”《谣俗词》具体写无家无食的穷人无力帮助亲友的茫然失措：“瓮中无斗储，发箧无尺缯。友来从我贷，不知所以应。”可谓是贫困百姓生活的真实状况。《步出夏门行》组诗中的《冬十月》《土不同》是河北风土人情的实录实感，诗中对于土地荒芜、百姓贫困和由此引起的社会动荡等问题深表忧虑。

再次，曹操在诗歌中并不讳言战争的艰苦与征人的怀乡之情，其创作方法也完全遵循着写实的原则。这类诗歌对于了解当时连年战争生活，也有一定的史料价值。《苦寒行》是建安十一年征高幹时所作，是一首真实记录将士行军艰苦的诗。对于行军途中的险恶环境、士兵饥寒交迫之苦况，曹操观察准确，描写细致，说明曹操诗歌的写实功夫，如用途中所见“羊肠坂诘屈，车轮为之摧。树木何萧瑟，北风声正悲。熊罴对我蹲，虎豹夹路啼”等景象，表现山地风雪行军之艰难。用“水深桥梁绝，中路正徘徊。迷惑失故路，薄暮无宿栖。行行日已远，人马同时饥。担囊行取薪，斧冰持作糜”等行军中具有特征性的典型事例，形象地突出了艰难困苦的行军生活。这些描写使人对于高山雪地行军的艰难有一个真实的感受，这也是诗人在长期的征战感受中凝结而成的诗句。曹操在这首诗中间用直抒胸臆的句子，如“我心何怫郁，思欲一东归”“悲彼《东山》诗，悠悠令我哀”来表现悲悯、厌战、思乡的情感。《却东西门行》也是反映将士厌战、怀乡之情的诗。诗人开头以转蓬为喻，寄寓征夫对久戍不归的哀伤。又以“戎马不解鞍，铠甲不离傍。冉冉老将至，何时反故乡？”概叹征夫处境的艰难与还乡无期的悲伤，是战争年间将士奔赴疆场的马不解鞍，人不卸甲，奔波到老，还乡无期的生活的真实展示。

二

“别林斯基说：‘真实的外界描写和内心世界的忠实深刻的表达。’是两个现实主义的重要原则。”[①]而刘勰在《文心雕龙·宗经》中提出的“情深而不诡”“事信而不诞”是与其类似的现实主义创作原则。实际上，“现实主义注重对客观现实的真实描写，并不排斥作家的主观感情和理想”[②]。

就曹操诗歌来说，曹操抒发壮志，感慨人生，反映统一天下理想的诗歌，一方面是曹操真挚感情的抒发，另一方面也是时代精神的体现。我认为这也是曹操诗歌写实性的特点。作为一个有治国安邦之志、出将入相之才的政治家、军事家，曹操在政局争雄中可以说是绞尽脑汁，用尽手腕，而在诗歌创作中，他却是一位诚实的直言者。江盈科称赞袁宏道的散文“情真而境实，揭肺肝示人”（《雪涛阁集·解脱集序》）。其实，这也正是曹操诗歌写实的特点。

曹操的诗歌往往直抒胸臆，其《短歌行》即袒露自己渴慕贤才的急切心情与统一天下的政治抱负。曹操在实现统一事业的进程中，深感贤才是政治实力的重要标志。曾先后下《求贤令》《敕有司取士勿废偏短令》《举贤勿拘品行令》，在全国上下选拔人才。在《短歌行》中诗人感慨人生短促，用“我有嘉宾，鼓瑟吹笙”表现自己以诚挚、热情对待贤才的态度，最后又以周公自比：“山不厌高，海不厌深。周公吐哺，天下归心。”将急于

① 文艺学专题研究编写组《文艺学专题研究》，华中工学院出版社1986年版，第224页。

② 曹廷华《文学概论》，高等教育出版社1986年版，第232页。

建功立业的霸主胸怀表现得极为感人。被誉为“有吞吐宇宙气象”[①]的《观沧海》，诗人以大海的形象再现自己统一国家的豪情壮志和宏伟博大的胸怀，尤其是“日月之行，若出其中，星汉灿烂，若出其里”，描绘了大海波涛汹涌的奇异景观，仿佛大海就是宇宙，日月星辰都囊括其中，如此丰富的想象、壮阔的胸襟，只有怀着澄清宇内、一统天下的曹操才写得出来。在《龟虽寿》中，诗人仍满怀积极进取、乐观豁达的激烈情怀，“老骥伏枥，志在千里，烈士暮年，壮心不已”，说明年寿有尽而壮志无穷，应当在短暂的有生之年自强不息，建功立业。建安时代，连年战争给社会带来乱世思治的普遍要求，而豪雄角逐，各军事集团竞相招揽人才，又把汉桓帝、汉灵帝时期被排挤、冷落的士人重新推向政治舞台，建安时期的作家群，是以曹氏父子为首的一些有志于平定天下的文人。建安时期又是一个思想解放的时期，人们冲破了两汉时期定儒学于一尊的思想束缚，文学也相应地摆脱了“名教”的束缚，注重个人真实情感的抒发。可以说，建安文人带着新的人生格调、新的文化气息登上了历史的大舞台，表现出明显的社会政治意识、功业意识、英雄意识。在“世积乱离，风衰俗怨”的时代，建安诗人“雅好慷慨”，自觉地把个人与国家的前途、民族的命运联系在一起，“建永世之业，流金石之功”（曹植《与杨德祖书》）是建安文人梦寐以求的人生目标，“闲居非吾志，甘心赴国忧”（曹植《杂诗》）是建安文人的共同心声。而一代枭雄曹操投戈吟咏，“横槊赋诗”[②]，重视个人情感的真实抒发，表现自己的雄心壮志和积极进取精神，表现一统天下的思想，正是士人心理与时代特征的真实写照。

① 沈德潜《古诗源》卷五。

② 元稹《唐故工部员外郎杜君墓系铭并序》。

曹操在艰苦创业中也丝毫不掩饰自己对秩序井然的理想社会的热烈憧憬，在《度关山》《对酒》中，曹操所设想的理想社会首先要有立君牧民之则，而在封建官僚机构上的大小官吏都应是忠良之臣，到处呈现出和平、安定的社会气氛："对酒歌，太平时，吏不呼门。"（《对酒》）百姓努力生产，"三年耕有九年储，仓谷满盈，班白不负戴，雨泽如此，百谷用成"（《对酒》）。在物质生活得到改善的同时，人们的精神面貌发生了很大的变化："咸礼让，民无所争讼。"（《对酒》）犯罪的人越来越少，以至于"囹圄空虚，冬节不断"（《对酒》）。统治者对待人民的态度不再是董卓、袁绍之流的残酷杀戮，而是"爵公侯伯子男，咸爱其民"，"子养有若父与兄"（《对酒》）。进而"兼爱尚同，疏者为戚"（《度关山》）。生活在和平年代的人们，很少因为战火死于非命，"人耄耋，皆得以寿终"（《对酒》）。可以看出，曹操笔下的理想社会反映了社会的发展趋向，在一定程度上表现的是处于水深火热之中的人民群众的生活愿望和残酷的现实导致人心对于治世的呼吁，具有较强的写实性。

当然，曹操亦不乏浪漫情怀，他的游仙诗《秋胡行》二首、《精列》《气出唱》等以浪漫的手法，大胆的想象，描绘了一幅虚幻飘渺的神仙世界，借游仙以咏怀，表现飞逝年华与千里之志发生的矛盾，统一大业受挫时内心的悲哀和希望，但其大多诗歌倾向于写实。

三

曹操"以相王之尊，雅爱诗章"[①]。"御军三十余年，手不

① 刘勰《文心雕龙·时序》。

舍书，昼则讲武策，夜则思经传。登高必赋……”[①]他不仅广泛搜求、延揽知名文士，而且身体力行，在建安诗坛上，曹操是第一个用诗歌来表现时代精神，进一步发挥诗歌的社会功能的作家。真实是文学的生命，他的大部分诗歌，都能从时代生活的实感出发，针砭时事，追求功业，感叹生灵，同情将士，抒发真情，思慕贤才，继承了《诗经》、汉乐府民歌忧时悯乱的写实精神，把建安时代社会、人生中的各种矛盾予以揭示。诗歌语言质朴简约，又常融合古代典籍中的现成词句，于通俗质朴之中含典雅。慷慨悲凉，气韵沉雄，为五言诗的发展和四言诗的翻新作出了杰出的贡献。

曹操诗歌抒写当时的现实生活与时代精神，表现诗人的真实情感，为建安及以后现实主义诗歌的繁荣树立了榜样。西晋诗人左思的《咏史》八首，借咏史直抒胸臆，表现寒门知识分子对门阀士族的抨击和抗争，名为咏史，实为咏怀，具有强烈的现实主义精神。钟嵘《诗品》用“左思风力”来概括左思诗歌的成就，“左思风力”与“建安风骨”实际上是一脉相承的。刘琨的诗歌《重赠卢谌》《扶风歌》都是具有丰富的现实内容和强烈的爱国情感的诗歌，元好问《论诗绝句》评为：“可惜并州刘越石，不教横槊建安中。”可见是对建安作家尤其是曹操现实主义文学传统的继承。鲍照是刘宋诗坛大力写作乐府诗的杰出诗人，如《代东武吟》描写了老军人一生征战、晚景凄凉的现实，可说是对曹操《苦寒行》《却东西门行》等描写战争艰苦诗歌写实性的直接继承。唐代诗人陈子昂高举诗文革新大旗，在《与东方左史虬修竹篇序》一文中明确反对“彩丽竞繁”“兴寄都绝”的形式主义诗风，提倡“兴寄”“风骨”兼备的诗歌，提出要恢复“汉魏风骨”优秀的文学传统，并在《感遇》诗三十八

① 《三国志·武帝纪》裴松之注引《魏书》。

首中以其具体创作实践了自己的文学主张。唐代诗人杜甫，赋予中国古代诗歌的写实传统以全新的内涵，他的诗从唐代起就被称为“诗史”。而白居易的现实主义创作理论的基本纲领是“文章合为时而著，歌诗合为事而作”，加之他现实主义的创作态度，是对建安时代曹操所开创的写实精神的继承和发扬。曹操诗歌的写实精神，在建安诗人中名列前茅，对于魏晋六朝、唐代及以后的现实主义诗歌创作，都有着深远的影响。

（原载《兰州大学学报》2000年第2期）

曹操诗歌的民歌特色和文人性

◎孔瑞明

中国古典诗歌分为民歌和文人诗歌两部分，这两种诗歌互相影响，共同发展，但从历史的角度看，二者的发展并不平衡。建安以前，文人创作主要着眼于散文，诗歌数量很少，相对来说，民歌创作取得了巨大的成就；建安以后，文人诗歌迅速发展，并以巨大的数量和鲜明的特点统治了诗坛。建安时期，在中国诗歌史上，是一个承前启后的时期，一方面，建安诗人继承和发扬了民歌（主要是汉乐府民歌）的优良传统，展现了现实主义的创作精神；另一方面，他们在诗歌作品中大胆抒情，勇于表现自己的内心世界，他们以前所未有的创造性，为文人诗歌的全盛奠定了基础。

在建安诗人中，曹操是比较突出的，他“以相王之尊，雅爱诗章”[①]，成为建安诗坛的领袖。他的诗兼有民歌特色和文人性质的双重特征，体现了建安诗人的共同特点，具有一定的代表性。本文就曹操诗歌的民歌特色和文人性作具体分析，以求获得一个整体研究建安诗歌的基础。

所谓民歌特色，是指文人诗歌具有类似于民歌的思想实质和艺术形式。曹操的诗歌继承了汉乐府民歌的思想实质，这是他的诗歌特色的主要表现。

---

① 刘勰《文心雕龙·时序》。

民歌从产生的一刻起，现实主义就成为它最主要的创作倾向，这大约和它的阶级属性有关系。汉乐府民歌就是这样，所谓“感于哀乐，缘事而发”[①]——以广阔的社会生活为背景，无所顾忌地表现劳动人民自己的思想感情，并且由于它具有较强的叙事性，因而比之周民歌，汉乐府民歌的现实主义倾向更为鲜明。曹操的诗歌和汉乐府民歌有着共同的思想基础，它反映的内容，是民歌中最常见的内容，在一定程度上，表现了社会现实，揭露了社会矛盾，具有较强的人民性。

曹操有许多诗歌反映了动乱的社会现实，如《薤露行》《蒿里行》这两首诗揭露了汉末军阀混战，给人民带来的深重灾难。诗中写出了城市的破坏，乡村的凋敝，人民流离失所。特别是《蒿里行》中写道：“铠甲生虮虱，百姓以死亡。白骨露于野，千里无鸡鸣。”对人民的不幸遭遇表示同情。

汉乐府民歌中，最引人注目的是反剥削、反压迫的诗篇，这个内容在曹操的诗歌作品中，虽然不像汉乐府民歌那样表现得直截了当，也不如汉乐府民歌那样坚决，但也有比较间接的反映。曹操有一些诗正面描写了劳动人民穷困的生活图景。《谣俗曲》这样写道：“瓮中无斗储，发箧无尺缯。友来从我贷，不知所以应。”这首诗对汉乐府民歌《东门行》的承袭比较明显，同样是写劳动人民在惨重的剥削压迫下，已经到了走投无路的地步，所不同的是《谣俗曲》中没有像《东门行》中那样铤而走险的反抗形象，但从中也可以看出，曹操对当时民不聊生的社会是持不满态度的。作为一个新兴地主的政治家，他不希望使用暴力手段，而希望通过另一个途径来消灭压迫。《对酒》诗展现了他理想的乌托邦社会。“对酒歌，太平时，吏不呼门，王者贤且明……三年耕，有九年储……囹圄空虚，冬节不断人……”

① 班固《汉书·艺文志》。

这是一幅幻想的社会图景，老百姓和统治阶级和睦相处，融洽无间，人民无忧无虑、丰衣足食。这样的社会是否能够实现姑且不论，但它至少表达了诗人反对压迫的愿望，从这个意义上说，这种思想还是比较接近劳动人民的。

曹操的诗在艺术形式上，也表现出鲜明的民歌特色。

（一）诗体

曹操的诗歌作品绝大多数是杂言体和五言体，而杂言体和五言体正是汉乐府民歌诗体的主要形式。汉代文人视为正统的诗歌形式是四言诗，杂言诗在汉代几乎没有文人创作，虽然有个别人在民歌的影响下也写出过一些五言诗，但大多成就不高，如班固的《咏史》，《诗品》批评其为“质木无文”。杂言体和五言体真正取得成就的，是汉乐府民歌，曹操的诗歌多采用杂言体和五言体来写，正可以看到汉乐府民歌对他的影响。

（二）语言

钟嵘在《诗品》中说：“曹公古直，甚有悲凉之句。”概括了曹操的语言风格。所谓“古直”，“古”指的是古拙，是以汉乐府民歌为主体的汉代诗歌的风格。“直”有两方面的意思，一是指直抒胸臆，直率的意思；二是指曹操诗歌语言用字简约，不事雕饰。以下试对曹操诗和汉乐府民歌作句摘比较：

写战争过后的惨象

曹操：白骨露于野，千里无鸡鸣。（《蒿里行》）

汉乐府民歌：战城南，死郭北，野死不葬乌可食。（《战城南》）

同样一件事情

曹操：担囊行取薪，斧冰持作糜。（《苦寒行》）

汉乐府民歌：舂谷持作饭，采葵持作羹。（《十五从军征》）

写家庭的贫困

曹操：瓮中无斗储，发箧无尺缯。（《谣俗曲》）

汉乐府民歌：盎中无斗米储，还视架上无悬衣。（《东门行》）

明代胡应麟概括汉乐府民歌的语言特色是“矢口成言，绝无文饰，故浑朴真至独擅古今”[1]。由此来比较曹操的“古直”，再结合作品来分析，就可以发现，它们所说的实际上是同一个意思。

（三）表现手法

铺叙手法是民歌惯用的表现手法之一，它主要是按照顺序描写并列的事物，以壮大声势，渲染环境气氛，从而增强作品的艺术表现力。《孔雀东南飞》写刘兰芝梳妆，以表现她的美貌：“足下蹑丝履，头上玳瑁光。腰若流纨素，耳著明月珰。指如削葱根，口如含朱丹。”在曹操的作品中，这样的写法也很多。《冬十月》写天气寒冷，“孟冬十月，北风徘徊。天气肃清，繁霜霏霏。路鸡晨鸣，鸿雁南飞。鸷鸟潜藏，熊罴窟栖……”《苦寒行》写军旅生活的艰辛，“北上太行山，艰哉何巍巍！羊肠坂诘屈，车轮为之摧。树木何萧瑟，北风声正悲。熊罴对我蹲，虎豹夹路啼……”类似这样的写法还很多，这些都是曹诗向汉乐府民歌学习的例证。

除此之外，民歌创造并大力动用的比兴手法在曹操的诗歌中也随处可见。《短歌行》用早晨的露水来比喻人生的短暂；《龟虽寿》以“老骥伏枥，志在千里”来为“烈士暮年，壮心不已”作兴起，反复生发，加深了诗歌的主题。最说明问题的是《却东西门行》。诗曰：

鸿雁出塞北，乃在无人乡。举翅万余里，行止自成行。冬节食南稻，春日复北翔。田中有转蓬，随风远飘扬。长与故根绝，万岁不相当。奈何此征夫，安得去四方？戎马不解鞍，铠甲不离傍。冉冉老将至，何时反故乡？神龙藏深渊，猛虎步高

① 胡应麟《诗薮》。

岗。狐死归首丘，故乡安可忘?

全诗二十句，却只有“奈何此征夫”以下六句正面叙写征夫离乡之悲。其余十四句，全以比兴方法写成，或写大雁南飞，不忘北方故地，或写神龙难忘深渊，或写猛虎常住山岗，或正或反，反复类比，将征夫对故乡的思念之情，表现得淋漓尽致。由此也可见作者对比兴法运用的纯熟。

除了铺叙手法和比兴手法之外，民歌中其他惯用的手法在曹操诗歌中也有反映，此处限于篇幅，恕不赘述。

综上所述，曹操的诗歌具有鲜明的民歌特色，他的诗正是在吸取了汉乐府民歌的营养之后，才显得更加动人。但是，曹操的诗歌毕竟不能等同于民歌，曹操和其他建安诗人的功绩还在于，他们将诗歌的触觉伸入了一个汉乐府民歌未曾达到的领域，从而使诗歌表现鲜明的文人性。

曹操的诗歌虽然和汉乐府民歌反映的内容类型大致相同，但它们的表现角度不一样。汉乐府民歌反映现实生活的特点是具体生动，它善于从一个较小的范围来揭露社会矛盾。《东门行》《妇病行》《孤儿行》《孔雀东南飞》表现的都是一个家庭的悲剧，其他如《陌上桑》《十五从军征》《上山采靡芜》等也都只是单个的人身边发生的一件事情，总之它无法摆脱“一时一事”的限制。这和民歌作者的艺术修养、审美情趣有关系，也是由封建社会单一生产的经济形式造成的。因此，汉乐府民歌中，每篇作品不可避免地带有这样一种局限性：虽然生动深刻，但缺乏反映生活的广度。

在这一点上，曹操不同于汉乐府民歌的作者，他是一个政治家，南北转战，驰骋疆场，特殊的社会经历和政治信仰，使他能从一个崭新的高度来观察和分析社会。曹操的诗反映生活更有整体性。在曹操的诗歌作品中，我们所感受到的往往是生活的全景，画面是完整和连续的。《薤露行》完整地展现了东汉末年的一段历史。“惟汉廿二世，所任诚不良。沐猴而冠带，知小而谋强。犹豫不敢断，因狩执君王。白虹为贯日，己亦先受殃。贼臣持国柄，杀主灭宇京。荡覆帝基业，宗庙以燔丧。播越西迁移，号泣而且行……”诗中写到外戚和宦官专权，给人民带来无穷无尽的灾难。这样重大的题材，这样广阔的社会画面，在汉乐府民歌中是难以找到的，唯有那些既有深刻的感受能力，又兼有博大的政治家胸襟的诗人才能建构出来。自曹操之后，恐怕也只有杜甫的诗歌可以相比。

曹操诗歌的文人性还表现在于客观的叙事中，加强了主观抒情的因素。

本来，一切诗歌（包括叙事诗）都具有抒情的特点，但汉乐府民歌偏重于体现诗歌的叙事性和社会性。这种诗歌一般注重客观的外部世界的描述，很少由作者出面直接抒情，诗歌的激情只能借助于诗歌的真实性由读者去体验。曹操的诗歌则不然，他的诗既细致生动地描述事物，又无所顾忌地直接抒情，直接抒情的诗句在他的作品中比比皆是：

生民百遗一，念之断人肠。（《蒿里行》）
瞻彼洛城郭，微子为哀伤。（《薤露行》）
悲彼东山诗，悠悠令我哀！（《苦寒行》）
士隐者贫，勇侠轻非；心常叹怨，戚戚多悲。（《土不同》）

这种直接抒情的表现方法，是建安文人诗歌与汉乐府民歌的显著差异。汉乐府民歌中只有极少数的作品中出现过直接抒情的诗句，如《孔雀东南飞》：“生人作死别，恨恨哪可论，念与世间辞，千万不复全。”但据专家考证研究，这种句子往往是在作品流传过程中，为文人润色时所加，而非民歌的原貌。

汉乐府民歌缺乏抒情性，是它的一个严重弱点，其中一些语言不那么通俗畅晓的作品，就难免显得干涩生硬。分析其原因，固然是民歌作者缺乏艺术修养，但和汉乐府民歌所处的时代也有关系。汉代（特别是东汉）是儒学独尊的时代，不仅继承了先秦以来重理轻情的儒学诗教，而且赤裸裸地宣扬“情恶论”。所谓“情生于阴，欲以时念也；性生于阳，以就理也，阳气者贪，故情有利欲，性有仁也”[①]。正因为统治阶级持这样的态度，所以在采集民歌的过程中必然要扼杀、消除民歌中本来不多的抒情因素，因而使流传下来的汉乐府民歌缺乏抒情性，这真是一个莫大的遗憾。东汉末年，随着儒学的衰微，不少作家迫切要求寻找一条合理的途径，以打破两汉僵化的诗歌格局，诗歌从重理性，到建安时代发展为既重理性，也需感情，诗歌取得了情理的平衡。这个变化是必然的，它既是建安诗人抒情心理的需要，也反映了建安诗人一起，在诗歌中直接抒情，以他们富有创造力的实际创作，补充了民歌的艺术表现领域，也有力地批判了建安以前陈旧而落后的诗学。

在直接抒情的基础上，曹操还着力展现自我，在诗歌中刻画自我的形象，从而使曹操诗歌的文人性质表现得更加突出。

从建安以前的创作实际来考察，诗歌由于种种主观和客观条件的限制，极少能表现自我。就汉乐府民歌而言，由于它受特殊的表现内容的限制（汉乐府民歌绝大部分是对外部世界的批判），所以大多数作品无法表现自我。而另一小部分民歌，如表现属于劳动人民自己的劳动和爱情的诗歌，虽然也有自我因素存在，但由于它们是集体创作产生的，因而这些诗歌往往被一种集体意识所笼罩，无形中削弱了自我的个性特点。民歌中的自我，受集体意识的制约，是属于整个阶层和阶级的自我，它只反

① 班固《白虎通义》。

映了一个范围、一个层次的共性。汉乐府民歌中的《江南》《上邪》《上山采靡芜》等就是这样，它们或反映一部分人的生活状况，或展示一部分人的必然命运，仅仅是概括，在艺术上必然缺乏个性。

在这一点上，曹操的诗歌和汉乐府民歌相比表现出截然不同的风貌，他的喜怒哀乐和他自己的政治追求息息相关，并将此融注于诗歌创作之中，在作品中多层次、多侧面地展现自己的内心世界，形成一种独特的个性美。作于建安十一年的《苦寒行》①，描写了行军的艰苦，也写出了作者曲折矛盾的心理："延颈长叹息，远行多所怀。我心何怫郁，思欲一东归。"作者盼望着能尽快平定叛乱，取得胜利，但又十分不愿意战争的发生，最后以"悲彼《东山》诗，悠悠令我哀"作结，更具体地说明了这种思想，表达了作者对下层官兵深切的同情。《短歌行》（其一）和《观沧海》充分体现了作者作为诗人、政治家的吞吐宇宙而又虚怀若谷的胸襟。《观沧海》是一首"流光易逝、欲得贤才以早建王业之诗"②，这首诗中，作者或忧、或悲、或喜，极写自己渴慕贤才而贤才难得的心理。特别是最后四句"山不厌高，海不厌深。周公吐哺，天下归心"，以周公作比，将自己思贤若渴，不辞土石、不择细流的思想昭然于天下。如果说《短歌行》写曹操的胸怀如同大海一般，渴望江河的归入，那么《观沧海》却以大海作比写出了诗人政治家胸襟的另一个侧面——丰富多彩而博大无穷，正如钟惺《古诗归》中所说的："《观沧海》直写胸中眼中，一段笼盖吞吐气象。"这里写海即写人，"日月之行，若出其中，星汉灿烂，若出其里"，曹操的胸怀正如那波涛汹涌的大海一般，能容纳万物。《龟虽寿》则着重阐述了作者唯

① 该诗作于206年，曹操自邺城北上征讨高幹的叛乱，这首诗可能写于行军途中。
② 张玉穀《古诗赏析》。

物主义的生死观，展现了他老当益壮的奋斗精神，从另一个侧面补充了作者的自我形象。

以上论述了曹操诗歌的民歌特色和文人性，前面已经谈到。曹操诗歌的这一特点，很能体现建安诗人的共同特征，深入研究这一问题，有助于正确理解和把握建安诗歌的发展情况，确立建安诗歌在中国诗史上的适当地位。另补充一点，各朝各代的文人诗人，虽然从未放弃对民歌的学习，但都没有像建安诗人这样和民歌水乳交融。深入研究建安诗歌的民歌特色，对于探索古代文人诗歌内部的艺术规律，有着不可忽视的作用。

（原载《名作欣赏》2000年第3期）

论曹操的诗歌创作艺术

◎蒋寄红

曹操（155—220），字孟德，沛国谯（今安徽亳州）人。是三国时期叱咤风云的政治家、军事家，同时也是建安时期一位杰出的诗人。曹操诗今存22首，都是乐府歌辞。

曹操的乐府诗虽沿用汉乐府古题，却并不因袭古辞古意，而是继承了乐府民歌“缘事而发”（《汉书·艺文志》）的精神，以新的内容反映了新的社会现实，表现出新的面貌。如《薤露行》。《薤露行》本是挽歌，曹操此作是借旧题写时事，感叹何进召董卓进京酿成大乱，毁灭了东汉王朝的基业。“惟汉二十二世，所任诚不良。”起句感慨朝廷用人不当，揭露致乱的根源，领起全篇。“沐猴而冠带，知小而谋强。犹豫不敢断，因狩执君王。白虹为贯日，己亦先受殃。”叙写何进召乱身死。“知小谋强”“犹豫不断”，点明召乱受殃的原因。“贼臣持国柄，杀主灭宇京。荡覆帝基业，宗庙以燔丧。播越西迁移，号泣而且行”六句，正叙董卓窃国作乱之事，如一纸檄文。“播越西迁移，号泣而且行”，惨酷之状如见，号淘之声如闻，描写了一幅大动乱的历史画面。最后，“瞻彼洛城郭，微子为悲伤”，抒写感伤，收束全诗。

《蒿里行》也是当时人们送葬时所唱的挽歌。曹操的《蒿里行》是依旧题所写的新辞。诗歌从叙事入手，以质朴的语言，叙述了献帝初平元年关东州郡起兵讨伐董卓，但会师之后渤海太守袁绍、淮南尹袁术等军阀却为争权夺利而自相残杀的史实，形象地揭示了军阀混战给老百姓带来的深重灾难，深刻地反映了东汉末年动乱的社会现实。

诗歌一开始，“关东有义士，兴兵伐群凶”，从大处着笔，高度概括了当时的社会历史背景。没有“群凶”的作乱，就不会有“关东义士”的讨伐。接着，诗人又用十分精练的语言，概括了当时的斗争形势：“初期会盟津，乃心在咸阳。”但是，事与愿违，“军合力不齐，踌躇而雁行。势利使人争，嗣还自相戕”。为什么形势会变得如此呢？诗人笔锋一转：“淮南弟称号，刻玺于北方。”将斗争的矛头直指当时势力雄厚、地位显赫的二袁。“铠甲生虮虱，万姓以死亡。白骨露于野，千里无鸡鸣。生民百遗一，念之断人肠。”作者饱蘸着愤怒的笔墨，为读者描绘出一幅凄惨、悲凉的图画。尤其是“生民百遗一，念之断人肠”，这正是诗人正视生民、大痛大悲之情的充分流露，这正是诗歌具有强烈的现实主义精神的所在。

《薤露行》《蒿里行》都是用乐府旧题而写时事的，明人钟惺在《古诗归》中说这两首诗是：“汉末实录，真诗史也。”

曹操的乐府诗中同时也反映了汉末动乱中的军旅征戍生活，抒发征人怀乡之思。

《苦寒行》属《相和歌·清调曲》，始于曹操，因首句为“北上太行山”，故亦称《北上行》。曹操的《苦寒行》成于建安十一年（206）曹操讨伐高幹的征途之中。当时正值旧历正月，北风狂啸，雪落霏霏，太行山一派萧瑟凄凉的景象。诗中描写苦寒行军的艰苦和自己思家怀乡的感慨，从侧面反映了他削平割据，实现统一的渴望。

首句总写：“北上太行山，艰哉何巍巍！”点明征伐的方向和地点，以及遇到的巨大困难。“羊肠坂诘屈，车轮为之摧。树木何萧瑟，北风声正悲。熊罴对我蹲，虎豹夹路啼。溪谷少人民，雪落何霏霏！”由近及远，按行进的顺序，描写行军路上的艰难险阻。由于征途上的重重难关和举目所见的一片丧乱景象，触动了作者的深深愁思：“延颈长叹息，远行多所怀。我心何怫郁，思欲一东归。”深深的思乡之情，溢于字里行间。“水深桥梁绝，中路正徘徊。迷惑失故路，薄暮无宿栖。行行日已远，人马同时饥。担囊行取薪，斧冰持作糜。”山路行军的艰苦，历历在目。

曹操乐府诗，除叙史实之外，还表现了他统一天下的雄心和顽强的进取精神。这类诗悲歌慷慨，具有浓厚的抒情气氛。《短歌行》就是这类诗歌中的代表。“对酒当歌，人生几何？譬如朝露，去日苦多。慨当以慷，忧思难忘，何以解忧？唯有杜康。”开篇两句，抒发了诗人对时光流逝功业未成的深沉感慨。“青青子衿，悠悠我心。但为君故，沉吟至今。呦呦鹿鸣，食野之苹。我有嘉宾，鼓瑟吹笙。”借用典故比喻对“贤才”的思念；“明明如月，何时可掇？忧从中来，不可断绝。越陌度阡，枉用相存。契阔谈宴，心念旧恩。”一方面为求贤而愁，又表示要待贤以礼。“月明星稀，乌鹊南飞。绕树三匝，何枝可依？山不厌高，海不厌深。周公吐哺，天下归心。”表现了搜揽人才以完成统一事业的宏伟怀抱，确切地点明诗的主题。全诗在深沉的忧郁之中激荡着一股慷慨激昂的情绪，可以感觉到在混乱的现实中建立功业的艰难和诗人坚定的信心。

《龟虽寿》写于建安十二年（207）北征乌桓之后，时年53岁。“老骥伏枥，志在千里。烈士暮年，壮心不已。”抒发了自己老当益壮的英雄襟怀；“盈缩之期，不但在天；养怡之福，可得永年。”表达了不信天命、重视人力的积极见解。

曹操的诗极为本色，艺术上的显著特点是直陈其事，感慨抒怀，风格沉郁直朴，苍莽悲凉。如《薤露行》中“白虹为贯日”，以象征的手法写君主受制朝廷变乱，显得形象而悲壮。结句“瞻彼洛城郭，微子为悲伤”，运用典故比况洛阳被焚，东汉帝业倾覆，表达对东汉王朝的悲悼感情，为诗篇抹上了浓重的历史悲剧的感情色彩。

《苦寒行》中，承、转、启、合，环环相扣，层层深入，有情有景，情景交融。整篇朴实无华，不尚藻饰，感情深挚，气韵沉雄，显得慷慨激昂，悲壮苍凉。“树木何萧瑟，北风声正悲。熊罴对我蹲，虎豹夹路啼。溪谷少人民，雪落何霏霏”，寓情于景，悲壮深沉。

曹操的诗不仅风格沉郁直朴，苍莽悲凉，而且还具有直抒胸臆，博大雄伟的特点。《观沧海》是这一方面的代表作。诗首六句，点题直起，用朴素的语言，白描的手法，写登山所见的眼前景物。接着笔锋一转，“秋风萧瑟，洪波涌起”，突然映出了一幅浩淼无垠，波涛汹涌，大有吞没一切之势的壮阔海景。“日月之行，若出其中；星汉灿烂，若出其里。”又向人们转换出另一幅海景图。日月星辰好像都在大海的怀抱中运行，大海是何等的宏伟，何等的壮阔！诗人匠心独具，把大海塑造成一个能包容宇宙万物的博大宏伟的艺术形象，表现了诗人的博大胸襟和丰富的想象力。

运用传统的托物寄兴手法，通过对具体事物的描述与评价，达到述理、明志、抒情的目的，把深刻的哲理与具体完美的艺术形象融会在一起，是曹操诗歌创作艺术上的独到之处。《龟虽寿》主旨在于既表现理智和思想，同时也表现了感情。“神龟虽寿，犹有竟时。腾蛇乘雾，终为土灰”，用传说中的神物说明死亡是不可抗拒的客观规律。一方面，“神龟”“腾蛇”结合着神话，富于形象，情境充满奇趣；另一方面，事例典型，启人遐思，耐人寻味，以涵蓄不露而又无可辩驳的内在逻辑力量，深刻揭露了神仙长生之说的虚妄，表现了诗人“性不信天命之事”（《让县自明本志令》）的朴素唯物主义思想。“老骥伏枥，志在千里。烈士暮年，壮心不已。”莽莽而来，突兀而起，语气高亢；内容更是一个跳跃，一个升华；诗境一变而为激荡。诗人用形衰却壮志未减的“老骥”形象，来形容自己“烈士暮年，壮心不已”的胸怀，生动而贴切。哲理与诗情得以融汇，寓理于情，融情入景，达到了心与物会、情与理合的境界。

在表现手法上，曹操的诗歌比喻生动形象，用典贴切自然。《却东西门行》一篇中，开首托鸿雁比兴，反衬出将士有家难归的悲苦。这是一层反兴。“田中有转蓬，随风远飘扬。长与故根绝，万岁不相当”四句，写蓬草随风飘荡，一辞故根，便永远离去，这是正喻。从正面比喻将士流离转徙，长期不得返回故园。结句“神龙藏深泉，猛兽步高岗。狐死归首丘，故乡安可忘？”以比兴抒怀，情致极为哀怨悲怆，龙吟大泽，虎啸高岗，它们各得其所，各顺其性，以此反衬将士羁旅行役的悲苦。《诗经·何草不黄》有云：“匪兕匪虎，率彼旷野。哀我征夫，朝夕不暇。”诗中慨叹征夫不是野兽，为何野兽一般出没于旷野，不分昼夜地行军作战？孟德这两句由此化出，却不露痕迹，仿佛与一般比兴没有什么两样。“狐死归首丘”，既是比兴，又是化用典故。典出《楚辞》。狐狸临死，头向山丘，虽死犹恋故土。屈原借以表达自己对故都至死不渝的忠贞感情。这里曹操用来表达自己和将士对故乡执着的眷恋，使“故乡安可忘”的情怀托之于鲜明的形象。四句中，连用三个比喻。“神龙”“猛兽”属反比，“狐死”属正喻。通过正反两层比喻，将士们至死不渝的思乡之情揭示得极为强烈而深刻。“鸿雁”“转蓬”“神龙”“猛兽”“狐狸”等喻，比兴杂集，或正或反，托寓了诗人哀怨伤感的情绪，丰富了诗歌的艺术形象，也使抒情委婉蕴藉，更富于情致。

《薤露行》中，“沐猴而冠带，知小而谋强”一句中的“沐猴而冠”，典出《史记·项羽本纪》，是一句骂人的话，这里用以骂何进占据高位而实际没有本事，用典精妙，切中何进“知小谋强”“犹豫不断”的特点，画皮画骨，惟妙惟肖。

活用成句，特别是活用《诗经》的成句，是曹操诗歌在表现手法上一个显著的特色。《管子·形势解》说：“海不辞水，故能成其大；山不辞石，故能成其高；明主不厌人，故能成其众。”曹操化这段话为《短歌行》中的“山不厌高，水不厌深”两句，含蓄地强调了“明主不厌人”的意思以抒以自己的情志，在手法上十分高明。“青青子衿，悠悠我心”（《短歌行》）二句是出自《诗经·郑风·子衿》的原话，原诗是写一个姑娘在思念自己的爱人，其中第一章的四句是：“青青子衿，悠悠我心。纵我不往，子宁不嗣音？”曹操在这里引用这首诗借以表示自己对贤才的思念，而且“但为君故，沉吟至今”，实在巧妙：一方面固然是直接比喻了对贤才的思念，但另一方面更重要的是他所省掉的两句：“纵我不往，子宁不嗣音？”事实上，对于贤能人士，曹操不可能一个一个地去找，诗人在用一种含蓄的方法提示他们：“就算我不能来找你们，你们为什么不能主动来投奔我呢？”借用与创作融为一体，传达出诗人求贤若渴、念念不忘的深情厚意和体贴用心。“呦呦鹿鸣，食野之苹。我有嘉宾，鼓瑟吹笙。”出自《诗经·小雅·鹿鸣》，诗人全部袭用，与上下文契合无间，以想象之笔抒写自己对贤才梦寐以求的思念。

曹操的诗歌创作继承了“国风”“小雅”的抒情的传统，创造出一些动人的篇章，使四言诗继《诗经》后再一次放出光彩。沈德潜《古诗源》卷五云：“曹公四言，于《三百篇》外，自开奇响。”后世嵇康、陶渊明等人有成就的四言诗都是沿着这条路走下去的。

（原载《湖南社会科学》2003年第3期）

曹操诗歌对汉乐府叙事题材的突破

◎刘晓莉

曹操一生值得关注的地方很多，作为杰出的政治家、军事家，其气概与成就，令后人折服，此处不论；在文化艺术方面，他通古学、博经学、研书法、精音乐，特别是在文学上的造诣更是不同寻常。曹操戎马一生之际，著书颇丰，面广意深，诗赋论奏，无不涉猎。纵观他在文学上的成就，大莫过于诗歌。

他现存诗歌二十余首，皆系乐府诗。体式大致分为三类：四言、五言和杂言。他不仅诸体皆擅，而且各种体式均有成就，尤以五言、四言为最。五言诗大体以乐府旧题写时事，如《薤露》《蒿里》在汉乐府里本为挽歌，曹操却用来写史实，对汉末动乱、军阀混战作了生动、深刻地描述，以其对历史深刻地洞悉与高度的概括力，被后人誉为“汉末实录，真诗史也”[①]。在开借旧题写时事之先河的同时，也为日后汉乐府精神的发扬光大注入了新的生命；曹操四言诗的创作更为出色。《诗经》之后，四言诗作为正宗诗体之一，一度出现饥荒趋势。尽管创作者不乏其人，但有特色者已不多见，想要逾越《诗经》更成了不能之事。经过汉代四百多年文学实践的证实，四言诗似毫无生机，被五言、七言或其他诗体所取代已成趋势，况且汉乐府主要形式的构成与成就体现也均在杂言与五言乐府上。因此，曹操四言诗的

① 钟惺《古诗归》，《三曹资料汇编》，中华书局1980年版。

出现，是四言诗经历沉寂后的再次崛起。他以他卓越的创作才能，使四言诗成为《诗经》之后的又一丰碑。沈德潜曰："曹公四言，于《三百篇》外，自开奇响。"[①]很是中肯。

尽管曹操诗歌诸体皆备，并均有建树，但观其诗歌成就，不只体现在他选择了乐府这种体裁进行创作，而更多地体现在他对乐府诗歌内容上所作的更新与改造。我们知道，汉乐府诗歌主要以叙事为主，叙述事件有头有尾，也就是说，诗歌的内容均由一个完整的故事构成。像汉乐府中的代表作：《妇病行》《孤儿行》《十五从军征》《东门行》《陌上桑》《孔雀东南飞》等，它们都是非常好的叙事诗，都因其人物形象鲜明，情节扣人心弦，叙事详尽而产生了震撼人心的艺术感染力。而曹操乐府诗的创作，忽略其细节，畅扬其精神，遵循汉乐府"感于哀乐，缘事而发"的创作传统，写时事，述情怀。以自己对人生的独特感悟与对历史的深刻认知，积极开拓乐府诗歌领域，创造性地写作乐府诗，形成了自己独特的艺术风格，对后代产生了深远的影响。那么他对汉乐府叙事诗作了哪些突破呢？笔者认为最重要者莫过于对叙事主题的拓展。具体言之，它主要体现在以下几个方面：

1.叙事范围的扩大。作为叙事诗，汉乐府叙写的角度大多是芸芸众生的酸甜苦辣，悲欢离合。由于作者来自不同阶层，反映的广度也涉及他们社会生活的各个层面。对个体生命在外力压迫下所具有的种种形态作了发人深省的描述，它力量的形成也是来自乐府整体的叙事效果。就单篇而言，尽管它描写生动细致，有很强的感染力，但相对而言，它社会的历史的容量就不能够充分体现。而曹操的叙事诗，叙述的角度不是停留在个人对社会的抗争以及抗争过程中人们具体的心态流程，而是着眼于历史强加

① 沈德潜《古诗源》，《三曹资料汇编》，中华书局1980年版。

于人类群体生命的大灾难，在这里历史与人类都是灾难的承受者。董卓之乱是历史上罕见的浩劫，它不仅造成了物质财富与精神财富的双重破坏，更导致了整个社会的分崩离析，而对如此惨烈的社会局面，曹操一方面用行动进行救治；另一方面用诗歌的形式进行生动的刻画，如《薤露行》《苦寒行》等就历史地再现了汉朝衰落的原因、董卓如何犯上作乱、关东军联合讨伐董卓未果以及军阀混战的开始。他以乐府为体裁，大背景、大舞台、大军阀、大灾难贯串着大英雄的情怀，构成了一幅巨大的历史画面，在这个画面里，裸露着由于历史严重脱轨而造成的人性沦丧，血流成河，白骨成堆。历史的真实刻画与洞察时事的透彻，形成了曹操诗歌博大精深的内质。所谓“看尽乱世群雄情形，本初、公路、景升辈，落其目中掌中之矣”[①]，就道出了曹公对事态情形的了如指掌与对历史脉搏的准确把握。正是基于对时事的深刻认识，口诛笔伐才能入木三分。因此，从叙事容量来说，曹公的确拓展了叙事空间，使它由汉乐府个体事体的描述扩大到了对人类共同面对的历史大课题的关注；由局部的细节描写进入了历史性的整体描写；由偶然的个例事件提升到了具有普遍认知意义的叙述。

2.化叙事为抒情写怀。汉乐府以叙事为主，尽管个别诗也有抒情成分，但也无法改变乐府诗的叙事特质，因为它的抒情手段在叙事中的运用微乎其微，根本不能作为一种艺术手法与叙事特性相提并论。曹操不仅融抒情于叙事，而且抒情成分相当浓厚，在一定程度上两种成分（叙事与抒情）还能平分秋色。例如《蒿里行》《苦寒行》等，就不仅仅是“实录”，而更是具有浓厚色彩的“史诗”。更有甚者，曹公以乐府旧题专事抒情写志，彻底改变了乐府主题内容的构成。陈沆曰：“‘人生几何’发端，盖传

① 钟惺《古诗归》，《三曹资料汇编》，中华书局1980年版。

所谓古之王者知寿命不长，故并建圣哲，以贻后嗣……曹公古直悲凉，其诗上继变雅，无篇不奇，但亮节慷慨，无烦笺释，故止录此一篇。”[①]从魏晋开始，更确切地说，从曹操的时代（东汉末）开始，中国进入了大分裂大动乱的时代，生命无常，乱世中的生命就更加无常。老百姓自不必说，就是上层统治者也不能幸免于难，我们知道的建安作家“七子”，均死于非命，曹氏兄弟身为帝王、诸侯，也不过中年而终。如果作横向的比较，曹操较之儿子、“七子”可谓寿命长者。作《短歌行》时，曹操也已50开外。年过半百，中原仍战火不熄，百姓仍生灵涂炭，对于有强烈社会责任感与建功立业之心的曹操来说，渴望贤才以辅助其成就大业就成了燃眉之事，可现实与愿望总是有距离的。时不再多与“贤才”不遇所激起的矛盾，使他的情怀平添几分英雄的悲叹。所谓“曹公古直，其诗上继变雅无篇不奇”等的概述，应该作此理解：曹操诗歌既承继“风雅”精神，在情绪上作慷慨之声，但又不忘归于“雅正”，从而使他的诗形成了一种“悲凉慷慨，气韵沉雄”的风格特征，而这个特征正是诗人历史的时空感、现实的沉重感及个人个性的张扬与“文化（儒家）”引力牵制所导致而成。故开篇“对酒当歌”似放纵肆意，自古及今，消极者、积极者均有“知音”之感，但细观其中，其大情怀非是平庸者所能领会，又非大英雄概莫能道之。而最后以“山不厌高，海不厌深，周公吐哺，天下归心”作结，使博大的心志凝结为博大的情意，创下抒情写志之一奇。《步出夏门行·龟虽寿》也是一篇抒情写怀之作。他借用“神龟”“腾蛇”这种不可比拟的物象，云消烟腾，来反衬“伏枥老骥”千里志向的难得，进一步强化“烈士暮年，壮心不已”的深刻主旨。由于他抒发的情感与志向慷慨跌宕，豪气纵横，特别是他寄寓诗中的乐观进取

① 陈沆《诗比兴笺》，《三曹资料汇编》，中华书局1980年版。

的精神，令千百年来的仁人志士，反复咏诵，寓己于中，不能自已。陈祚明曰："《龟虽寿》名言激昂，千秋使人慷慨。"[①]正是情生于中所产生的艺术感染力。

3.以景写情，理生于情。曹公以景写情之作也是笔力雄健，气韵昂然。《步出夏门行·观沧海》被誉为"我国现存第一首完整的山水诗"[②]。作为一首写景诗，取景造物固然重要，但更重要的是所选景物传达出的诗人的情怀。古人讲：识其人，观其文，解其意。曹操何许人也，"治世之能臣，乱世之奸雄。"[③]曹操是奸是忠，我们无须细论，此一雄也，却世无争议。我们现在多称之为政治家、军事家或以英雄豪杰冠之。作为一代杰出的政治家、军事家、文学家，他个人的才、气、能在时事的历练中更加老成纵横。大英雄自有一番大情怀，大情怀又要依赖大景象来寄托，大景象又要大手笔来描绘，因此，我们看到的《观沧海》，写景苍茫雄健，出神入化；写情则博大精深，吞宇纳宙。古人评得精到："《碣石》，未有海语，自有海情。孟德乐府，固卓荦惊人，而意抱渊水，动人以声不以言。"[④]此乃以景写情之高手。真可谓景趣因意趣苍茫浩然，意趣因景趣神理毕现。

古人所谓写诗的最高境界，莫过于在叙述中写景抒情，并通过事、情、景的相融，言里言外传达出一种人生的顿悟。任何一首诗，不论选材大小，取景如何，只要能在诵读时内心产生一份不由自主的感动，它就是好诗。而作为一代豪杰，曹操叙事、选景、抒情自是不同凡响，传达的理念更是博大精深。《观沧海》是一首以景写情之作，钟惺云："直写其胸中、眼中，一

① 陈祚明《采菽堂古诗选》，《三曹资料汇编》，中华书局 1980 年版。
② 袁行霈等《中国文学史》，高等教育出版社 1999 年版。
③ 陈寿《三国志·魏书》裴松之注，中华书局 1959 年版。
④ 王夫之《船山古诗评选》，《三曹资料汇编》，中华书局 1980 年版。

段笼盖吞吐气象。”[①]眼中不外乎事象、物象与景象；胸中自然是情、意、志；而“笼盖吞吐气象”正是对他叙事抒情类属的界定，他就是选择自然界的强者（大海）的属性来暗示、激励自己在社会中应有的心态与应取的地位（或者是积极者、主宰者；或者是消极者、屈服者），而从中传达出的神理，即人生的顿悟，就是获取那种“登东山而小鲁，登泰山而小天下”的心胸、气概与成功，“一段笼盖吞吐气象”，说明曹公以这样的心胸获得了这样的气概，并取得了这样的成功。因此，我们在诗中感知曹操的同时，心智也在不自觉中得到提升。“孟德能于《三百篇》外，独开四言声调，故是绝唱。”[②]只有曹操这样极具豪气与才情的人，才会创造如此“绝唱”。

当然曹操选择《乐府》旧题来叙其事，述其怀，壮其志，不是偶然的，随意的，而是有意所为，精心而为。因为从汉代的文学实践来看，各类文学体裁承继“风雅”精神者，莫过于乐府。而汉代乐府属官设的机构，其规模的宏大（采诗遍及全国）、性能的优越（配乐吟唱）自有着它得天独厚的生长环境。虽然当时的乐府盛况已不能详知，但从“孝武立乐府而采歌谣”以及汉武帝“立乐府采诗夜诵”的实际来看，乐府诗的创作肯定是有过相当兴盛的时期，尽管后来遭到破坏，但文学发展的惯性不会不波及汉末（曹操时期）；再者乐府诗不仅有着灵活自由的创作形式和传承“风雅”的现实主义精神，它还有着被之管弦，配乐歌唱的性能。我们知道，音乐的感染力之强大，有时更甚于文字。音乐与文字相得益彰，自然会产生一种事半功倍的效果。曹操精通音乐，文字功夫更是深通，故而他选择乐府，既是以曲填词，也是为词作曲，两种艺术手段的完美结合，就把

① 钟惺《古诗归》，《三曹资料汇编》，中华书局 1980 年版。
② 陈祚明《采菽堂古诗选》，《三曹资料汇编》，中华书局 1980 年版。

大英雄抑扬顿挫的情怀抒发到了极致。因此，以曹操的个人性情与所处的历史地位，必然决定了他非选择乐府而不能尽情地抒其怀。而事实证明，曹操以他的创作才能，既继承汉乐府叙事精神，又拓展了汉乐府叙事内容，也就是以其之能，最大限度地开发了乐府未尽之功能。这为后世乐府诗的再次兴盛开辟了广阔的天地。

总之，曹操乐府诗歌的创作，在文学史上的意义甚大，一方面尽管曹操对汉乐府作了许多尝试与改造，但万变不离其宗，上启风雅、楚骚，下止汉乐府“感于哀乐，缘事而发”的现实主义精神，他忠实传承，并在实践中发扬光大，使这种精神成为魏晋的一种时代精神而光耀后世。另一方面，曹操诗歌创作预示着文学自觉时代的到来。他的诗歌创作个性鲜明、风格特异，而无论是“个性”还是“风格”，都是个性化特质的体现。而曹操这种个性的创作又加速了建安文学向着个性化、抒情化方面的发展。而文学的自觉，个性化、抒情化就是一个明显的标志。

（原载《陕西师范大学学报》2004年第2期）

论曹操诗歌在五言诗形成中的地位

◎木　斋

一、汉音与魏响：曹操的诗史定位

笔者在《初论古诗十九首产生于建安曹魏时代》文中，论述了五言诗成熟于建安时代，而十九首是“五言诗之冠冕”，是成熟之后的五言诗，十九首没有在建安诗前产生的条件[①]。本文进一步论述：1.五言诗在曹操手中蜕变的轨迹，2.十九首是曹操之后的产物，3.曹操及其诗歌对整个建安诗歌的影响。

沈德潜《古诗源》说：“孟德诗犹是汉音，子桓以下，纯乎魏响。”这就需要辨析一下何为“汉音”，何为“魏响”。以笔者所见，建安虽然是东汉的（最后一个）年号，从历史的角度看仍然在两汉之中，但就文学的演进来说，已经发生了一个巨大的变化，那就是从先秦两汉的时代，转型为魏晋南北朝的新时代。因此，从某种意义上来说，“汉音”和“魏响”，也就意味着这两个时代的不同，其不同主要表现在：1.就诗体形式而言，先秦两汉是四言诗为主体的杂言诗时代，魏晋南北朝是渐次走向格律的五言诗为主体的时代，经历了奇言渐次取代偶言、整齐美渐次取代不整齐美的历程；2.就表达方式而言，则经历了抒情诗对于言志诗的取代，景物山水的描写和意象式的表达方式对赋比兴

① 参见拙文《初论古诗十九首产生于建安曹魏时代》，《山西大学学报》2005年第2期。

（风骚）和政治说教空泛议论（汉诗）方式的取代；3.就审美追求来说，经历了缘情绮靡对于质木无文、辞达而已的取代；4.就“诗”与“歌”的关系、文人诗与民歌的关系而言，两汉诗歌中的文人诗与民间乐府民歌是泾渭分明的，建安魏晋时代，则出现大规模的文人效仿乐府民歌的拟乐府诗的写作运动，文人诗常常是可以被之管弦的，五言诗也就在新兴的清商乐中渐次取得了成熟。

以上述的标准来衡量曹操的诗史地位，可以基本确认曹操是由“汉音”向“魏响”的过渡性人物，是“魏响”的第一个阶段，如同黄侃《诗品讲疏》所说：“魏武诸作，慷慨苍凉，所以收束汉音，振发魏响。”从诗体形式而言，曹操仍然是四言为主，但也出现了四言向五言转型的痕迹；就具体风格而言，许多学者论述了曹氏父子的不同，譬如敖陶孙在《诗评》中说：“魏武帝如幽燕老将，气韵沉雄；曹子建如三河少年，风流自赏。”又如沈德潜《古诗源》说：“子桓诗有文士气，一变乃父悲壮之习矣。要其便娟婉约，能移人情。”这些说法都不无正确的一面，但也有偏颇的一面。曹氏父子兄弟，其诗风各自不同，分别代表了建安诗歌的三个阶段，但三曹和七子，又共同建构了建安诗风，曹氏兄弟和七子的诗歌，无不潜移默化地受到曹操诗歌的衣被。

曹操诗歌是“魏响”的第一阶段，其特征主要有：1.显示了五言诗的早期形态，是一种拟乐府诗，五言诗还没有从乐府诗歌中分离出来；2.显示了从四言诗向五言诗过渡的痕迹，五言音步刚刚开始形成；3.曹操诗歌也确实着重表达着一种政治家的襟怀，一种言志诗向抒情诗刚刚开始转型的痕迹，记载时代、关注社会，是曹操诗歌的基本主题。

曹丕与七子是建安诗歌的第二个时期，其特点是：1.拟乐府诗得到了长足的进展，同时，也初步显示了五言诗从乐府诗中的分离；2.进一步显示了从四言诗、骚体诗向五言诗的转型，从大约建安三年开始（以曹操写作《薤露行》为标志），到建安二十三年七子全部辞世，在这二十年时光里，五言诗才真正走向成熟；3.曹丕与七子一方面继承了曹操的悲壮诗风，书写时代的苦难，但另一方面，进一步将诗歌的主题转向游宴、女性等题材。而这些题材正与清商乐的歌曲演唱性质息息相关，是曹操提倡清商乐和拟乐府诗之自然演进的结果，曹丕、七子的诗风也因此具有了“便娟婉约，能移人情”的特质，而这些特质，正是五言诗的基本特征。

曹植代表了建安五言诗发展的第三阶段，主要实现了几个变化：1.变乐府诗为主而为文人五言诗为主；2.变抒发他者情感或者普泛化情感而为抒发个人情感为主；3.在曹植的后期作品中，实现了变“黼黻锦绣”之作而为“沉着清老”之作的飞跃，变“为文造情”而为书写苦难的飞跃，使五言诗成为文人抒发情感的新兴载体，标志了建安诗歌的第三个时期的到来，同时，也就标志了五言诗体制的最后完成。

但是，这些仅仅是就三个阶段之“异”角度的思考，若就三者之“同”来说，则三者共同构成建安诗歌的基本特质，也就是说，四言诗向五言诗转变的历程，在曹操诗歌中便已得到清晰的呈现，而曹丕的“便娟婉约”乃至曹植“风流自赏”的特质，都在曹操“悲壮之习”的诗风中早已埋下了伏笔。

二、清商乐和文人乐府诗：略说五言诗成熟的音乐条件

建安十五年，发生了两件对于中国诗歌的演进，具体来说，对于五言诗的成熟具有重大意义的事件：其一，是曹操《求贤令》的颁布，《武帝本纪》：建安“十五年春，下令曰：‘今天下得无有被褐怀玉而钓于渭滨者乎？又得无盗嫂受金而未遇无

知者乎？……明扬仄陋，唯才是举。’”[①]这是对于汉武之后儒家作为国家官方哲学的颠覆，为建安时代的思想解放和文学的自觉打开了大门，也为五言诗迥然不同于先秦两汉的独特思想内容和情调奠定了基础。刘师培说：“迨及建安，渐尚通脱。侻则侈陈哀乐，通则渐藻玄思。”[②]其二，建安十五年，曹操在邺建成铜雀台，标志着清商乐和文人乐府诗的创作走向高潮，为五言诗的成熟准备了音乐条件和作者条件。

关于清商乐与五言诗成熟之间的关系，限于篇幅，此处仅大略归纳几点，详论尚须参见笔者之系列论文。

1.中国之诗歌，“诗”与“歌”关系密切，新兴之诗体形式，大率皆由新兴之歌曲的变革更始而来：雅颂乐培育了四言诗，清商乐培育了五言诗（近体诗形成历程中的发轫），燕乐培育了词的形制，这正是中国诗歌之“诗”的宏观形体历程。萧涤非先生指出：“世多谓乐府为诗之一体，实则一切诗体皆由乐府生也。”[③]这是正确的。

2.歌之于诗的影响，都经历了由民间而向贵族，由民间乐府歌词向文人乐府诗的转型。《汉书·食货志》记载的“行人振木铎循于路以采诗，献之太师，比其音律”的“采诗”制度[④]，词体产生过程中早期文人词之于民间词的效仿，都是如此。两汉期间，文人五言诗和民间乐府诗是两个系统，两个发展线索，文人较少涉足于乐府诗的写作，直到建安时期的邺下文人集团的群体写作，才实现了文人诗和乐府诗的整合。《乐府诗集》所载两汉乐府诗，主要还是民间乐府和官府乐府，文人乐府诗的流行，也就是文人大规模地学习、仿效乐府诗，是在曹魏时代及其之后的

① 陈寿《三国志》，中华书局 1982 年版，第 32 页。
② 刘师培《中古文学论著三种》，辽宁教育出版社 1997 年版，第 5 页。
③ 萧涤非《汉魏六朝乐府文学史》，人民文学出版社 1984 年版，第 126 页。
④ 《二十五史·汉书》，上海古籍出版社 1986 年版，第 176 页。

事情：“魏乐府之大异于汉者有一事焉，曰乐府不采诗，而所谓乐府者，率皆文士之什是也。”“乐府自东汉以来，文士始多仿制，然大都不过一二篇，其风未盛也。至魏则乐府既不采诗，民歌来源，根本断绝，而‘魏武以相王之尊，雅爱诗章，文帝以副君之重，妙善辞赋，陈思以公子之豪，下笔琳琅。’（《文心·明诗》）故前此文人所斥为郑声淫曲者，今则适为唯一之表现工具。前此所不甚着意经营者，今则竭全力以赴之。”[①]五言诗的成熟正是这种文人乐府诗运动的产物，而曹氏父子等所写作的文人乐府诗，都是清商乐的歌词。

3.清商乐是在南方民歌“吴声”“西曲”的基础上，继承了相和歌的传统继承发展起来的，从音乐史演进的历程来说，清商乐并不等于就是汉代相和歌的延续，而是建安之后曹氏父子所开创的新兴音乐。这一点，古今音乐学者已经多所论述。古者论述最为清晰的，莫若王僧虔。“郭（茂倩）引刘宋人王僧虔说：‘今之清商，实由铜雀。魏氏三祖，风流可怀。京洛相高，江左弥重。’”[②]今之学者论述颇多，如认为：“长期以来大多数的音乐史论者都认为魏晋清商乐只不过是汉代相和歌的一般性延伸，相和歌用到平、清、瑟三调，即‘相和三调’，相和歌的最高形式是由‘艳—曲（解）—趋（或乱）’构成的相和大曲，故清商乐等于相和歌。之所以造成这种认识上偏差的重要原因之一，是由于南宋郭茂倩的《乐府诗集》在论述相和歌与清商乐时，经常将它们混为一谈。”“前有‘艳’，后有‘趋’（或‘乱’），融歌诗、器乐、舞蹈为一体的大曲，也只可能产生在曹魏铜雀台建造、清商署建立之后，而不可能产生于汉代。”[③]

① 萧涤非《汉魏六朝乐府文学史》，人民文学出版社1984年版，第123页、124页。

② 徐澄宇《乐府古诗》，春明出版社1955年版，第9页。

③ 刘明澜《魏氏三祖的音乐观与魏晋清商乐的艺术形式》，《中国音乐学》1999年第4期，第69—76页。

4.作为清商乐的倡导者和奠基人来说，曹操将自己的文艺审美观融入了清商乐和文人乐府诗之中，慷慨悲越成为清商乐和建安五言诗（包括文人乐府诗和文人五言诗）共同的审美特征。曹氏父子漠视音乐为政治服务的教化功能，却极为重视音乐的抒情作用，从孔子的以“思无邪”概括“诗三百”，到《毛诗序》的以“志之所之”概括诗歌的本质特征，再到董仲舒的“乐其德”，都是将乐、诗视为政治教化的载体，因此，在情感表现方面，必然要提倡“乐而不淫，哀而不伤”的中和之美，反对强烈激荡的情感表现，而曹氏父子则恰恰相反，倡导慷慨悲越之美。“慷慨”之意并非后人理解的反映社会现实的刚健文风，而是指“情感体现的鲜明动人，强烈激荡”[①]。

5.从汉魏之际五言诗作的实际情形来说，主要有两大变化，一是数量之变，建安之前的文人五言诗，尚属偶然零星之作，建安时期始出现大量文人五言诗；二是质量之变，或说是写法之变，两汉之作，囿于言志之诗学观念，故多空泛议论之作，后来所渐次形成的眼前景、身边事的情景交融式的写法，实际上开始于建安诗坛。这一转型，与曹氏父子倡导并参与的清商乐乐府歌诗写作关系密切。盖文人乐府诗虽然为文人所作，但毕竟是与通俗文艺的结合，其乐府的终极性质，制约着其歌诗要有感人的审美效果，而要感人，就不可以空泛议论，而要有具体的场景，语言要具有通俗性、演唱性。譬如王粲的前期诗作，多用生僻字、虚字，晦涩难懂，篇幅皆长，大段议论，似论说之散文，至建安中期之后的乐府诗，一变而为情景交融之作，生僻字也就极少使用了[②]。因此，可以说，曹操所倡导的清商乐和大力写作的文人乐府诗，正是抒情五言诗成熟的摇篮。

① 刘明澜《魏氏三祖的音乐观与魏晋清商乐的艺术形式》，《中国音乐学》1999 年第 4 期，第 69—76 页。

② 参见拙文《论王粲与五言诗成熟及古诗十九首的关系》，《齐鲁学刊》2005年第2期。

三、曹操诗歌的转型轨迹

曹操的诗作，可以视为汉音的收束者，同时也是“魏响”的第一个阶段。曹操可以说是中国诗歌史上，除屈原之外，有意写诗的第一位大诗人。（其诗作现存二十余首，单就数量来说，也是屈原之外的第一人。）其诗歌成就虽然不能与屈原比肩，其具体影响，却不能小视。两汉时期，才华横溢的士人如此之多，却鲜有写诗者，说明华夏之诗歌时代尚未到来，也说明屈原现象的个案性、特殊性；曹操以相王之尊，雅爱诗章，传导于曹丕、曹植兄弟，并将当时的文学俊杰刘桢、徐幹等任命为丕、植的文学侍从，文人写诗，遂为风气；至正始阮籍等，传承建安风尚，以诗为酒，消解胸中郁闷之块垒，“嵇志清峻，阮旨遥深”；再至太康“张潘陆左，比肩诗衢”（《文心雕龙·明诗》），于是，陶渊明以田园入诗，谢灵运以山水入诗，从此，诗歌才成为了士人、士大夫不可或缺的文化载体，华夏民族从此才真正地走向了诗的国度。以此观之，曹操之诗史地位，不仅标志了汉音魏响的转型，也标志了华夏文化之由经学大赋时代向诗歌时代的转型。

曹操的诗作，是以四言为主的杂言。五言诗约为全部作品的三分之一：“曹操今存诗歌，计得二十二首，包括作者有疑问的三首……其中四言、五言、杂言大约各占三分之一。”[①]其中一个有趣的现象，是在同一曲调中分别使用四言和五言。如《善哉行》另有古词，“来日大难，口燥唇干”，说明原本是四言，但所收曹操、曹丕的《善哉行》，皆为四言、五言兼有，曹操四言如“古公亶甫，积德垂仁”，五言如“自惜身薄祜”，曹丕的《善哉行》四言为“上山采薇”，五言有“朝日乐相乐”。这一切，都显示了中国诗歌之由四言在向五言过渡的痕迹。由此看

① 徐公持《魏晋文学史》，人民文学出版社1999年版，第31页。

来，中国诗歌自《诗经》以来四言代表的偶言历程，至此刚刚作结。五言诗为起点的奇言历程，虽然自其起点《诗经》时代就有，但还仅仅是巧合的五字诗，真正实现了五言诗成熟的诗人，是建安七子以及曹丕、曹植兄弟。

在曹操现存的几首五言诗作之中，也显示了由四言诗向五言诗写作方式的转型痕迹。曹操最早的五言乐府诗是《薤露行》："惟汉二十世……微子为哀伤。"此诗所记录的历史事件主要在建安之前的中平六年（189）："贼臣执国柄，杀主灭宇京"和初平元年（190）："播越西迁移，号泣而且行"，记载董卓强迫百姓迁徙入关并焚烧洛阳的历史事件。故此诗应该是建安之前，最晚不超过建安二年的作品，这一点通过比较下文所析建安三年的作品，可以看出其明显的差别。此诗在形式上虽然是曹操第一首五言诗，但在内在表达方式上，仍然属于四言言志诗的范畴，是使用四言诗的写作方式加上一个虚字来凑够五言的，并且不是五言抒情诗，而是记载历史的散文诗。这说明曹操在建安之前或者建安三年之前还不太适应五言诗的写作，若把此诗的虚字或者可有可无的赘字去掉，则成为："汉二十世，所任不良。沐猴冠带，知小谋强。犹豫不断，狩执君王。白虹贯日，己先受殃。贼执国柄，杀主灭京。荡覆帝业，宗庙燔丧。播越西迁，号泣且行。瞻洛城郭，微子哀伤。"也完全可以成立。其中有的句式，甚至是一句使用两个虚字，只有三个实字，如"号泣而且行"。充分说明曹操在建安元年前后的时候，还没有可借鉴的五言诗，曹操个人的文学才华是毋庸置疑的，之所以在写作第一首五言诗的时候，如此四言诗化，只能说明他没有读到过譬如《十九首》、苏李诗、班婕妤《怨诗》等所谓的"古诗"，因此，他没有可以借鉴的五言诗的音步节奏和五言诗的抒情写法。

写于建安三年的《蒿里行》[1]，才是真正意义上的五言诗："关东有义士，兴兵讨群凶。初期会盟津，乃心在咸阳。军合力不齐，踌躇而雁行。势利使人争，嗣还自相戕。淮南弟称号，刻玺于北方。铠甲生虮虱，万姓以死亡。白骨露于野，千里无鸡鸣。生民百遗一，念之断人肠。"此诗特点：1.此诗叙述到建安二年袁术在淮南称帝号之事，比上首诗的历史记录晚，因此，《三曹年谱》标为建安三年是大体可信的，但也许会更晚一些，因为诗人的写作不一定就记录当时发生的事件，有时候是回忆而作，但此诗确实应该是曹操的第二首五言诗。2.此诗仍然有言志诗历史实录的痕迹，但由前首的空洞议论而转向具体描述，譬如描写初平元年盟军讨伐董卓的"军合力不齐"的状态是"踌躇而雁行"，描写战乱的灾难是"铠甲生虮虱，万姓以死亡。白骨露于野，千里无鸡鸣"，具有了概括性场景的特征，因此，成为名句。在客观记录史实的同时，也传达出了诗人自我情感的悲哀："生民百遗一，念之断人肠。"3.此诗五言诗的驾驭能力，较之前首，也有了明显的提高，虚字减少，五言音步在多数句子中得到实现。因此，我们可以曹操的这首诗作为标志，标志建安五言诗写作，开始了它的第一个阶段。

再看曹操的第三首五言诗作《苦寒行》："北上太行山，艰哉何巍巍。羊肠坂诘屈，车轮为之摧。树木何萧瑟，北风声正悲。熊罴对我蹲，虎豹夹路啼。溪谷少人民，雪落何霏霏。延颈长叹息，远行多所怀。我心何怫郁，思欲一东归。水深桥梁绝，中路正徘徊。迷惑失故路，薄暮无宿栖。行行日已远，人马同时饥。担囊行取薪，斧冰持作糜。悲彼《东山》诗，悠悠使我哀！"此诗特点：1.诗中所记载的史实是建安十一年征讨高幹时所作，明显的是写作于前两首诗作之后，而其五言诗的熟练

① 张可礼《三曹年谱》，齐鲁书社 1983 年版，第 71 页。

程度，也明显发生了飞跃。2.诗中明显出现由前文的客观记录历史，而转向了主体抒情的新的视角，其中景色的摹写，如“艰哉何巍巍”“树木何萧瑟”“雪落何霏霏”等，都有着明显的由主体感受触发来摹写客观景物的色彩。这种句式，成为建安诗体最为流行的句式。其他如“我心何怫郁，思欲一东归。水深桥梁绝，中路正徘徊”等，更是主体视角的直接抒发。3.开始有意象式的景物描写，奠基五言诗的“穷情写物”的特点，如“熊罴对我蹲，虎豹夹路啼”“水深桥梁绝，中路正徘徊”“担囊行取薪，斧冰持作糜”等，对比前文所举第一首的空洞议论，可以看到五言诗写作技巧在曹操手中渐次成熟的痕迹。4.五言诗的音步趋向成熟，不再依靠虚字作为衬字来维持，而是五个字各司其职，各有作用。

如果以这些诗作来比照曹操最早的诗，就能更清晰地看到曹操诗的演进历程。《三曹年谱》记载曹操的第一首诗作，写于中平元年（184）的《对酒》：“对酒歌，太平时，吏不呼门。王者贤且明，宰相股肱皆忠良。咸礼让，民无所争讼。……爵公侯伯子男，咸爱其民。……犯礼法，轻重随其刑。路无拾遗之私。囹圄空虚，冬节不断。人耄耋，皆得以寿终。恩德广及草木昆虫。”这不仅是完全的杂言诗，而且是言志诗的表达方式，就五言诗的“穷情写物”特征来看，在曹操这首诗中则既没有“情”，也没有“物”，仅仅是抽象表达的“志”，因此，也就没有五言诗的“滋味”。此诗的特点：

1.全诗的主题是歌咏极为传统的老子掺杂孔孟式的政治理想。曹操在《让县自明本志令》中回忆自己年轻的时候，“欲为一郡守，好作政教以建立名誉”，《年谱》说曹操任济南相时，“政教大行，一郡清平”[①]。这与后来颁发“盗嫂受金”

① 张可礼《三曹年谱》，齐鲁书社1983年版，第31页。

求贤令的曹操，简直判若两人。这不是曹操个人生命历程的巨变，而是一个时代的变化。正如曹操的诗作由散文体诗向抒情四言诗、五言诗的转型一样，都不只是个人的行为，而是分别影射了历史的和诗史的转关。换句话说，在公元184年左右，优秀的士人还奋斗在“好作政教以建立名誉”的仕途上，没有人能梦见建安时代的那些大逆不道的话语和人生方式，譬如《十九首》中的“先据要路津”的政治功利，和“空床难独守”的生理宣泄，都是建安之前士人可想而不可说、可感而难以言的主题。曹操是时代的开风气之先者，尚且如此，他人如孔融，如刘备等，都是终生生活在正统名教的窠臼中。刘师培所说的“迨及建安，渐尚通脱”，想说什么就说什么了，思想从儒家的禁锢中大解放，《十九首》所表达出来的思想情调，显然是在这个范围之内。

2.就艺术形式来说，全诗是杂言体，如同散文，没有诗歌的韵律之美；全诗就表达内容来说，皆为政治说教，空洞乏味。那么，是什么原因使曹操写出水准如此之低的诗作来呢？或许可以归结为是由于曹操年轻，而且是第一次写诗，这个理由是完全无理的。曹操写作此诗年龄为三十岁，可以说已经过了写诗的黄金年龄，曹丕兄弟等人，都是不足三十岁便有优秀诗作。那么，是不是曹操缺乏写诗的才质？从后来曹操的诗作来看，曹操是个了不起的大诗人，可以说是开了建安一代的诗风。那么，又是什么原因使曹操的诗歌写作大器晚成，而曹植等人则相反，是天才早熟。这不是个人的原因，而是中国的诗歌在建安中期渐次开始进入觉醒的时代这一大背景所决定的。七子和曹氏兄弟，几乎都是从这个时间开始大量写作，于是，年龄小的显示了早熟，如曹植比曹丕诗歌写作年龄早熟五岁左右。这是时代的制约，任何个人都是无力抗衡的。因此，曹操在中平时代写作的杂言散文诗，是十分正常的。它说明了两汉诗歌整体的水平，就是这样质木无文的，并且仍在言志而非抒情，“辞达而已”而非“缘情”“欲丽”的诗歌观念。

曹操五言诗虽然数量不多，却极为重要：1.曹操是最早的真正意义上的五言诗作者，显示了四言向五言的过渡。中国诗歌自《诗经》以来四言代表的偶言历程，至此刚刚作结。五言诗为起点的奇言历程，虽然自其起点《诗经》时代就有，但还仅仅是巧合的五字诗，秦嘉时代的五言诗，也还仅仅是五言形成漫长历程中的一个局部的突破，曹操五言诗标志了五言诗走向成熟的历程。2.曹操五言诗显示了由言志向抒情转型的痕迹，并成为后来山水诗、意象写法的先驱者。3.曹操五言诗的表达方式、句式方式，都对建安诗坛产生了极为重要的奠基作用。

四、曹操诗歌的影响

曹操其人其作，对于五言诗的兴起和成熟，产生着极为重要的影响。从上文所引沈德潜所论，曹氏父子之不同，在于“悲壮之习”与“便娟婉约”的不同，近似于词体的“豪放”和“婉约”的不同。但沈德潜未能看到，曹操诗歌对于悲哀之美的审美追求，正是曹丕及整个建安时代的审美特征，只不过，曹丕、七子之后，渐次扬弃了曹操的壮丽之美，而发扬光大曹操的悲越之美。从慷慨悲越的情调，到具体的句式写法，曹氏兄弟和七子，以及写作时间不明（实际上产生于曹操之后）的《古诗十九首》、苏李诗等，其实都在受着曹操诗作的衣被。对于曹操诗歌的模仿，处处可见。如曹操《蒿里行》的名句“白骨露于野，千里无鸡鸣”，王粲则有“出门无所见，白骨蔽平原”（《七哀诗》），王粲的《七哀诗》描写的是建安之前的事情，写作的时间却是在建安之后（详见系列论文之三），曹丕的“丧乱悠悠过纪，白骨纵横万里”（《令诗》），曹植的“中野何萧条，千里无人烟”（《送应氏二首》其一），传为苏李诗的“远望正萧条，百里无人声”等，由此可以见出，曹操诗风之豪放壮丽的一面，在建安诗坛也是有所承传的。

曹操的诗歌开始写出那种悲越缠绵之美，只不过曹操的慷慨悲越，伴随着真实历史场景、历史画卷的摹写，伴随着某种言志的情怀、某种壮丽的气势。而曹氏兄弟和七子以及《十九首》等，将这种悲越缠绵的情感，附丽在游宴、女性及自我情怀的抒发等主题上。曹操诗如“水深桥梁绝，中路正徘徊”“踌躇而雁行”（《苦寒行》），这一“徘徊”“踌躇”句式，就深受建安诗坛的宠爱，摹写者不绝如缕，如王粲“徘徊不能去，伫立望尔形”（《杂诗》），曹丕“辗转不能寐，披衣起彷徨。彷徨忽已久，白露沾我裳”（《杂诗二首》其一），繁钦“寒泉浸我根，凄风常徘徊”（《咏蕙诗》），曹植“车轮为徘徊，四马踌躇鸣”（《圣皇篇》），苏李诗“黄鹄一远别，千里顾徘徊”（《黄鹄一远别》）；曹操的“慨当以慷”（《短歌行》），其中“慷慨”二字，曹氏兄弟及七子都模仿甚多，以致成为建安时代的特色，如刘桢“慷慨咏坟经”（《诗》），曹丕“余音赴迅节，慷慨时激扬”（《于谯作诗》），曹植“慷慨有余音，要妙悲且清”（《弃妇篇》），“慷慨有悲心”（《赠徐幹》），“秦筝何慷慨，齐瑟和且柔”（《箜篌引》），都是同样句式；《十九首》“西北有高楼”“一弹再三叹，慷慨有余哀”，苏李诗“丝竹厉清声，慷慨有余哀”，也都是类似的句式。再如建安诗人喜爱使用的“一何”或者“何”这一句式，以加强情感的慷慨激越的抒情性，这也是首先从曹操处来的，曹操诗“天地何长久，人道居之短”（《秋胡行》），“树木何萧瑟”（《苦寒行》），“北上太行山，艰哉何巍巍”，“树木何萧瑟，北风声正悲”（《苦寒行》），刘桢：“轻叶随风转，飞鸟何翻翻”（《赠徐幹诗》），曹丕：“钓竿何珊珊”（《钓竿行》），曹植：“四海一何局，九州安所如？”（《仙人篇》），《十九首》“西北有高楼”则有“上有弦歌声，音响一何悲”，苏李诗也有“请为《游子吟》，泠泠一何悲”（《黄鹄一远别》）等。在曹操悲壮之美的影响下，建安诗歌一时之间悲歌竞发，悲哀诗句，络绎奔会：曹丕有“悲弦激新声，长笛吐清气”，“飞鸟翻翔舞，悲鸣集北林。乐极哀情来，寥亮摧肝心”（《善哉行》），“草虫鸣何悲，孤雁独南翔。郁郁多悲思，绵绵思故乡”（《杂诗二首》其二）。于是，建安诗人开始大量采用悲哀凄清的意象入诗，王粲有“蟋蟀夹岸鸣，孤鸟翩翩飞。征夫心多怀，凄凄令吾悲”（《从军诗五首》其三），“四望无烟火，但见林与丘。……日夕凉风发，翩翩漂吾舟。寒蝉在树鸣，鹳鹄摩天游”（《从军诗五首》其五）。不胜枚举，真可以说是“一人唱来万人随”。

建安诗歌自曹丕、七子之后，对曹操的诗歌句型进行模仿这一现象，是非常普遍的。再如曹操的“行行日已远，人马同时饥”（《苦寒行》），到曹丕有“行行游且猎，且猎路南隅”（《诗》），“吹我东南行，行行至吴会”（《杂诗》其二），曹植也有“行行将复行，去去适西秦”（《门有万里客》），《十九首》的“行行重行行”，首句“行行重行行”，与以上的句式相似。综合笔者系列论文的考察，《十九首》应当是在曹操之后的作品。“行行重行行”的次句“与君生别离”，也与曹氏父子有关。此句首先出自《楚辞》“悲莫悲兮生别离”，但也是曹操先使用过——五言诗最早使用的是曹操：“使君生别离。”（《塘上行·蒲生》）以后才有曹植的：“哀莫哀于永绝，悲莫悲于生离。”（《悯志赋》）十九首多用风骚典故，显示了作者的才学，曹植才学极高，使用典故也同样出神入化，不着痕迹。而这些，又都首先是曹操开的风气——曹操的《短歌行》，其中有大段的对《诗经》的使用。

综上所述，曹操诗歌中明显地呈现出由四言诗向五言诗转型的痕迹，在曹操早期五言诗中，明显地依靠使用虚字来凑够五言，是以四言诗的写法来写五言，也呈现出由言志而转向抒情，特别是抒发悲情的痕迹，从而为建安诗歌的第二个阶段奠定了基础。同时，在曹丕之后才出现的女性题材，在曹操诗歌中一首没有，所有这些，都说明，不是曹操不写女性题材，也不是曹操偏爱四言诗和言志写法，而是在曹操这一时期，还没有可资曹操借鉴的这种五言诗，说明曹操没有见到过《十九首》和苏李诗以及班婕妤《怨诗》等等。顺便提及，建安时代对建安之前的诗人和作品，无不被提及，唯独《十九首》、苏李诗等“古诗”未被任何人提及，特别是曹丕、曹植都是著名的批评家。

不仅从五言诗的形成历程中来看，《十九首》不是建安曹操之前的作品，而且，从其表现出的思想情调、艺术手法等也是建安时代的产物，笔者将在这一系列的其他论文中给予进一步的探讨。

（原载《山东师范大学学报》2005年第2期）

清商曲辞与曹操诗歌的声韵艺术

◎孙　娟　黄震云

一、曹操诗歌的入乐与清商曲辞

曹操父子身在乱世，以安邦定国为己任，戎马关山，但他们认为“夫文武之道，各随时而用”，因此“雅好诗书文籍，虽在军旅，手不释卷”，还把文章看成“经国之大业，不朽之盛事”。对于声乐的追求，至死不渝。曹操的《遗令》说：“吾死之后，持大服如存时勿遗。百官当临殿中者十五举音，葬毕便除服……吾婢妾与伎人皆勤苦，使着铜雀台，善待之。于台堂上安六尺床……月旦，十五日，自朝至午，辄向帐中作伎乐。”[①]把伎乐举音当成身后大事来办，的确是别出心裁。当时的庙乐未称，盛行俗乐。魏明帝《议定庙乐及舞诏》说：

礼乐之作，所以类物表庸，而不忘其本者也。凡音乐以舞为主，自黄帝《云门》以下，至于周《大武》，皆太庙舞名也。然则其所司之官，皆曰“太乐”，所以总领诸物，不可以一物名。武皇帝庙乐未称。其议定庙乐及舞，舞者所执缀兆之制，声歌之诗，务令详备，乐官自如故为“太乐”。[②]

① 安徽亳州《曹操集》译注小组《曹操集译注》，中华书局 1979 年版，第 187 页。
② 沈约《宋书》，中华书局 1974 年版，第 535 页。

显然，乐舞与声诗到明帝时代呈分合之制，按照传统，声诗还要协调律吕，就是说歌唱和音乐在一定环境下仍然要和谐一体。这也是以三曹为代表的建安诗歌的重要特色。钟嵘的《诗品》对曹操诗评价不高，但是对他诗歌入乐及其成就非常肯定，认为具有文学史意义，说："三祖之词，文或不工，而韵入歌唱，此重音韵之义也。与世之言宫商异矣。今既不被之管弦，亦何取于声律邪？"[①]说明当时人们已经清楚地注意到曹操诗歌用韵的价值与特征，与西周以来的大合乐明显不同，比之汉武帝以来的上林乐府也有了很大区别，也同时表明曹操诗歌都是入乐的作品。曹操的诗歌都是根据乐曲所作的歌词，或者以歌词配乐，是声律的典范。《宋书·谢灵运传》也认为三曹的成就与音韵有很大的关系："若夫平子艳发，文以情变，绝唱高踪，久无嗣响。至于建安，曹氏基命，二祖陈王，咸蓄盛藻，甫乃以情纬文，以文被质。……夫五色相宣，八音协畅，由乎玄黄律吕，各适物宜。欲使宫羽相变，低昂互节，若前有浮声，则后须切响。一简之内，音韵尽殊，两句之中，轻重悉异。妙达此旨，始可言文。……自'骚人'以来，多历年代，虽文体稍精，而此秘未睹。"[②]曹操父子诗歌的清商新声是他们诗歌成功的成就与关键，也是骚人之前不具有的诗学成就。

清商曲辞在西汉时期已经出现，东汉的诗文中多有涉及。张衡《西京赋》说："嚼清商而却嗺，增婵娟以为豸。"仲长统《乐志诗序》说："弹南风之雅操，发清商之妙曲。"《古诗十九首》说："清商随风发，中曲正徘徊。"从这些零星的记载来看，清商曲调悠扬婉转，声韵却嗺，应是当时的新乐。曹操的《秋胡行》说："弹五弦琴，作清角韵。"从诗歌意向看，仍

① 钟嵘著，陈延杰注《诗品注》，人民文学出版社 1998 年版，第 5 页。
② 沈约《宋书》，中华书局 1974 年版，第 1778 页。

然是赋诗言志的传统，但是音乐与内容都发生了变化，抒情方式也不同。从其文字来看，相对比较俚俗。显然，清商曲辞是俗乐，而不是雅乐，但深得曹操的喜欢。曹丕的《燕歌行》说："援琴鸣弦发清商，短歌微吟不能长。"从曹操、曹丕的诗歌看，清商曲辞是琴声伴奏为主的乐曲，有的也用竹，为律吕，是曹操、曹丕特别喜欢与努力创作的歌诗乐曲。

汉代以来，乐府主要分雅乐与俗乐两类。《隋书》记载："汉明帝时，乐有四品：一曰大予乐，郊庙上陵之所用焉。……二曰雅颂乐，辟雍飨射之所用焉。……三曰黄门鼓吹乐，天子宴群臣之所用焉。……其四曰短箫饶歌乐，军中之所用焉。"[1]前面的两部为雅乐，而后面的两部为俗乐。没有清商乐的类型，大概当时清商还相当于民歌流行市井。曹操父子欣赏与熟悉的诗乐形式也主要是清商曲辞。《三国志·魏书·三少帝纪》裴注引《魏书》说："（齐王）每见九亲妇女有美色，或留以付清商。"[2]《太平御览》一四五引《晋武帝起居注》说："今出清商掖庭及诸才人奴女、保林以下二百七十余人还家。"[3]由此看来，清商曲辞的演唱者主要是妇女，还有专署。《资治通鉴》卷一三四《宋纪》引胡三省注说："魏太祖起铜雀台于邺，自作乐府，被于管弦。后遂置清商令以掌之，属光禄勋。"[4]由此可见，曹操把乐府由雅俗两部分扩展为三部分，在古代雅俗二部的基础上增加了清商部。而第三部清商曲辞的音乐形式以相和曲辞为主，到曹操时成为专门的女乐，有专署负责。其源头是周汉的房中乐与上林乐府。这样，我们看曹丕的《燕歌行》等角色表达方式在某种意义上说，应该与演唱对象有关。

① 魏徵等《隋书》，中华书局 1973 年版，第 286 页。
② 陈寿撰，陈乃干校点《三国志》，中华书局 1982 年版，第 130 页。
③ 李昉等《太平御览》，上海书店影印本 1985 年版，145 卷。
④ 司马光编，胡三省注《资治通鉴》，上海古籍出版社 1987 年版，第 898 页。

曹操父子主要生活在北方中原地区，所以，清商曲辞开始的时候主要是中原与北方的音乐，随着战争、迁徙等多种原因，清商曲辞广为流传扩展。《乐府诗集》说："清商乐，一曰清乐。清乐者，九代之遗声。其始即相和三调是也，并汉魏已来旧曲。其辞皆古调及魏三祖所作。自晋朝播迁，其音分散，苻坚灭凉得之，传于前后二秦。及宋武定关中，因而入南，不复存于内地。自时已后，南朝文物号为最盛。民谣国俗，亦世有新声。故王僧虔论三调歌曰：'今之清商，实由铜雀。魏氏三祖，风流可怀。京洛相高，江左弥重。而情变听改，稍复零落。十数年间，亡者将半。所以追余操而长怀，抚遗器而太息者矣。'"[①]可以看出，清商曲来源于九代遗声和汉旧曲，理论上说，每一种乐都有其历史渊源，但明暗程度差别很大。后代的清商曲辞已非九代及汉的清商，而是"实由铜雀"，就是说后代的清商乐就是曹氏三祖创作与影响而成的清商曲辞。也就是说，清商曲辞经过曹氏三祖的重建与创作，已成为流行全国的弦歌，所以后来的北魏认为中原和江南的音乐都叫清商曲辞，原因也就基于此。这些乐曲体现了曹操父子的思想情怀，因此，就是有的旧曲中曹操用四言格局或者反复言志，而内容与表达方式则明显不同以往。选择这样的新兴曲调作为创作的形体并大量的制作新声，更能表现多元的个人的情感，婉转抒情是重要特征，这与雅乐的固定不变不同。这也正是曹操对中国古典诗学的主要贡献之一。

就当时的历史背景与曹操的心态看，他用清商曲或许还有深刻的政治意义。《晋书·乐志》说："凡乐之道，五声、八音、六律、十二管，为之纲纪云。五声：宫为君，宫之为言中也。中和之道，无往而不理焉。商为臣，商之为言强也，谓金性之坚强也。角为民。……及魏武平荆州，获汉雅乐郎河南杜

① 郭茂倩撰《乐府诗集》，中华书局2003年版，第638页。

夔，能识旧法，以为军谋祭酒，使创定雅乐。”[1]从乐政传统看，商与角分别象征为臣为民，而音色强劲，那么曹操父子的喜欢与追求就有可能带有守臣本分与充满理想的双重政治色彩，与曹操不称帝可能有一定内在联系。应该说正是这些清商曲辞，构成了建安风骨，成为中国诗歌发展的源泉与重建的诗学典范之一。对于这些曲辞的声韵形式、特征、风格、方法上究竟有哪些特征，至今似乎还没有深入的研究，我们过去往往注意的是诗歌的内容与内容的结构（风格）的表达慷慨苍凉，比较少的关心诗歌本身的韵部、方式、结构及其对诗歌内容风格的影响等，而这些方式对曹操诗歌体现的风格特征和情感表达有重要的作用。

二、曹操诗歌对《诗经》、“楚辞”结构、韵式的继承与发展

中国的古典诗歌普遍受到《诗经》、“楚辞”的影响，曹操诗歌也是这样。这一点，古人已经有所发现说明，《宋书·谢灵运传》指出，三曹的成就与诗骚有很大的关系：“至于建安，曹氏基命，二祖、陈王咸蓄盛藻……莫不同祖风骚。徒以赏好异情，故意制相诡。……缀平台之逸响，采南皮之高韵。遗风余烈，事极江左。”他们十分强调声律方面的成就与相互关系，符合事实。曹操诗歌的结构、韵式，与曹丕、曹植有所不同，其渊源在于《诗经》、“楚辞”。

有的学者认为曹操四言诗已经摆脱了《诗经》句法的影响，如吴乔认为：“作四字诗，多受束于《三百篇》句法，不受束者，唯曹孟德耳。”[2]钟惺在《古诗归》中也提道：“四

① 房玄龄等撰《晋书》，中华书局1974年版，第677—679页。
② 吴乔《围炉诗话》，中华书局1985年版，第47页。

言至此，出脱《三百篇》殆尽。此其心手不黏滞处。‘青青子衿’两句，‘呦呦鹿鸣’四句，全写《三百篇》，而毕竟一毫不似，其妙难言。”[①]曹操四言诗在句法上确实不完全受《诗经》影响的，如钟惺提到的《短歌行二》，四句一转韵，且都是一、二、四句押韵，这种四言句式在《诗经》中是没有的，是曹操的创造。但同时，曹操也有不少诗歌包括四言、五言与杂言的韵式明显受到了《诗经》、“楚辞”的影响，也可以证实。《诗经》的押韵方式，也有正变，基本上一韵到底与隔句押韵是正格，其他的方式也比较多，有重韵、抱韵等等。这些都为曹操所继承。“楚辞”的押韵方式，日本学者冈田正之在《楚辞》（《2006楚辞学会论文集》未刊本）一文里指出，韵法有三种常格和两种变格。三种常格是隔句韵，每句韵后隔句韵、每句韵。两种变格是奇句偶句分别押韵，句中韵。

《诗经》的韵式基本上都被曹操采用了。如交韵是《诗经》中的常见韵式，在曹操诗歌中也有几处这样的韵式。曹操诗歌中的抱韵韵式同样也受到《诗经》的影响。最明显的受到《诗经》韵式影响的是曹操诗歌中遥韵、叠句与尾声的使用。《诗经》中有不少遥韵的韵式，如《周南·麟之趾》。曹操的《秋胡行》中每章最后都用了这种韵式。《精列》中用了四处叠句韵式，并且是一句承上，一句启下。这也是受《诗经》韵式的影响，如《诗经·丘中有麻》。《诗经》中叠句的韵式有很多，但基本上都是一句承上，一句启下的。曹操的《秋胡行》中每一章前两句都用叠句，但不是一句承上，一句启下，这就与《诗经》中的叠句韵式有区别了。曹操的组诗《步出夏门行》中每一章都有幸甚至哉（之），歌以咏志（之），构成尾声，这同样也是受到了《诗

① 钟惺、谭元春选评，张国光等点校《古诗归》，湖北人民出版社 1985 年版，第 123 页。

经》韵式的影响。《诗经》中有不少诗歌中用了尾声，如《卫风·木瓜》。“楚辞”中没有一首是一韵到底的，并且许多为句中韵，这与曹操杂言诗中的韵式相似。

通过上面的具体的论述与分析，我们看出，曹操的诗歌在用韵的方式方法与结构上主要受到《诗经》、“楚辞”的影响，比较起来，受《诗经》的影响更大一些。

曹操诗歌中有18个韵部是通韵、合韵。参照王力的《诗经韵读》《楚辞韵读》，曹操诗歌中18个合、通押的韵部大多在《诗经》、“楚辞”中已有先例，只有物职合韵、之宵合韵、支歌合韵是曹操诗歌中特有，说明语音发生了小部分演变，但是总的说来，还属于上古音系。

《文心雕龙·章句》篇说：“若乃改韵从调，所以节文辞气：贾谊枚乘，两韵辄易；刘歆桓谭，百句不迁；亦各有其志也。昔魏武论赋，嫌于积韵，而善于资代。陆云亦称四言转句，以四句为佳。观彼制韵，志同枚贾；然两韵辄易，则声韵微躁；百句不迁，则唇吻告劳；妙才激扬，虽触思利贞，曷若折之中和，庶保无咎。”[1]从用韵上看，曹操采用通韵、合韵的方式，既避免了贾谊、枚乘两句一韵的制韵方式，也不同于陆云的百句不迁，应该说体现了曹操对制韵的改革创新。

曹操现存诗歌22首，根据王力的《汉语语音史》与唐作藩的《上古音手册》，计21个韵部，208个韵字，其中最多的是阳部，45字，其次是元部，23字，再其次是之部，19字，微部、真部18字。由此可见，曹操的诗歌韵部主要是阳、元部，以平声开口呼为主，清代潘耒《类音》对其研究结果是：“初出于喉，平舌舒唇，谓其开口。”因此，发阳部音时口腔共鸣空间较大，正适于表达强烈的感情。之部韵也占一定比例。潘耒《类音》指

① 刘勰著，范文澜注《文心雕龙》，人民文学出版社1998年版，第571页。

出："举舌对齿，声在舌颚之间，谓之齐齿。"因此，发细音时，口腔共鸣空间较小。那么，声音是从牙缝里挤出来的，正适于表达默默承受中的悲愤压抑心情，可表现作者当时非常无奈复杂的心情。阳部和元部分别代表了建安风骨的强烈与压抑的两种状态，而前者主要效法《诗经》，多体现在四言和五言诗中，后者类如"楚辞"，以杂言诗居多。

从音乐的角度看，乐曲的基本音要与韵字同步和谐，音阶相配。曹操创作的乐府诗歌的韵字已经表明其诗歌是昂扬的基调，气韵激扬慷慨。而韵字又有难、间、烦、怨、怪、觞、殃、丧、伤等充满忧伤感情色彩的文字，表明他内心还有迷茫感叹、悲凉忧伤的情绪色彩，也有委婉、哀伤的情感。在高亢中又有苍凉的色调，这就是建安风骨的声韵特色，所以说到建安风骨，毫无疑问，韵字与音乐具有很大的关联与作用。《文镜秘府论》引沈约答北魏甄琛书论四声说："春为阳中，德泽不偏，即平声之象，夏草木茂盛，炎炽如火，即上声之象；秋霜凝木落，去根离本，即去声之象；冬天地闭藏，万物尽收，即入声之象。"[①]形象地说明了声韵的音象效果。从曹操的诗歌中我们看出，诗歌的思想情感通过用韵得到充分表现，也是建安风骨最重要的组成部分与体现。与以前不同的是，韵字相对集中，有一定的分类趋势，标志着古典诗歌的韵部正在形成。

三、曹操诗歌的诗体类型与诗歌韵律

曹操的诗歌主要是四言、五言、杂言三体，四言出自《诗经》，五言来自汉代乐府，而杂言与《诗经》、楚辞都有明显关

① 弘法大师原撰，王利器校注《文镜秘府论》，中国社会科学出版社 1983 年版，第 102 页、103 页。

系。诗体不同，押韵方式也不同，形成自己诗歌的声韵艺术，其中很多具有开风气作用，成为后代乐府清商曲辞的定式，有十分重要的文学史意义。

五言诗是汉代诗歌的主要语言形式。曹操的五言诗，基本上形成了隔句用韵的方式，应该说隔句用韵的方式从曹操开始已经逐渐形成固定的诗学形式。曹操现存的诗歌中有6首完整的五言诗。这些诗歌共同的特点都是用偶句韵，但有的一韵到底，有的合韵、转韵。①一韵到底的有《薤露》《却东西门行》2首。②合韵，计3首。《蒿里》《苦寒行》《善哉行・自惜身薄祜》。③转韵、合韵。《善哉行・朝日乐相乐》用韵情况较其他几首五言诗来说略显复杂，但总的来说押韵还是有规律的。首句押物韵。第二句为月质合韵。第三句为物质合韵。第四句押质韵。最后转到歌韵。

曹操有完整的四言诗6首，其押韵方式比较丰富。①一、二、四句押韵《短歌行・对酒当歌》是曹操四言诗中用韵最为整齐的一首，诗歌四句一转韵，这种押韵方式是曹操四言诗中所特有的，在《诗经》中没有这样的韵例。前人认为曹操诗歌摆脱《诗经》四言诗的束缚，大致指此。②偶句韵《善哉行・古公亶父》全篇用偶句韵，但是诗歌中用的合韵比较多。《步出夏门行》四首基本上都是部分运用了偶句韵。如上引《文心雕龙・章句》说的那样“两韵辄易”，偶句韵渐为定式。③尾声韵《步出夏门行》是一组组诗。它用韵最大的特点是有尾声叠句，即每章都有“幸甚至哉，歌以咏志”，在尾声中自己押“之”韵。

曹操现存完整的10首杂言诗用韵较为复杂，大部分的诗用疏韵，充满了变化，显示了很高的艺术技巧，对中国诗歌的声韵艺术作出了重要贡献。胡应麟指出：“魏武《度关山》《对酒》等篇，古质莽苍，然比之汉人《东西门行》，音律稍艰，韵度微乏，其体大类《雁门太守行》。《气出唱》三首类《董逃》，《秋胡行》二首类《满歌》。”[①]相比较而言，《度关山》是杂言诗中用韵最为整齐也是用韵最密的一首诗了，全篇用偶句韵。《秋胡行》二首前四句用交韵，其他诗句多用偶句韵。《短歌行·周西伯昌》用韵较少，属于疏韵。《陌上桑》是曹操游仙诗中最为规则的一首诗。《对酒》表达的是儒家的理想世界，而以对酒为题，正表示诗人的理想与理想难以实现的痛苦，情感复杂，因此，转韵较多，也采用交韵的方式。《气出唱》三首是比较著名的乐府名作，《气出唱·驾六龙》和《气出唱·华阴山》只是章内个别诗句用韵，《气出唱·游君山》则是前四句偶句韵，后面从“金阶玉为堂”开始到“坐者长寿遽何央”为句句韵。曹操的杂言诗用韵形式丰富多样，有利于其情感的婉转表达。如许多诗用转韵，全诗韵部不断变换，有利于不同声高、不同感情、不同音律的配合，变化婉转。用叠句，不避重复，使歌唱的韵味更足，一唱三叹。就杂言诗来看，曹操用韵达到了声韵律相和的境地，显示了他很高的用韵艺术技巧。

相对言之，《诗经》、“楚辞”中的诗歌语言在结构类型上基本成形，如《诗经》以四言为主，而曹操的诗歌，有多种诗体，不同的诗体有不同的韵式，并且一首诗中将多种押韵方式综合充分表达，形成自己丰富的、自由的诗体结构，这是曹操的贡献。

曹操诗歌的用韵方式主要来自《诗经》、“楚辞”，但是，曹操自己在此基础上也有很多创造与发挥。用韵又直接影响了诗歌的文字组成方式与结构的建构。这是中国古典诗学很值得我们重视的一个方面，应该高度关注。我们知道，曹操及其以前的诗歌都能入乐，这是本色，固定的四言和五言诗依律调韵比较容易，就是诗歌写好以后，用律定均，然后将韵字和乐，再和声，然后对句式进行修订，也就是音律调韵，声韵定式。而曹操

① 胡应麟《诗薮》，上海古籍出版社 1979 年版，第 15 页。

的诗歌用韵类型特别丰富，显示了他艺术表达力的高超与创新的成就。

四、曹操诗歌的气韵与情志抒发

音律调韵，声韵定式，是古代歌诗的形成规律，而且韵律本来就是诗歌的一个重要组成部分，尤其是乐府，在和乐、歌唱与情感表现以及结构（包括收尾）上都担当重要角色，又成为其他文字无法代替的部分，所以相对应该说是诗歌的最为重要的部分。“魏武帝如幽燕老将，气韵沉雄”[①]。曹操很注意诗歌韵脚的选用，诗歌中的韵部与诗歌表达的思想感情与内容基本上是一致的。王夫之认为：“孟德乐府，固卓绝惊人而意抱渊永，动人以声不以言。”[②]动人以声就是强调诗歌的声韵成就。就曹操诗歌的整体情况看，言志是主要的抒情方式。他在诗歌中反复强调“歌以咏志”，但又不同“楚辞”那样强烈的悲愤色彩，明确说明作歌曲的目的是抒发志向理想与性情感受，继承了“诗言志”的中国诗学传统，但在言志的方式上又具有强烈的抒情性和自我特点，努力达到情志的统一。这是他与《诗经》、“楚辞”有所不同的地方。从上面的统计我们看出，曹操的阳声韵有一定的比例。阳声韵的高亢不仅表达他英雄气概的激扬，也表达他痛苦悲壮的强烈抒发，因此阳声韵主要表现为强烈抒情，通过抒情体现出言志。我们不妨对曹操的诗歌作一较全面的分析，可以清晰地看出其气韵和情志抒发的特点。

曹操的《却东西门行》是感伤久从兵役，写戍卒思归之诗，王夫之认为“情真悲极”。诗歌以鸿雁起兴，全诗用阳韵

① 敖陶孙撰，程兆胤录《诗评》，中华书局 1985 年版，第 1 页。

② 王夫之评选，张国星校点《古诗评选》，文化艺术出版社 1997 年版，第 17 页。

字，也显得古直悲凉，情真意切。《苦寒行》用微韵“哀”字结尾，声音哀婉，体现忧伤情怀，表明了作者的哀怨苦闷的心情。转韵成了感情调节的标志。《短歌行·对酒当歌》是言志之作，陈祚明认为此首诗“跌宕悠扬，极悲凉之致”。这首诗四句一转韵，很能说明曹操诗歌的用韵与他感情的一致性。《善哉行·古公亶父》全部是用典，通过歌咏历史人物来表达自己的志向。谢榛认为“魏武帝《善哉行》七解，全用古人事实，不可泥于诗法论之”[①]。这首诗歌基本上还是用平声的真韵，在“齐桓之霸，赖得仲父。后任竖刀，虫流出户”中父、户都是上声鱼韵，在本句中也押韵。这表明这首诗韵字的选择除了与用典有关外，大致上还是与情感联系起来的。《善哉行·自惜身薄祜》自述身世孤苦，处境艰难，抒发父死之痛与迎天子后的苦闷，全篇采用上声鱼韵，读起来显得声气受阻，感情压抑，基调低沉忧闷，反映了曹操壮志难酬、不能立业的愤慨。

北征以后，曹操的历史地位与成就都发生了很大变化，心情显得开朗，诗歌的用韵风格随之变化，所以从韵律上分析曹操的作品，确是深入研究曹操诗歌变化、成就与诗法的一条重要途径。《步出夏门行》是写于胜利班师途中的一首组诗。《观沧海》是作者通过描写海景来抒发自己重整河山的豪情壮志。全诗多是用上声之韵，如“洪波涌起”“若出其里”，有一种君临天下、囊括万物之感。但同时，上声之韵也有一定的受阻之感，显示出一种曲折的感情沧桑。曹操选用这些曲调韵字表达自己的思想感情，所以整个诗风慷慨激昂，自然具有忧伤的底色，但金声而玉振。《冬十月》前八句写初冬的自然景象，用微脂合韵，后四句是全诗的中心，描写人民的生活，转用阳韵，描写人民安定，商业开始兴旺，反映作者心中的舒畅之情。《土不同》

① 谢榛著，宛平校点《四溟诗话》，人民文学出版社1998年版，第7页。

以叙述的语言写社会萧条的情形，从自然景物写到人们的心理状态。写自然风光用元、幽韵，写人的状态与心理的时候就采用微韵。《龟虽寿》分三层意思，作者也是转了三次韵。唐代的李贺，世称鬼才，其主要的原因就是作品主要用的是幽韵，因为幽韵色调悲凉。

曹操的杂言诗韵律相对变化大，转韵的比较多。如《精列》中有4处叠句，与音乐歌唱及其表现力有关。叠句使用相同的韵字与句子，能够增强诗歌的乐感与声韵感，也是作者要强调的内容，成为声韵相和，与情感志向甚至感受统一的艺术作品。《度关山》《对酒》是两首反映曹操政治思想的诗，胡应麟认为："《雁门太守行》，通篇皆赞词。《折杨柳》，通篇皆戒词，名虽乐府，实寡风韵。魏武多有此体，如《度关山》《对酒行》，皆不必法也。"[1]诚然，这两首诗确实写得比较质朴，但同是写政治态度的诗，用韵是截然不同的。《度关山》基本上用入声职、屋合韵。而《对酒》则是都用平声的文、耕、真韵。这也是与作者的感情一致的。

公元187年，曹操在任济南相时，采取了一些革新的措施而得罪了当权的地方豪强而不得不托病辞官归乡。《度关山》大致写于那时。这首诗全部用入声韵的悲愤色彩的文字，短促而强烈，表达了作者的愤慨之情。《对酒》描写的是一幅太平盛世的图景，所以，作者都是用平声韵，语气、情绪较之前首都显得比较平缓。曹操的游仙诗用韵基本上都是自成规则的，这与游仙诗本身所反映的作者飘忽的思想感情也是一致的。《短歌行》是曹操的代表作品，但两首《短歌行》的句子分解情况不同。

陈祚明坚持认为曹操"西伯周昌篇，情见乎辞，语气高古，其押韵必有法"。法在何处，陈祚明没有深究。应该说四言

① 胡应麟《诗薮》，上海古籍出版社1979年版，第15页。

诗，四句一解为正格，《短歌行·周西伯昌》显然是变格。一是用了叠句押韵方式，如三解“一匡天下”句。二是用了遥韵包韵形式，前后呼应，如“八方闻之”的之韵。三是偶句韵与奇句韵交会，所以形成变化。从诗歌看，完全是根据内容的分量关系来决定解的长短，而韵字为最直接表现的部分，这就是曹操的法。说明曹操不仅在乐府题目与内容的统一上进行了突破，在句法长短上也进行了突破，写作的根据就是律调，韵字则依其选择。建安风骨不仅仅只看成诗歌风格形式内容的刚劲多气，还更主要的体现他们对于诗歌形式与音乐的把握的自由和精神的超越。正因为如此，诗歌的艺术才能够更好地发挥作用，才能更好地发展。曹操的三行作于征讨乌桓回来的时候，诗歌属于鼓角横吹曲。《晋书·乐志》说：“鼓，案《周礼》‘以鼖鼓鼓军事’。角，说者云，蚩尤氏帅魑魅与黄帝战于涿鹿，帝乃始命吹角为龙鸣以御之。其后魏武北征乌桓，越沙漠而军士思归，于是减为中鸣，而尤更悲矣。”[①]由此看来，曹操的作品更加强化了抒情，其悲壮的声诗格调是他们的刻意努力，也因此，建安风骨是强音中的强音。所谓吹角，当为笳，因此清商曲辞更显悲亢。基本上可以肯定北方的乐器的使用，在清商曲辞婉转的基础上显示出慷慨悲凉之气，而曹操的新诗则配合了音乐，所以形成了全新的乐府，这就是建安风骨。

《气出唱》三首是描写一个幻想的世界，作者用韵比较飘忽。《华阴山》和《游君山》是写参加西王母的宴会，着重写的是游乐，用韵上也不是完全规则，这也符合游仙诗飘忽的风格。从《气出唱》的与神女相遇到直接上天，反映了曹操另外的一种个性：充满想象力的自由的精神世界，因此，就建安风骨的提法看，应该是一个丰富的整体，不仅仅说的是慷慨苍凉了。曹

① 房玄龄等撰《晋书》，中华书局 1974 年版，第 715 页。

操的游仙诗是通过想象的方式追求精神的自由与个性的张扬，而在作品的内容形式上对传统的乐府进行了改造与发扬，由此看来，建安风骨具有丰富性和创造性的特点。

以曹操为领袖的建安作家，用清商曲辞的乐府诗歌创造了建安风骨，成为中国诗歌发展的源泉与重建的诗学典范。《晋书·乐志》说："魏氏歌诗或二言，或三言，或四言，或五言，与古诗不类，以问司律中郎将陈颀。颀曰：'被之金石，未必皆当。'故勖造晋歌，皆为四言。"[①]作为正史并不充分肯定曹操等人的诗歌，觉得虽然入乐，但未必与传统的钟磬之韵和谐，也更进一步说明以清商曲辞为表现范畴的曹操诗歌样态虽然在曹魏时作为朝廷音乐，但是，因为其俚俗与自由为正统所不容，那么评论家的笔下他们就不可能成为上品。但无论是声诗、声律、旋律、语言形式，以曹操诗歌为代表的清商曲辞的乐府诗歌对中国诗学理论与实践作出了重大贡献。

（原载《文学评论》2007年第6期）

① 房玄龄等撰《晋书》，中华书局1974年版，第685页。

论曹操诗歌的悲凉感

◎化晓方

曹操作为千古豪杰，集狡诈、霸气、多情、坦率等种种特点于一身，可谓历史上最复杂人物之一。政治风云中的他，东征西讨，披坚执锐，打荆州、破袁绍、征乌丸，多谋善断，志满意得。文学创作中他独领建安文坛，开创一代建安诗风。唐代张说在《邺都引》中评价曹操“昼携壮士破坚阵，夜接词人赋华屋”。虽生在末世，曹操血脉中却流淌着代表汉人理想风貌的热血。然而曹操的霸气、乐观积极只是他性格的一个方面，他将悲凉苍莽、内心世界的孤独、无可奈何之感发于诗歌，体现了他英雄气质的另一面。亚里士多德曾经说过：“所有在哲学、艺术、政治上有杰出成就的伟人，无不具有孤独而忧郁的气质。”曹操也不例外，钟嵘说“曹公古直，甚有悲凉之句”，王世贞评“曹公莽莽，古直悲凉”，都指出了曹操诗歌所具有的悲凉特征。

一

曹操自20岁举孝廉，先后为郎、洛阳北部尉、骑都尉、济南相、典军校尉、议郎等，后南征北战，统一北方，身为丞相，“人臣之贵以极”。但其内心有着很深的悲凉感，这种悲凉之感被自身所处的地位和与生俱来的积极进取的人生态度所遮掩，但发为诗篇，我们仍能感受到这位枭雄的寂寞与悲凉。

首先是人民的流离失所、天下大乱的现实使他悯时伤乱，诗以言志，吐为诗歌，自有悲凉之气。曹操生活在汉魏交替的最黑暗时代，满目疮痍的四境给人们的直接感受是“生民百遗一，念之断人肠”，是“经过至我碣石，心惆怅我东海”，是“心常叹怨，戚戚多悲”[①]。曹操在诗歌中流露了他的忧愁，他是一个有着雄伟理想和壮阔襟怀的人，渴望建功立业，希冀理想的太平社会。他的《对酒》一诗，叙述了他理想中的太平之世：“对酒歌，太平时，吏不呼门，王者贤且明，宰相股肱皆良臣。咸礼让，民无所争讼。三年耕有九年储，仓谷满盈。”然而现实与之相反，汉王朝传世二十余世的帝业骤然破败，小人作乱，民生多艰。理想与现实间巨大的差异及社会尖锐的矛盾，发为诗歌不可避免地带有悲凉慷慨之气。在《薤露行》中，他写道：“惟汉二十世，所任诚不良……瞻彼洛城郭，微子为感伤。”董卓之乱后，洛阳被洗劫一空，宫室长满野草，曹操途径洛阳，想到了殷朝微子将朝周，过殷之故都所起的禾黍之悲。首句感叹“惟汉二十世，所任诚不良”到末句的禾黍之叹，融入了曹操对社会人生的思考，汉代百年基业顷刻颠覆到底原因何在？由于用人不良，导致政治腐败，奸臣得势，以致宗庙燔丧。想及此，曹操悲慨填胸。方东树评价此诗：“咏丧亡之哀，足当挽歌也。”又说：“此诗浩气奋迈，古直悲凉，音节词旨，雄恣直朴。一起雄直高大，收悲痛哀远。”[②]

在天下大乱之际，各路兵马起兵只为争权夺势，而无匡扶汉室的决心和行动。而曹操起兵，却为匡扶汉室，恢复天下安定。“关东有义士，兴兵讨群凶。初期会盟津，乃心在咸阳。军合力不齐，踌躇而雁行。势利使人争，嗣还自相戕。淮南弟称

① 邱英生、高爽《三曹诗译释》，黑龙江人民出版社 1982 年版，第 35 页。

② 方东树著，汪绍楹校点《昭昧詹言》，人民文学出版社 1984 年版。

号，刻玺于北方。铠甲生虮虱，万姓以死亡。白骨露于野，千里无鸡鸣。生民百遗一，念之断人肠。”恨声无秩，满腔的忧愁与不平指向现实。然而英雄毕竟有不同于凡人之处，即使在落寞之中，也会不失豪情。目睹所谓关东义士的畏前怕后、百姓的尸骨横陈，激起了他不平之气，为了维护王朝的统一、社会的安定，他不惜变卖家产，迎战董卓。虽然最后失败，但仍不愧为失败的英雄。

《三国志》注引《魏书》说曹操：“登高必赋，及造新诗，被之管弦，皆成乐章。”曹操本人是乐府诗创作的巨匠，他爱好音乐，现存的二十五首诗歌也都是乐府诗，而乐府诗的特点是：“感于哀乐，缘事而发。”曹操不同于其他军阀，他目光长远，以安平天下为己任，他以敏感睿智的内心体验到时代、社会的悲剧，并借助乐府诗歌的形式直写其心，质朴古直，不造作不矫饰，这使他的诗歌具有悲凉特质的内涵。鲁迅欣赏曹操，是第一个站出为曹操翻案的人，在《魏晋风度及文章与药及酒之关系》一文中说：“其实，曹操是很有本事的人，至少是一个英雄。”①鲁迅一向敬仰敢于奋斗进取的国人，哪怕失败，哪怕落后，他曾说：“中国一向就少有失败的英雄，少有韧性的反抗，少有敢单身鏖战的武人，少有敢抚哭叛徒的吊客。”曹操借献刀刺杀董卓，率先迎战董卓，都先后归于失败，虽落寞悲凉，但不愧是失败的英雄。

二

对丰功伟业的追求和实现统一中国远大抱负的不易，使性格复杂的曹操有着比凡人更多的经历和感悟，这是他的诗歌具有悲

① 鲁迅《而已集》，人民文学出版社 1981 年版。

凉之气的又一因素。

曹操生于宦官家庭，宦官声誉在东汉末年极为恶劣，所以陈琳在《讨曹檄文》中拿曹操的出身大做文章，骂曹操是“赘阉遗丑”，辱及三世。虽然出身宦官家庭让曹操缺少岩穴之士的名望，但曹操的家世也是较显赫的。曾祖父曹节，字元伟，有很高的德行，《三国志·武帝纪》裴松之注引司马彪《续汉书》：“腾父节，字元伟，素以仁厚称。邻人有亡豕者，与节豕相类，诣门认之，节不与争；后所亡豕自还其家，豕主人大惭，送所认豕，并辞谢节，节笑而受之。由是乡党喟叹焉。长子伯兴，次子仲兴，三子叔兴。腾字季兴。”季兴就是曹腾，也就是曹操的祖父。史载曹腾在朝中30多年，前后侍奉过四位皇帝，却从没有过失误，而且善于给朝廷推荐贤能之士，所以众人对他评价非常高。他所推荐的人，如陈留虞放、边韶、南阳延固、张温、弘农张奂、颍川堂谿典等，都位至公卿，有所作为。这样的宦官家庭出身一方面使曹操底气不足，“自惜身薄祜，夙贱罹孤苦”，看重外界的评价，希望得到声誉。他去拜访许劭，要求评价自己，许劭是当时的名士，以“识人”闻名。许劭不语，经曹操再三要求后评价道“子治世之能臣，乱世之奸雄。操大喜而去”。曹操之所以高兴，是因为在他看来，“能臣”也罢，“奸雄”也好，都是豪杰。曹操不介意奸雄的评价，也与出身宦官家庭形成他通脱的性格有关；另一方面，曹操祖父、父亲皆为亲重之任，三世见信于汉庭，在这样的家庭长大，曹操也深受儒家传统的影响，对忠义之士仰慕敬重。对于乐毅、蒙恬之忠心，曹操也深受感动，渴望踵武前贤，他说“孤每读此二人书，未尝不怆然流涕也”（《让县自明本志令》）。

曹操身世的复杂，使他比别人更积极务实，能包容人才。他曾三下求贤诏求举人才，对于贤能之士他甚至像知己般对待。谋士郭嘉与曹操惺惺相惜，曹操言“唯奉孝为能知孤意”。郭嘉叹赏："真吾主也。"[①]可惜他早逝，曹操后多次表达怀念之情。《三国志》记载曹操知人善察，"拔于禁于行伍之间，取张辽、徐晃于亡虏之内，皆佐命立功"。曹操一生都在求贤，为得不到贤才而忧伤，《短歌行》曰："对酒当歌，人生几何？譬如朝露，去日苦多。慨当以慷，忧思难忘。何以解忧，唯有杜康。青青子衿，悠悠我心。但为君故，沉吟至今。呦呦鹿鸣，食野之苹。我有嘉宾，鼓瑟吹笙。明明如月，何时可辍。忧从中来，不可断绝。……"饮宴当歌之际，"忧从中来"，思慕贤才之情至深至真，如明月一般不可辍绝。曹操即使写"忧"，也有一种悲凉之气充溢其间，强者之忧愁非常人的闲愁，陈祚明评此诗"跌宕悠扬，极悲凉之致"（《采菽堂古诗选》卷五），谭元春在《古诗归》中评此诗"热肠余情，含吐纸上"。

曹操带兵常年征战，战争的胜负、人命的生死存亡常常就在一瞬。作为军事指挥者，每一场战争他都肩负着巨大的责任，压力重大。但生性豪迈、面对现实始终具有顽强精神和积极人生态度的曹操不愿流露出感伤、犹豫、迷茫之情，但这些往往存在于他的内心意识之中，他内心的忧愁之感比常人更甚，曹操的愁却带着强烈的曹操特色。建安十一年，曹操征伐高幹，途经太行山，正值冰雪连天的寒冬，军队行军异常艰难。《苦寒行》一诗记录了冰雪中行军之艰辛："北上太行山，艰哉何巍巍！羊肠坂诘屈，车轮为之摧。树木何萧瑟，北风声正悲！熊罴对我蹲，虎豹夹路啼。溪谷少人民，雪落何霏霏！延颈长叹息，远行多所怀。我心何怫郁？思欲一东归。水深桥梁绝，中路正徘徊。迷惑失故路，薄暮无宿栖。行行日已远，人马同时饥。担囊行取薪，斧冰持作糜。悲彼《东山》诗，悠悠令我哀！"雪地行军，北风呼啸，虎豹出没，水深桥断，人困马饥，征伐高幹

① 陈寿撰，裴松之注《三国志·郭嘉传》，中华书局2005年版，第169页。

的行军路上充满艰险，完成统一中国的远大抱负更为不易，曹操想到了周公东征胜利而归，自己却欲归不能，想及此，生出悠悠悲哀之感。曹操内心彷徨，见之于诗却无颓唐之感。吴淇在《六朝选诗定论》卷五评价此诗："此苦实过《东山》，哪得不悲？此诗极写苦寒，原是收拾军士之心，却把自己平生心事写出。"曹操北征乌桓，写下《步出夏门行》："云行雨步，超越九江之皋。临观异同，心意怀游豫，不知当复何从？经过至我碣石，心惆怅我东海。"他在这此诗中直言自己因大水受阻，途经碣石，面对东海，内心充满忧伤惆怅。一片坦诚，情真意切，语言朴质，格调却高古悠远。

建安十三年，曹操征伐乌桓返回，途经邺县，由于袁绍的残酷统治，连年战争使这里田地荒芜，民不聊生。曹操目睹当地情景，压抑不住愤怒之情，写下《土不同》这首诗："乡土不同，河朔隆寒。流澌浮漂，舟船行难。……心常叹怨，戚戚多悲。"曹操忍不住屡屡将"悲""哀""惆怅"等字直接抒发于诗歌，却难掩其诗歌的干云豪气，并因其情感真挚又所写皆事实，后人评价其诗歌是"汉末实录"。

真正的英雄豪杰，亦有悱恻心肠。曹操久戍在外，也产生伤羁旅、思念故乡之情。《却东西门行》云："鸿雁出塞北，乃在无人乡。举翅万余里，行止自成行。冬节食南稻，春日复北翔。田中有转蓬，随风远飘扬。长与故根绝，万岁不相当。奈何此征夫，安得去四方？戎马不解鞍，铠甲不离傍。冉冉老将至，何时反故乡？神龙藏深泉，猛兽步高冈。狐死归首丘，故乡安可忘！"全诗以鸿雁、转蓬、猛兽以比兴，诉说思乡之情。鸿雁尚可北返，转蓬永与根辞，狐死首丘不离本土，征夫却难望见故乡。王夫之于《船山古诗评选》曰："'万岁不相当'，情真悲极。"的确，曹操虽是一代枭雄，却也有着和普通人一样的思乡之情，又因其经历的坎坷丰富，甚至有着比凡人更多、更深的体会。

对于一代政治家，曹操将忧伤迷茫求诉于诗歌，而这种忧伤迷茫之感不同于苦闷文人对一己的感伤。曹操体验着人生的艰辛与悲壮，他沉重的压力往往借助大自然得以宣泄释放，在宇宙浩渺之间他思索着人生，寄诗以言志，他直接感受着的是“老骥伏枥，志在千里。烈士暮年，壮心不已”；是“东临碣石，以观沧海，水何澹澹，山岛耸峙”，“树木丛生，百草丰茂。秋风萧瑟，洪波涌起”。这是悲壮之美、慷慨之音，是曹操执着地以天下为己任的气魄!

三

曹操内心有很深的悲凉寂寞之感。他说自己无篡汉自代的意志，但不放弃兵权是因“诚恐已离兵为人所祸也”（《让县自明本志令》）。他深知在那个重视门阀家世的社会里，没有高贵血统为依托，却做到了“挟天子以令诸侯”，会令多少人忌恨。而他积极投身于拯救衰世、改革恶政、抑制豪强、实行屯田、发展生产、提倡法治，这一系列措施必然又触及某些人的利益。这些他并不在意，作为政治家，他目标明确，大刀阔斧执行自己的施政纲领。而在他统一北方、成为三足鼎立中实力最强者时，孙刘联盟抨击他“托名汉相，实为汉贼”，朝野上下也对他多有诽谤谣言，说他“欲代汉自立”。孔融、荀彧等他敬重的人，或名士，或谋臣，有的他甚至视为知己，却没人能够理解他，只看到了他的野心，却未能了解他的忠心。

他写下著名的《让县自明本志令》表白心迹：“欲为国家讨贼立功，欲望封侯作征西将军，然后题墓道言：‘汉故征西将军曹侯之墓。’此其志也。”曹操坦诚地回忆过去，自己的最大愿望是为汉家王朝建功立业，并未有人们所私心相评论的“不逊之志”。曹操最后完全可以称帝，但他没有违背自己的诺言，这与他深受忠孝思想和中庸思想的影响有关。他屡次提到齐桓公，不仅在文章中表示崇敬之情，在诗歌中他也写道：“齐桓之功，为霸之首。九合诸侯，一匡天下。一匡天下，不以兵车。正而不谲，其德传称。”（《短歌行》）历史上齐桓公虽然强大，但仍尊崇周室，曹操以齐桓公自比，表白自己会尊崇汉室，谨守臣节。无疑，此诗也旨在涤除别人的误解，为表白政治态度而写。

曹操期望得到世人的肯定，获得美好的声誉，但他终未得到理解，他内心是孤独寂寞的，并且随着时间的流逝，他统一中国的理想仍未实现。“不戚年往，忧世不治”，这种英雄落寞的悲凉心理发为诗歌有时是“对酒当歌，人生几何，譬如朝露，去日苦多”的忧愁，有时是“朝日乐相乐，酣饮不知醉。……冲静得自然，荣华何足为”的解脱，有时是“冉冉老将至，何时返故乡”的感伤，有时又是《秋胡行》之低沉情绪……

成就一代霸业，纵横显赫一时，亦有星落殒灭之时。因此曹操在过昔日政敌袁绍墓前会为之祭祀痛哭（《三国志·武帝纪》），他也是在哭人生的悲凉，英雄的霸业难成，转瞬成空。曹操晚年创作游仙诗，他借鉴秦汉乐府民歌和赋以虚幻世界抒心志的创作传统，描绘虚幻世界的奇幻多姿，抒发自己暮年壮志未酬的悲凉心态和对超越自由生死的向往。《气出唱》《精列》《秋胡行》，曹操在游仙诗中描写遨游蓬莱、与神仙相交往的情境，也表达了他对隐逸生活的向往之情。曹操曾在《让县自明本志令》中回忆他年轻时的向往生活：“欲春夏读书，冬春涉猎，求底下之地，欲以泥水自蔽……然不能得如意。”多年的戎马生涯让他痛感岁月的倏忽，时势造就了曹操成为英雄，得到了他年轻时未敢企及的功业，但也失去了悠游烟霞、独卧诗书的闲逸生活。人到暮年，有思念故乡之情，也有渴望自由的情愫，对于曹操，还有不已的壮心……而升云凌天的幻想能够表达诗人复杂的情感，遨游于神仙境界可以弥补现实生活的缺憾。

余冠英论及曹操诗歌的悲凉特点说：“作者感慨很多，但是这种感慨却是和对民生疾苦的同情或对丰功伟业的追求紧密结合的。曹植有诗道‘烈士多悲心’，曹操的感慨就是所谓的烈士悲心吧？”[①]唯有烈士，才有那种深深的不可释怀的悲心，曹操诗歌的悲凉感也因此而生。曹操是性情中人，又是英雄，他比普通人有着更丰富的人生经历，更多的对人生功业的感受，也有更多的寂寞。像曹操这样的英雄，非为作诗而作诗，他的自然表达其心志就尽显英雄本色。陈祚明在《采菽堂古诗选》卷五中评论：“孟德所传诸篇，虽并属拟古，然皆以写己怀来……本无泛语，根在性情，故其跌宕悲凉，独臻超越。细揣格调，孟德全是汉音……”曹操的诗歌悲壮苍凉，但在悲凉中又有奋进之激扬，虽生于汉末，却有汉人的雄心气魄，展示了一代枭雄的性情和人生追求。

（原载《青海社会科学》2009年第3期）

① 余冠英《三曹诗选》，人民文学版社 1983 年版。

论曹操诗歌的悲情色彩及审美体认

◎马志英

曹操留给后人20多首乐府诗，数量虽不多但内容丰赡，慷慨悲凉，引领建安诗风。如果从文艺美学的角度对曹操诗歌作整体把握，不难看出，其诗歌的感人艺术魅力在于悲情美。

一、悯时伤乱的悲凄美

汉魏交替之际是中国历史上最黑暗、最动荡的时代，也是极具人文关怀的时代。生活于这一时期的曹操，面对时局的混乱和百姓死亡的残酷现实，以天下为己任的他内心有着深重的忧患与悲痛。正如聂石樵先生所云：“严酷的现实，激发了曹魏统治阶层内心之慷慨与悲凉，他们试图寻找一种能表达自己痛定思痛之思想情感的文学形式，而以‘感于哀乐，缘事而发’为写作目的之乐府，正适应了他们这种要求。他们便把自己的才华、哀思都倾注于这一文学形式的写作之中。”[①]曹操的诗歌常饱含深深的人文情怀，甚至这种关怀意识成为作品的主题。曹操在表现情感世界时，把自己的人生体验延伸到更深广的社会忧患之中，因而使作品洋溢着一种动人心魄的悲凄美。

作为政治家和军事家的曹操对战争有高屋建瓴的认识，他的

① 聂石樵《魏晋南北朝文学史》，中华书局2007年版，第204页。

诗并不着意反映个体境遇，也不停留在再现民间疾苦的层面，而是透过社会乱离的表象，深入挖掘致乱之本源，流露出深厚的人道主义情怀，营造出深沉的悲美境界。被称为“汉末实录”的《蒿里行》描绘董卓之乱与军阀混战的惨象，真实反映了当时连年战祸给百姓造成的沉重苦难，用字如凿。《薤露行》写汉灵帝所任非人，导致董卓擅权的史实。诗中描绘了历经董卓之乱后，洛阳城被洗劫一空，宫室长满野草的破败景象。路过洛阳的诗人看到这些陷入了深深的哀伤，由衷地发出了“所任诚不良”的愤慨与斥责，对袁绍等将领各怀私心，畏葸不前予以揭露和批评。句末“瞻彼洛城郭，微子为感伤”[①]，诗人想到了殷朝微子将朝周，以此来比况自己对汉室倾覆的悲伤、对生灵涂炭的悲哀。

曹操一生戎马征战，有着丰富的行役生活体验，他的行伍诗多立足于士卒平民，具有一颗可贵的平常心，这也使他的诗充满悲天悯人的博爱精神。《苦寒行》描述了建安十一年正月，曹操率军从邺城向西北越过太行山攻打据守壶关的高幹时的艰苦情景。诗人在史实基础上作了进一步的艺术提炼。全篇以苦寒为中心，对隆冬在太行山区艰苦行军作了异常真切的描绘。寒冬飞雪之时，北风呼啸，野兽狂叫，水深桥断，兵士困饥，景凄情深，诗作中有对广大士兵的同情与不得已用兵的深沉感喟，生发出无与伦比的悲凄之美。《却东西门行》亦是描写万里行军、寄托作者悲悯情怀的杰作。此诗意象蕴藉悲凉，以鸿雁远飞、蓬草流传、狐死首丘等意象比喻因征战而离乡日久、四处转战的征夫，将征夫有家难回的无奈与悲凄表达得淋漓尽致。特别是句末借诗人之笔抒发出了深藏在士兵心中的慨叹与无奈：“冉冉老将至，何时反故乡？”“艺术不仅是心里所孕育的情趣意象，还需

① 刘跃进、王莉《三曹》，中华书局2009年版，第23页。

借物理媒介传达出来，成为具体作品。”[1]曹操将他对人生的悲悯之情投注到诗歌创作之后，催生了诗歌的悲情情境，才形成了有血有肉的悲凄诗篇。

二、人生几何的悲凉美

生命对人而言只有一次，人生在世，本来就很短暂，而汉末连年不断的战争、瘟疫和灾荒更是加快了人的衰老和死亡的速度，对此敏感的建安文人已有领悟，“岁月不可居”几乎是他们共同的人生感受。王瑶先生说：“我们念魏晋人的诗，感到最普遍，最深刻，能激动人心的，便是那在诗中充满了时光飘忽和人生短促的思想与情感。”[2]赤壁之战失败后，三国鼎立的格局已形成，此后曹操多次率兵南征均未成功。到了建安二十年征讨张鲁之时，曹操已61岁了。此时的他常有“天地何长久，人道居之短”（《秋胡行》）的慨叹与孤寂。

如何在有限的时间里实现自己的功业理想，正是曹操深入思考的问题。《短歌行》的开篇，诗人就发出了“对酒当歌，人生几何？譬如朝露，去日苦多”的感慨。要想完成统一天下的宏伟心愿，仅凭借一人之力是不可能实现的，对此曹操十分清醒，他渴望贤才，重用贤才，但随着时间的流逝，灾难的频发，许多贤才或老去或故去，统一大业的路上依然困难重重，他的内心充满了迷茫与无奈，因此才有“绕树三匝，何枝可依？”的疑问。然而曹操毕竟是一代枭雄，赤壁之战的失败并没有挫伤他的进取之心，自信霸气的性格使他不会轻易地绝望和放弃，最后他坚定地说“周公吐哺，天下归心”，他相信自己会励精图治，一统天

---

① 朱光潜《诗论》，三联书社 1998 年版，第 45 页。

② 王瑶《中古文学史论》，北京大学出版社 1998 年版，第 139 页。

下。“任何伟大的悲剧归根到底又必然是乐观的，因为他的本质是表现壮丽的英雄品格，它激起我们的生命力感和努力向上的意志。”[①]曹操正是这样一位敏感多愁却永远自信的时代英雄。

弗洛伊德在论及艺术的职能时指出，艺术是人类为了忍受生活中的困苦而提供的缓冲措施。艺术家可以在创作中得到幻想的快乐，从而减轻现实带来的巨大痛苦。在现实生活中不能自拔者可以在艺术中用幻想的方式自拔，可以寻求飘渺虚无的幻境来作解脱烦闷的寄托[②]。晚年的曹操对神仙世界既无比向往又深深怀疑，创作了大量的游仙诗，《气出唱》《精列》《陌上桑》《秋胡行》等诗歌中强烈的功业意识与“人生如朝露”的悲哀熔铸在一起，凝重的苦闷与悠远的深思交织在一起，营造出一种悲凉美的文学品质。《秋胡行》开头反复咏唱“晨上散关山，此道当何难。晨上散关山，此道当何难”，感叹的情绪显得格外沉重。散关山是秦岭的咽喉，历来为兵家必争之地。建安二十年三月，曹操西征张鲁，四月自陈仓出散关，七月大破张鲁。三国鼎立之势已经形成。面对孙权、刘备，曹操难以荡平，使他感到实现统一大业的艰难，因而在西征张鲁、途经散关山时不免心生烦忧。正当牛困不起，车堕谷间，诗人“坐盘石之上，弹五弦之琴”时，三位神仙出现了，“谓卿云何困苦以自怨。徨徨所欲，来到此间？”三位神仙告诉诗人，他们住在昆仑山上，遨游天际，枕石而眠，漱饮清泉，并表示愿意带他同过神仙生活，但诗人“沉吟不决”，三位仙人“遂上升天”，这样的结局使诗人夜不能寐，惆怅自怜。这首诗把诗人想要摆脱俗务却又为国事心忧的矛盾心情表达了出来。第二首中诗人这种矛盾纠结的心情更加突出。“不戚年往，忧世不治”是他最大心结。已近人生暮年的他

① 朱光潜《悲剧心理学》，人民文学出版社 2009 年版，第 206 页。

② 〔奥〕弗洛伊德著，张唤民、陈伟奇译《弗洛伊德论美文选》，知识出版社 1987 年版，第 170—172 页。

倍感光阴飞逝，功业难就，这样的忧患与日俱增，无法排遣。虽然诗人明确地意识到“厥初生，造化之陶物，莫不有终期”是不可抗拒的自然规律，但又有“思得神药，万岁为期”的渴望，在力图实现而又不可能实现之间，加剧了生存的无奈和痛苦，浸润着因生命短暂、功业难酬而生的孤独意识与悲凉情感。

三、雄健激昂的悲壮美

三国时期英雄辈出，曹操虽是一个比较复杂的历史人物，但他雄豪的一面是不容否定的。曹操为人豪放，不拘小节，具有政治家的豪迈情怀与恢宏气度。陈寿评价曹操：“汉末，天下大乱，雄豪并起，而袁绍虎视四州，强盛莫敌。太祖运筹演谋，鞭挞宇内，揽申、商之法术，该韩、白之奇策，官方授材，各因其器，矫情任算，不念旧恶，终能总御皇机，克成洪业者，惟其明略最优也。抑可谓非常之人，超世之杰矣。”[①]郑振铎非常欣赏曹操的人格风范，给予他很高的评价，认为曹操诗如其人，其人霸气纵横，其诗沉郁雄健。的确如此，作为汉末的实际统治者，曹操的身上时时闪现着自信与霸气，他的诗文总是透露着豪气，表现出悲壮美的艺术特质。

作于建安十五年冬的《让县自明本志令》一文中，作者以质朴、坦率的语言反复表明自己虽劳苦功高、位极人臣但绝无篡权称帝的野心，只是奸臣逆贼当道，汉室衰微，生灵涂炭，时代的使命感使他自言“江湖未静，不可让位”，而对于自己所封食邑四县，可以让出三个，以此表示诚意。这样的表白充分表现了他坦率磊落的胸襟和非凡的政治气概，尤其是“设使国家无有孤，不知当有几人称帝，几人称霸”的表白是何等的自信与霸

① 陈寿撰，裴松之注《三国志》，中华书局1959年版，第55页。

气，于诗人的气质中流露着王者的雄霸之气。

《观沧海》是曹操北征乌桓时所写组诗《步出夏门行》中的一首，此诗之所以独步古今，使无数人为之倾倒，是因为它气势磅礴，格调雄浑激昂，具有打动人心的悲壮之美。这与诗人壮怀激烈的英雄品格和细腻敏锐的艺术感受密切相关，透过它我们可以看到诗人君临天下的恢宏气度和敏感多愁的文人情思。在征讨的过程中大雨滂沱，堑山堙谷无路可走，曹操一行克服困难重重，终于在建安十一年八月的一次大战中取得了决定性的胜利。这次胜利奠定了曹操统一大业的基础。当此雄心勃勃、踌躇满志之际，曹操豪情满怀，诗兴大发，借大自然的沧海之美，抒发了不可一世的英雄情怀。“树木丛生，百草丰茂。秋风萧瑟，洪波涌起”四句形象地表达了诗人复杂的心理状况和生命体验。繁茂的百草树木象征着英雄伟业的勃勃生机，喻示着诗人对大自然的陶醉之意和对生活的追求之情。在瑟瑟的秋风中，惊涛骇浪，奔腾咆哮，汹涌澎湃，这样的情景又使得诗人顿生悲凉之感，生命即将逝去的忧惧和统一大业的艰难时时折磨着他。面对此景，诗人既雄心勃勃又悲情万端，浩淼宏伟的沧海日月，吐纳运行，生生不息，个体的渺小，人生时光的短暂又令人伤楚落寞，这种巨大的反差使诗人产生了强烈的忧患意识和浓重的感伤情绪，使整首诗歌笼罩着浓郁的悲情色彩。后四句“日月之行，若出其中。星汉灿烂，若出其里”，诗人超越小我，将目光投向永恒的天地宇宙，以神来之笔描绘出大海包容万物的博大气象。此四句的奇特想象所构成的瑰丽画面，充分显示了曹操的英雄品格，可谓自成高格，横绝一世。

在极度混乱的时代，死亡处处可见，时人对死亡的感受也异常深刻。曹操的《步出夏门行》其四《龟虽寿》对生死问题作出了与时人不一样的体认，一扫东汉文人哀怨感伤、消极悲观的调子，体现出一代雄才的激越情怀。诗人以神龟、腾蛇反面起兴，以老骥、烈士正面作比，慷慨高歌“老骥伏枥，志在千里。烈士暮年，壮心不已”。以老年伏枥尚存纵横驰骋之想的千里马向人们昭示：只要有永不衰退的进取精神，人就能在有限的生命中实现对自然生命的超越，人生的价值就会实现。诗人将自己的生命意识渗透于文学作品之中，使作品闪烁着深邃的哲理之光。全诗顿挫分明、雄健奔放，体现了以悲壮为美的审美体认。

四、悲情美的审美体认

悲情是人类自我情感觉醒的产物，常常表现为人生短促，青春易逝的悲愁；功业难就，宏图大志难以实现的悲愤，是多种情感交织在一起的愁苦、怨愤，它以复调的方式在文学作品中出现。以悲为美的审美观念由来已久，尤其是到了动荡不安的汉魏时期，死亡意识与悲情体验成为文人普遍的艺术感受。“观其时文，雅好慷慨，良由世积乱离，风衰俗怨，并志深而笔长，故梗概而多气也。”[①]以悲为美的审美风尚伴随着魏晋人的自觉在他们的文学创作中具有明显的表现，文学成为他们表情达志、宣泄情感的工具。

建安文人的悲情抒发具有共性，亦具有鲜明的个性。曹操作为建安文学时代风气的先觉者和创导人，提倡文质随时，不尚辞藻典丽，唯重真情实感。这种主张不但体现了一个注重实际的政治家对文学风格的要求，而且体现了一个对文学精神有着深刻理解的文学家的审美观念。“曹操对于艺术悲情有着特殊爱好，这种爱好，使他经常表现出一种烈士的悲凉壮烈气概。”[②]以悲为美的审美情趣使他倾力于悲情抒发，形成了沉雄浑厚、壮烈劲

① 周振甫《文心雕龙今译》，中华书局 2004 年版，第 404 页。
② 徐公持《魏晋文学史》，人民文学出版社 2006 年版，第 36 页。

健、慷慨悲凉为主要特征的诗歌情调和风格特征，对后世文学产生了深远辽阔的影响。

综上所述，曹操的诗歌无论抒发功业进取之心，还是表达关怀民生疾苦或游仙玄想，都充满着力透纸背的悲情之思，洋溢着打动人心的悲情之美。这种悲情美艺术风貌的成因是多元的，它既有特定的社会因素，也有诗人性格根据，又有以悲情为美的审美体验的影响。可以说，是诗人追求不息的执着精神、悲天悯人的文人精神及雄健刚硬的个性特征熔铸在一起，共同构成了文本悲情美的品格与特质。

（原载《北方民族大学学报》2012年第2期）

曹操与汉末士人的交往及建安文学批评的形成

◎宋亚莉　郑杰文

曹操是汉末至建安时期文化与文学发展进程中举足轻重的关键性人物。青壮之年，他与汉末士人尤其是党锢名士交往频繁，深受汉末士人思想观念和价值选择之浸润与影响。成为曹魏集团的统治者之后，他更是延揽天下文士，为建安文学批评的开展奠定了坚实的基础。本文拟从曹操身份之自觉转换、曹操与汉末党人的关系、曹操与建安文士的离合，以及曹操对建安文学批评之开展的贡献等几个方面进行研究。

一

曹操生于永寿元年（155），祖父为宦官。史书记载："桓帝世，曹腾为中常侍大长秋，封费亭侯。养子嵩嗣，官至太尉，莫能审其生出本末。嵩生太祖。"[①]可知曹操出身于极有权势的宦官家族。曹操的相父曹腾，"用事省闼三十余年，奉事四帝，未尝有过。其所进达，皆海内名人，陈留虞放、边韶、南阳延固、张温、弘农张奂、颍川堂谿典等。"[②]曹腾与当世不少名士有着良

① 《三国志·魏书·武帝纪》。

② 《后汉书·宦者列传》。

好关系且颇享清誉。清代著名史家赵翼尝言："后汉宦官之贪恶肆横，固已十人而九，然其中亦间有清慎自守者，不可一概抹煞也。"[①]而曹腾无疑就是"清慎自守者"之一。到了曹操的父亲曹嵩之时，沛国曹氏已经积累了相当的政治实力和财富、威望。曹嵩为太尉，同族曹仁祖父曹褒为颍川太守，曹炽为侍中、长水太尉，曹洪伯父曹鼎为尚书令，曹氏家族在汉末政权中可谓是举足轻重。曹操的出身虽为其带来过某些困扰和诟病，然而也给他带来了不少与诸名士接触和交往的机会与便利。更重要的是，曹操进入仕途之后，在立身处世上自觉地与宦官集团相脱离，而向清流士人阶层靠拢，展示出了睿智的政治判断力和正确的人生抉择。

汉末党锢之祸首发于延熹九年（166），此年曹操12岁；第二次党锢之祸发生在建章二年（169），此时曹操也不过15岁。党锢之祸是汉末由衰而乱、由乱而亡的重要事件，党锢事件激发了士阶层的觉醒和对自我价值的体认。年轻的曹操身在其中，遂自觉地脱离宦官集团而追慕名士，并常以名士自居。党锢之祸中被激发起来的正义精神和崇节尚义之风，以及士阶层的审美精神与情趣，被曹操结合自己的人生经历而沉淀在思想深处，为之后曹操人生观的形成和文学创作的发展奠定了基础。

熹平三年（174），曹操20岁。此年，曹操举孝廉，不久任洛阳北部尉。因为吏治清明，熹平六年，23岁的曹操升任议郎。曹操担任议郎时，旗帜鲜明地站在了宦官的对立面，表现出了与他们势不两立的姿态。史书对此有明确记载："先是大将军窦武、太傅陈蕃谋诛阉官，反为所害。太祖上书陈武等正直而见陷害，奸邪盈朝，善人壅塞，其言甚切；灵帝不能用。"[②]从中可见曹操反对宦官、坚定维护士阶层的鲜明立场与态度。曹操能与汉

① 赵翼《廿二史札记》，中国书店1987年版，第70页。

② 《三国志·魏书·武帝纪》注引《魏书》。

末党锢士人多有交往，并与不少名士交谊颇深，其中的一个重要原因就在于，在汉末士阶层与宦官的斗争中，曹操毫不犹豫地站在了士阶层一边。正因为如此，他也遭到了宦官的排斥。曹操担任议郎的第二年，其议郎之职即因得罪宦官而遭罢免。中平元年（184），30岁的曹操担任了济南相。曹操在《让县自明本志令》中曾自叙道："孤始举孝廉，年少，自以本非岩穴知名之士，恐为海内人之所见凡愚，欲为一郡守，好作政教以建立名誉，使世士明知之。故在济南，始除残去秽，平心选举，违忤诸常侍。"①由此可知，曹操虽为宦官家庭出身，但他很早就已经自觉地在思想上脱离了这个集团，想通过临民理政、教化百姓的实绩树立自己的形象和威望，走的显然是与汉末党人完全相同的人生道路。

曹操与汉末党人名士之间的交往极为频繁。在追慕名士和与名士交往的过程中，其自身也染上和展现出了名士的风格和气概。曹操早年与张邈为友，史书记载："张邈字孟卓，东平寿张人也。少以侠闻，振穷救急，倾家无爱，士多归之。太祖、袁绍皆与邈友。辟公府，以高第拜骑都尉，迁陈留太守。董卓之乱，太祖与邈首举义兵。汴水之战，邈遣卫兹将兵随太祖。袁绍既为盟主，有骄矜色，邈正议责绍。绍使太祖杀邈，太祖不听，责绍曰：'孟卓，亲友也，是非当容之。今天下未定，不宜自相危也。'邈知之，益德太祖。太祖之征陶谦，敕家曰：'我若不还，往依孟卓。'后还，见邈，垂泣相对。其亲如此。"②张邈作为党锢名士之一员，与度尚、王考、刘儒、胡母班、秦周、蕃向、王章并称"八厨"。"厨者，言能以财救人者也"③，这与张邈"振穷救急，倾家无爱"的做派非常吻合。曹操与张邈结为密友，可以想见，"士多归之"的张邈的诸多人脉

① 《三国志·魏书·武帝纪》注引《魏武故事》。

② 《三国志·魏书·张邈传》。

③ 《后汉书·党锢列传序》。

也必然会成为他结交的对象，而包括张邈在内的汉末党人的侠义之气和“振穷救急，倾家无爱”之风，也势必会给他以深刻的影响。曹操与张邈共同谋划反对董卓之举，并在危难之时更以家人托付，可知二人交情之深！

曹操与汝南世家袁绍，在年少时便结下了交情，用《三国志·魏书·袁绍传》的话说就是“太祖少与交焉”。二人年幼即是很好的玩伴，甚至一同干过劫人新妇的勾当。南朝宋刘义庆《世说新语·假谲》记载：“魏武少时，尝与袁绍好为游侠。观人新妇，因潜入主人园中，夜呼叫云：‘有偷儿贼！’青庐中人皆出观，魏武乃入，抽刃劫新妇。与绍还出，失道，坠枳荆中。绍不能得动，复大叫云：‘偷儿在此！’绍惶迫自掷出，遂以俱免。”《三国志·魏书·袁绍传》称其“好游侠，与张孟卓、何伯求、吴子卿、许子远、伍德瑜等皆为奔走之友”。袁绍在东汉末年诛灭宦官集团的斗争中立下了汗马功劳，更因其叔父袁隗被董卓灭族，士林各界痛惜德高望重的袁老太尉，故而一致推举袁绍做了盟主。然而袁绍其人骄矜高傲、外宽内忌的秉性，随着汉末政治、军事斗争的日益激化而逐渐暴露，而曹操与他的关系也逐渐由政治军事同盟转变成了不共戴天的仇敌。他们之间关系的显著恶化，史书记载是在曹操迎接汉献帝定都许昌之际，时当建安元年（196）。当时“颍川郭图……说绍迎天子都邺，绍不从。会太祖迎天子都许，收河南地，关中皆附。绍悔，欲令太祖徙天子都鄄城以自密近，太祖拒之”；不仅如此，汉献帝即位后，“以太祖为大将军”，“以袁绍为太尉”，“绍耻班在太祖下，怒曰：‘曹操当死数矣，我辄救存之，今乃背恩，挟天子以令我乎！’太祖闻，而以大将军让于绍”[①]。其实，早在6年前的初平元年（190），曹操就已对袁绍

① 《三国志·魏书·武帝纪》《三国志·魏书·袁绍传》及注引《献帝春秋》。

十分不满了，史书记载：是年，“袁绍与韩馥谋立幽州牧刘虞为帝，太祖拒之”，“太祖答绍曰：‘董卓之罪，暴于四海，吾等合大众、兴义兵而远近莫不响应，此以义动故也。今幼主微弱，制于奸臣，未有昌邑亡国之衅，而一旦改易，天下其孰安之？诸君北面，我自西向。’”“绍又尝得一玉印，于太祖坐中举向其肘，太祖由是笑而恶焉”，“太祖大笑曰：‘吾不听汝也。’绍复使人说太祖曰：‘今袁公势盛兵强，二子已长，天下群英，孰逾于此？’太祖不应。由是益不直绍，图诛灭之”[①]。

曹操与党锢名士何颙亦有交往，《三国志·魏书·荀攸传》注引张璠《汉纪》记载：“颙字伯求，少与郭泰、贾彪等游学洛阳，泰等与同风好。颙显名太学，于是中朝名臣太傅陈蕃、司隶李膺等皆深接之。及党事起，颙亦名在其中，乃变名姓亡匿汝南间，所至皆交结其豪杰。颙既奇太祖而知荀彧，袁绍慕之，与为奔走之友。”何颙与汉末名士郭泰、贾彪交情极深，朝中清流官僚陈蕃、李膺曾与之交好，陈蕃、李膺死难之后，何颙亡命汝南，对曹操极为欣赏。《后汉书·何颙列传》记载：“初，颙见曹操，叹曰：‘汉家将亡，安天下者必此人也。’操以是嘉之。”可知何颙的“奇太祖”，是预见到了曹操有济世之才。

曹操能够在汉末士林中立足且逐渐知名，既得益于自身的努力，又得益于与名士交接中诸人对他的提携。何颙之外，对其备加赏识者还有桥玄，史载：“初，曹操微时，人莫知者。尝往候玄，玄见而异焉。谓曰：‘今天下将乱，安生民者其在君乎！’操常感其知己。”[②]“玄谓太祖曰：‘天下将乱，非命世之才不能济也，能安之者，其在君乎！’”“太尉桥玄，世名知人，睹太祖而异之，曰：‘吾见天下名士多矣，未有若君者也！君善自

① 《三国志·魏书·武帝纪》及注引《魏书》，《三国志·魏书·袁绍传》。
② 《后汉书·桥玄列传》。

持。吾老矣！愿以妻子为托。’由是声名益重。”[①]汉末桥玄以品评人物著称于世，即所谓“世名知人”。《后汉书·桥玄列传》载其谓曹操为“安生民者”，与何颙所言之“安天下者”相似；《三国志·魏书·武帝纪》载桥玄评曹操为“命世之才”，所谓“五百年必有王者兴，其间必有名世者”，可知桥玄“命世之才”的评价要更高一筹。名士的赏评有助于早期曹操的声望提升和士林对他的接纳，从这些评价——如桥玄所言“吾见天下名士多矣，未有若君者也”当中，可知当时相当一部分士人已经将曹操视为士林中人，甚至是名士。

蔡邕与曹操的交往，大概也是经由桥玄牵线搭桥。桥玄对蔡邕有知遇提携之恩，《后汉书·蔡邕列传》记载：“建宁三年，（蔡邕）辟司徒桥玄府，玄甚敬待之。”此时，蔡邕不过38岁，曹操则年方16。桥玄既然“世名知人”，又“睹太祖而异之”，还“甚敬待”自己的部下蔡邕，那么居间促成曹操与蔡邕二人的结识和交往，便是顺理成章之事。曹操小蔡邕22岁，蔡邕入朝为官“拜郎中，校书东观”时，曹操刚好20岁，并被“举孝廉为郎”，二人或在此时开始交往。蔡邕乐于鼓励和奖掖后进，对急于跻身士林的曹操或有过赏识和举荐的行为。不过，关于曹操与蔡邕的交情和交往，史无明载，目前所能见到的文献资料，只有曹丕在《蔡伯喈女赋》序中所述：“家公与蔡伯喈有管鲍之好，乃命使者周近持玄璧，于匈奴赎其女还，以妻屯田都尉使者。”[②]曹丕以春秋时齐人管仲和鲍叔牙相知相交的典故为喻，比况曹操与蔡邕的关系，可见二人交情之深，非常人间的泛泛之交可比。正因为如此，蔡邕的女儿蔡琰流落胡地之后，曹操先是慷慨地以重金将其赎回，然后又使其改嫁董祀，而当董祀

① 《三国志·魏书·武帝纪》及注引《魏书》。

② 严可均《全三国文》，商务印书馆1999年版，第40页。

犯法当诛、蔡琰前来求情时，曹操不禁为之动容，下令赦免了董祀。曹操对蔡琰的关照，显然有对蔡邕深厚交情的感念在内。

总之，曹操早年与汉末党人交往密切，深受汉末党人影响，颇以肃清天下、拨乱反正为己任。曹操的为官清明、好作政教、反对宦官、交往名士，既是曹操在汉末士风影响下的个人理性抉择，更寄寓着曹操欲建立名誉、笼络天下士人之心的长远理想。

二

随着曹操的势力在汉末政治和军事格局中的强势崛起，曹操其人也逐渐成为建安士人的政治理想与审美理想人物。在党锢之祸中遭受迫害和在汉末战乱中备尝流离之苦的士人及他们的后代，对曹操莫不感恩戴德、评价极高。汉末名士、颍川人李膺死于党锢，其子李瓒弥留之际嘱告儿子李宣等人说："天下英雄，无过曹操。张孟卓与吾善，袁本初汝外亲，虽尔勿依，必归曹氏。"[①]要求其子舍弃与自己有老交情的张邈和有亲戚关系的袁绍这两位在当时势力颇大的人物而归附曹操。再如汉末党人之后荀彧。《三国志·魏书·荀彧传》记载："（荀彧）祖父淑，字季和，朗陵令。当汉顺、桓之间，知名当世。有子八人，号曰八龙。"荀淑与李固、李膺同志友善，荀彧的父亲荀绲为"八龙"之一，名重当世。荀彧曾专门比论过曹操与袁绍，他说："绍貌外宽而内忌，任人而疑其心；公明达不拘，唯才所宜，此度胜也。绍迟重少决，失在后机；公能断大事，应变无方，此谋胜也。绍御军宽缓，法令不立，士卒虽众，其实难用；公法令既明，赏罚必行，士卒虽寡，皆争致死，此武胜也。绍凭世资，从容饰智，以收名誉，故士之寡能好问者多归之；公以至仁

① 《后汉书·党锢列传》。

待人，推诚心不为虚美，行己谨俭，而与有功者无所吝惜，故天下忠正效实之士咸愿为用，此德胜也。”[①]认为曹操在“度”即气量、“谋”即韬略、“武”即治军之道、“德”即非权力影响力等四个方面全面胜过了袁绍。王粲的曾祖父龚、祖父畅皆为三公，父谦为何进大将军长史，其人显然也是名门之后。王粲对曹操也曾由衷表示过赞叹，他说：“使海内归心，望风而愿治，文武并用，英雄毕力，此三王之举也。”[②]将其视为拯危救乱的英雄。在当时，“英雄”一语乃是极高的评价——“聪明秀出谓之英，胆力过人谓之雄”[③]，个中寄托着士阶层的人格理想。上述诸人所言虽不无溢美之词，但也在一定程度上真实地表达了相当一部分建安士人对曹操的看法。

曹操能够得到建安士人的积极拥护，不但与其通脱务实的政治审美精神密切相关，更与其治国中的重视贤士的策略密切相关。建安十年，曹操颁《求言令》，指出：“夫治世御众，建立辅弼，诫在面从。《诗》称‘听用我谋，庶无大悔’，斯实君臣恳恳之求也。吾充重任，每惧失中，频年以来，不闻嘉谋，岂吾开延不勤之咎邪？自今以后，诸掾属治中别驾，常以月旦，各言其失，吾将览焉。”[④]明确表达了欲借用汝南名士许劭“月旦评”获得士阶层品评的想法。汝南名士许劭等发起的“月旦评”在汉末有着广泛的影响。“初，劭与靖俱有高名，好共核论乡党人物，每月辄更其品题，故汝南俗有‘月旦评’焉。”[⑤]汝南“月旦评”经由曹操的这次倡导，逐渐发展成为国家的一项制度，即如唐长孺先生所言：“许劭所主持的月旦评，以后设立中正（指

① 《三国志·魏书·荀彧传》。
② 《三国志·魏书·王粲传》。
③ 刘劭《人物志·英雄》。
④ 《三国志·魏书·武帝纪》注引《魏书》。
⑤ 《后汉书·许劭列传》。

魏采用的九品中正制度），还沿用此法。”[①]经由士人倡导的品评之法发展成为国家制度，这正是经由曹操务实的政治态度和重视贤士的政策和策略才得以实现的。建安十二年，曹操颁布《封功臣令》，其云：“吾起义兵诛暴乱，于今十九年，所征必克，岂吾功哉？乃贤士大夫之力也。天下虽未悉定，吾当要与贤士大夫共定之，而专飨其劳，吾何以安焉？其促定功行封。”[②]再次表达了与贤能之士共享平定天下之功的想法。建安十五年，曹操又颁《求贤令》，表达了求贤若渴的急切态度，他说：“自古受命及中兴之君，曷尝不得贤人君子与之共治天下者乎！及其得贤也，曾不出闾巷，岂幸相遇哉？上之人不求之耳。今天下尚未定，此特求贤之急时也。‘孟公绰为赵、魏老则优，不可以为滕、薛大夫’。若必廉士而后可用，则齐桓其何以霸世？今天下得无有被褐怀玉而钓于渭滨者乎？又得无有盗嫂受金而未遇无知者乎？二三子其佐我明扬仄陋，唯才是举，吾得而用之。”[③]这道《求贤令》强调在人才选拔中要因时制宜、不拘一格。

一系列行之有效的法令和政策的推出，使得曹操颇令天下士人归心，各地名士竞相归附，乐意为其效命。聚集在曹操身边的这些人才，归附的具体方式各有不同。有的是主动投奔，如王朗。王朗原是徐州刺史陶谦的部下，颇得陶谦赏识，先是被其举为茂才，用为治中从事，后又提拔他做了会稽太守。王朗也不负厚望，治政有方，受到当地百姓的爱戴。其后，纵兵江南的小霸王孙策兴兵攻打会稽，王朗率部抵抗，为其所败，在无法逃亡时不得不投降。孙策派人劝他为己效命，但是王朗坚决不肯，而是一心投奔曹操。当时，王朗“自曲阿展转江海”，跋山涉水一年多，才到了目的地，被求才若渴、翘首以待的曹操任命为谏议大

① 唐长孺《魏晋南北朝史论丛》，中华书局2009年版，第85页。

② 《三国志·魏书·武帝纪》。

③ 《三国志·魏书·武帝纪》。

夫、参司空军事。有的是被曹操慕名招揽，如华歆。华歆是国内闻名的清流名士，做过豫章太守。孙策攻打豫章时，虞翻劝说华歆归于孙策麾下。文坛上的华歆名满天下，孙策对其极其尊重，以学生自称。华歆经常参加江南士大夫的聚会，每次都是风头大出，众人皆甘居其下，莫不心服。后来孙策遇刺，曹操假天子之命征华歆回朝，封他为议郎、参司空军事。还有的是通过军事吞并而获得，如曹操一次性得到的大批荆州儒学人才。荆州本是刘表的地盘。公元208年刘表去世，其次子刘琮献荆州于曹操。在刘表做荆州牧的16年间，天下大乱，群雄逐鹿，然而刘表治下的荆州是一片安宁之区，用王夫之的话说就是“天下纷纭，而荆州自若”[①]。当时，这片安宁之区汇集了王粲、韩嵩、宋忠、傅巽、蒯越、刘先、裴潜等一大批名士，史称“关西、兖、豫学士归者盖有千数”[②]。在得到荆州之后，“太祖与荀彧书曰：‘不喜得荆州，喜得蒯异度耳。’”[③]可知曹操对于得到集聚此地的大量人才由衷地高兴。

当然，中原士林名士中既有如桥玄、何颙般对曹操叹赏和如王朗般仰慕投奔之人，亦有对其质疑甚至不屑之士。如曹操仰慕当时的名士宗承，想和他交朋友，宗承“甚薄其为人，不与之交”；“及魏武作司空，总揽朝政，从容问宗曰：‘可以交未？’答曰：‘松柏之志犹存。’”[④]这显然也代表了一部分士人对曹操的态度。

以曹操为代表的曹魏政权与汉末建安士人的关系极为复杂微妙：近而远、亲而疏，重用而排斥、喜爱而厌恶，这些都在曹操的言行举止中矛盾地存在着。兴平元年（194），曹操杀死了中原名士边让及其妻儿，此举令曹操在兖州士林的口碑和名声大

① 王夫之《读通鉴论》，中华书局2013年版，第236页。

② 《后汉书·刘表列传》。

③ 《三国志·魏书·武帝纪》。

④ 《世说新语·方正》。

坏，“刚直壮烈”的陈宫无法容忍曹操的专横跋扈，特别是在曹操为泄私愤而率军南下屠徐州城、杀十万百姓之后，陈宫叛离了曹操，并与之对抗。曹操麾下的不少名士及其后人如孔融、杨修等带有浓郁的清流士人遗风，曹操早年亦非常追慕党锢士人风范，欲得汉末名士赏识而名扬天下，故而其性格中有与这些士人相似的一面；然而或许正是早年与清流士人的渊源，使得有些士人如杨修、孔融、祢衡等似乎看透了曹操的野心，对曹氏政权不屑一顾，并基于维护汉室的正统思维而选择了与曹操对抗，故而曹操不禁恨从心生，多欲杀之而后快。孔融、杨修皆是具有汉末党人习气之名士，从骨子里对曹操的出身极为不屑，建安十三年，曹操杀孔融，灭族；建安二十四年，杀杨修，只是看在老太尉杨彪的面上未予灭族。曹操曾非常器重荀彧，然当荀彧反对他称王称帝时，荀彧之死也在所难免了。

三

建安文学通常分为前后两个时期，前期指建安十三年至二十四年（208—219），后期指曹丕称帝后的黄初元年至太和六年（220—232）。前期为以曹操为首的曹氏集团势力不断壮大的时期，文士聚集于邺下，形成邺下文人集团，是建安文学的鼎盛时期，更是文学批评的大发展时期。曹操对建安文学批评之发展贡献卓越。他自身历经汉末至建安，与麾下的名士有意气相投之处，并将汉末党锢以来士阶层的审美趣味直接带至建安文坛。建安文学能够在长期战乱、社会残破的背景下得以勃兴，建安文学批评能够形成为世人所津津乐道的慷慨悲壮、梗概多气、悲天悯民、清峻古直等风格，这是与曹操的重视和推动分不开的。

曹操对建安文学批评形成的贡献之一在于稳定了中原政局、恢复了的社会经济，同时倡导开明通达的风气，为建安文学批评的发展提供了较为宽松的政治环境。建安十三年的赤壁之战过后，三国鼎立的局面形成。战乱虽然没有完全平息，但是邺都已是太平景象。之前曹操经过十余年的屯田政策，使社会经济得到稳步发展。建安十五年，铜雀台建成。铜雀台作为一个从事文艺活动的场所，它的建立不仅反映了曹操对文艺的喜好，更是之后建安文士的文艺创作和文学批评发展的前提。此外，曹操以率性通脱之气打破了两汉专制政权帝王与文士之间的壁垒，营造了一个相对宽松的政治氛围。《三国志·魏书·武帝纪》注引《曹瞒传》记载："太祖为人佻易无威重，好音乐，倡优在侧，常以日达夕。被服轻绡，身自佩小鞶囊，以盛手巾细物，时或冠帢帽以见宾客。每与人谈论，戏弄言诵，尽无所隐，及欢悦大笑，至以头没杯案中，肴膳皆沾污巾帻，其轻易如此。"

曹操通脱率性，爱好文学，登高必赋，酒宴必歌。《三国志·魏书·武帝纪》注引《魏书》曰："（武帝）登高必赋，及造新诗，被之管弦，皆成乐章。"曹操常常与麾下的文士集会歌赋，并且不讲究君臣之礼，搞得气氛非常轻松愉快。如陈琳曾作《为袁绍檄豫州文》，辱骂曹操是"赘阉遗丑"，但是曹操并不忌恨，只是责问说："卿昔为本初移书，但可罪状孤而已，恶恶止其身，何乃上及父祖邪?"[①]表现得豁达大度，且"爱其才而不咎"，任命其为司空军师祭酒，使与阮瑀同管记室，不久又徙为丞相门下督。在这种氛围下，建安文士的文学创作与文学批评得以充分展开。

曹操对建安文学批评的贡献之二在于其以魏王之尊，延揽了大批优秀文士，引领了文学的发展。建安九年前后，曹操已网罗了一批能文之士，如孔融、杨修、繁钦、吴质和丁仪、丁廙兄弟等；建安十三年前后，又有陈琳、阮瑀、路粹、徐幹、应玚、刘

① 《三国志·魏书·陈琳传》。

桢、王粲、刘廙、仲长统、缪袭等为曹操所用。南朝梁之著名文学批评家钟嵘在其名著《诗品·序》中描述了当时的情形："降及建安，曹公父子，笃好斯文；平原兄弟，郁为文栋；刘桢、王粲，为其羽翼。次有攀龙托凤，自致于属车者，盖将百计。彬彬之盛，大备于时矣。"建安时期，以曹氏父子为中心，文士聚集有百人之多，"彬彬之盛，大备于时"，此言非虚。这些文士创作了大量文学作品，进而引发了对作家及其作品的讨论，并营造出了建安时期文学批评的盛况。曹植在写给杨修的一封信中称："当此之时，人人自谓握灵蛇之珠，家家自谓抱荆山之玉也。吾王于是设天网以该之，顿八纮以掩之，今尽集兹国矣。"[①]曹植的这段话至少包含了两层含义：其一，建安文士各有特点与优长；其二，曹操在延揽文士、鼓励文学批评发展中起了领袖的作用。

曹操引领建安文学的发展，首先表现在安排文士随军征战，从而使不少慷慨悲壮、梗概多气的诗文与歌赋得以创作出来上。建安十年，应玚、陈琳随军北征幽州，应玚作《撰征赋》，陈琳作《神武赋》；建安十三年前后，王朗、陈琳、徐幹、刘桢、阮瑀、王粲随曹操南征，此期间，阮瑀作《纪征赋》，王粲作《初征赋》，徐幹作《序征赋》，繁钦作《撰征赋》等；建安二十年，曹操西征张鲁，王粲作《从军行》四首等。文士随军，军旅和战争生活给他们的诗文创作注入了建功立业的激情和慷慨悲壮的气概。曹操引领建安文学的发展，还表现在其鼓励宴会雅集上。曹操爱好文学，深知文学创作之契机，对文士的心机与短长很是了解。曹氏父子与建安文士在酒宴聚会中创作诗歌文赋，文艺审美观念也在此过程中逐渐形成。宴飨雅集的士人主要是建安七子（其中孔融于建安十三年被杀，未曾参与邺下的宴会雅集），他们是在一种颇为宽松的气氛和环境中，以

① 《三国志·魏书·陈思王植传》注引《典略》。

朋友和嘉宾的身份参与。有学者研究指出，邺下的这些宴会雅集是“频繁而富于诗意的集会”，“充溢着创造的生机和情感的活力”，“文士可以尽情地展现自我真实的情感和体验”[①]。曹丕在即帝位之后，多次撰文怀想当时的情景，他在《又与吴质书》中言：“昔日游处，行则连舆，止则接席，何曾须臾相失！每至觞酌流行，丝竹并奏，酒酣耳热，仰而赋诗。当此之时，忽然不自知乐也。”[②]传达出了一种主客平等、自由而愉悦交流的情景。从现有资料看，邺下的文士雅集主要是由曹丕、曹植兄弟主持的，但宽松气氛的形成离不开曹操的鼓励和支持。

曹操对建安文学批评的最大贡献在于其本人以极大的热情投入文学创作当中，引领了文坛审美之风气。《文心雕龙·时序》称：“自献帝播迁，文学蓬转，建安之末，区宇方辑。魏武以相王之尊，雅爱诗章；文帝以副君之重，妙善辞赋；陈思以公子之豪，下笔琳琅；并体貌英逸，故俊才云蒸。……文蔚、休伯之俦，于叔、德祖之侣，傲雅觞豆之前，雍容衽席之上，洒笔以成酣歌，和墨以藉谈笑。观其时文，雅好慷慨，良由世积乱离，风衰俗怨，并志深而笔长，故梗概而多气也。”曹操本人的诗歌文赋构成了建安文学批评的重要内容，这些内容不但包含了传统儒家仁者爱人、悲天悯人的人文主义精神，更蕴含着建安文学批评梗概多气、清峻古直等核心审美范畴。

曹操的文学创作是建安文学批评梗概多气、悲凉古直审美风格的主要代表。曹操的文学作品中，感时伤乱、悲天悯人的内容随处可见。如建安七年所作《军谯令》写道：“吾起义兵，为天下除暴乱，旧土人民，死丧略尽，国中终日行，不见所识，使吾

① 刘怀荣、宋亚莉《魏晋南北朝乐府制度与歌诗研究》，商务印书馆2010年版，第213页。

② 严可均《全三国文》上册，商务印书馆1999年版，第66页。

凄怆伤怀。”[1]建安八年所作《修学令》有言：“丧乱以来，十有五年，后生者不见仁义礼让之风，吾甚伤之。”[2]其诗歌《蒿里行》中“淮南弟称号，刻玺于北方。铠甲生虮虱，万姓以死亡。白骨露于野，千里无鸡鸣。生民百遗一，念之断人肠”[3]的诗句，生动地体现了传统儒家“仁者爱人”的思想情怀和浓郁的人道主义精神。曹操的诗歌对《诗经》《论语》《左传》《尚书》《礼记》《孟子》等儒家典籍的引用和化用纯熟自然、极为老道，这表明他有着极深的儒学素养；他用乐府旧题抒写时事，抒发自己的政治情怀和抱负，也体现了儒家积极入世的态度。钟嵘在《诗品》卷下写道：“曹公古直，甚有悲凉之句。”指出了曹操乐府诗歌的审美特色，而这正是建安文学“文以气为主”“梗概多气”审美风格的题中之义。《文心雕龙·乐府》有言：“至于魏之三祖，气爽才丽，宰割辞调，音靡节平。观其《北上》众引，《秋风》列篇，或述酣宴，或伤羁戍，志不出于淫荡，辞不离于哀思。虽三调之正声，实《韶》《夏》之郑曲也。”曹操用乐府题材“或述酣宴，或伤羁戍”，其艺术审美风格直接影响了此一时期文士的艺术审美理念和文艺思想。袁济喜先生指出：建安文学以慷慨使气为美，“建安文学的慷慨使气，就是指曹氏父子和建安文人出于人文情怀，渴望建功立业的精神气概。……汉末动乱既使人感到性命无常，同时也给人们提供了建功立业的机缘。天崩地坼的变乱，在壮怀激烈的曹氏父子和建安文人笔下，被赋予崇高之美的色彩，形成了慷慨悲歌的时代风格特征”[4]。此说甚确。

（原载《理论学刊》2015年第5期）

① 《三国志·魏书·武帝纪》。
② 《三国志·魏书·武帝纪》。
③ 逯钦立《先秦汉魏晋南北朝诗》，中华书局1983年版，第347页。
④ 袁济喜《论建安风骨向正始之音的转变》，《中国人民大学学报》1998年第3期。

曹操文章通脱之风的文体互参解读

◎芦春艳

曹操文章通脱之风的成因，已被学界从不同角度进行过解释，近年来这一问题已极少被提及。但通脱之风的多角度解读实际上表明，这与很多文学问题一样，其解释的方法并不是唯一的。以往的观点多偏重于从社会思潮文化、作家个体特征出发进行阐释说明，对于文学自身特征的关注则相对不足。通过文本分析可以看出，曹操散文创作的特征对诗歌产生了重要影响，诗文互参的集中表现便是对表意的注重。重表意的本质在于突破修辞程式与体裁规范的限制完成表意目标，而这与通脱之风在本质上具有一致性。本文便拟从文体互参的角度对曹操文章的通脱之风进行诠释。

一、曹操文章通脱之风的多角度解读

关于建安文学的通脱之风，刘师培曾说："建武以还，士民秉礼。迨及建安，渐尚通脱；侻则侈陈哀乐，通则渐藻玄思。"[①] 其中"侈陈"强调了情感的表达，而"藻玄思"则可见文辞的表达去艰深日远。曹操是当时通脱文风的代表，对此前人多有论述，对于通脱的内涵及成因也有着多角度的诠释与解读，观点大

① 刘师培《中国中古文学史》，人民文学出版社 1984 年版，第 11 页。

致如下：

第一类是从文化思潮和士人精神风貌变革的角度进行的分析。如鲁迅认为，曹操提倡通脱是为了矫正汉末“清流”的固执，“此种提倡影响到文坛，便产生多量想说甚么便说甚么的文章”，而曹操“文章从通脱得力不少，做文章时又没有顾忌，想写的便写出来”[①]。再如周勋初先生认为，“曹氏集团中人……不再重视那些烦琐无用的经学儒术，而是竞相写作抒写胸怀的文学作品”，曹操的“诗作也开启了一代新风……与两汉士大夫矜重虚矫的习气多么不同”[②]。这类观点揭示了通脱之风产生的社会文化原因。

第二类是从曹操的军事统帅地位及军事思想的角度进行的解释。如熊礼汇认为，通脱之风与“曹操位尊，告语对象多为子弟和部属有关”，“与他戎马倥偬，无暇修饰文字、详言其事有关，与他尚法术、性格刚强有关”[③]。再如李剑锋从军事思想的角度对通脱之风的解释：“曹操军事思想中非常有特点而又被他多次强调的是因任自然形势、灵活机动地争取战争胜利的思想。他在《孙子注》中多次强调‘兵无常势’。”“军事思想影响了他‘唯才是举’的政策主张，当然也就影响了他的政令散文，使他的散文思想新颖、大胆，敢于冲破旧思想和礼教道德的束缚，在形式上就是想怎么说就怎么说，不一定非引用儒家经典，显得洒脱随便，不受教条、规范和传统的拘束。”[④]这些观点注意到了曹操军事家的身份，是较为新颖的解释。

第三类是从曹操的精神与个性出发进行的诠释。如认为：

---

① 鲁迅《鲁迅全集·而已集》，人民文学出版社1958年版，第381页。

② 周勋初《周勋初文集·文史探微》，江苏古籍出版社2000年版，第31页、32页。

③ 熊礼汇《先唐散文艺术论》上册，学苑出版社1999年版，第427页。

④ 李剑锋《军旅生活和军事思想对曹操诗文的影响——兼论建安诗风和士风变化的军事原因》，《新乡学院学报》2008年第2期。

“‘通脱’即表意不作假，行文无拘束。”“曹操散文的通脱风格，也是他胆识气魄、胸襟抱负、倜傥性格的必然产物。”[①]再如《曹操忧患意识的解脱及其“清峻通脱”诗风的形成》一文认为：“‘通脱’即‘随便’，指诗文的思想感情通达和谐。”清峻通脱是指曹诗“既能表现忧患又能化解忧患的特质”[②]等等。

此外，还有学者认为，曹操乐府诗多用宽韵，这是建安文学文化上的洒脱、奔放在曹操诗歌中的表现[③]。这虽未直接论及曹操文章的通脱之风，却提供了从文章形式入手解释通脱之风的思路。

总结起来，通脱，大体是指文章通达、不受约束之意。通脱之风的形成有着时代、作家等主客观因素，但存在于曹操诗歌与散文内部的，带有文学特质的原因也不可忽视。通脱之风的成因，在曹操诗、文之间的互参关系中也可以获得新的解释。

在曹操的作品中，诗文互参关系集中表现为重表意的创作倾向，这是散文创作影响诗歌带来的结果。曹操文章具有“实录”精神，但重表意并不指这种写实性，它更强调形式与内容间的制约与突破关系。如果说写实的注意力集中在内容是什么上，而重表意则强调内容的充分表达，并兼及相应的表达方法和模式。曹操诗、文的重表意特征主要表现有二：一是典故表意效率降低；二是文章主客观叙述不平衡。

二、曹操诗歌与散文中典故表意效率的降低

用典是曹操作品中相对较为常见的修辞方法。《文心雕

① 张亚新《曹操散文的艺术特色》，《求索》1983 年第 5 期。
② 彭新有《曹操忧患意识的解脱及其“清峻通脱”诗风的形成》，《德宏师范高等专科学校学报》2007 年第 1 期。
③ 刘冬冰《曹操诗歌用韵及其文化学考察》，《许昌师范专科学校学报》2000 年第 1 期。

龙·事类》在总结典故的熔裁时有："是以综学在博，取事贵约，校练务精，捃理须核，众美辐辏，表里发挥。"[①]清代黄叔琳注云："徒博而校练不精，其取事捃理不能约核，无当也。"[②]可见，表意上的准确性与高效率是用典的艺术标准与修辞目标。

曹操的散文中很多用典是准确性与高效率并重的。如《让还司空印绶表》在表示自谦时用"臣文非师尹之佐，武非折冲之任……内踵伯禹司空之职，外承吕尚鹰扬之事，斗筲处之，民其观瞻"；《祀故太尉乔玄文》在追述乔玄的知遇之恩时用"犹仲尼称不如颜渊，李生之厚叹贾复"。《告涿郡太守令》在表达对卢植的赞扬时用"昔武王入殷，封商容之闾；郑丧子产而仲尼陨涕"；《授崔琰东曹掾教》在表彰崔琰时有"君有伯夷之风，史鱼之直"；《报蒯越书》在表达不负所托时将《公羊传·僖公十年》中荀息语"使死者反生，生者不愧乎其言，则可谓信矣"剪裁为"死者反生，生者不愧"……[③]这些文句中的典故形成了比较整齐的对应关系：一组句子中有两个典故出现，相辅相成，简约高效地表达了文意。而曹操诗、文重表意倾向的重要表现之一，便是在很多文章中打破了这种典型的用典模式，加大了某一典故在文中所占的篇幅，或在此基础上用多个典故说明同一观点，从而使表意效率大大降低。

首先，典故篇幅扩大的原因在于曹操注重在诗、文中对典故内涵详细解说。如在《让县自明本志令》中曹操对齐桓、晋文、周文王的事迹进行了反复而又详细的叙述：

齐桓、晋文所以垂称至今日者，以其兵势广大，犹能奉事周

① 范文澜《文心雕龙注》，人民文学出版社 1958 年版，第 616 页。
② 范文澜《文心雕龙注》，人民文学出版社 1958 年版，第 621 页。
③ 安徽亳县《曹操集》译注小组《曹操集译注》，中华书局 1979 年版，第 154 页、62 页、81 页、107 页、117 页。

室也。《论语》云："三分天下有其二，以服事殷，周之德可谓至德矣。"夫能以大事小也[①]。

这事实上是在试图建立一种类比关系，从而达到援古证今的目的：借史实来比拟现状，通过历史来为自己找到一个身份定位，进而表明个人的政治态度。在这样的情况下，越是详细叙述历史就越能增强文章观点的说服力。这种详述典故的方式在曹操的散文中运用较多，如《拒王芬辞》中对伊尹、霍光事进行分析，指出王芬废灵帝的必然失败；《分租与诸将掾属令》对赵奢、窦婴散金事发表感慨，表明自己不忘功臣、奖励士卒的态度；《敕有司取士勿废偏短令》中对陈平、苏秦德不妨才的事实进行议论，表达了自己唯才是举的用人标准，等等。这些文章也都需要作者表明态度、阐明观点、分析形势、明辨是非。为了达到写作目的，作者借历史典故来为现实问题寻找依据时，就必然要采用详细叙述和深刻剖析的用典手法。但详尽叙述之下，典故的表意效率便降低了。

诗歌中也是如此，以《短歌行》其二的前两节为例：

周西伯昌，怀此圣德。三分天下，而有其二。修奉贡献，臣节不坠。崇侯谗之，是以拘系。

后见赦原，赐之斧钺，得使征伐。为仲尼所称：达及德行，犹奉事殷，论叙其美。[②]

曹操用这首诗来回应政敌攻击，表明忠于汉室的心迹。作者在两节之中重点阐述文王事殷的典故，点明了诗歌的主旨，强

① 安徽亳县《曹操集》译注小组《曹操集译注》，中华书局1979年版，第136页。
② 安徽亳县《曹操集》译注小组《曹操集译注》，中华书局1979年版，第21页。

调了政治立场。与散文相比，诗歌的篇幅更加有限，两节之中重点阐述一个典故，用典的效率是很低的。可以看出，无论是散文，还是诗歌，曹操并未使用一句之中两典相对的经典形式，而是在解释内涵时使一个典故占用了大量篇幅，降低了文章的表意效率。

第二，典故间的并列关系在反复申述文意的同时，进一步降低了表意效率。当多个典故在文中用来说明同一问题时，各典故之间便形成了并列关系，并列关系的典故能起到明确和加强文意的作用。典故连用与典故详述有着共同的修辞目标。因此在议论、分析时，两者会同时出现。如曹操在《与王修书》中，针对王修认为盐铁工作影响建功立业的想法，论述了盐铁官的重要性：

故与君教曰："昔遏父陶正，民赖其器用，及子妫满，建侯于陈；近桑弘羊，位至三公。此君元龟之兆先告者也。"①

遏父是周代主管陶器生产的官员，周武王因其为陶正有功而封他的儿子妫满为陈侯；桑弘羊也是因对汉代盐铁事业的贡献而位列三公。可以看出，这里并列的两典连用，是解除王修疑虑的重要历史依据。为了鼓励王修做好本职工作，曹操在信的最后表达了自己的期望：

昔宣帝察少府萧望之才任宰相，故复出之，令为冯翊。从正卿往，似于左迁。上使侍中宣意曰："君守平原日浅，故复试君三辅，非有所间也。"孤揆先主中宗之意，诚备此事。②

① 安徽亳县《曹操集》译注小组《曹操集译注》，中华书局 1979 年版，第 142 页。
② 安徽亳县《曹操集》译注小组《曹操集译注》，中华书局 1979 年版，第 143 页。

曹操通过详细叙述宣帝任用萧望之这一典故，进一步向王修解释了官阶问题，表达了自己对其寄予厚望之意，明确了文章的观点。通过分析不难看出，典故连用和典故详述起到的是支撑文章主要观点的作用，是在为一些难以明辨，或不为大众理解的问题提供切实有力的依据。典故更多地是为文章的内容服务，并不是整齐的对偶或排比句形式，因而在形式上的修辞意义相对要小，典故的表意效率也进一步降低了。

典故的详述和连用经常出现在两类文章中，一类是曹操个人表示辞让的文章，如《上书让封》《上书让增封武平侯》等；另一类是与政治策略相关的文章，如著名的《求贤令》《敕有司取士勿废偏短令》等。在第一类中，由于辞让本身只是表示自谦的一种形式，因此作者通常会把注意力集中在语言的修饰上，较易写成冠冕堂皇的形式化美文。但由于曹操是当时实际权力的掌握者，身份较为特殊，所以文章如果写得太流于表面，反而不会给人自谦的印象。因此，为了避免引起不必要的猜忌，保持自己忠于汉室的良好形象，曹操在辞让时会通过详述典故来表现自己的真诚。而第二类情况更与政治紧密相关，曹操是当时北方地区的实际领导者，他在治理国家的过程中推行了很多大胆而卓有成效的改革措施。新的措施实行之初总是会引起大众的不理解或非议，为了使政令能够得到有效的实行，曹操需要对新的政策作出合理的解释，从而获得大众的理解和支持，理顺人事关系，保证施政效果。而在政策未见成效前，援古证今不失为最有效、最具说服力的解释方法。因此对典故内容进行详细、透彻的解说，或者引用大量同类历史典故来证明现实问题，就成为一种必然的选择。尽管典故的表意效率大大降低，但文章的表意特征却因此更加突出。

曹操的诗歌中也有同样的情况，如《善哉行》其一：

古公亶父，积德垂仁。思弘一道，哲王于豳。（一解）
太伯仲雍，王德之仁。行施百世，断发文身。（二解）
伯夷叔齐，古之遗贤。让国不用，饿殂首山。（三解）
智哉山甫，相彼宣王。何用杜伯，累我圣贤。（四解）
齐桓之霸，赖得仲父。后任竖刁，虫流出户。（五解）
晏子平仲，积德兼仁。与世沉德，未必思命。（六解）
仲尼之世，王国为君。随制饮酒，扬波使官。（七解）[①]

陈贻焮认为："这首诗从开基者的仁德发端（一解），引出对继承仁德之让国者的颂扬（二解、三解），和对执法、用人、立嗣不当而致乱的忧虑（四解、五解），末复以仁德自慰自勉。起承转合，全诗思绪有迹可循而又浑然一体……"[②]全诗由七节组成，每节都详细叙述一个典故，除第一节外，其他部分都是两典连用，这种典故详述与连用相结合的手法与曹操散文的用典极为相似。无论就诗歌容量，还是用典所占的绝对篇幅来看，曹操围绕"仁德"这一中心展开的一系列用典修辞，都显示出典故表意效率的降低。

在散文的发展史中，骈体文常被视为诗化、格律化的散文，这种看法反映出了诗与文的形式差别，相对于文类，诗歌更能显示出语言精练、形式整齐等程式化特征。曹操散文中典故表意效率的降低，在强化典故表意功能的同时，也弱化了用典在形式上的修辞功能，而这种处理方式在诗歌中的运用，则显现出散文对诗歌创作的影响。也就是说，诗文两体在形式上的互参关系，带来了同样的表意效果。

① 安徽亳县《曹操集》译注小组《曹操集译注》，中华书局 1979 年版，第 32—33 页。
② 陈贻焮《论诗杂著》，北京大学出版社 1989 年版，第 35 页。

三、曹操诗歌与散文中主客观叙述的不平衡

主客观叙述的不平衡是曹操诗歌与散文重表意特征的又一表现。曹操的散文常常通过大量客观叙事来引出个人观点。如其《让县自明本志令》中的议论："今孤言此，若为自大，欲人言尽，故无讳耳。设使国家无有孤，不知当几人称帝，几人称王。"[①]这段话历来被视为曹操文章通脱直率的典型，带有强烈的主观色彩，但通观全文会发现，曹操对个人身世以及思想发展过程进行了大量的铺垫。他先叙述了自己年少举孝廉时疾恶如仇、秉公执法的作为，再写闲居乡里时的淡泊之志以及被朝廷征召后决意为国讨贼的决心。接着叙述了董卓之乱后的一系列政治事件，曹操通过讨伐董卓前后自己兵力不过数千这一关键情节，表明自己"本志有限"，并没有所谓的野心。在表明心迹后，曹操又进一步强调了自己在稳定当时混乱局面中的巨大作用：

后领兖州，破降黄巾三十万众。又袁术僭号于九江，下皆称臣……人有劝术使遂即帝位，露布天下，答言："曹公尚在，未可也。"后孤讨禽其四将，获其人众，遂使术穷亡解沮，发病而死。及至袁绍据河北，兵势强盛，孤自度势，实不敌之，但计投死为国，以义灭身，足垂于后。幸而破绍，枭其二子。又刘表自以为宗室，包藏奸心，乍前乍却，以观世事，据有当州。孤复定之，遂平天下。

在这段话中曹操叙述了他剿灭黄巾起义，击溃各路军阀的全过程。其中突出了袁术将欲僭位时对他的顾忌；介绍了袁绍"兵势强盛"，自己"实不敌之"的紧迫形势；还一针见血地指出了刘表"包藏奸心"的阴险狡诈；而对于战争的结果却只作简要介绍，甚至一笔带过，并不过多夸耀自己的功绩。但通过这些客观

的叙述，曹操引导读者自然而然地得出了“设使国家无有孤，不知当几人称帝，几人称王”的个人观点。再如《加枣祗子处中封爵并祀祗令》一文在论述枣祗“天性忠能”时展开了大量的叙述：首先概述了枣祗在讨伐董卓、袁绍劝归以及吕布之乱等重要时刻始终誓死追随、成为曹操坚强后盾的事实，从而突出他的“忠”。接下来用更大的篇幅叙述了枣祗的“能”：

> 及破黄巾定许，得贼资业，当兴立屯田，时议者皆言当计牛输谷，佃科已定。施行后，祗白以为僦牛输谷，大收不增谷，有水旱灾除，大不便。反复来说，孤犹以为当如故，大收不可得复改易。祗犹执之，孤不知所从，使与荀令君议之。时故军祭酒侯声云：“科取官牛，为官田计。如祗议，于官便，于客不便。”声怀此云云，以疑令君。祗犹自信，据计划还白，执分田之术。孤乃然之，使为屯田都尉，施设田业。其时岁则大收，后遂因此大田，丰足军用，摧灭群逆，克定天下，以隆王室。祗兴其功……

文中对屯田制的实施始末进行了详细叙述，曹操抓住枣祗在众人反对的情况下坚持建议曹操屯田，并细致谋划相关政策措施等细节，突出地表现了他在处理经济问题上的“能”。整篇文章始终抓住人物一生中的重要事迹和关键细节进行叙述，使读者能够具体、深刻地了解人物的生平业绩，进而理解与赞同“忠能”的评价，肯定封赏的合理性。曹操的散文善于在简练的表达观点之后，详细叙述事实进行印证说明，其散文主客观表达的不平衡造成了一种事实胜于雄辩的力量。

曹操的诗歌也是如此，著名的《蒿里》用“兴兵讨贼凶”“初期会盟津”“嗣还自相戕”“淮南弟称号，刻玺于北方”，叙述了汉末关东各州郡初而合力讨伐董卓，继而各怀异心、割据混战等一系列历史事件。叙事部分共十句，几乎每两句便交代一件重要史实。曹操几乎将所有的笔墨都用于叙述局势，描写战乱带来的民生凋敝，仅最后一句“念之断人肠”抒发个人的感慨。另如《薤露》在叙述何进预谋诛杀宦官不成反遭屠戮、董卓废少帝火烧洛阳等史实时，也同样是少有议论，仅在文末用“微子为哀伤”含蓄地抒发了个人的感慨。这些诗作都明显展现出客观事实与主观情思表现的不平衡。

总之，曹操在诗、文中注重重大事件和细节的叙述，借此自然而然地引出结论，造成不言而喻或事实胜于雄辩的效果。这就使得其诗、文叙述事件的篇幅较多，而观点、结论性的话语则相对较少，呈现出主客观叙述的不平衡。

曹操文章中大比例的叙述，给读者造成了客观真实的感觉。如果从这一角度出发，叙述与典故详述便有了相同的性质，对典故的详细解说，本身也是一种叙述。但由于典故本事距离现实较远，且未必完全与现实情况相符，因此要通过详细的解说才能达到援古证今的目的。而将刚刚发生过的事实进行裁汰，使之服务于文章中心则使人容易忽略其背后隐藏的叙述目的，从而产生顺理成章、不言自明的效果。大量叙述事件使主客观表达不够平衡，但重表意的特征也由此凸显。与用典效率的降低一样，主客观叙述的不平衡是散文行文方式对诗歌程式结构的改变，反映出了诗文互参对文章表意效果的影响。

四、通脱之风的文体互参解读

曹操文章的通脱之风常被归结为通脱之人造就通脱之文。而曹操的通脱个性可归结为在内容与形式之间对内容的一贯注重，他曾在《春祠令》中解释自己祭祀时与当时风俗不同的一些做法：

夫盥以洁为敬，未闻拟而不盥之礼，且“祭神如神在”，故吾亲受水而盥也。……受胙纳袖，以授侍中，此为敬恭不终实也。古者亲执祭事，故吾亲纳于袖，终抱而归也。仲尼曰：“虽违众，吾从下。”诚哉斯言也。

儒家对祭祀、婚丧等仪式十分重视，因此相应地制定了很多礼仪的细节，由于这些细节过于细碎，加之年代久远，就出现了散失或误传，人们对于各种礼节多是知其然而不知其所以然。在这样的情况下，曹操从表示恭敬这一目的出发，改变了当时祭祀中的一些具体细节。引文中曹操在为自己的做法寻找依据时引用了孔子关于礼的两句话，与这种理论上的继承相一致，曹操的做法也从根本上抓住了礼的精神。如果说礼的精神和具体的礼节之间是内容和形式的关系，那么曹操在内容与形式之间则更重视前者，当两者冲突或不符时，他往往会通过改变形式来保全内容。

曹操在创作中也表现出相同的倾向。《文心雕龙·章表》中有“曹公称为表不必三让，又勿得浮华。所以魏初表章，指事造实，求其靡丽，则未足美矣”[①]。这说明曹操更加注重文章的表情达意，而对形式之美则并不刻意追求。而这种以自由表达为中心，因内容需要而对文章的形式作适当调整的做法，是重表意倾向的表现。也就是说尚通脱与重表意存在着内在的一致性。

从文体互参的角度看，重表意是曹操面临内容与形式的选择时，在诗文两体的创作中采取的相同的处理方式。尚通脱与重表意的内在一致性便在于，表意对修辞方式及体裁限制的突破。因此曹操诗、文的重表意特征是通脱之风形成的重要原因。

拙作《曹操乐府诗中的散文化因素》曾经提到曹操乐府脱离乐律便有“不工”之感，这是因为曹诗并不像《诗经》那样，同

① 范文澜《文心雕龙注》，第407页。

时保持乐律和文字声韵两方面的协调[①]。而这种做法最直接的效果是减少了诗歌创作中的一重束缚，使表情达意能够更加顺畅。曹操乐府诗的散化效果是为内容牺牲形式的表现之一。即便单纯协调乐律的写法不是曹操的首创，在是否协调文字音韵问题上的选择，也说明了他在创作中注重内容的倾向。散文化的诗歌形式实现了内容表达的通脱。

在论述曹操诗、文用典的互参关系所表现出的重表意倾向时，曾经提到用典这一修辞方法对文章内容和形式的影响，典故的作用不仅在于援古证今，也能起到增加文章博雅之美的作用。而使文章呈现形式之美的用典通常要做到“取事贵约”，即所选典故要能准确表达文意，且表述典故内涵时要精练、简洁，否则会使文章显得拖沓冗长。但曹操在诗、文创作中为了表明态度、阐明观点、分析形势、明辨是非，常常使用大量篇幅解说典故内涵，此亦可见其在诗、文的内容与形式中更重视内容的表达。形式之美的牺牲保证了思想表达的自由、清晰、顺畅，通脱之文也因此产生。

曹操诗、文在叙述方面也呈现出通脱之风。叙事作为一种表达方式，在创作中服务于文章的主要观点。曹操的创作很好地利用了叙述的这一功能。他筛选了有利于自己情感、观点表达的重要事件及关键情节。在叙述事件时更是不惜笔墨，进行了大量客观性的记叙或描写。与此同时，他并不进行过多议论、抒情一类的主观性表达，而是简练、直接地表述观点或抒发情感。这种方法虽然破坏了主客观表达方式之间的平衡，却使文章观点显得更加鲜明、合理，给人留下深刻印象。曹操诗、文中主客观表达方式之间的不平衡，是他突破形式限制，完成表意目标的又一表现。

① 芦春艳《曹操乐府诗中的散文化因素》，《中国韵文学刊》2013 年第 4 期。

总之，从文体互参的角度看，曹操散文创作的思路对诗歌产生了重要影响，这集中表现为诗与文中显示出的重表意特征。曹操的诗、文并不执着于用典修辞精练、博雅的文学功用，在叙述时还表现出主客观表达方式之间的不平衡。突破形式限制，完成表意目标是曹操的写作宗旨，其文章的通脱之风也因此产生。

（原载《中国文化研究》2015年春之卷）

曹操在中国诗歌史上的地位

◎朱晓海[1]

主持人（赵敏俐）： 同学们，今天我们很荣幸地邀请到了朱晓海教授为大家讲课。首先请允许我简单介绍朱老师的一些基本情况。朱老师是中国台湾大学中文系学士、美国威斯康星大学的历史学硕士，中国香港大学的哲学博士。现在是中国台湾清华大学中文系的教授，曾担任中国台湾清华大学中文系系主任，台湾大学考试中心国文科副召集人及科学委员会审查委员。朱先生早年的时候一直研究中国思想史，四十岁之后，专攻两汉、六朝文学，曾发表过《荀子心性论》《习赋椎轮记》等很有分量的文章。我们首师大中国诗歌研究中心的刊物《中国诗歌研究》上也曾十分荣幸地刊登过朱先生的文章。今天下午，朱先生给我们带来的讲座是关于曹操的文学评价问题。让我们以热烈的掌声欢迎朱先生为我们作学术报告。

朱晓海： 赵主任，各位年轻的朋友们，非常感谢大家的安排，让我有一个机会，将自己读书的一点想法向大家汇报，当然，不正确的地方显然会有很多，所以很希望借这次机会，获得大家的指正。我虽然有时候表现得像“一言堂”，其实非常欢迎诸位指教我不足或者是有盲点之处。今天就讲一点曹操的诗歌。

---

① 朱晓海，台湾新竹清华大学教授、台湾科学委员会学术审查委员、全台大学入学能力测验国文科副召集人。早年研究先秦两汉思想史，四十岁后专攻两汉、六朝文学。代表作有《读易小识》《荀子心性论》《汉赋史略新证》《习赋椎轮记》等。

一、政治断代与文学断代

我不了解大陆的课程如何设计，台湾的课程有一门叫作“诗选”，是所有院校中文系必修的。“诗选”课在我那个年代是三个小时的，后来改为两个小时，总之要开一个学期。“诗选”要从两汉乐府歌辞讲起，最起码要讲到晚唐。然而实际上是不可能的，因为时间跨度太长。就算做到，也只能一位诗人挑一首来讲，匆匆而过。这样的状况对台湾的那些学生是很不利的，为此，从我个人角度讲，算是为别人省点事吧，就开设了“魏晋诗歌选读”这门课，从曹操讲起。在此我要说明一下，死在汉末的曹操为什么会被我放在魏晋诗歌序列中的第一位呢？因为政治断代与文学断代是两码事。政治断代很简单，假如古代有人发动一场宫廷政变，马上就变天了。但是文化能在这一朝一夕之间就这样变化了吗？文化断代如章学诚在《文史通义》里所讲“非一两百年无从转移其风气”，所以有些政权与文化断代之间有相当大的出入。把曹操放在魏时期，是因为在他的手中，已经完全进入了一个新的阶段，这就是我们一般所讲的建安。也正因为如此，所以我们会看到一些很蹊跷的事情。各位读《诗品》的时候，老会看到：在时代归属上，“建安七子”都挂在魏的名下，他们全都是死在建安二十二年（217）之前的。阮瑀死得更早，在建安十七年（212）。很多人就在这上面困扰，这些人为何不归入汉代呢？莫非“不知有汉，无论魏晋”吗？是这些人自己脑子糊涂，因为他们分不清楚政治断代和文化断代。虽然建安诸子所处的时代，名义上讲起来还是汉的天下，但实际上，在文学断代上来讲，它已经跨入一个新的纪元了。这不是凭空讲的话，南北朝末期有一位文学巨匠庾信，他在写一篇序的时候，就曾经讲道“自魏建安之末、晋太康以来，雕虫篆刻，其体三变”（《庾子山集注》卷十一《〈赵国公集〉序》）。他将这两个时期分别代表魏、晋诗歌的巅峰。庾信难道也无时代限断意识吗？一点也不可能。这样我们就可以知道，将建安认作魏，乃自古以来的看法，也就可以解释了为什么我讲那门课要从曹操讲起。

二、重读《短歌行》

曹操的作品留下来的不多，全都是乐府歌辞。我今天就挑了一首各位大学时期大都读过的《短歌行》。《短歌行》是一首乐府歌辞，这个乐府歌辞在一般所讲的清商三调中属于平调曲。

《短歌行》一开始说的“对酒当歌，人生几何；譬如朝露，去日苦多；慨当以慷，忧思难忘；何以解忧，唯有杜康”，这是其中最著名的句子，大家都知道。字面上的意思非常清楚，但若按字面翻译，重要的意思就遗落了。在中国人的文化里，凡是碰到生活问题的话，以诗来表述时，往往不会讲生活，而是用衣食住行中的一个或者两个来代替。就好比我不会直接说别人如何富贵，而是说钟鸣鼎食或鲜车怒马；我不会直接说自己生活多么穷苦，我会说啜菽饮水。啜菽就是说拿着豆叶子煮着稀饭，溪水到处都有，而且是免费喝的，这就代表生活艰苦。酒属于一种享受性的东西，所以他的意思是说，当你碰到一些值得享受的美好东西时，你就应该在这个时候尽情地享受。然而要留意：他没有说对酒当饮，他说的是对酒当歌，那就可以注意到他的享受程度要再进一步，要在饮上面加一层歌。歌当然有愉快之意。因此，这第一句的意思是说：当我们碰到一件足以让心里舒爽愉快事情的时候，我们就应该越发振作起精神来，好好地享乐个痛快。“当”是一个指示命令性的语词，那么我们需要思考一个问题了，为什么应该这样？曹操没有立刻给你答案，他让你反思，他把问题丢了回来：“人生几何”？意思是：你到底有没有想过人生到底有多少？

一年365天。姑且以80岁为平均寿命来算，人一生不到3万天。如果每一天是一粒沙子的话，不到3万粒的沙子从沙漏的瓶颈中流下去，能流多久？而我们手上捧着的这不到三万粒的沙子，就如同一掬水，想控制都控制不住，水就从你的指缝间流走了。曹操以“朝露”来“譬”喻“去日苦多”。露水当然是晚上降下来的，但露水在早晨太阳一升起，就是古人讲的平旦时间，马上就会干，即露已晞。这里我们可以感悟出一个事实，就是建安以降六朝人的诗歌最大的特色之一是敢于直言面对一般人认为负面的死亡，而且他们从其中看到了美，这是以前人完全做不到的。乍听之下，各位或许会觉得奇怪，其实一点也不奇怪。所有美的东西一定脆弱，一定短暂。请问青春美不美？青春短不短暂？大家都有恋爱的经历，爱情美吗？爱情短不短暂？花美吗？花能养几天？六朝人眼光独到，就是看到了这点。你数一数，过去的日子很多，也许也很美，用文艺腔说就是“流金岁月”，但比起过去的流金岁月，你手上剩的只有这么一点，你怎么办？所以他建议：当你快乐时，不仅应该把握住眼前的快乐，更应该让快乐的程度达到更高的一层境界，所以当歌。由此可看出：这些享乐建立在一个极其悲哀的基础上，那就是人生如电，转眼即过。曹操一开始就建立了整首歌辞的基调：悲伤、绝望。这些都是熟烂的句子。愈熟烂的句子，愈容易看出我们对诗歌等作品的理解程度。我在学界四十多年了，最佩服的一种人就是能把死的讲成活的。《国语》卷十九《吴语》说：“起死人而肉白骨。”隔了一千七八百年的文字是死的，人是活的，应该要把死的讲成活的。

然而更悲哀、更令人绝望的还在下面。正因为悲伤、绝望，所以他下面接着就说“慨当以慷，忧思难忘”，这件事情为什么会难忘，这件事情是建立在一个所谓悲哀的基础上。我想各位一定读过鲁迅这位伟大作家的集子，至少大家应该看过《呐喊》这部短篇小说集，不知道各位是否记得在《呐喊》前面的序言中，他觉得自己像被关在一个完全密封的铁屋子里，与他一起被关在铁屋子里的还有其他很多昏睡的人。他下面的困扰是要不要唤醒他们。因为不论唤醒或不唤醒，最后的结局都一样。唤醒也是死，你手无寸铁，冲不破铁屋子；不唤醒，你当然就在睡眠中朦朦胧胧地死去。鲁迅想说的是：我要不要让全民觉悟到我们中华民族和中华文化已经走到了尽头。当我们懵懵懂懂、还不自觉的时候，我们还觉得挺愉快的，可是一旦自觉，你就再也回不去了，破碎了就是破碎了，所以说“忧思难忘”。请注意我念“忧思难忘”的“忘”并没有读去声，因为这个字在诗、词里一定要读阳平。现在回到“慨当以慷”。“慨当以慷”是乐工为了配合乐调的长度而作，就是说我因此就非常地慷慨。“慷慨”是一个双声词，双声词是两个词素的声母完全一样或非常接近，慷、慨都是溪母字；叠韵词就是两个词素的韵母完全一样或非常接近。双声词、叠韵词绝不可以分开讲，一定要贯穿在一起来训解。因为它们是以声音来表达意思，所以实际上它不重形。可以写这个“慷”字，也可以像《说文》写成“忼”；“慨”写成“概”字也可以。我们现在一提“慷慨”这个词，就会想到电视剧里地下组织成员被敌人抓了，但他效忠党，效忠国家，决不妥协，最后昂着头，慷慨就义。是这个意思吗？不是，这是后代的意思。“慷慨”在六朝时只有一个意思：“壮士不得志于心。”（《说文》一篇下）承接上文，曹操自觉到一件事，原来人生是这样的短暂，已经走过了那么多日子，慌不慌张？慌张。想不想延长生命？想。做不做得到？做不到。为什么做不到？因为生命操之在天，非自己能掌控的。因此，曹操会觉得自己想要的东西根本得不着，很不得志，心里觉得很挫折、很不平、很憋屈、很恼怒，这就是“慷慨”了。同时，还兴起另一种心情，就是“忧思”。谁会愿意让自己的心境一直停留在“慷慨”“忧思”这样的状况中？可是我已经讲过：一旦自觉到某些问题，它就会像小虫一样不断噬咬你的心，你忽视它，你装作看不见，你把它推到一边都没用，它就在那里，让你察觉到它的存在。最后怎么办？“何以解忧”？“何以解忧”就是以何解忧，因为在古代汉语里，在疑问句、否定句和反诘语里，向来习惯将受词放在动词之前。这种情形在现代汉语中继续出现。各位在外面见到朋友第一句话问的是什么？饭吃了没？是饭吃你，还是你吃饭？以何解忧，用什么解除掉我心中的这种烦恼，以至于让我的脑子麻木，可以不去思量、烦恼。“唯有杜康”。“杜康”代表酒，因为一部专门记载帝王贵族事迹的古书——《世本》，提到一个叫杜康的人发明了酒。用杜康两个字的真正意思并不是要说唯有酒可以解忧。他真想说的是要借用一些东西让自己麻痹，不再去面对困境。每个人用什么东西解忧是不同的。从形式层面讲，“杜康”回应了第一句“对酒当歌”的“酒”，也显示出“对酒当歌”的“酒”和“歌”是象征符号，它代表着某些具有能够让你暂时舒缓、麻痹功能的东西。从实质层面讲，却显示了人面对这项问题时的软弱、无奈，只有绕回没多大作用的原点。这首歌辞在一开头就已经显现出了情绪的多样化，这也是这首歌辞真正好的地方之一。

四句一解。一解是乐府辞中惯用的一个名词，一个乐章、一个小节叫作一解。如果说这个乐府歌辞有五解，那就是说它有五章、有五个段落。下面我们必须先跳过第三解，直接看到第四解的“呦呦鹿鸣，食野之苹；我有嘉宾，鼓瑟吹笙”。为什么？各位在诗歌研究中心学习，我想请问各位一个最基本的问题，什么叫诗？我们总说诗、文是近亲，其实诗和文有重大的差别。文章一定要讲究形式跟实际意义上的逻辑关联。“因为”下面就得出现“所以”，“虽然”下面就必然有“但是”，当我们说“一方面”怎样时，就预示了必将有“另一方面”。诗若这样写，那还叫诗吗？早期很多建安文人写的根本就不是诗，不过是有韵的散文。诗有个特点，经常不符合正常的文法、章法。以大家所熟悉的《秋兴八首》之八为例，“碧梧栖老凤凰枝”，明明是凤凰栖老梧桐枝，但它的语法就是这样倒错，这就是诗的特质。因此，为了便于一般人日常生活的思路，我们得直接看到第四解。这四句是《诗经》卷九之二《小雅·鹿鸣》的原词，一个字不改。这是这一时期诗歌的重要特色之一，就是把别人的东西直接照搬过来，或者是搬过来之后稍微点窜一点。呦呦是鹿叫的声音，鹿这样叫是什么原因？因为它今天在野地里找到了可以吃的苹。它发出这样的声音来呼朋引伴。苹大概是一种蒿类植物，刚长出来的嫩的部分可吃，再过段时间，就老了，完全不能吃了。当鹿发现后会一边吃一边呼朋引伴，这正和我一样，当我有一些好吃好喝的东西时，我也会把好朋友们都唤来，喝酒吃肉，这就是“我有嘉宾，鼓瑟吹笙”，在此大家一起快活。瑟和笙代表了两种乐器，琴、瑟代表了丝乐器，笙、箫代表了管乐器。吃喝的同时就有家班家伎献艺表演。“独乐乐，与人乐乐，孰乐”（《孟子》卷二上《梁惠王下》）？这当然没有固定的答案，因为每个人的个性、感受不同。不过对很多古人，像孟子、齐宣王，认为众乐远比独乐更乐，所以他会呼朋引伴。呼朋引伴之后，鼓瑟吹笙，这是不是呼应了前面的“当歌”？

好，现在倒回来讲第三解，“青青子衿，悠悠我心。但为君故，沉吟至今”。首先，“青青子衿”又是《诗经》原文，见诸卷四之四《郑风·子衿》。“衿”大家都知道，但为什么是青色的？毛《传》和郑《笺》的解释不一样。毛《传》把它训解成学子之服；郑玄则是根据《礼记》卷五八《深衣》来解：凡是父母还在，儿子深感庆幸，所以得穿吉服，衣领一定要是青边、有装饰的。两个解释到底哪个对？我认为这两个解释并不互相排斥，可以融合在一起。原因是念书的一般都是在比较年轻的时候，年轻的时候，大多父母在堂，所以经常穿校服，或者青领的便服。但你如果非要逼我做一个选择，我会选择毛《传》。为什么？主要原因是郑玄和曹操同一个时代，郑玄在当时虽然声名已经起来，但他注解的影响力还没有达到可以影响全国的地步，而毛《传》在当时已经普及一百六七十年了，所以我选择毛《传》。后面说“悠悠我心”，毛《传》训解“悠”为远也。但这般训解有些僵硬，悠悠然形容的不仅是在回忆隔了一段相当长远时间的人、事、物，更要紧的是回忆者进入了一种若有似无但始终绵延的状态，这才表达出了心中回荡渺茫的一种情愫。就在举座笑语阗喧、划拳行酒令的时候，作为主人的曹操却一直走神，缩在内心的一个角落沉吟。什么原因？除了因为他心中忧愁过重，根本提不起劲来，招聚这场宴会不过是借着强颜欢笑麻痹自己，更要紧的原因在：他渴盼在场的人没来，所以说“但为君故”。这个句子毫无疑问是实指的，至于究竟是谁，不得而悉。他俩是什么样的关系？这个人应该是他幼年或少年时的朋友。虽然满场酒肉乐歌，但真正懂得他的人，他真正想念的人不在。他的思念无比悠远，但马上就被现实感打断：“明明如月，何时可掇。忧从中来，不可断绝。”《说文》十二篇上：“掇，拾取也。”用在此处，就是把它拉过来的意思；有的本子作“辍”，意谓停止，也可以，因为“掇”“辍”都是入声屑部韵。总之，就是因为时间流逝不返，所以奢望不知“何时”才能让时间停摆。古人有一幅神话图像，十个太阳乘坐在一辆六条龙拉的车子中，由羲和驾驭着（《山海经》卷十五《大荒南经》、《周易》卷一《乾・象》、《初学记》卷一《天部一・日》所录《淮南子》），这辆车子就叫日车。东汉的时候有一个文人李尤。他曾写过一首七言的歌辞，其中有一句“安得力士翻日车”（《艺文类聚》卷一《天部上・日》所录《九曲歌》），意思是让时光倒流。古代神话中又有“月御”（《楚辞补注》卷一《离骚》王《注》）。虽然神话内容已经亡佚，但应该与前面所说的日御是相似的。将月车或日车拉回来，是拉回到我最无忧无虑，完全没有自觉到人生几何的那个时段，而且要拉回到一个没有任何钩心斗角，没有互相利用，没有彼此竞争，没有笑里藏刀只是单纯的少年交往的时候。然而他知道这怎么可能做得到呢？所以“忧从中来”，这个忧和前面的忧并不完全一样。两者虽然都是往后看，所谓“去日”，前一个忧建立在自觉到人生极其短暂的基础上，这个忧是建立在对过去时间的追惜上。“忧从中来”后他就发现一个更大的麻烦，这番追惜“不可断绝”，也就是难忘。幼年或少年的时代究竟有多么美好让他无法忘怀？他用了具体描绘：“越陌度阡，枉用相存。契阔谈宴，心念旧恩。”他怀念过去，怀念那一份已经成为历史陈迹的两者情谊。“越陌度阡”，阡陌大家都知道是田中的田埂，走在上面，以免踩到田里的庄稼。“枉用相存”的“枉”是古代的敬语，本来有弯曲的意思，就是说委屈了您。什么叫作“存”？这个用法在后代很少用，但在上古这个词常用，《国语》卷十九《吴语》里曾说“顾在”，“存”就是“在”。“枉用相存”的意思就是“枉用相在”“枉用顾在”，就是说居然劳动您的大驾前来问候我，察看我的近况如何。这是一幅怎样的画面？他站在自家门前或院中的大树底下，远远看到对面一个穿着青衿的孩童或少年郎，踩着田间小径走来，越看越清楚，原来是他的好朋友带着一脸盈盈的笑意来找他了，彼此挥挥手，你知道他是因为你而来。两个少年也许坐在一棵树下，或者躺在稻草堆上，不直接写人样貌，这就是文学所谓的留白，让我们在想象的空间中自由组合。我们知道诗有一个重要的手法，兴发感动。什么是兴？引发你自己的内在感触，引发你自己的生活感悟，勾起你的无限联想，这就是兴。两个人“契阔谈宴”，这是一个非常休闲轻松的态度。什么是契阔？毛《传》训解为辛勤，这个训解在现在看来有问题，但它有历史的影响力，以前很多人都按照这个错误的说法来用。“契阔”在六朝以来已经有另一个用法了，但“契阔”为什么是要这样子用，始终没有一个准确的解释。一直到宋代，孙奕的《履斋示儿编》才讲通：“契”是契合，就是聚在一起；“阔”是很开阔、距离很远，所以阔是分开。“契阔”两个刚好是一合一分，毛《传》中的辛勤是从这里引申出来的。在这里，“契阔”是偏义复词，它的重心在前，就是“契谈宴”。这里要说的就是两个小伙子，有一搭没一搭地闲聊或游戏。这里有两幅图像，第一幅“青青子衿”是静态的，第二幅“契阔谈宴”是动态的，从田间小路一路含着笑走来和你闲谈。这样的回忆他一直“难忘”，所谓“心念旧恩”。既然这样，我派人找你去好了，以曹操当时的势力，他当然办得到，但在这场夜宴中，曹操忽然注意到了外面的场景：在这个时令，包括乌鹊，很多候鸟往南飞，以便过冬，但这些鸟绕着树绕了三匝，最后觉得还是无枝可栖。这可以是实指，也可以是虚构。当时天下大乱，很多人都离乡背井，纷纷逃难。他知道他的那位朋友可能已经随着很多流亡队伍离开故乡了。对方自然也知道曹操是政坛的第一人，但就是不愿意见他。为什么不愿意见他？曹操贵为权力顶峰的人，而没有几个人会真的念及布衣之交。等你到了某个地位之后，整个人会无形之间、不刻意地流露出趾高气扬、颐指气使的态度。他的朋友有骨气，不愿意和他往来，避着他，情愿保持过去美丽的回忆。虽然他不愿在北方投靠曹操这个老朋友，要到别的地方去。可是其他地方都是庸才，又有何处可去，他只能是“绕树三匝，何枝可依”。我想在这边要隐微表达的是：他和曹操幼年就是好朋友，所以曹操有什么心里话都会和他说，曹操是个怎样的人他一清二楚，他早就料得到曹操将来会做什么。乔玄曾说过曹操是“乱世的英雄”（《世说新语》中卷《识鉴》条一）。当你真的开阔了眼界，很多东西你就看不上了，所谓“曾经沧海难为水，除却巫山不是云”（元稹《离思》之四）。他看到过什么才是真正的杰出领导人才，像曹操，那么，像刘表、刘焉、刘繇、刘虞这样的人，他又怎么会看得上眼呢？所以陷入了进退两难之地。一方面要保持骨气，坚持不去找曹操，不去拉关系；另一方面，他想离开，又无明主可投，除非是迫不得已，为了现实生活，这就是“绕树三匝，何枝可依”。曹操明白这点，所以在这里说“山不厌高，海不厌深”，那意思是说：要想建立一个帝国，必须聚集很多的人才，如同一座高山，或大海。海不会放弃任何一条涓流，同样山不会放弃任何一粒尘土，这样才能成形。就算你认为我这边已经是人才济济，我也绝对不会认为人才够了。“厌”，可以如字读，训解为讨厌；也可以改字读“餍”，训解为满足。山不会厌高，它还可以或还想更高，海不会厌深，它还可以或还想更深，人才只会多多益善。只要你愿意来，我什么都可以放下。最后的结尾是什么意思，他要表示一下，我今天的身份就像周公一样。《说苑》卷十《敬慎》记载：周公在成王年幼时辅政。当时他曾对儿子伯禽说：我贵为文王之子、武王之弟、成王之叔，论身份地位不可谓不贵。但是你看我何时敢以骄态对人？我每次“一沐三握发，一饭而三吐哺”，就是为了求贤啊。曹操以周公求贤若渴自喻，为了得到一个贤人，连饭都顾不及吃，为的是希望天下之士归心。

基本意思到此讲完了。但《乐府诗集》里特别说明，这一首叫本词，本词什么意思？那是相对于内容基本一致的下一首说的，郭茂倩说“右一首晋乐所奏”，这两首歌辞并不完全一样。对比之下，乐府本词没有“但为君故，沉吟至今”这两句。现在的问题是该有还是不该有？这也就涉及什么是本词、什么是晋乐所奏。过去人们对“本词”的理解不全面，认为是指作词者原先写的歌词。有这种可能，曹操最开始写没有这两句，后来的乐工把这两句补了进去。为什么要补这两句？原因很简单，因为乐调变了，老歌新谱。所以容易空下或多出好几个音节，为了补足仅有旋律的这几个音节，后来的乐工不得不填一些词。但是这只是“本词”的一个意思，它还有一个意思就是：原始乐工在当时演奏的歌词没有全按照作者最初所作的歌词，问题同样是出自音乐，也就是当时的乐工谱的曲容纳不下某几句，否则，听起来，不悦耳。简言之，早期乐工为何要如此演奏，后来乐工为什么不这样演奏，都是因为音乐的变化，所以曹操原词可能有四句，乐工把它改为了两句，后来乐工再把它补回来。现在我们分析这两句应不应该有。非得有，“歌”和“掇”在古代分别是歌部、屑部韵，两者仅有阴声与入声之别；下面四句中“忘”和“慷”押阳部韵，所以我们知道：这首是每四句两韵，隔句韵。再下面的“青青子衿，悠悠我心。但为君故，沉吟至今”不能少了“但为”两句，否则，一个字怎么押韵？当然有人会说：“心”和“衿”可以押韵，对，这两个字在古代属于闭唇的侵部韵。如果这样，就变成了句句韵。押韵是讲规律的，隔句韵就隔句韵，句句韵就句句韵。它全篇都是隔句韵，这里不可能句句韵，所以必须要有“但为君故，沉吟至今”。接下来看“我有嘉宾，鼓瑟吹笙。呦呦鹿鸣，食野之苹”，正好与原来的第五解颠倒了，并且省略了“越陌度阡”第六解、“月明星稀”第七解两段。若从听觉艺术的角度来看，无妨，但若从案头文学的角度来说，这真是买木椟而还隋珠，将全首歌辞最动人的部分割弃掉了。

三、歌辞与诗

歌是听觉艺术，注重的是旋律，不注重歌词，这就像各位喜欢听英文歌或日本歌，但未必听得懂歌词，只因旋律美，照样风靡，于是就导致这种听觉艺术必然会有一些特质。（1）歌辞平易易懂。这与它是不是社会民间艺术毫不相干。乐府本来就是皇家的一个机构，从秦代就有，是为贵族服务的。乐府歌辞所以要平易，是因为旋律再慢，速度也远较视觉快得多。一个字词不懂，略微踌躇琢磨，旋律已进展到三四节之外，你就跟不上了。换作诗，为什么就能用生僻字？很简单，你一个字不认识或不懂，可以起身去查字典啊，纵使查个二十分钟，书本或唱本又不会跑掉。（2）乐府歌辞不会轻易大规模用典，纵使用典，用的都是尽人皆知的典故。（3）由于乐府歌辞重旋律不重在内容，所以它可以任意拼搭剪贴，形成所谓的“什锦歌”。许多首歌不是一个旋律，歌词前后也不连贯，但偏偏就把它们当中精彩的片段兜拢在了一起。这点余冠英先生早已指出来了（《乐府歌辞的拼凑和分割》《汉魏六朝诗论丛》）。诗可以跳接、诗可以倒叙、诗可以时空交错，就像一般论到宋代吴梦窗的词时所说的空际转身，但决不允许拼搭剪贴。诚然，诗的写作园地中，有集句诗，但集了之后，句与句之间的意思必须还能贯通，它决不能意思互相不搭，但乐府歌辞可以。（4）余先生当年还指出了乐府歌辞的一个特征，就是它有习惯性套语。（5）乐府歌辞有一个从不避讳而且经常采用的章法，就是顶针格：一句话结尾的两个字刚好是下一句话开头的两个字。只有这样，才能让你听起来感觉流利悦耳。诗当然也可以用，但诗一旦用多了，就容易变得油腔滑调，所以要用得很谨慎。（6）乐府歌辞有一个特质，对早期的诗有深刻影响，那就是声口转换。如《陌上桑》，“秦家有好女，自名为罗敷”直到“使君从南来，五马立踟蹰。使君遣吏往，问是谁家姝？”这是采取第三人称角度叙述，接着声口转换了。从这个被派出去的侍从向使君回复：“秦氏有好女……”再转换到使君，先问侍从：“罗敷年几何？”侍从回答：“二十尚不足，十五颇有余。”使君进而直接问罗敷“宁可共载否”，再转换到罗敷回答：“使君一何愚……”直到末了

（《乐府诗集》卷二八《相和歌辞三·相和曲下》）。就像大鼓说书一样，一个人要扮演好多个角色。总的来说，乐府歌辞的这些特性几乎不宜放到诗里头，当然早期不成熟的诗不时会显露出乐府歌辞里的一些特性，因为作者写惯了乐府歌辞，所以一下子改不过来。讲一个简单的例子，曹植的《七哀》，《七哀》本来就是乐府调。“明月照高楼，流光正徘徊。上有愁思妇，悲叹有余哀”，一直到这里全是第三人称叙述。接着下面就说：“借问叹者谁？云是宕子妻。”借问一定是问路旁的人，“云”是谁云呢？一定是某位陌生路人。读到这里，你就知道第二声口已经出现。“君若清路尘，妾若浊水泥。”既说妾，这一定是“愁思妇”那位女性自己讲话，在这个时候变成了第一人称的声口了，那个楼中人自己出面讲。诗在成熟的过程中，慢慢把上述的这些乐府歌辞的特质去除掉了，这就是所谓诗的自觉。这个自觉的情形出现得相当晚，大概要到西晋，才一点一点地意识到。

诗当然也讲究吟诵效果，但重心在内容，乃视觉艺术。那么歌辞和诗有没有交集呢？有。有的歌辞采取诗的表现手法，脱离了旋律，歌辞本身就有动人的诗意，这些具备诗的特质的歌辞就可以视为诗，但相当多的歌辞不是诗，如这些年风行的饶舌歌（rap）词。《诗经》里的篇章是全都能唱的，但像《周颂》里的篇章几乎无诗意可言。《关雎》这一篇是在大小宴会全都用的，而且对那时代的人而言，旋律应该很好听，所以孔子曾说：“《关雎》之乱洋洋乎盈耳哉。”（《论语》卷八《泰伯》）如今它的旋律丢了，但歌词留下了，到今天读它的歌词，某些地方还是觉得颇有诗意。《诗经》里有的歌词境界高到今天人才学到。《诗经》305篇最短的一篇是卷五之二《齐风·卢令》。这篇每一章都是两句，第一句三个字，第二句五个字。主要是要描写一个猎人，但奇怪的是它始终不给你看到这个猎人真实的相貌。它描写猎人带着一条猎犬，“卢”就是黑，“令”是“令令”的简省，也就是猎犬脖子上挂的铃铛，在猎犬行走或奔跑时发出的声音，它通过描写剽悍威武、乌黑油亮的猎犬，让我们联想猎人的相貌，借犬衬人。接着就描写猎人腮帮子的鬓角与胡子，体现出一种男人的粗犷，雄性的魅力出来了。从头到尾都没有直写相貌，却让一幅充满男性气概的画面自然呈现在你脑海，这就叫作留白的功能，这就叫作诗。

现在我们来审视《文选》。《文选》基本可划分为两大类：文和笔。文里只有两个主要项目赋和诗。七和骚是附带的，因为它们算是赋的变体。我们一般认为诗是从乐府歌辞中蜕变而来的，但各位要留意：《文选》选乐府歌辞时，是用怎么样的眼光选的？我们马上发现了一个蹊跷现象。“三曹”在文学、在乐府歌辞上的造诣很高，按照《文心雕龙》卷二《乐府》所说，他们能“宰割辞调”，既能谱曲，也能写歌辞。这点在曹操生平完全可以体现出来，按照《三国志》卷一《武帝纪·建安二十五年》裴《注》所引《曹瞒传》，曹操“好音乐，倡优在侧，常以日达夕”。为了一位“声最清高”的伎，竟不惜容忍她的恶劣性情多时（《世说》下卷《忿狷》条一）。曹丕、曹植的母亲卞后“本娼家”（《三国志》卷五《后妃列传·武宣卞皇后传》），可以合理推想：他们从襁褓中就接触到乐府歌曲，是听着这种俗乐长大的，所以这父子三人有足够的素养来“宰割辞调”。“三曹”在乐府歌辞发展过程中的地位很高，绝对是里程碑似的人物。王僧虔曾讲“今之清商实由铜雀”（《宋书》卷十九《乐志一》），所以他说“魏氏三祖风流可怀”，实至名归。《文选》中有乐府这项，它是对汉乐分类的一种继承。蔡邕在汉代曾把乐府分成四类。一为大予乐，相当于后世所说的郊庙歌；二为周颂雅乐，相当于后世所说的燕射歌；三为黄门鼓吹，我们一般读的乐府歌辞绝大部分都属这类；四为短箫铙歌，即军乐（《后汉书·续汉志》卷五《礼仪志中·朝会》刘昭《注补》所引）。除了燕射歌，《文选》都具备，但《文选》把它们的称谓都改动了。这是因为《文选》是要选诗，不是要选乐府歌辞，它选的是诗人的作品，而不是作词名家写的歌词。“军戎”选了王粲的五首当作铙歌，“郊庙”选了颜延之的两首。颜延之当时奉命明明一共作了三首（《宋书》卷二十《乐志二》），它为什么仅选两首？因为另一首是三言，《文选》是决不收三言的，它只收四言、五言、七言。接下来《文选》用诗的角度开始挑乐府歌辞，魏武帝选了两首：《短歌行》和《苦寒行》。曹丕选了两首《燕歌行》（秋风萧瑟天气凉）和《善哉行》，曹植挑了四首，即大家熟知的《名都篇》《白马篇》《美女篇》和《箜篌引》，“三曹”一共八篇。之后就进入了所谓的晋代，晋代除了石崇一首，就是高峰陆机了。陆机有多少首入选十七首，之后是谢灵运一首，再后来是刘宋三大家之一的乐府诗健将鲍照，选了八首，最后附录一首谢朓的《鼓吹曲》。曹氏父子伟不伟大？从乐府及乐府歌辞发展的角度来讲，功勋卓著，但是从诗的发展角度来讲，他们写的乐府歌辞合乎诗的要求的很少。三个人乐府歌辞入《文选》之作加起来不过八首，鲍照一个人就八首。更夸张的是曹氏父子加鲍照才勉强抵得上一个陆机。所以说研究六朝文学，却不研究陆机和庾信，基本上殆“同儿戏”（《北齐书》卷二九《魏收传》），因为这是两大巅峰。选诗这部分，入选最多的就是陆机的作品，共五十二首。《文选》是一本很公正的书，它从没有否认三曹在乐府发展史上的地位，但从诗的角度去看，他们就得让贤了。《文选》李善注本在曹操前还有三篇（五臣注本则有四篇），名字很简单《古词》，注意不是《古诗》，《文选》另选了《古诗十九首》；《文选》诗这一大类中有“杂歌”这子目，这是与“杂诗”这子目相对的，可见《文选》中诗和词绝不混淆。两汉到曹魏的乐府歌辞一律不能称为乐府诗。只是有些歌词写得完全合乎诗的要求被《文选》收进去了，比如，《短歌行》，你确实可以从中感受到那一股诗意。《文选》在曹操前之所以选了三首《古词》，也是为了告诉我们，它虽然是歌辞，却如同诗一样，符合诗的特质。要到西晋，乐府歌辞才朝蜕变为乐府诗的方向发展，陆机是个中翘楚，所以在《文选·诗·乐府类》中高居榜首。到了南朝，用的是乐府的旧题目，写的却是不能唱的诗，已蔚为主流了。像鲍照，他是刻意作乐府诗的人。除了奉始兴王命，为白纻舞，撰写的那六首（《乐府诗集》卷五五《舞曲歌辞四》），以及其他零星几首，他根本不曾考虑所写的入不入乐，只管在乐府旧题下写诗。无怪乎沈约说他“为古乐府，文甚遒丽”（《宋书》卷五一《宗室列传·临川烈武王道规传附鲍照传》）。请注意：史臣没有说曲或歌，而是“文甚遒丽”。

曹操另有一首《短歌行》。“周西伯昌，怀此圣德”，伯是老大的意思，西方的霸主姬昌他具有圣德。“三分天下，而有其二。修奉贡献，臣节不坠”，他统辖的领域虽然很大，但谨守臣节，十分恭顺地侍奉商王。“崇侯谗之，是以拘系”，但“后见赦原，赐之斧钺，得使征伐。为仲尼所称，逮及德行，犹奉事殷，论叙其美”。这段就是把《论语》卷八《泰伯》、《史记》卷四《周本纪》的原文点窜一下而成的。“齐桓之功，为霸之首。九合诸侯，一匡天下，不以兵车，正而不谲”。“九合诸侯，不以兵车”“一匡天下”“正而不谲”都是《论语》卷十四《宪问》的原话，孔子还称赞了管仲“并称夷吾，民受其恩”，因为他的才能，使百姓受到恩惠，这也是《论语·宪问》的原话“民到于今受其赐”的改写。“赐与庙胙，命无下拜。小白不敢尔，天威在颜咫尺。”天子祭祀后，分肉散福，作为诸侯的臣子要在台下拜谢领受。奉使来齐的宰孔受周襄王之命告知桓公：“因您年纪大了，不用下拜。”桓公正兴奋之时，管仲立刻制止，所以桓公回答：“小白不敢尔。”天子虽然远在千里之外，但天威仿佛就在我的面前。这完全是《左传》卷十三《僖公九年》一段记载的改写。“晋文亦霸，躬奉天王”，晋文公拯救了周襄王，“受赐圭瓒，秬鬯彤弓，卢弓矢千，虎贲三百人”。“九锡”的“锡”就是“赐”，乃对臣子最高的赏赐。哪九样赏赐？车马、衣服、乐则［县］、朱户、纳陛、虎贲、斧钺、弓矢、秬鬯。圭瓒是古代的一种以圭为柄、黄金为杓的杓酒器。秬鬯指祭礼用的香酒，以黑黍和郁草酿成，味道很浓烈，祭祀时，往地下一倒，气味四散，引得神明下降。弓矢，弓的颜色分彤、卢两种，矢的颜色与弓一致，一弓配百矢。斧钺，钺也是一种斧，但很大。虎贲，一般将“贲”改读为“奔”，指跑得很快的精锐战士。这一段也出自《左传》，乃卷十六《僖公二十八年》文字的改写。“威服诸侯，师之所尊”，如果能把臣子当作自己的老师，那么他一定能成为帝。如果能视为平起平坐的友，这就一定能成为王。如果只能视之为臣子属下，只能成为一方霸主。如果将部属视为仆役，必亡（《战国策》卷二十九《燕策一·燕昭王收破燕后即位》）。“八方闻之，名亚齐桓。河阳之会，诈称周王，是以其名纷葩”，河在西汉武帝之前没有第二种解释，一律指黄河；山南水北谓之阳，就是说在黄河北岸举行了一次狩猎，但晋文公假借着周天子的名义，邀请诸侯来朝觐，所以到后世他的名声就纷葩了。什么叫纷葩？这是一个双声词，不能分开讲。上古无唇齿音，只有双唇音，所以纷葩实际就是penpa。也就是说他的名声非常灿烂，一直流传到各个地方，就像火山喷发一样。

这首乐府歌辞要讲什么？它举了三个例子：周文王、齐桓公、晋文公。这三个人有什么共同特点？他们的力量甚大，可是对最高统治者依旧非常恭敬。他是在说自己！我欲为文王或周公，绝不篡汉，这首歌辞就是在向世人表明心迹。借用历史故事表示自己想说的话是中国古代诗歌的重要手法，太史公早就对此有深刻的认知，所谓“载之空言，不如见之于行事之深切著明”

（《史记》卷一百三十《太史公自序》）。乐府歌辞基本上就是继承《诗》教的，很少依托空言，而是惯用大众熟悉的典故、传说来表述，通俗易晓。第二首《短歌行》作为乐府歌词，写得不差；作为政治表白书，写得漂亮，但它不是诗！所以同是一个平调曲的《短歌行》，《文选》将这一篇割弃。《文选》最终也仅从曹操乐府中挑出了两首，更可悲的是他的儿子曹丕，钟嵘《诗品》用“鄙直如偶语”来形容曹丕大部分的作品。没错，乐府歌词就是要鄙要直，“偶语”出自《史记》卷六《秦始皇本纪·三十四年》“敢偶语《诗》《书》者，弃市”，即两个人在一起谈论儒家的经典，所以“偶语”本身乃寻常对话，含有很平浅庸俗的意思。曹丕的那些作品确实可能都不是诗，仅能视为乐府歌辞。这就是本次报告最想告诉大家的一点，什么叫诗，什么叫歌辞。古人早就将此分得一清二楚，只是古人不习惯用论述式的语言表达。至少当我们看完《昭明文选》后，能发现古诗、古词完全分列，不仅如此，《文选》中杂歌、杂诗也划分开，绝不要将它们混为一谈。最后回归本题，乐府歌辞的特质是什么？它重在旋律不重在视觉，所以它的文辞必须浅白；为流利起见，经常使用顶针格和叠字；总会有一些奇怪的习套语；因为是演唱艺术，经常会出现声口转换。那什么是诗？真正的诗不是靠理论阐发出来的，因为每个时代认识的诗未必就是一样的。今天的报告就此结束，有不对的地方，请各位批评指正，谢谢。

（录音整理：周毅；原载《中国诗歌研究》2017年第2期）

“气爽才丽”与“淫荡哀思”

——曹操政治诗学辨析

◎余　佳

在《文心雕龙》“乐府”篇里，刘勰曾谈及：“至于魏之三祖，气爽才丽，宰割辞调，音靡节平。观其《北上》众引，《秋风》列篇，或述酣宴，或伤羁戍，志不出于淫荡，辞不离于哀思，虽三调之正声，实韶夏之郑曲也。”[①]这段话虽然表面指向的是“三曹”的乐府诗创作，但就曹操作为建安诗坛的领袖人物以及大力倡导乐府诗创作而言，这无疑主要是针对其人及其作品的一个总括式评价。刘勰肯定曹操气质高朗、才华绚丽，用古题写时事，音节美妙而平和，但同时也认为他在诗歌中涉及宴饮或征战等内容时，情绪不免过分放纵，句句离不开哀思悲叹，虽然直接承袭汉代乐府诗歌，可是比之《韶乐》《大夏》等古乐相去甚远。

诚然，《文心雕龙》作为中国古代文学史上第一部体大虑周的系统性文论著作，在诗学评价上有其权威性价值，但仍因囿于时代而有不备之处。曹操在其乐府诗中所显现的这种“气爽才丽”与“淫荡哀思”的双重性因何而产生，是否除了“韶夏之郑曲”外别无可论？本文无意反驳刘勰之观点，但希望从当下视野

① 范文澜《文心雕龙注》，人民文学出版社1958年版，第102页。

出发，回溯汉末魏晋，在古代文学史的大坐标下，去审视曹操乐府诗创作的不同面向和其尚待挖掘的价值。

一、汉代诗学观与文学的“自觉”

《孟子·万章下》言“知人论世”，“以意逆志”，这是我国古代文学中占据主导地位的传统批评方法。即便到了20世纪“语言学转向”，以英美新批评派为中心的文本批评成为时代主流，却仍然阻挡不了历史语境主义的发展和兴起。就中国古代，特别是汉以前的文学现实而言，历史语境几乎完全左右了其产生、发展的整个过程。因此，对站在汉末魏晋之际的曹操，我们绝不能脱离时代语境而单从文本去解读。

事实上，中国古代文学史经历了一个从“文用观”向“文章观”的转变。先秦时代的“文学”实际上是“文献”之学，这些“文献”几乎都是具有现实政治或者教化作用的特定文本。孔子言：“德行：颜渊、闵子骞、冉伯牛、仲弓。言语：宰我、子贡。政事：冉有、季路。文学：子游、子夏。”（《论语·先进》）这里说到子游、子夏，孔子称他们为通晓文献知识的弟子。“文，行，忠，信”之“文”是孔子四教之一。“故子墨子之有天之意也，上将以度天下之王公大人为刑政也，下将以量天下之万民为文学、出言谈也。”（《墨子·天志中》）墨子所言之“文学”，仍然是以“天之意”来度量的各种文献。此外，《荀子·王制》中，“虽庶人之子孙也，积文学，正身行，能属于礼义，则归之卿相士大夫”。“文学”仍然是归属于“礼义”之下，指向政治的各种具有现实目的的文本。先秦的这种以功用为目的的文本到了汉代，兴起了汉儒阐释经典的高峰，形成了一种真正意义上的儒家“文献之学”。《史记·儒林传》载：“夫齐鲁之间于文学，自古以来，天性也。故汉兴，然后诸儒使得修其经艺。"对先秦以来各种经典化的文献文本进行注疏释义，成为整个汉代所谓"文学观"的主流。何晏《论语集解》中引用郑玄注，认为"诗"用以"引譬连类""观风俗之盛衰""群居相切磋""怨刺上政"，而朱熹在集注中也称其具有"感发志意""考见得失""和而不流""怨而不怒"等功能。先秦经典文本《诗经》，经汉儒阐释，成为一种总括于周"礼"的各种政治符号文本。《毛诗序》所谓"主文而谲谏"，作为一种政治修辞，同样也是这种汉代文化环境和政治生态的产物。

到了汉末魏晋，在这种以儒家传统为主导的"文用观"主流之下逐渐兴起一股"文章观"的潜流。学界对这种"汉代文学自觉说"曾有过长期的研究分析。曹丕在《典论·论文》中倡导"文非一体"，将文学从六艺和诸子中分离出来，突出"诗赋欲丽"，强调文学形式的华丽，开创了文学文体的观念。日本学者铃木虎雄称，到了魏之后，"文学的自身是有价值的思想已经在这一时期发生了，所以我以为魏的时代是中国文学上的自觉时代"[①]。青木正儿同样认为，这一时期"把文学从儒学中分离出来的思想倾向越发的发达起来"，并称之为"文学思想之觉醒"[②]。鲁迅在《魏晋风度及文章与药及酒之关系》中谈到曹丕，称他主张诗赋不必寓教训，反对当时那些寓训勉于诗赋的见解；鲁迅还从近代文学观的视角去看，认为那一个时代是"文学的自觉时代"，或说是为艺术而艺术（Art for Art's Sake）的一派[③]。此后，国内学者刘大杰、郑振铎、郭绍虞等人皆持此观点

① 铃木虎雄《中国古代文艺论史·魏时代——支那文学上的自觉期》，孙俍工译，北新书局1928年版，第47页。

② 青木正儿《中国文学思想史纲》，汪馥泉译，商务印书馆1936年版，第28页。

③ 鲁迅《魏晋风度及文章与药及酒之关系》，《鲁迅全集》第三卷，人民文学出版社1981年版，第504页。

并进一步阐释申发，从先秦两汉的文用论强调文章与社会外部关系转向强调文本自身，形成一种带有现代色彩的解读，使得魏晋“文学自觉说”几乎成为一种古代文学史上的权威定论，压制了另类阐释的可能性。

曹操的文学创作，恰好站在这一大的诗学语境转型、碰撞的交汇之处。从这一视角出发，深入历史语境和文学文本，我们或许可以找到曹操乐府诗创作中的“双重性”矛盾与诗学转变之间的深刻联系，并由此反观所谓魏晋“文学自觉说”之未尽之处。

二、吟咏性情，旨归于政：曹操乐府诗创作

汉魏之际，曹操以文人身份进行乐府诗创作，现存诗二十七首，皆为乐府，其中包含拟作古辞五首、开创新题二十二首。笔者先从诗歌文本出发，综合内容词义、形式风格和修辞音律等要素进行分析，挖掘作品本身所携带的内容和要传达的信息，探讨曹操乐府诗创作的机制过程与诗学原理之间的关系。

曹操乐府诗从内容上大体可以分为三类：吟咏性情、记录社会现实、展示政治抱负和理想。《却东西门行》一首，曹操以塞北鸿雁自喻、以流离的身世感慨岁月流逝壮志未酬，“神龙藏深泉，猛兽步高冈，狐死归首丘，故乡安可忘”，抒发了自己浓厚的怀乡之情；《精列》中“年之暮奈何，时过时来微”，感慨生命短暂、时间易逝；《气出唱》三首表面上是游仙题材，实际却通过神话传说和恣意想象，吟咏个人“心恬澹，无所愒欲”的飘逸、出尘之情。在对历史社会现实的记录上，《薤露》本为古乐府挽歌旧辞，曹操借以叙述“贼臣持国柄，杀主灭宇京”的汉末动荡政局；《蒿里行》同为乐府旧辞，曹操借以记录讨伐董卓之战中“势利使人争，嗣还自相戕”的矛盾，最终招致“白骨露于野，千里无鸡鸣”的惨状。此外，曹操乐府诗中，对时局的批

判和对政治理想的描绘具有极其重要的分量，可以说，不管是吟咏个人情志抑或记录社会现实，其最终旨归都是政治叙事。《却东西门行》《精列》《苦寒行》等篇，在感慨背井离乡、时光易逝、行军之苦的同时，更表达了壮志难酬、王业艰难的政治困境；《度关山》追慕了古代理想政治，嗟叹"后世改制易律"，希望更改现实风气，塑造"兼爱尚同，疏者为戚"的理想社会；《善哉行》同样借古之哲王、遗贤，表达对"积德垂仁"理想政治的向往；而《短歌行》中"青青子衿，悠悠我心"，则是表达对贤人志士的渴慕。从这些乐府诗的内容和意义看，"抒情"和"言志"形成一种融合共生的结构，将曹操作为诗人和政治家身份的二重性，以作品的形式凝结为一个有机整体。这也符合刘勰在"原道"篇中所说的"文之为德也大矣"。曹操内心所向往之"道"通过诗的具体有机形式（"文"）呈现出来，文本成为"沟通具体的外在美与形而上的本原之间的桥梁"[1]。这些乐府诗便是曹操的"文德"展现。

刘勰在《文心雕龙·体性》中言"夫情动而言形，理发而文见，盖沿隐以至显，因内而符外者也"[2]，专事讨论文学风格与文学体裁、作者气质及时代风尚等因素之间的联系，并且在"风骨"篇中提出"风清骨峻""文明以健"的理想风格。如前文所述，刘勰谈到曹操诗歌，称他"气爽才丽"，与其风格论中的理想形态十分接近；另在"养气"篇中有言"曹公惧为文之伤命"，认为曹操对精神气韵与作诗为文的关系十分看重。"气"作为中国古代文论中的特有概念，人们常常将之与文学风格密切相连。曹丕在《典论·论文》中强调"气之清浊有体"，亦在阐释文士不同气质特征对文学风格的影响。《苦寒行》中描绘

① 曹顺庆、杨清《比较诗学视野下〈文心雕龙〉"文之为德"新释》，《中山大学学报（社会科学版）》2018年第5期。

② 范文澜《文心雕龙注》，人民文学出版社1958年版，第505页。

太行山高峻路险，“树木何萧瑟，北风声正悲”，荒凉溪谷、大雪漫天，营造出行军途中迷惘、困顿与艰难的强烈氛围；《蒿里行》中，“铠甲生虮虱，万姓以死亡，白骨露于野，千里无鸡鸣”，朴质、直接地将古战场的杀戮和惨状直接展现，令人顿生悲凉；《短歌行》的“月明星稀，乌鹊南飞”的古朴苍凉，以及“山不厌高，水不厌深，周公吐哺，天下归心”的慷慨之气，更使得诗歌氛围强烈、气韵贯注。钟嵘在《诗品》中说：“曹公古直，甚有悲凉之句。”而这些古直悲凉、慷慨多气之句恰恰来源于诗人内心情动而外发于言，是乐府诗的调性与曹操个人才性之间相呼应，也是沿隐至显、因内符外的结果。

先秦两汉时代，以“正得失、美教化”为目的的音乐符号受儒家青睐，因为“其入人也深，其化人也速”[①]。曹操的乐府诗，作为对古乐府的承袭，仍然保留了古代乐府机构采集谱写诗乐以辅政治、兴教化的功能。此外，《宋书》曾载：“但歌四曲，出自汉世。无弦节，作伎，最先一人倡，三人和。魏武帝尤好之。”[②]曹操本人对音乐的喜好也可见一斑。虽然当时的乐曲旋律现暂不可考，但通过文献研究可知，《薤露》《蒿里行》《度关山》《对酒》等篇章，皆为“魏乐所奏”。可见，音律在曹操诗歌中的运用，除了个人喜好，仍然与宫廷和现实政治需求分不开。

综合文本分析，曹操的乐府诗不仅在吟咏抒发个人情志方面多有着墨，在对现实社会的写实主义描绘及对政治理想的塑造和追求上也十分强烈。作为诗人主体和政治家身份的双重性在作品中同时存在，这似乎与刘勰所说的“气爽才丽”与“淫荡哀思”的双重性有着某种联系和呼应，是“适配作家才性前提下的多种

① 方勇、李波译注《荀子·乐论》，中华书局2015年版，第529页。

② 沈约《宋书·乐志》，中华书局1974年版，第603页。

表现形态的统一”[1]，形成了一种独特的兼具“抒情”和“言志”功能的政治诗学。

三、“文学自觉说”的修正与曹操政治诗学

曹操乐府诗兼具“抒情”和“言志”，这与汉末魏晋的诗学语境有着直接关系。先秦两汉传统的“文用观”发展到汉末，产生了后世所谓“文学自觉”的“文章观”，这直接将创作实践中原指向政治、礼学等创作主体与外部关系的联结转向了对创作者和作品文本的关注。而在这个转型过程中，创作者的主体意识觉醒及其在文本中的投射，是最关键性的因素。

对作者主体意识的觉醒和文章观的探讨，首先出现在汉赋这种大型文体领域。创作者开始在文章中显示出气质禀赋的多样性和差异性，而不仅仅是附属于某种政治意识范畴的“正得失，美教化”。诗学领域开始对不同作家的气质特征进行描述和评价。曹丕从文体学和审美角度明确划分出奏、议、书、论、铭、诔、诗、赋等各种类型文章，《典论·论文》中所言之“文非一体”“气之清浊”“诗赋欲丽”，强调赋体文学的华丽特点、对文士不同气质特征的认识、对创作者个体差异的尊重以及对个体价值的肯定。这是“对作品的语言系统的分析，从一件作品的审美角度出发，把它的特征解释为‘全部的意义’”[2]。陆机在《文赋》中也称“体有万殊，物无一量”“诗缘情而绮靡，赋体物而浏亮”等。这些诗学上的阐释和研究，显示出更多的将目光聚集于各类文章自身特征和创作者禀赋气质差异上的倾向。这种诗学上的变化不仅在赋体文学中存在，在诗歌

① 赵树功《成体之道：〈文心雕龙〉〈体性〉〈风骨〉篇关系重估》，《文艺研究》2019 年第 9 期

② 陈良运《文学的自觉时代与自觉的文学理论》，《江西师范大学学报》1988 年第 4 期。

创作上也显示出来。当大一统的稳固政治面临分崩离析之时，个体内心的异动也随之而来。作为大政治家的曹操，征战生活、政治斗争、士族情怀和个体欲望集于一身，投射到乐府诗创作上，便有了“古直悲凉、慷慨气爽”的强烈个人风格。也因之更具有个体性和情感性，使得曹操对现实社会和困顿政局有着更深的感慨。“淫荡哀思”并非“诗”的堕落，而是另一个维度的新生。

然而值得注意的是，“文学自觉”虽然在某种程度上说明了汉末魏晋的文学现实，但作为一种长期阐释而形成垄断话语，抑制了其他阐释的可能性。到20世纪末，国内学界开始对“魏晋文学自觉说”进行内部修正。表现与儒家传统文学观念决裂的自觉之宣言———曹丕的《典论·论文》，在孙明君先生看来，恰恰相反，它所表现出的是向原始儒家文学观的回归，它所宣扬的并非文学的独立而是文学与“经国之大业，不朽之盛事”的联结①。过分强调“文学自觉”的一家之言走向极端，覆盖整个汉末魏晋，忽略了建安时期在魏晋时代的特殊性，忽略了建安士风与魏晋士风的差异性。就曹操乐府诗而言，除了带有强烈个体气质和风格的展现，如前所述，其中还有很重分量的政治叙事，对社会民生及宫廷斗争、征战生活的记录，以及对理想政治的企盼和描绘。也正因有了这些因素的存在，才催生了曹操诗歌“气爽才丽”的特色。文章的有机整体和个体生命力，仍旧同社会政治、理想志向深刻联系在一起，不可割裂，这是“文用”传统与“文章自觉”的有机融合，在“抒情”和“言志”的共同作用下，形成了一套带有曹操个人色彩的政治诗学。

（原载《江西科技师范大学学报》2020年第3期）

① 陈良运《文学的自觉时代与自觉的文学理论》,《江西师范大学学报》1988年第4期。

曹操文学创作与文学理论关系研究

◎熊建军　顾兴德

曹操虽被后人誉为文学家，但事实上在他身后相当长的一段时间，大家对他的文学创作评价并不是很高。钟嵘的《诗品》将其归入下品，仅仅以“曹公古直，甚有悲凉之句”[1]概括之，刘勰《文心雕龙·明诗》篇更是对其诗歌只字不提。明清时代，有人开始为这桩文坛公案平反。王世贞《艺苑卮言》认为“曹公屈第乎下，尤为不公”，以为“《诗品》下品之魏武，宜在上品”[2]。这看上去算是文学批评界的“反转”。但整体而言，仍然没有改变已有成说。也正是因为如此，关于曹操文学创作的定论，多从其政治家地位入手，从文学现实描写谈其“汉末实录”的历史贡献，从历史贡献谈其“古直悲凉”的现实书写，从现实书写谈其“气韵沉雄”的风格特征。可以说，学界对于曹操文学创作谈论已经足够多了。但是曹操作为一个文学实践者对当时文学理论或者文学批评的贡献一直以来并没有引起大家足够重视。在这里，我们试图爬梳后代文献，从其中抽绎曹操文学创作观点，并结合其文其诗，讨论曹操对文学创作的时代要求。

① 曹旭《诗品集注》，上海古籍出版社2011年版，第478页。

② 河北师范学院中文系《三曹资料汇编》，中华书局1980年版，第13页、484页。

一、指事而语、反对浮华的政令写作要求

曹操文章，多以政论、政令形式存在，尤以表、令、书为最。对于一个常以政论、政令之文治国理政的王者，对待文章的态度和写作的要求如何呢？当时以及后来文献所记甚少，但并非完全无迹可寻。《文心雕龙》之《诏策》《章表》《章句》《事类》诸篇可窥见其关于文章理论的见解：

魏武称作敕戒，当指事而语，勿得依违。（《文心雕龙·诏策》）

魏公称为表不必三让，又勿得浮华。（《文心雕龙·章表》）

昔魏武论赋，嫌于积韵，而善于资代。（《文心雕龙·章句》）

故魏武称张子之文为拙，然以学问肤浅，所见不博，专拾掇崔杜小文，所作不可悉难，难便不知所出。（《文心雕龙·事类》）①

刘勰所述虽只言片语，但仍可以见到曹操的理论观点，所辑文论与其文章的文体和风格也较为契合。曹操之文大抵有二：一是治国理政的政论之文，二是体物写志的赋。文章观点亦主要有二：一是文章写作需要就事论事，据事直陈，反对浮华不实；二是文章作者需要博学多闻，经得起"悉难"。由于魏武之赋，唯留篇名而已，所以曹操论文，实际就以章表书策为对象了。

作为政治家的曹操深谙经书，重文学，爱文士，这也正是

① 范文澜《文心雕龙注》，人民文学出版社 1958 年版，第 360 页、407 页、571 页、615 页。

促进建安文学良性发展的原因之一，而他的“指事而语，反对浮华”的写作要求则是文学得以良性发展的理论指导。刘勰在《诏策》篇引魏武之语，说戒敕文当“指事而语，勿得依违”。所谓戒敕文，刘勰以为是“实诏之切者”[1]，詹锳认为“诏策虽与戒敕异度，而实同体者也”[2]。通俗地讲，曹操在这里虽然谈论的是戒敕文，以刘勰的说法，实际上包含了诏策之全部内容，也就是天子之“命”或者“令”。所谓“指事而语”意为写作中应当根据文章具体事实表述，反对浮华不实之文风。所谓“勿得依违”则是要求在写作过程中主旨明确坚定，不要摇摆不定，观点游移。詹锳释“依违”为“反复不定”[3]，周振甫先生以为其意为“犹豫不决”[4]。总归来说就是敕戒之文既要就事论事也要言简意明、明确坚定。

曹操文章现留存150余篇，基本为实用性的文章，包含章表奏议、书信命令之文。这些文章最短的只有十几个字，最长的如《让县自明本志令》达千余字。其中，政令文有75篇，占了现留存曹操文章的一半。这些文章大多能够体现“指事而语”“勿得浮华”的特征。如政令文《置屯田令》：“夫定国之术，在于强兵足食。秦人以急农兼并天下，孝武以屯田定西域，此先代之良式也。”以开篇直指“定国之术”及“强兵足食”，然后以秦朝与孝武帝的具体措施加以佐证，借此说明屯田制对富国强兵的重要意义。最后言及“先代之良式”，表明了以史为鉴的决心。建安七年的《军谯令》：“吾起义兵，为天下除暴，旧土人民，死丧略尽……魂而有灵，吾百年之后何恨哉！”以不到百字申明了自己的志向抱负，又写到国家的惨状，最后也道出

① 范文澜《文心雕龙注》，人民文学出版社1958年版，第360页。
② 詹锳《文心雕龙义证》，上海古籍出版社1989年版，第750页。
③ 詹锳《文心雕龙义证》，上海古籍出版社1989年版，第750页。
④ 周振甫《文心雕龙今译》，中华书局1988年版，第183页。

了将以何解的方式，全篇逻辑清楚、主旨明确、言简意赅。《论吏士行能令》：“议者或以军吏虽有功能，德行不足堪任郡国之选……故明君不官无功之臣，不赏不战之士；治平尚德行，有事赏功能。”这简洁明了地传达了“唯才是举”的观念，且指出“治平”与“有事”背景下“行能”要求不同，充满理性的论辩色彩。《举贤勿拘品性令》中则谈及量才选能之事，并在简短的篇幅中对历来有不当之行，但是在治国理政方面有突出才能的人进行了举例论证。《修学令》中亦是通过简洁明了的话语来说明不见仁义礼让之风的社会现状，因此令郡国修文学，确保先王之道不废。《收田租令》《诛袁谭令》《整齐风俗令》《求言令》《封功臣令》《求贤令》均体现出曹操文风清通简约、文风明洁的特征。《以高柔为理曹掾令》：“夫治定之化，以礼为首；拨乱之政，以刑为先。是以舜流四凶族，皋陶作士，汉祖除秦苛法，萧何定律，掾清识平当，明于宪典。勉恤之哉！”《选军中典狱令》：“夫刑，百姓之命也。而军中典狱者或非其人，而任以三军死生之事，吾甚惧之。其选明达法理者使持典刑。”两篇政令主旨在于选定执法者，鉴于史，恤于民，直指要义，体现出“指事而语，勿得依违”的特征。在《让县自明本志令》中更是直陈己念，不加隐晦。曹操文章中的一些表类文体，也显现出“指事而语，勿得浮华”的特征，如《表论张辽功》：“登天山，履峻险，以取兰、成，荡寇功也。”论张辽之行，文字简洁而功勋不让。《表称乐进于禁张辽》中以四言句式的形式道出了三位武士的武功军威和智略。书信类文体如《上书理窦武、陈蕃》《兖州牧上书》两篇则均以寥寥数语道尽所陈之事。《上书理窦武、陈蕃》：“武等正直，而见陷害，奸邪盈朝，善人壅塞。”《上书让费亭侯》《上书让增封武平侯及费亭侯》篇幅相对较长，但在其表意上是直白流露，较少华丽之辞，也少歌功颂德之语。《与荀彧书》《与钟繇书》中也是在寥寥数语中道尽其事，畅尽其言。这一部分政令书信之文在篇幅和形式上深刻体现出曹操在文章写作上“指事而语”的风格和追求，并一以贯之于自己的文章及诗歌中。

曹操的大部分以实用性见长的政令文都重视文章的具体实用价值，这些政令文表达治国理政、富国强兵、选贤授能等内容，在文风上都体现出一种简约明了、直白铺陈的特征，重辩证实用而极少雕润，更无两汉文章骈俪化的迹象。徐公持先生早先认为：“曹操的此种文学观念，是同他作为负有重大实际责任的政治家身份直接相关的，在他看来，文学与政治当然不可分割，而政治是解决社会实际问题的工作，所以文学也必须是务实的，尚朴的，一切‘浮华’‘靡丽’，都在应予摒弃之列。”[①]“曹操运用这种语体散文，我手写我心，随意发挥，尽抒胸臆，平易通畅，毫无遮隔。”[②]显然，这评价直接指向了“指事而语”“少浮华”的创作特征。事实上，除了政论之文，曹操的一些诗歌描述和表达也是从现实意义出发，就事论事，直白铺陈，极少润饰委曲，与“指事而语”“勿得浮华”风格特征紧密契合，所谓“汉末实录”大抵源于此。

刘勰以为：“章、表、奏、议，经国之枢机。”[③]总括曹操的文章，较少修饰雕琢，受浮华之风影响甚微。刘勰言：“自汉以来，奏事或称上疏。儒雅继踵，殊采可观。”[④]又言：“表以致禁，骨采宜耀。循名课实，以章为本者也。”[⑤]再言：“表体多包，情伪屡迁，必雅义以扇其风，清文以驰其丽。然恳恻者辞为心使，浮侈者情为文使。繁约得正，华实相胜，唇吻不滞，则中

① 徐公持《魏晋文学史》，人民文学出版社 1999 年版，第 30 页。
② 徐公持《魏晋文学史》，人民文学出版社 1999 年版，第 41—42 页。
③ 范文澜《文心雕龙注》，人民文学出版社 1958 年版，第 407 页。
④ 范文澜《文心雕龙注》，人民文学出版社 1958 年版，第 422 页。
⑤ 范文澜《文心雕龙注》，人民文学出版社 1958 年版，第 408 页。

律矣。”[①]而曹操基本避开了“殊采可观”“典雅可观”等以文为主的倾向，以“清通”“简约”的风格独树一帜，不同于两汉的繁缛之气及建安文风中重情思、重形式美的抒写模式。从曹操个人的文章理论和创作来看，文章创作实践了其“指事而语、反对浮华”的观念。他的政治身份和政治理想导致了文体与情感的偏向：政治身份导致文体偏向政令文，政治理想导致诗歌偏向现实。在“不托飞驰之势”的行文中一反两汉以来文章的繁缛之气，更注重自我意志的表达和文章的实用价值。

二、对“学问肤浅，所见不博”的批评

曹操讥“学问肤浅”、经不起“悉难”之文。此种倾向显然源于曹操自身的文化积淀和创作实践。曹操诗文尤显学问渊博，可从三个方面概括之：一是对故实的化用，包括国家兴衰盛亡、贤君良臣之事；二是对诸子百家思想的继承；三是对典籍内容的化用。这三种倾向无不跟曹操自身“兼览儒林”“好学明经”有莫大关联。据史载，光和三年，灵帝“命公卿举能通尚书、毛诗、穀梁春秋者各一人，悉除议郎。操以能明古学，复征拜议郎”[②]。显然“能明古学”乃曹公跻身议郎之由。而其“昼则讲武策，夜则思经传，登高必赋，及造新诗，被之管弦，皆成乐章”，“御军三十余年，手不舍书”[③]，更是其好学明经之佐证。曹植《武帝诔》中提到其父曹操：“既总庶政，兼览儒林，躬著雅颂。”[④]上述所举，都体现曹操之学问渊博。这正是曹操批评为文者“学问肤浅”，经不起“悉难”的基础。当然，如

① 范文澜《文心雕龙注》，人民文学出版社1958年版，第408页。
② 陈寿《三国志》，中华书局2006年版，第211页。
③ 陈寿《三国志》，中华书局2006年版，第32页。
④ 严可均《全三国文》，中华书局1958年版，第1155页。

果仔细分析会发现，曹操关于“学问肤浅，所见不博”的观点并不是在批评他人的基础上建立起来的，而是在自己文学实践中表现出来的。

曹操反对肤浅，提倡博学。首先，体现在诗文创作对故实的化用。诗文中，历代政治得失利弊及贤君良臣典故皆能为其所用。如《陈损益表》中借韩非之事指出用贤任能的重要性。《让还司空印绶表》中则援引周太师尹氏、鲁国国君伯禽、姜太公吕尚之事陈述己见，以此来增加自己的谦卑恭敬之心。《置屯田令》中则征引秦孝公和汉武帝在强兵足食上所采取的屯田制借此来推行政令。《论吏士行能令》中则引管仲言“使贤者食于能则上尊，斗士食于功则卒轻死，二者设于国则天下治”[1]来进行说明授能之事。在选贤授能上亦多引用古之授能之事，如《求贤令》用孟公绰、齐桓公用人，姜尚、陈平等贤君能臣之事迹，并提出“唯才是举”的主张。《敕有司取士毋废偏短令》同样征引陈平、苏秦之事来说明“有行之士未必能进取”[2]。《举贤勿拘品行令》大量引述伊挚、傅说、管仲、萧何、曹参、韩信等人之事，来传达自己的授能观念。曹操非常重视人才的笼络并且非常惜才爱才，他的许多文章就有对才士的嘉美且与历代贤者相提并论，如《以杜畿为尚书仍镇河东令》引述萧何、寇恂之事对杜畿进行了褒扬。《告涿郡太守令》中赞美卢植“学为儒宗，士之楷模，乃国之桢干也”[3]。又征引古之贤者之事：“昔武王入殷，封商容之闾；郑丧子产，而仲尼陨涕。孤到此州，嘉其余风，春秋之义，贤者之后，有异于人……以彰厥德。”《表刘琮令》中：“青州刺史琮，心高志洁，智深虑广，轻荣重义，薄利厚德，蔑

① 严可均《全三国文》，中华书局1958年版，第1060页。
② 严可均《全三国文》，中华书局1958年版，第1064页。
③ 严可均《全三国文》，中华书局1958年版，第1062页。

万里之业……鲍永之弃并州，窦融之离五郡，未足以喻也。”[①]征引鲍永、窦融之事进行说明。《拒王芬辞》中引伊尹、霍光之事，在《杨阜让爵报》中亦多故实征引：“君与群贤共建大功，西土之人，以为美谈。子贡辞赏，仲尼谓之止善……”[②]《以高柔为理曹掾令》则谈及治国之事，且征引舜、皋陶、汉祖、萧何之事。从这一方面来说曹操文章对故实的征引多源自古时贤君良臣、治国安邦之事，借此让文章的说服力更加通彻，也看出曹操的博学。

其次，表现在诗文创作中对诸子百家思想的兼采并用。儒家思想在曹操文章中排在首位，主要表现在对孔孟之道的继承。而其中仁君贤臣、理国爱民之道则是重点。如诗《度关山》中民本思想的表达：“天地间，人为贵”，紧接着的“立君牧民，为之轨则”则表达了治理国家要本着建立“轨则”的指导思想。《修学令》表明修明仁义之风，明先王之道的必要性。再《军谯令》《收田租令》《赡给灾民令》则表现出了儒家君王理政牧民的思想。曹操重视儒家思想也不排斥其他思想，其中尤以法家思想为重，在《以高柔为理曹掾令》和《选军中典狱令》就包含了曹操对刑法重要性的认识。此外他还重兵家墨家名家农家思想，他亲注《孙子兵法》，亦采用墨家“兼爱、尚同”思想。正如裴松之所言：“太祖运筹演谋，鞭挞宇内，揽申、商之法术，该韩、白之奇策。”[③]

再次，表现在对典籍的征引化用方面。曹操对先代典籍烂熟于心，常在自己的创作中或引用或化用，意义相合又与情相符。如《短歌行》“青青子衿，悠悠我心”“呦呦鹿鸣，食野之苹”，化用《郑风·子衿》和《小雅·鹿鸣》中的语句。《以徐

① 严可均《全三国文》，中华书局1958年版，第1062页。
② 严可均《全三国文》，中华书局1958年版，第1070页。
③ 陈寿《三国志·武帝纪》裴松之注。

奕为中尉令》中引用《郑风·羔裘》“邦之司直”之句，《求言令》中则引用《大雅·抑》中的“听用我谋，庶无大悔”。《苦寒行》中又化用《豳风·东山》诗句，发出“悲彼《东山》诗”的慨叹。在曹操诗中也易见比兴手法的运用，如《短歌行》中以鹿鸣起兴，《却东西门行》中以鸿雁起兴。《度关山》中“天地间，人为贵”“颁白不负戴”是孟子思想的体现，“黜陟幽明”则化用《尚书·舜典》“大明黜陟”之句。《对酒》篇“宰相股肱皆忠良”化用《尚书·益稷》“股肱良哉”。对《论语》的引用在其诗文中亦有多处可见，《选举令》中引孔子“使乎使乎”之句。《悼荀攸下令》中有“晏平仲善于人交，久而敬之”（《论语·公冶长》），《春祠令》中有“虽违众，吾从下”（《论语·子罕》）。在《上书让封》中引用《易》《豫卦》和《讼卦》中的句子。《敕王必领长史令》中“舍骐骥而弗乘，焉遑遑而更求哉”，则化用《楚辞·离骚》中“乘骐骥以驰骋兮”，《却东西门行》中“狐死归首丘，故乡安可忘”，则引用《九章·哀郢》“鸟飞反故乡兮，狐死必首丘”之句。显然，对典籍的征引化用在曹操那里信手拈来，成为其遵守的创作原则之一，也践行了文章要博学的要求，实现援古以证今的目的。

从具体的文本出发分析，我们不难发现曹操的文学创作体现了刘勰所辑的“指事而语，反对浮华”“博学”等理论要求，而这一点并未为后来研究者重视。

三、“文以气为主”的美学实践

文气说作为建安时期重要的美学概念，反映了文人与作品之间互相联动的关系。作者“气”的不同会导致作品风格的不同，而作品正是表现作者的“气”。“文以气为主”明于曹丕《典论·论文》，在其中言及“文以气为主”和“气之清浊有体”两个论题。曹丕并为此作了延伸，对建安七子各自所内蕴的“气”及具体创作进行了论述，在其中说：“徐幹时有齐气。”“孔融体气高妙。”从曹丕的文气说可分析出，曹丕所言的“气”是作者与生俱来，深植内化于作者的秉笔吐辞之中，并且在作品中体现出来，形成一种风格或者感情气势。综其前后时代对“气”的探讨，我们以为曹操诗歌中的“气”亦可借鉴前后论者之言进行分析，包括曹操诗歌中的“气”和具体所体现出曹丕所言及的清浊之气。

“气”本是中国哲学中的概念，以为“气”是世界的本源，中医上也以为人不能离开气而存在。关于“言”与“气”的关系，《左传·昭公九年》中说：“气以实志，志以言定。”[①]曹丕《典论·论文》：“文以气为主，气之清浊有体，不可力强而致。譬诸音乐，曲度虽均，节奏同检，至于引气不齐，巧拙有素，虽在父兄，不能以移子弟。”[②]意在表明“气”对吐辞落笔的影响。詹福瑞先生在解释“气”时说：“清，似指阳刚类型；浊，似指阴柔类型。”[③]罗宗强先生分析道：“气，在作者为气质情性，反映到文章中来，就是一种表现出作家个性特征的感情气势、感情力量，是反映到文章中来的生命力。‘文以气为主’，就是以感情气势、感情力量为主。不过，这种感情气势、感情力量由于作者气质情性的不同而表现出不同格调、不同的个性特征罢了。”[④]曹丕所提“文以气为主”是注意到作家个人情性和文章风格的关系，既是对“气”的概念的继承和发扬，又将其作为一种文学评价来品评作家与作品之间的关系。文气说与

① 孔颖达《春秋左传正义》，北京大学出版社 1999 年版，第 1274 页。

② 严可均《全三国文》，中华书局 1958 年版，第 1098 页。

③ 詹福瑞《从哲学之气到“文气”》，《东方丛刊》第 2 辑，广西师范大学出版社 1994 年版，第 211 页。

④ 罗宗强《魏晋南北朝文学思想史》，中华书局 1996 年版，第 31 页。

文学创作的联结始自建安时期，后世论者亦有从气论述文学。刘勰言及建安文人“磊落以使才，梗慨而多气”[1]。刘师培先生以为“汉魏之士，多尚骋词，或慷慨高厉，溢气坌涌”[2]。曹丕之后的刘勰、钟嵘等文论家亦从个人与创作风格联系来分析品鉴作品，想必也是受此影响。从曹丕所言及的“文以气为主”的美学概念来探讨曹操诗歌中个人情性及其诗歌，发现与曹丕的文气说多有契合处，曹操诗歌中的“气”从《典论·论文》中分析是一种阳刚之气，清浊之分中可看作清气在诗歌中体现出一种慷慨悲凉之气和雄浑之气。曹操诗歌中所体现的“文以气为主”一方面植于曹操的个人秉性，另一方面这两种气的表露也必然浸染于汉末动乱的现实。

慷慨悲凉作为建安文学重要特征，在曹操的诗歌中尤为明显。从“文以气为主”的审美来观照曹操诗歌，我们不难在悲凉之气之中透露出一股阳刚之气，这种阳刚之气源出曹丕所言及的清气。而钟嵘所谓的“曹公古直，甚有悲凉之句”，刘勰以为的“慷慨以任气，磊落以使才”都说明了曹操这种悲凉之气之中还内蕴着一种慷慨大气的成分，充分彰显了创作中个性化情感气势。聂石樵先生说：“严酷的现实，激发了曹魏统治阶层内心之慷慨与悲凉，他们试图寻找一种能表达自己痛定思痛之思想感情的文学形式。”[3]在曹操诗中表现为慷慨悲凉之气的诗歌如《蒿里行》以极为悲凉的笔调勾勒了汉末战乱所带来的痛苦。《薤露》亦是以悲凉之气吐露了董卓作乱，朝政不宁，国将不国的悲凉之气。诗中：“荡覆帝基业，宗庙以燔丧。播越西迁移，号泣而且行。瞻彼洛城郭，微子为哀伤。”其深刻吐露出一种悲凉之气。《短歌行》则是在乐之酣沉而乍起悲凉：“慨当以慷，忧思

① 范文澜《文心雕龙注》，人民文学出版社 1958 年版，第 66 页。
② 河北师范学院中文系《三曹资料汇编》，中华书局 1980 年版，第 24 页。
③ 聂石樵《魏晋南北朝文学史》，中华书局 2007 年版，第 204 页。

难忘。”《苦寒行》亦是写行军之艰难与环境的险恶，充满了内心的悲情愁绪。陈祚明有言：“《苦寒行》写征人之苦，淋漓尽情，笔调高古。”[①]又方东树在《昭昧詹言》中说：“《苦寒行》不过从军之作，而取境阔远，写景叙情，苍凉悲壮，用笔沉郁顿挫，比之《小雅》更促数噍杀。”[②]《步出夏门行·土不同》中依然先是营造了一种隆寒时节冰封天地、“流澌浮漂”的景象，后又抒怀自己“戚戚多悲”的愁绪悲情。残酷的现实和曹操的个人之清气和合力下形成了曹操诗歌的这种悲伤的感情气势和氛围，凝结成了慷慨任气中的悲凉之句。

另外曹操诗歌中的“气”还透露出一种雄浑之气，一种至大至刚的霸气。这部分诗歌“以气为主”的吐辞中营造出一种雄浑壮阔、气吞山河的气势。如《步出夏门行》：“秋风萧瑟，洪波涌起。日月之行，若出其中。星汉灿烂，若出其里。”则胸怀阔远壮大，吐辞至大至广。再如《对酒》篇“恩德广及草木昆虫”，亦是大胸襟、大情怀的体现。《观沧海》篇则如沈德潜所云：“有气吞宇宙之象。”[③]谭元春言及曹操诗歌说：“此老诗中有霸气，而不必其王；有菩萨气，而不必其佛。”[④]“霸气”和“菩萨气”意在说明其诗中所内蕴的胸怀，霸气则言及曹操诗歌中气吞山河、自信自负的特征。陆时雍在《诗镜总论》：“曹孟德饶雄力，而钝气不无，其言如摧锋之斧。”[⑤]菩萨气则显现了曹操面对苦难的现实所迸发出悲天悯人的气度。后世钟惺在品评《步出夏门行·土不同》时说：“犹然气骨，此魏武身分也。”[⑥]

---

① 河北师范学院中文系《三曹资料汇编》，中华书局1980年版，第33页。
② 河北师范学院中文系《三曹资料汇编》，中华书局1980年版，第42页。
③ 河北师范学院中文系《三曹资料汇编》，中华书局1980年版，第91页。
④ 河北师范学院中文系《三曹资料汇编》，中华书局1980年版，第17页。
⑤ 河北师范学院中文系《三曹资料汇编》，中华书局1980年版，第20页。
⑥ 河北师范学院中文系《三曹资料汇编》，中华书局1980年版，第17页。

陈祚明在说《度关山》时则评道："莽莽有古气。"[①]刘熙载在《艺概·诗概》中："曹公诗气雄力坚，足以笼罩一切。"[②]

章学诚在《文史通义·史德》篇中说"气积而文昌，情深而文挚；气昌而情挚，天下之至文也"[③]，似与"文以气为主"多有相契处。曹操诗歌中多表现出的慷慨悲凉之气和雄浑之气实际上是建安时期文风的变换。诗歌不再仅仅具有政教之用，更多的是抒写政治理想、缘情放言。作为建安文学的带头人，曹操无疑在自己的创作和自己传达的文章观念中成为建安文学理论的先声。他正是本着"文以气为主"的美学实践而进行的抒写，最终形成了诗歌重感情气势、缘情放言的抒写模式。

四、经国之大业的创作追求

曹丕以为："盖文章，经国之大业，不朽之盛事。"将文章价值视为具有经国之大业的作用，"不朽""成一家之言"成为曹丕诗文观念的重要基础。从文章具体功用看，建安时期各类应用性文体在论及国家政事、匡君王得失等方面确实有积极的表现，体现为曹魏统治者积极求言、鼓励支持文人借篇章扬名后世。故这一时期曹魏麾下的章表书记、政论劝谏之文呈现出彬彬之盛的局面，也是文人追求三不朽的一种途径。罗根泽先生在说到曹丕"经国之大业"时说："称文章为'不朽之盛事'当然期许甚高。但一则与'不朽之盛事'以前，先誉为'经国之大业'，则其价值仍然不全在文学本身，而在文学之有'经国'的功能。"[④]郭绍虞先生以为："作者本着文以致用的精神，强调了

① 河北师范学院中文系《三曹资料汇编》，中华书局1980年版，第32页。
② 河北师范学院中文系《三曹资料汇编》，中华书局1980年版，第44页。
③ 叶瑛《文史通义校注》，中华书局2014年版，第258页。
④ 罗根泽《中国文学批评史》，上海书店出版社2003年版，第125页。

文章（本文所说的文章主要是指诗赋散文等文学作品）是‘经国之大业，不朽之盛事’（当然，他的所谓‘经国大业’，是封建统治阶级统治人民的事业），把文学提到与事功并立的地位，并鼓励作家们‘不托飞势’而去努力从事文学活动。”[①]言及曹操诗文，无不体现出文章的实用价值和“经国”之功能，其中多言及治国理政之事，甚至在诗歌里也不乏载道言论之句。从文章“经国之大业”的作用来说，曹操诗文“经国之大业”则表现于诗文描绘了汉末社会现状，指出了社会的痼疾，并抒发了自己的治世宏略。另一方面的体现则是曹操以文号令天下，进行社会治理、选贤授能完成经国大业，再者曹操文中经国之用体现的就是在用人选人方面。

从严格意义上的纯文学观念言，曹操诗文的审美特质并不甚突出，无论在形式抑或在遣词造句上都显质朴无华，究其原因在于曹操雅好诗文书籍并非以审美为主要目的，而更多从政治家身份出发书写，发挥文章的功用价值，借文章来传达安邦经国之策，抒发对理想社会图景的追求。重视文学的经世致用之功能，从经国之业出发笼络文士，让文士与文学成为国家政治、军事行动的重要组成部分大概才是主要目的。

建安以来，七子等文人就随曹操多次出征并且参与到具体的政治活动当中，在参与中留下了不少诗文篇章，这也说明了建安文人更多的是围绕曹操的政治事业在展开文学活动，或者说曹操重文学、文士是源于文章在治国理政中所起的作用，因此他的诗文实践也就自然地体现出“经国之大业”的理念。

首先，诗文反映了汉末社会状况，并在其中寄托了自己的治国之宏略。此类性质的诗篇如《薤露》反映汉末董卓作乱、朝政荒废，皇帝任人不良的问题。《蒿里行》则描述了初平年间州郡

① 郭绍虞《中国历代文论选》，上海古籍出版社 2001 年版，第 163 页。

兴讨董卓作乱之事，州郡各自异心，民众流离失所、无所归依的场景，整诗直白袒露时事，在短篇幅中将历史事实铺陈出来。后世钟惺言及此诗时说："汉末实录，真诗史也。"其中，"铠甲生虮虱，万姓以死亡。白骨露于野，千里无鸡鸣"，更是将百姓处于水深火热、尸横遍野的悲惨现状表露无遗。再如《苦寒行》反映行军征战之途的困苦和环境的险恶，《军谯令》反映"旧土人民，死丧略尽"的悲惨状况，《存恤从军吏士家室令》记录了将士百姓因战乱而流离失所的现实，《修学令》反映天下教化凋敝的景象。曹操除了将目及的社会惨状形于诗文外，同时也表达自己治国、平天下的大情怀和大宏略。在《让县自明本志令》中曹操专门申述自己年少欲"好作政教"后将"为国家讨贼立功"的建功立业之雄心。而《度关山》《军谯令》《收田租令》《赡给灾民令》均表现出曹操治国理民的愿景。如建安九年的《收田租令》中言及国家不患寡而患不均的问题，在指出问题的同时而又能提出解决问题的方法。建安二十三年之作《赡给灾民令》谈及疫疠之后民有凋伤的情况，并提出了相应的策略。《以高柔为理曹掾令》《选军中典狱令》则论及了刑法对治国的重要性。《短歌行》则寄托了自己求贤若渴、愿与天下良士共治天下的信念，《对酒》则是自己追古怀远，寄托对盛世安定景象的向往。上述种种，莫不是以"经国之业"作为行文之基础。

其次，政令文的实用目的指向非常明确，那就是以"指事而语"的方式，号令天下来实践经国之大业的伟大创举。这些政令文的经国功能体现于多方面，治国理政、军事活动、社会治理、化民教育等不一而足，是曹操理想和抱负的具体体现。治国之理想和具体行动如《置屯田令》意在说明富国强兵在于兴农屯田。《收田租令》："有国有家者，不患寡而患不均，不患贫而患不安……其收田租亩四升，户出绢二匹丝二斤而已，他不得擅兴发。郡国守相明检察之，无令强民有所隐藏而弱民兼赋也。"

则意在社会治理务必要抑制豪强，注重公平。《军谯令》从国家战乱、吏士百姓多蒙不幸而授土田、置学校、立宗庙等，以便稳定国家、大化天下、不失礼教。《求言令》：“自今以后，诸掾属治中别驾，常以月旦，各言其失，吾将览焉。”则令有司务进善言，以匡政治之得失。“经国之大业”的政令文还表现在对世风的整顿号令上。曹操本身好学明经，在思想上多采众家，深谙先王之教对整齐风俗、教化民众具有重要意义。如《整齐风俗令》欲整齐冀州风俗，《修学令》中欲通过教育整顿世风。曹操在这方面所下的功夫不小。荀彧曾说道：“今公外定武功，内兴文学，使干戈戢睦，大道流行，国难方弭，六礼俱治，此周公辅周之所以速平也。既立德立功，而又兼立言，诚仲尼述作之意；显制度于当时，扬名于后世，岂不盛哉！”①

再次，通过政令文来选贤授能，并通过书信等文体对人物进行品评以期人为我用。曹操分别在建安十五年、十九年、二十二年三下求贤令来征召贤士能臣。十九年所作《敕有司取士毋废偏短令》中提到的：“夫有行之士，未必能进取，进取之士，未必能有行也……士有偏短，庸可废乎？”言及治国理政中选材用人之事。二十二年的《举贤勿拘品行令》亦是从用人方面言及，在文中甚至言及不避不仁不孝之人只要能治国用兵就能选用。另外值得一提的就是对得力之臣的品鉴之语也说明了文章铭功述德之效用，《表糜竺领嬴郡》中说糜竺“素履忠贞，文武昭烈”。又如赞扬陈留太守枣祗“天性忠能”。《悼荀攸下令》中说荀攸“无毫毛可非者”“真贤人也”。在《与王修书》中称赞他“澡身浴德，流声本州，忠能成绩，为世美谈，名实相副，过人甚远”。曹操对能臣贤士的品鉴也正是从治国理政的角度出发，在对人物的品鉴中让诸臣获得对自己王霸事业的认可和支持，也是

① 陈寿《三国志》，中华书局2006年版，第193页。

其治国理政的体现。再者曹操政令之文虽形制短小，但处处能旁征博引，以史为鉴借此观照当下。如刘勰所言："故其大体所资，必枢纽经典，采故实于前代，观通变于当今。"[①]从政令文中号令治理天下、整顿风俗、选贤授能均能看出曹操治国、平天下的宏图大略和济世之愿，而这些观念、理想的表达及其具体的行动实施的载体正是曹操的这部分文章，是实现"经国之大业"的一种载体。

要言之，曹操个人对文学的重视及其在诗文创作中体现的诗史精神和借政令治国理政的一贯态度，都体现了文章为经国之大业的观念。同时也影响了建安文人的生命价值观，文人以文章之不朽力图实现自己的功业抱负，借此留不朽之声名。曹操个人对文学的重视也集聚了大批文人为我所用，建安文人积极委身于曹魏政权的宏图大业中，立德、立功、立言，追求不朽成为动乱时代建安文人共同的精神追求。

五、结语

从曹操的文学实践我们可以发现，基于政治身份、表达目的、个人风格的缘由，其文学创作不拘一格、言简意明，践行了刘勰所辑"指事而语""勿得浮华"的特征，表现出对当时文学家"学问肤浅"，经不起辩驳悉难的批评，这是曹公文学理论的直接实践。在此基础上曹操的诗歌以浩荡的气势和独特的风格表现出悲凉之气、雄浑之气，践行了"文以气为主"的美学风格，甚至可以说，在曹魏时代，曹操是"文以气为主"美学风格的首倡者、突出显现者。从其诗文中我们还不难发现曹丕所言的"经国之大业"的功用观，具体体现为记录历史和文章号令

① 范文澜《文心雕龙注》，人民文学出版社 1958 年版，第 438 页。

天下进行治国理政等。总体来说，曹操作为文学家，其文学创作虽不及其二子曹丕、曹植，其文学理论观念之影响亦不及其子曹丕，但通过梳理我们不难发现，他的积极创作和对文人的优容、对建安文学风尚的形成有着引领示范作用，亦是曹丕文学观念的先行先试者。

〔原载《石河子大学学报（哲学社会科学版）》2021年第5期〕

真实的人生记录：曹操文学的主体特点（上）

◎刘运好

曹操（155—220）是东汉末杰出的政治家、军事家，也是一位杰出的文学家。“外定武功，内兴文学”，是其辉煌人生的两个方面。其文学成就集中于诗歌和文章，其中，浪漫与理性、温情与残酷、坦率与阴鸷，错综交织，更立体地刻画出了这位历史人物的多元复合性格。正因为思想、性格乃至于历史贡献、社会影响多元复杂，才有会有说不尽的曹操。仔细考察，二者又有不同：诗主言志抒情，文主记事写实，在内容上有表现和再现的差别；诗思壮浪飞动，文思细密严谨，在表达上有跌宕和平实的差异；诗境沉雄抑扬，文境气势充沛，在风格上有浪漫和现实的不同。然而，二者都记录了真实复杂的历史人生，反映了鲜明独特的胸襟个性，形成了辞刚义正、气壮境雄的审美风格。因此，研究曹操文学创作具有历史和文学的双重意义。

曹操诗歌的题材有记事、游仙、言志、咏史。其中，变幻历史的书写、风云人生的呈示、壮士之情的抒发，是其诗歌表现出的鲜明主体性。

曹操诗歌的历史书写有两种形式。一是社会现实的真实揭露。《薤露》不仅将董卓乱政悖逆、弑君毁都，造成国家倾覆、帝庙焚毁的剧烈社会动荡，触目惊心地呈现眼前；而且在对何进沐猴而冠、志大才疏的愤怒批判中，深刻揭示了朝廷所用非人、造成汉室衰微的深层原因。《蒿里行》描述了关东义兵征讨董卓的过程，揭露了盟军由各怀私利、观望不前，到争权夺地、互相残杀，再到操纵王室、僭越称帝的历史过程，而且将笔触伸向军阀混战所造成的人口锐减、社会凋敝的更为广阔的背景之上。这类诗歌数量虽少，却意义重要，是最早以诗歌形式记录汉末的历史变幻，所以被后人评价为“汉末诗史”。这种写实的诗风直接影响了建安七子以及女诗人蔡琰。

二是社会蓝图的虚拟想象。曹操早期的政治理想几乎全部集中于有限的几首诗歌中。如《度关山》批评后代法律繁复、役民为君、世风奢靡的同时，也勾勒了理想中的上古和谐社会：“天地间，人为贵，立君牧民，为之轨则。车辙马迹，经纬四极。黜陟幽明，黎庶繁息。於铄贤圣，总统邦域。封建五爵，井田刑狱。有燔丹书，无普赦赎。皋陶甫侯，何有失职？”上古圣君“总统邦域”，溥天之下，莫非王土；率土之滨，莫非王臣，国家政权集中于君王之手。“天地间，人为贵”的民本思想是核心的治政理念，“封建五爵，井田刑狱”是基本的社会结构。通过“黜陟幽明”建立一套合理的官僚体系，达到“黎庶繁息”的欣欣向荣的社会景象。虽有刑狱制度，却无所用之。显然，在虚拟的社会蓝图中，表达了曹操向往君主集权的国家理想、举贤黜邪的吏制理想和与民休息的社会理想。在《对酒》中，曹操所想象的理想社会是：“对酒歌，太平时，吏不呼门。王者贤且明，宰相股肱皆忠良。咸礼让，民无所争讼。三年耕有九年储，仓谷满盈，班白不负戴。雨泽如此，百谷用成。却走马，以粪其土田。爵公侯伯子男，咸爱其民，以黜陟幽明。子养有若父与兄，犯礼法，轻重随其刑。路无拾遗之私，囹圄空虚，冬节不断。人耄耋，皆得以寿终，恩德广及草木昆虫。”在政治体系上，君贤臣忠，官吏爱民；在经济基础上，仓廪殷实，百姓安康；在自然环境上，风调雨顺，百谷丰登；在人文教化上，礼让孝悌，民风淳朴。这里没有战争，囹圄空虚，呈现出一片和谐繁荣、熙熙鼓腹的盛世图景。陆侃如、冯沅君所著《中国诗史》称之为“政治诗”，并认为是曹操诗作中“最坏”的一类。其实，这类诗歌艺术虽然粗糙，但是对于明了曹操思想的发展具有重要意义。而且以散文句法入诗的不拘一格的自由抒情，也反映了曹操早期性格通脱的一面。

曹操乐府的写实与唐代乐府的写实大不相同。唐代乐府往往是再现现实如杜甫，“卒章显其志”如白居易，抒情主体基本游离于写实之外；曹操乐府却是表现现实，叙事以言志，抒情主体融贯于写实之中。所以，曹操乐府的历史书写也蕴含人生风云。无论《薤露》还是《蒿里行》，所描绘的现实图景或具有强烈的主观思想，或闪烁着作者的自我身影。特别是《蒿里行》，诗人独立苍茫时的期待、失望，直至愤怒、忧伤浸透字里行间，而诗人叱咤风云的人生也隐蔽在历史写实之中。曹操的部分乐府诗还直接描述了其风云人生的经历，立体地呈现了一位英雄的不同侧面。虽然数量不多，内容却广泛涉及战争和政治的诸多方面。直接描写战争的诗篇除了《蒿里行》，尚留下出征高幹途中所作的《苦寒行》，北征乌桓凯旋于塞外所作的《却东西门行》以及入塞之后所作的《步出夏门行》。这类诗既没有如乐府《战城南》那样渲染厮杀之后战争的悲壮，也没有曹植《白马篇》那样描写临阵之时将士的勇武，而是着力描述战前行役的艰苦卓绝（《苦寒行》），以及战后凯旋的乐观精神（《步出夏门行》）。

曹操后期的政治诗不再是虚拟想象的社会蓝图，而是身居丞相高位之后的政治宣言。其中，鼓荡着心系汉室“一匡天下”的壮志，如《短歌行》其二：“周西伯昌，怀此圣德。三分天下，而有其二。修奉贡献，臣节不坠。崇侯谗之，是以拘系。一解。后见赦原，赐之斧钺，得使征伐。为仲尼所称，达及德行，犹奉事殷，论叙其美。二解。齐桓之功，为霸之首。九合诸侯，一匡天下。一匡天下，不以兵车。正而不谲，其德传称。三解。孔子所叹，并称夷吾，民受其恩。赐与庙胙，命无下拜。小白不敢尔，天威在颜咫尺。四解。晋文亦霸，躬奉天王。受赐圭瓒，秬鬯彤弓，卢弓矢千，虎贲三百人。五解。威服诸侯，师之者尊。八方闻之，名亚齐桓。河阳之会，诈称周王，是以其名纷葩。六解。”诗歌所撷取的周文王、齐桓公、晋文公，都是孔子或儒家经典所推崇的历史人物。他们的共同点是：靖世安邦，功勋盖世，却又坚定维护国家统一，尊重天子威仪。取材的本身就鲜明昭示了自己的政治理想和政治态度。所以曹操热情洋溢地歌颂周文王、齐桓公“三分天下，而有其二”“九合诸侯，一匡天下”的伟大成就，以及“修奉贡献，臣节不坠”的恪守臣节。虽然也推崇晋文公“威服诸侯，师之者尊”，却又无情批判其“河阳之会，诈称周王”的僭越行为。因为在河阳之会上，晋文公挟周天子以会盟诸侯，实际已经违背了为臣的本分，所以曹操以批评的口吻叙述这一历史，特别强调“小白不敢尔，天威在颜咫尺”对王室的忠贞不渝。既表现其不虚美、不隐恶的历史态度，也表明了自己维护天子权威的政治立场。这一首诗对于理解曹操前期的政治倾向是非常有价值的。

这类诗歌还高扬着举贤授能、助我“一匡天下”的理想。如《短歌行》其一：“对酒当歌，人生几何？譬如朝露，去日苦多。慨当以慷，忧思难忘。何以解忧？唯有杜康。青青子衿，悠悠我心。但为君故，沉吟至今。呦呦鹿鸣，食野之苹。我有嘉宾，鼓瑟吹笙。明明如月，何时可掇。忧从中来，不可断绝。越陌度阡，枉用相存。契阔谈宴，心念旧恩。月明星稀，乌鹊南飞。绕树三匝，何枝可依？山不厌高，水不厌深。周公吐哺，天下归心。”感慨人生几何，本是汉魏诗歌的一个常见话题。然而，在曹操笔下，看似消极的人生态度，却迸发着建功立业、垂之后世的积极人生内容。所以陈沆《诗比兴笺》说：“‘人生几何’发端，盖传所谓古之王者知寿命之不长，故并建圣哲，以贻后嗣。”与《古诗十九首》“不如饮美酒，被服纨与素”意义大相径庭。诗之深层乃在以深情的笔调勉励南归人才应心无旁骛，投靠朝廷，及时建功立业，并明确宣称：“山不厌高，水不厌深。周公吐哺，天下归心。”周公三分天下而奉殷、握发吐哺而举才，是诗人渴望企及的人生目标，也是诗人对南归人才的深情剖白。所以陈沆《诗比兴笺》说：“虽然，鸟则择木，木岂能择鸟？天下三分，士不北走，则南驰耳。分奔吴蜀，栖惶未定。若非吐哺折节，何以来之？山不厌土，故能成其高；海不厌水，故能成其深；王者不厌士，故天下归心。”勉励与剖白互相振荡，使诗歌在娓娓抒情叙说之中，呈现一种壮浪的境界。而诗歌的背后恰恰站立着一位雄踞国家权力中心的历史人物形象。所以，不管是战争诗还是政治诗，都无不映现着诗人百折不挠的进取精神和披荆斩棘的风云人生。

这种昂扬的精神和风云的人生构成了曹操诗歌的抒情主调，因此曹诗所抒发的情感主要是英雄人生的壮烈情怀。从《度关山》《对酒》看，青年时期的曹操，虽然理想远大，抱负宏伟，但是年纪尚轻，阅历有限，所描绘的社会理想蓝图还带有“乌托邦”式的空想。后来，曹操在举义兵讨伐董卓的过程中，一方面逐步认清了东汉末年政治窳败的本质、豪强世族的野心、军阀混战造成的社会灾难，目光渐趋深邃；另一方面也逐步积累了靖乱救世的实力，特别是迎天子、都许昌，开始走向国家权力中心，思想也渐趋成熟。这才真正有了明确的政治理想和人生目标，开启了波澜壮阔的英雄人生。今存“以乐府写时事”的曹操诗歌，以《薤露》为转折，以《蒿里行》为深化，以《短歌行》为收束。董卓之乱，朝纲不可收拾，而引发董卓之乱的罪魁祸首则是大将军何进。《薤露》正是截取这一段史实，深刻反思了“惟汉廿二世，所任诚不良”的东汉衰微原因，愤怒批判了何进志大才疏、沐猴而冠，不仅使自己身首异处，而且给国家和王室造成“荡覆帝基业，宗庙以燔丧。播越西迁移，号泣而且行”的灾难性后果。这时，曹操已经走出了虚拟的理想蓝图，直面残酷的现实，在“瞻彼洛城郭，微子为哀伤”的伤世情怀中，开始走向靖乱救世的道路，这才出现了《蒿里行》的悲歌慷慨。

当然，最受人称道也最能表达曹操壮烈情怀的是他的《步出夏门行》和《短歌行》。《步出夏门行》第一节《观沧海》：“东临碣石，以观沧海。水何澹澹，山岛竦峙。树木丛生，百草丰茂。秋风萧瑟，洪波涌起。日月之行，若出其中。星汉灿烂，若出其里。”诗人登高远眺，俯视大海，所见海水淡荡，海岛挺拔。“洪波涌起”，诗人视线稍移近处；而“日月”“星汉”的想象，视线又移向远方，海阔天高，水天相连，才产生如此奇想。其中，“日月之行，若出其中。星汉灿烂，若出其里”，所蕴含的吞吐日月、包举宇宙的气象，是典型的英雄人生的写照。虽然岁月能够蚕食青春，却无法消磨壮心。所以，第四节《龟虽寿》曰：“神龟虽寿，犹有竟时。腾蛇乘雾，终为土灰。老骥伏枥，志在千里。烈士暮年，壮心不已。盈缩之期，不但在天。养怡之福，可得永年。”诗蕴含着生命有限与壮心不已的辩证思考。然而，“老骥伏枥，志在千里”的比喻，所叠印的驰骋疆场、折冲陷阵的历史画面，正是曹操叱咤风云的写照；“烈士暮年，壮心不已”的抒情，所蕴含的老而弥坚的理想执着，也正是曹操进取精神的写照。如果说诸葛亮“鞠躬尽瘁，死而后已”是壮而悲，那么曹操“烈士暮年，壮心不已”则是壮而烈。从语言的聚合意义上说，同是壮士情怀，诸葛亮凸显了生命的有限，精神状态内敛下沉；曹操则凸显了精神的无限，生命状态张扬饱满。两者不仅蕴含的精神境界有别，审美境界也不相同。对壮士而言，曹操的壮烈情怀更富有感染力。所以，东晋王敦，“每酒后辄咏魏武帝乐府歌曰：‘老骥伏枥，志在千里。烈士暮年，壮心不已。’以如意打唾壶为节，壶边尽缺”（《晋书·王敦传》）。在历史的蹒跚进程中，这种情怀一直成为激励壮士前行的精神动力。

事实上，曹操的这种壮烈情怀与吞吐日月的气象是二元互生，都源于其“一匡天下”的宏伟抱负和位同周公的特殊地位。细致品味《短歌行》其一，从“对酒当歌，人生几何？譬如朝露，去日苦多”的慷慨悲凉中，陡然翻出“山不厌高，水不厌深。周公吐哺，天下归心”，其中蕴含多少哲理和历史意味。人生短暂，日月不居，庄子说如“白驹过隙”，曹操说“譬如朝露”，是何其惊悚人心，更何况又是“去日苦多”呢！壮士若不及时建立功业，只能徒悲奈何。如何才能及时建立功业？曹操明确地告诉他们：我如高山，我如大海，我是周公，虚心纳士，使“天下归心”，成就伟业。在虚怀若谷、虚位待士的谦逊口吻中，恰恰透露出一匡天下、普济众生的王霸之气。所以，曹操诗歌一方面是在意象之中呈现出吞吐日月的磅礴气势，另一方面又在意象之外蕴含着包举天下的博大襟怀。这类诗歌非曹操则不可道。不仅建安诗人不可道，试想李白“君不见，黄河之水天上来，奔流到海不复回”（《将进酒》），气象何其宏伟；陆游“楼船夜雪瓜洲渡，铁马秋风大散关”（《书愤》），境界何其壮阔，然而，何曾有曹操的这种气象和襟怀？曹操创造了历史，历史也成就了曹操。只有虎踞历史舞台的中心，才可能高唱“周公吐哺，天下归心”；只有雄视宇宙的人生，才可能高唱“日月之行，若出其中”。明白了这一点，也就明白了《短歌行》其二为什么选择赞美评判周公、齐桓、晋文了。在对历史杰出人物的遥想背后，正站立着一位“指点江山”“挥斥方遒”的旷世豪杰。这正是曹操壮烈情怀的独特处，也是后人神往的“汉魏风骨”的精妙绝伦处。此外，曹操所开创的中古游仙诗，也不同于后代游仙题材。其不仅将《楚辞》笔法融入游仙的描述之中，描绘了一种壮浪的境界，而且将现实生活贯注于游仙之中，呈现出一种壮士的襟怀，与借咏史、写时事而抒发壮思有内在一致之处。

后人评价曹操，或说“跌宕悲凉，独臻超越”（陈祚明《采菽堂古诗选》卷五），或说“如幽燕老将，气韵沉雄”（敖陶孙《诗评》），或说“魏武诸作，慷慨苍凉，所以收束汉音，振发魏响”（黄侃《诗品讲疏》）。如果从时间序列上说，在情感上，从激扬到慷慨苍凉；在表达上，从古直到抑扬跌宕；在风格上，从轻扬到气韵沉雄，的确是曹操前后期诗歌发展变化的基本路线。然而，贯穿始终的包举天下、吞吐日月的胸襟气象，又岂是慷慨苍凉、抑扬跌宕、气韵沉雄所能涵盖？沈德潜说：“沉雄俊爽，时露霸气。”（《古诗源》卷五）才触及了问题的本质。曹操的文章《述志令》实际上为他的诗歌所呈现的胸襟气象作了生动的注脚。

（原载《文史知识》2021年第5期）

真实的人生记录：曹操文学的主体特点（下）

◎刘运好

曹操文章以令、教、表、奏、书信为主体，虽然主要是应用文体，却又成为"改造文章的祖师"。徐公持先生概括说："从文体上说，曹操的文是真正意义上的散文。东汉一代，文受赋的影响，措辞结句，逐渐向典雅方向发展，而句式的对偶已普遍运用，文的骈化趋势愈益明朗……曹操则异于是，他几乎不写骈体文，在今存数十篇文章中，绝少骈化痕迹。"[①]这种文体革新，不仅对后代去骈归散的政论文章、应用文体影响深远，而且自由随性的写作思维也对魏晋个性解放起到潜在的影响。

当然，曹操散文的持久魅力主要在于：从史的角度说，涉及了众多历史大事，是一部真实的汉末风云录；从人的角度说，勾勒了饱满的人物情性，是一部生动的人物写真集；从文的角度说，呈现了多样的文章风格，是一部公文的审美教科书。

由于特殊的政治地位，曹操文章包含着深厚的历史底蕴。东汉后期，王室衰微，国家政治的诸种结构性矛盾集中爆发出来。这种结构性矛盾主要表现在朝臣和宦官、权臣与王室、世族与权臣之间无可调和的尖锐对立。这些方面在曹操文章中都有或隐或显的反映。如《上书理窦武陈蕃》，要求重新审理窦武、陈

① 徐公持《魏晋文学史》，人民文学出版社 1999 年版，第 41 页。

蕃被宦官所杀的历史积案，所反映的正是汉末宦官专权、滥杀朝臣的现实，同诗歌《薤露》所表达的内容性质基本一致，追根溯源就是朝臣和宦官之间不可调和的矛盾的一个缩影。《与王芬书》《答袁绍书》，一是拒绝王芬企图废除灵帝，另立合肥侯为帝；一是拒绝袁绍企图废除献帝、另立幽州牧刘虞为帝。这固然反映了曹操维护汉室稳定的政治倾向，但是在王芬、袁绍逐鹿王权、任意废立的背后，也在深层次中反映了当时王室和权臣之间不可调和的矛盾。另外，曹操所上《让还司空印绶表》《与太尉杨彪书》，也包含了权臣和世族之间的明争暗斗。建安元年（196），天子都许后，任命曹操为大将军，袁绍为太尉，绍耻于位在操之下，拒绝受之。不得已，操将大将军之位让给绍，献帝另任命操为司空，行车骑将军。《让还司空印绶表》正是在这种背景下所作。曹操在杀杨修后，《与太尉杨彪书》说了一句意味深长的话："足下贤子，恃豪父之势，每不与吾同怀。"所谓"豪父之势"的背后，正隐蔽着杨彪与曹操的政治积怨。天子新迁许都之初，大会公卿，曹操上殿，见杨彪神色不悦，唯恐图谋害己，托故如厕，还归军营。后来袁术僭乱，曹操借口杨彪与袁术姻亲，诬彪欲图废立，奏收下狱，欲以大逆之罪杀之，赖将作大匠孔融奋力救之，曹操虽未能杀之，却将彪逐出朝廷。曹操与袁绍、杨彪的矛盾本质上是世族老臣与庶族权臣之间的矛盾。

平心而论，任何政权都有政治上的结构性矛盾，但是中央集权，以天子为核心，所有矛盾都笼罩在天子威权之下而处于平衡状态；一旦天子式微，王纲解纽，诸种矛盾爆发，则天下分崩离析。曹操文章的背后即翻卷着这一时期的时代风云，从而成为研究这一段历史的可贵史料。

曹操文章更多记载了围绕自己所发生的军国大事。执政之后，曹操采用了一系列治国方略和强军措施，改写了汉末的历史。其文章广泛涉及改革国家弊政，改善官僚体系，恢复经济秩序，复兴学校教育等诸多方面。其《奏定制度》《陈损益表》，正是曹操决计刷新政治的记录。建安元年九月，许都刚刚建立，就上《奏定制度》。几乎在同一时间，曹操就上《陈损益表》，提出十四条改革建议。虽然《奏定制度》也只留下对三公列侯住宅制度的具体规定，其残句出自《魏武制度奏》，从后人整理的书目看，曹操对于重建汉末国家制度有一整套的措施。《陈损益表》只留下总叙部分，具体的十四条改革措施已经散佚，但是曹操后来采取的一系列治国治军措施，必然与此十四条有内在联系。

后来曹操执政，主要抓住三点：第一，实行“明扬仄陋，唯才是举”（《求贤令》）的人才政策，“虑为功首，谋为赏本”（《请爵荀彧表》）的封爵政策，就是为了选择治国用兵之才，有效地改善汉末死气沉沉的官僚体系。所谓“有行之士未必能进取”（《敕有司取士毋废偏短令》），实际上是汉末吏制无法根除的一痼疾，即使如出身世族的杨彪、孔融也不能例外。第二，实行屯田制度，并由军屯推广到民屯（参《加枣祗子处中封爵并祀祗令》）；抑制土地兼并，调整租调，推行按亩收税（参《抑兼并令》），实际上是逐步恢复因为战乱而毁坏的国家经济秩序；特别是强调“盐铁之利，足赡军国之用”（《与王修书》），恢复被废已久的盐铁国家专营，极大地增加了国家财政收入。第三，社会甫一小安，即下令恢复政府教育制度。建安七年所下《军谯令》，强调对于阵亡将士的后代，提供必要的生活生产资料，还必须“置学师以教之”。次年，又专门下达《建学令》：“其令郡国各修文学，县满五百户置校官，选其乡之俊，造而教学之。”二十二年，又在邺城置泮宫，正式建立官学。由此可见，曹操文章也相对完整地记录了他对国家政治、经济、教育诸方面的大刀阔斧的改革、整顿。

曹操文章最容易令人怦然心动的是字里行间所跳跃着的作者

的情性，比诗歌表现得更为丰富，也更为真实。浪漫与理性、温情与残酷、坦率与阴鸷，错综交织，有机融合，立体地活画出这位历史人物的多元复合的性格。

诗人的激情和政治家的冷静错综交织，构成了曹操文章浪漫和理性的有机交融。如果说作者的诗歌在抒写壮士之情中融贯对宇宙、社会、人生的冷静思考，那么作者的文章则是在叙事说理之中时时融贯诗人的浪漫情怀。毫无疑问，公文为主的文体属性，决定了曹操文章必然以叙事和说理为主。令、教之类不言而喻，即便是书信尺牍也依然如此，如《遗孙权书》："近者奉辞伐罪，旌麾南指，刘琮束手。今治水军八十万众，方与将军会猎于吴。"寥寥三十字，将出师有名、所向披靡、军威雄壮以及进军目的，叙说清晰直白，语言之外的劝降之意（说理）也蕴涵其中。但是，曹操文章叙事说理的方式与文人有微妙的区别。一般说来，文人叙事，注重描述事件发生的过程，如曹丕《与吴质书》；曹操叙事，注重呈示事件发展的结果，如《褒夏侯渊令》。即便也细致叙述事件过程，但是着眼点仍然在于结果，如《军策令》。文人说理，覃思深刻，往往是现实人生的具象感悟，表现出一种深刻的睿智，如王羲之《兰亭集序》；曹操说理，高屋建瓴，往往是重大问题的抽象思考，表现出一种博大的襟怀，如《求贤令》《论吏士行能令》。然而，曹操叙事说理，有时也充满浪漫情调，如《止省东曹令》，完全是以诗化的语言表达东曹掾属的重要性；有时还浸透深挚情感，如《请恤郭嘉表》，以孝武咨嗟去病早逝、光武望祭遵灵柩而悲恸，表达自己对郭嘉的深情追悼。性情与理性的统一，使曹操文章既有诗人的浪漫，也有政治家的冷静。

性情与理性统一的另一面，就是温情与残酷的统一。既有普通人性的温情，也有统治者的残酷。从普通人性上说，对于知遇之恩，曹操没齿不忘，其《祀桥太尉文》尤为感人至深。曹操微贱时，太尉桥玄就能慧眼识珠，推许他是能够安定天下的“命世之才”，并由此而声名鹊起。所以，后来曹操军行谯县，遥望桥玄陵墓，追忆知遇之恩，不禁悲从中来，祭于墓陵，并写下情文并茂的祭文。对于故人之情，曹操也念兹在兹，《追称丁幼阳令》描述生活画面也情真意挚。青年时与幼阳常共“宿止”的亲密，幼阳得狂病痊愈之后，欲共“宿止”而不敢的玩笑之语，都活脱脱地勾画出曹操不因富贵而“易交”的人情之美。对于忠心耿耿的麾下，曹操从谏如流，不求全责备；重情重义，不贪人之功。夏侯惇、徐晃等因为战功显赫而颇受青睐，郭嘉、枣祗等善于谋划军国大事而感叹褒赏。他要求麾下“常以月旦，各言其失”（《求直言令》），对于不关原则的过失，也持宽容态度（《答朱灵书》）。对待蒯越“死者反生，生者不愧”（《报蒯越书》）的临终嘱托的承诺，尤其让人动容。但是，作为一位封建统治者，曹操又是被权力异化之人，必然以最大限度地攫取权力为终极目标，一旦窒碍了他的权力通道，损害了他的权力意志，则绝不手软，必置之死地而后快。不仅留下了《列孔融罪状令》《假为献帝策收伏后》等令人惊悚的文字，而且最令人毛骨悚然的则是荀彧的自杀。荀彧悲剧的发生，恰恰揭示曹操性格的另一面：阴鸷——阴险而狠毒。

所以，坦率和阴鸷的统一，是曹操文章透露出的性格的又一层面。曹操非君非臣的特殊地位，使之既无天子受命于天的约束，也无大臣受命于天子的桎梏，因此言行绝少顾忌，表现于文章则是惊人的坦率。《求贤令》《敕有司取士勿废偏短令》《举贤勿拘品行令》，总结在历史转型、社会动乱之时前朝统治者网罗人才的措施，并作为一种政策公之于世；《述志令》撕去道德标签，将自己追逐利欲的政治利己主义裸示于人，“设使国家无有孤，不知当几人称帝，几人称王”，将睥睨一世的霸气直接表现出来。但是，曹操玩弄权术也炉火纯青。玩弄权术，必然阉割善良的人性，遮掩黑夜的罪恶，甚至以冠冕堂皇的理由，悄无声息地置政敌于死地。他对待麾下固然展示有人性美好的一面，然而一旦发现麾下与自己离心离德时，也毫不犹豫地祭起屠刀，《赐死崔琰令》就是明证。即使心腹之任，也绝不留情，上文所说的逼迫荀彧自杀尤其典型。荀彧是曹操最重要的谋士，军国的重大政治决策几乎都出自荀彧的谋划。无论是政治转折——“挟天子以令诸侯”，还是军事转折——击败袁绍军事集团，都得益于荀彧的谋划。曹操幕府之所以人才济济，也得益于荀彧的举荐。所以曹操在《与荀彧书》中不无动情地说：“与君共事以来，立朝廷，君之相为匡弼，君之相为举人，君之相为建计，君之相为密谋，亦以多矣。”可以毫不夸张地说，曹操夺得天下，荀彧功居其半。而且二人相知最深，大至军国大事，小至个人情感，曹操无不与荀彧言之。就是这样一位情同手足的谋士，却因反对曹操晋爵魏公，而招致其杀心顿起。但是，荀彧毕竟功勋卓著，誉满朝野；忠心耿耿，且与自己同气相求。若公开杀之，既失天下谋士之心，又是自我打脸。于是曹操借南征孙权之机，上《留荀彧表》奏请荀彧督军，堂而皇之将他骗至军中，然后设计逼迫其自杀。既达到杀人目的，又手无鲜血，一手掩尽天下人的耳目，其手段之阴鸷简直令人心惊肉跳！

正因为其性格的复杂性，才有会有说不尽的曹操；也因为其文章的真实性，才能够活画出真实复杂的曹操。

曹操性格的丰富性和复杂性，也决定了他的文章风格的多样性和审美的多元性。语言自然而斩截利落，文气鼓荡而顿挫有致，风格通脱而思理缜密，在整体上呈现出清峻、朗畅、潇散的审美特点。

曹操文章，不假雕琢，唯在达意而已。无论是长文还是短篇，往往是以手写心，体式自由，语言浅近自然。如《建学令》：“丧乱以来，十有五年，后生者不见仁义礼让之风，吾甚伤之。其令郡国各修文学，县满五百户置校官，选其乡之俊，造而教学之，庶几先王之道不废，而有以益于天下。”战乱造成官学废弛，教化委顿，强调恢复官学的必要性；具体说明郡县官学的建制、教官的选择、教授的内容以及建学的目标，纯用口语，简洁明了。然而，曹操文章叙事，或抽象普遍规律，如《举泰山太守吕虔茂才令》，主体是褒扬吕虔担任泰山太守除暴安良，造福百姓，说明举荐为茂才的理由。但是文章开头：“夫有其志必成其事，盖烈士之所徇也。”直接表达普遍的人生哲理，说明目标、励志和成功的逻辑关系。这一哲理却又紧扣吕虔有壮士之志，故能成就辉煌伟业。以哲理引出叙事，意旨显豁而警策人心。或凸显事件因果，如《军策令》，主要叙述夏侯渊失败的过程：因为敌人烧毁了军营的鹿角砦（防御栅栏），鹿角砦距离营垒十五里，夏侯渊竟然远离军营，亲自率兵修补，给了敌人可乘之机，结果遭遇前后夹击，导致兵败被杀。所以文章开头就直接点明：“夏侯渊今月贼烧却鹿角。”将核心叙事元素直接提到文前，揭示其轻敌冒进、因小失大的失败缘由，尤为发人深省。无论是哲理发端，或是凸显因果，都不假铺垫，陡然而起，因此语言简明而又斩截利落。此外，曹操常常引经据典，比照历史，化叙述为说理，同样是清通简要，这就形成曹操文章辞锋清峻的特点。

辞锋清峻，所形成的文气则是鼓荡而下，一无挂碍。如上文所举《授崔琰东曹掾教》：“君有伯夷之风，史鱼之直。贪夫慕名而清，壮士尚称而厉，斯可以率时者已。故授东曹，往践厥职。”先是引古证今，以古代伯夷的清廉、史鱼的正直，赞誉崔琰的品质；再言教化意义：以廉选官，可使贪夫仰慕名节而自身清正；以直用人，可使壮士崇尚正直而砥砺操守，故能成为时代表率，所以任命你为东曹掾。从句群上看，一二句与三四句、三四句与第五句、前五句与结二句，构成连环式的因果联系，这种句群的结构方式，加之用语短促斩截，就形成了鼓荡的文气。但是，语言斩截也偶有委婉曲折，文气鼓荡也偶有语意顿挫，二者有机交融，构成一种特殊的审美情致。如《与阎行书》："观文约所为，使人笑来。吾前后与之书，无所不说，如此何可复忍！卿父谏议，自平安也。虽然，牢狱之中，非养亲之处。且又官家，亦不能久为人养老也。"韩遂（字文约）曾派使者阎行结盟于曹操，操上表拜遂为犍为太守。为表达诚意，阎行之父、韩遂之子入许都作为人质。后来，韩遂不听阎行劝谏，结盟马超，举兵叛曹。曹操作此书寄予阎行。书说我已仁至义尽，韩遂却反复无常，故已不可容忍，暗示已经杀其子；令尊谏议大夫阎纪，则平安无恙，暗示对你已是网开一面。然后笔锋一转，令尊虽则平安，却身陷牢狱，牢狱自非养老之所，暗示身为其子必当救之。最后说明官家也不可能长时间为你赡养老人，暗示如若再不幡然醒悟，令尊必遭杀身之殃。将自己对韩遂和阎行不同的处理方式并列叙述，并列中蕴涵转折；然而以"虽然"转折，所谓"平安"者乃是身在狱中，仅仅是未杀之而已，转折中又直接承接上文；再用"且"字，暗示阎行，若再不归顺，必也杀之，幽默调侃之中，带有威胁，透着杀气，结构是顺承，语意是逆转。虽然此书结构上有转折，有顿挫；语意上有直白，有暗示，但是文气依然直贯而下，毫无窒碍。这也形成曹操文章气势朗畅的特点。

气势朗畅，所呈现的审美风格则是通脱——通达洒脱，毫无顾忌。曹文叙事，句式或散或整，篇幅或长或短，笔法或张或弛，无不显现通脱的个性。尤其令人解颐的是，曹文中庄谐随性，心手相应，如上文所举的《与阎行书》《止省东曹令》。即便是秦汉以来一向庄严的奏表，曹操也能以调笑诙谐的笔调出之，如《获宋金生表》："臣前遣讨河内获嘉诸屯，获生口。辞云：'河内有一神人宋金生，令诸屯皆云：鹿角不须守，吾使狗为汝守。不从其言者，即夜闻有军兵声。明日视屯下，但见虎迹。’臣辄部武猛都尉吕纳，将兵掩捉得生，辄行军法。”所上奏表，却类似于给献帝讲述一个传奇故事。宋金生的谬悠之言、荒唐之举，河内将士竟然坚信不疑，而且“明日视屯下，但见虎迹”，虎迹究竟因何而生，也留下令人遐想的空间。特别是既为“神人”，却最终身败被杀，说明并非超凡得道。作者信笔而书，读来忍俊不禁。然而，从整体上考察，除了《列孔融罪状令》这一类深文周纳的文字外，曹操文章大多是义正词严，思致缜密。上文所举的《授崔琰东曹掾教》及《与阎行书》都有这种特点。《述志令》是曹集的第一长文，阐释自己少无鸿鹄之志，长而为国效力，强则以大事小，虽然虚虚实实、真真假假，难以辨识，但是就文章本身而言，则层层推进，说理充分，逻辑严密。谨严而又通脱，正是曹操文章风格潇散的审美内涵。

简要说来，曹操文章以通脱个性为核心，以气势充沛为内质，以斩截自然为形式，三者之间的交融互生，形成清峻、朗畅、潇散的审美风格。然而通脱而又谨严，鼓荡亦有顿挫，斩截兼有曲折。这种文章风格的多样性与作者主体性格的复杂性，恰恰构成内在的逻辑关联。正是这种逻辑关联，使研究曹操文学具有特殊的历史意义。

（原载《文史知识》2021年第6期）

主要论文（论著）索引（1921—2021）

［1］章太炎《魏武帝颂》，《雅言》卷一，1914年

［2］汪辟疆《汉魏诗选·魏武帝按语》，《汪辟疆文集》，上海古籍出版社1988年

［3］李家瑞《曹家文学》，《北京大学日刊》第十一分册，1924年

［4］李家瑞《曹家文学》（续），《北京大学日刊》第十一分册，1924年

［5］何海鸣《曹孟德诗派》，《小说世界·民众文学》卷十三，1926年

［6］陈延杰《魏晋诗研究》，《小说月报》（上海）卷17号外上期，1926年

［7］悲禅《建安文学之鸟瞰》，《幽默》1929年第7期，

［8］张道仁《建安诗的批评》，《大夏月刊》（上海）1929年第2期

［9］董克中《建安文学》，《河南中山大学文科季刊》1930年第1期

［10］张孝友《三曹》，《励学》（河南大学）1931年第2期

［11］钱振东《建安诸子文学的通性》，《国立北平师范大学国学丛刊》1931卷一（1）

［12］钱振东《魏晋文学之时代背景》，《国立北平师范大学国学丛刊》1931卷一（2）
［13］关健南《建安文学底时代背景》，《南开大学周刊》1932年第129，130专号
［14］晓岚《建安文学之鸟瞰》，《人寿》1935年第8期
［15］王钟麒《三国史略》，商务印书馆1935年
［16］吴烈《建安文学在中国文学上的地位》，《国民文学》1935年卷二
［17］陈美朴《建安文学研究》，《国光》（上海）1936年第5期
［18］江上青《帝王的写作——曹氏父子》，《写作与阅读》1937年卷二
［19］李家瑞《曹家文学》，《天津益世报读书周刊》1937年3月11日
［20］徐百康《三曹文学管规》，《桃坞》（年刊）1940年
［21］陆侃如《建安（曹操）诗谱初稿（上）》，《语言文学专刊》1940年卷二
［22］陆侃如《建安文学系年（196—219）》，《清华学报》1941年卷十三
［23］杨剑花《魏晋文学拓荒者曹氏父子评传——孟德、子桓、子建之文学及其影响》，《经纶月刊》1942年卷二
［24］许世瑛《谈谈曹氏父子的文章》《艺文杂志》1944年卷二；《台湾文化》，1948年卷三
［25］林庚《谈曹操〈短歌行〉》，《国文月刊》1944年第27期
［26］游国恩《魏武乐府歌词（稿庵随笔）》，《国文月刊》1945年第38期
［27］刘操南《释曹操短歌行》，《中学月刊》1947年第四、五期合刊

[28] 王福民《再论曹操的〈短歌行〉》，《国文月刊》1947年第60期
[29] 程会昌《曹孟德〈篙里行〉“初期会孟津，乃心在咸阳”解》，《国文月刊》1949年第77期
[30] 王瑶《曹氏父子与建安文学》，《中古文学风貌》，棠棣出版社1951年
[31] 陈中凡《汉魏六朝文学》，商务印书馆1935年
[32] 郭伯恭《魏晋诗歌概论》，商务印书馆1936年
[33] 今果《谈曹操和建安文学》，《安徽史学通讯》1959年第6期
[34] 牟世金《曹操为其法治路线服务的诗歌创作》，《文史哲》1974年第5期
[35] 中文系七三级一组《密切配合政治斗争的曹操诗歌创作》，《安徽大学学报》1975年第3期
[36] 广州重型机器厂工人理论组，广东师范学院中文系三年级六班学员《尊法反儒清峻通脱——略论曹操的诗歌》，《广东师范学院学报》1975年第3期
[37] 吴云《论曹操诗歌的艺术风格》，《辽宁大学学报（哲学社会科学版）》1982年第3期
[38] 林君《横槊赋诗发浩歌——曹操诗中爱国主义因素浅论》，《四平师范学院学报（哲学社会科学版）》1982年第4期
[39] 陈飞之《论曹操诗歌的艺术成就》，《文学评论》1983年5期
[40] 蔡厚示《曹操诗歌艺术剖析》，《文史哲》1983年第3期，又收录《建安文学研究文集》，黄山书社1984年版

［41］徐卫跃《“老骥伏枥，志在千里”——谈曹操诗歌中的积极进取精神》，《杭州师范学院学报（社会科学版）》1983年第2期
［42］张士骢《曹操〈谣俗词〉研究》，《天津师范大学学报》1984年第1期
［43］许善《曹操诗歌风格散论》，《安徽教育学院学报（社会科学版）》1987年第3期
［44］卓然《试论曹操诗歌的语言特点》，《固原师范专科学校学报（社会科学版）》1987年第3期
［45］张士骢《论曹操诗歌的创作道路》，《江淮论坛》1988年6期
［46］谢文学《怎样评价钟嵘〈诗品〉的曹操品第》，《许昌学院学报》1989年第2期
［47］葛景春《关于曹操等人在〈诗品〉中的品第问题》，《中州学刊》1988年第8期
［48］陈贻焮《评曹孟德诗》，《论诗杂著》，北京大学出版社1989年
［49］郑文《曹操的统一政策和当时有关统一的诗歌》，《西北师范大学学报》1992年第2期
［50］农作丰《关于曹操游仙诗的评价》，《广西师范大学学报》1993年1期
［51］顾农《曹操游仙诗新论》，《山东师范大学学报》1993年3期
［52］姚汉荣《曹操和乐府诗》，《上海大学学报（社会科学版）》1993年第5期
［53］燕世超《略论曹操诗歌的悲壮美》，《学术界》1993年第10期

[54] 霍雅娟《悲凉慷慨沉雄顿挫——论曹操诗歌的悲壮美》，《内蒙古师范大学学报》1994年第6期
[55] 刘朝兴《一代英雄千古诗魂——试论曹操的诗歌创作》，《贵州财经学院学报》1995年第1期
[56] 孙明君《45年来文学家曹操研究综述》，《古典文学知识》1995年第5期
[57] 左汉林《佛心诗韵两相通——曹操诗风成因一解》，《河北师范大学学报（社会科学版）》1996年第1期
[58] 孙明君《天下意识的投射——曹操〈观沧海〉赏析》，《文史知识》1996年第2期
[59] 刘启云《沧海横流方显出英雄本色——论曹操晚年诗歌创作的美学价值》，《培训与研究》（湖北教育学院学报）1997年第1期
[60] 吴颖梅《论曹操的人品对其诗品的影响》，《华北电力大学学报（社会科学版）》1998年第2期
[61] 傅红钉《曹公莽莽古直悲凉——曹操诗歌的意韵和涵盖》，《培训与研究》（湖北教育学院学报）1998年第3期
[62] 刘启云《试论曹操诗歌创作的英雄主义特质》，《社会科学家》1998年第11期
[63] 孙明君《论曹操对原始儒学精神的诗化》，《陕西师范大学学报》1996年第3期
[64] 周柳燕《曹操诗歌风格剖析》，《湖南商学院学报》1999年第2期
[65] 吴怀东《经学盛衰与曹操诗歌革新》，《江淮论坛》1999年第3期
[66] 刘冬冰《曹操诗歌用韵及其文化学考察》，《许昌师范专科学校学报》2000年第2期

［67］贾长营《气韵雄浑慷慨悲凉——浅谈曹操的诗歌》，《北京广播电视大学学报》2000年第2期
［68］刘冬冰《从曹操诗歌看汉魏语音的演变》，《河南教育学院学报（哲学社会科学版）》2000年第3期
［69］梁祖苹《论曹操诗歌的写实性》，《兰州大学学报》2000年第2期
［70］孔瑞明《曹操诗歌的民歌特色和文人性》，《名作欣赏》2000年第5期
［71］许善述《论曹操诗歌赋中之兴》，《安庆师范学院学报（社会科学版）》2001年第1期
［72］刘艳丽《既悲且壮——浅论曹操诗歌的风格》，《唐山师范学院学报》2001年第1期
［73］侯发迅、赵新彬《豪放中见深沉——论曹操诗歌的忧患意识》，《中州大学学报》2001年第2期
［74］刘红英《曹操诗歌的忧患意识》，《齐齐哈尔大学学报》2001年第2期
［75］朱晓飞《孟德之音王者之气——曹操诗歌新探》，《阜阳师范学院学报（社会科学版）》2002年第2期
［76］李淑清《曹操诗歌中的生命与情感》，《齐齐哈尔大学学报（哲学社会科学版）》2002年第4期
［77］张豫《试论“建安文学”与曹操诗歌及其成因》，《湖北成人教育学院学报》2002年第3期
［78］贾燕子《曹操诗歌用韵研究》，《大理学院学报》2002年，第10—30页
［79］陈华昌《曹操与道教及其游仙诗研究》，陕西人民出版社2002年，第205—347页

[80] 蒋寄红《论曹操的诗歌创作艺术》，《湖南社会科学》2003年第2期

[81] 章原《曹操对〈诗经〉的接受与创新》，《阜阳师范学院学报》2003年第4期

[82] 王德宜《论曹操诗歌的崇高美》，《安徽理工大学学报（社会科学版）》2004年第2期

[83] 钱敏芳《曹操诗文研究》，陕西师范大学2004年硕士学位论文

[84] 张斌斌《曹操诗歌的儒学精神及其文化意义》，《徐州教育学院学报》2004年第3期

[85] 马得禹《曹操诗歌思想再解读》，《社科纵横》2004年第8期

[86] 刘晓莉《曹操诗歌对汉乐府叙事题材的突破》，《陕西师范大学学报》2004年第6期

[87] 木斋《论曹操诗歌在五言诗形成中的地位》，《山东师范大学学报》2005年第2期

[88] 李玉英《曹操诗歌的情感审美》，曲阜师范大学2005年硕士学位论文

[89] 朱光宝《文人乐府的开山祖建安风骨的顶梁柱——曹操诗歌的文学价值新论》，《四川教育学院学报》第6期

[90] 卢明德《论曹操诗歌对汉乐府的突破及其创作特色》，《湖北教育学院学报》2006年第1期

[91] 傅正义《论曹操对汉乐府民歌文人化的开创性贡献》，《重庆工商大学学报》2006年第3期

[92] 马璐璐《悲美之音——曹操文学思想探析》，《四川理工学院学报（社会科学版）》2006年第3期

［93］李玉英《曹操诗歌之悲情探源》，《宜宾学院学报》2007年第1期
［94］李玉英《曹操游仙诗对秦汉同类诗歌的超越》，《滨州学院学报》2007年第2期
［95］李开玲《论曹操诗歌的生命关怀》，《盐城工学院学报（社会科学版）》2007年第3期
［96］周安舜《浅析曹操诗歌的内容和风格》，《铜仁学院学报》2007年第3期
［97］王鹏廷《徜徉于“汉音”与“魏响”之间——曹操诗文艺术精神探析》，《北京工业大学学报（社会科学版）》2007年第4期
［98］董继兵《试论英雄情结对曹操诗歌创作的影响》，《咸宁学院学报》2007年第5期
［99］孙娟、黄震云《清商曲辞与曹操诗歌的声韵艺术》，《文学评论》2007年第6期
［100］高占军《论曹操诗歌忧患色彩的思想根源》，《辽宁教育行政学院学报》2009年第2期
［101］化晓方《论曹操诗歌的悲凉感》，《青海社会科学》2009年第3期
［102］杨吉春、杨雪《乱世的侠义与沧桑——从曹操诗歌创作看其思想发展》，《长春大学学报》2010年第1期
［103］王自红《三气归源孟德心——曹操诗歌中的气解读》，《湖北成人教育学院学报》2010年第2期
［104］陈了《浅析曹操诗歌的超越精神及其呈现》，《咸宁学院学报》2010年第2期
［105］毕小超《曹操诗歌美学思想研究》，四川师范大学2010年硕士学位论文

［106］高显杰《曹操诗歌之我见》，《才智（旬刊）》2011年第8期
［107］高国藩《论曹操诗歌及其儒家思想》，《宁夏师范学院学报》2011年第2期
［108］李广《论曹操诗歌中的怀古情结》，《内蒙古农业大学学报》2011年第4期
［109］向泽国《莽苍悲凉气盖一世——略论曹操诗歌中两种风格的融合》，《沧桑》2011年第4期
［110］马志英《烈士多悲心——论曹操诗歌的悲情美》，《名作欣赏》2012年第3期
［111］马志英《论曹操诗歌的悲情色彩及审美体认》，《北方民族大学学报》2012年第2期
［112］杨国荣《“英雄情结”对曹操诗歌的影响探析》，《作家（半月刊）》2012年第4期
［113］曾小霞《论曹操诗歌中的霸气和菩萨气》，《安康学院学报》2012年第2期
［114］余晓栋《招揽人才的诗歌“求贤令”——曹操〈短歌行〉新解》，《名作欣赏》，2012年第7期
［115］马福兰《曹操诗歌中的“山”意象探微》，《四川文理学院学报》2012年第4期
［116］刘伟安《历史精神的诗化显现——曹操诗歌所反映的时代精神与艺术魅力之关系》，《湖南科技学院学报》2013年第1期
［117］李彤《曹操诗文中的饮食之道》，《绍兴文理学院学报》2014年第1期
［118］张丽锋《曹操游仙诗之成因及主题》，《河北大学学报》2014年第5期

［119］刘智禹《刘勰的曹操诗歌创作论》，《淮南师范学院学报》2014年第5期
［120］李德虎《曹操诗词的文学解读》，《语文建设》2014年第7期
［121］张风平《浅谈曹操的诗歌贡献》，《文史月刊》2014年第9期
［122］冯颖《曹操诗歌用典方式探微》，《新余学院学报》2014年第五期
［123］潘慧琼《经学修养与曹操的乐府观》，《哈尔滨师范大学社会科学学报》2014年第5期
［124］芦春艳《曹操文章通脱之风的文体互参解读》，《中国文化研究》2015年春之卷
［125］彭涵《〈短歌行〉的用事“还原”与古诗解读》，《才智（旬刊）》2015年第8期
［126］祖秋阳《曹操诗歌唐前接受研究》，吉林大学2015年博士论文
［127］王琴《气韵沉雄的曹操诗歌》，《名作欣赏》2015年第5期
［128］宋亚莉、郑杰文《曹操与汉末士人的交往及建安文学批评的形成》，《理论学刊》2015年第3期
［129］陈田田《曹操诗歌与散文语言风格比较及其成因》，《皖西学院学报》2015年第3期
［130］祖秋阳、木斋《论曹操的士人情结》，《琼州学院学报》2015年第3期
［131］程勇真《论曹操诗文的死亡美学意味》，《河南大学学报》2015年第4期

[132] 宫婕《曹操忧患意识的艺术感染力》，《名作欣赏》2015年第10期
[133] 祖秋阳、木斋《曹操诗歌的分期及其在诗歌史地位的重新认知》，《琼州学院学报》2016年第1期
[134] 朱晓海《曹操在中国诗歌史上的地位》，《中国诗歌研究》2017年第2期
[135] 韩卓异《曹操诗歌人文精神浅见》，《黑龙江教育学院学报》2017年第6期
[136] 谭乃源《论曹操诗歌的文学地位及对建安风骨的影响》，《汉字文化》2018年第1期
[137] 曹芙蓉《浅析曹操诗歌中的生命意识》，《戏剧之家》2018年第2期
[138] 王萍《比喻意象对曹操诗风形成的促进作用》，《辽东学院学报（社会科学版）》2018年第3期
[139] 赵艳华《论曹操诗歌内容的“悲凉”》，《北极光》2019年第1期
[140] 张东昀《“雅好慷慨”——曹操诗歌品赏》，《鄂州大学学报》2019年第2期
[141] 伍鹏飞《曹操诗文用典研究》，陕西师范大学2019年硕士学位论文
[142] 孙娟《曹操相和歌与“但歌”四曲辨伪》，《古代文学理论研究》第54辑（2019年6月）
[143] 余佳《“气爽才丽”与“淫荡哀思”——曹操政治诗学辨析》，《江西科技师范大学学报》2020年第3期
[144] 谢章辉、王智汪《论曹操诗文中的汉室情结》，《大庆师范学院学报》2020年第5期

［145］高铭泽《汉末诗史——曹操时事诗的叙事特点》，《中国民族博览》2020年第11期

［146］刘运好《真实的人生记录：曹操文学的主体特点》（上、下），《文史知识》，2021年第5期、第6期

［147］熊建军、顾兴德《曹操文学创作与文学理论关系研究》，《石河子大学学报》2021年第5期

［148］徐兴无《曹操与中国的诗歌传统——〈短歌行〉解读》，《教育研究与评论》2022年第3期